해방이후 재일한인 외교문서 해제집

▌제8권▐

(1980~1984)

동의대학교 동아시아연구소 편저

이경규 임상민 이수경 소명선 박희영

엄기권 임영언 이행화 이재훈 김선영 공저

박문사

머리말

　　본 해제집은 동의대학교 동아시아연구소 인문사회연구소 지원사업(2020년 선정, 과제명 「해방이후 재일조선인 관련 외교문서의 수집 해제 및 DB구축」)의 5차년도 성과물이며, 해방이후 재일한인에 관련된 대표적인 사건을 이해하는데 중요하다고 생각되는 외교문서를 선별하여 해제한 것이다. 본 해제집 『재일한인 관련 외교문서 해제집』은 1980년부터 1984년까지 한국정부 생산 재일한인 관련 외교문서를 대상으로, 한국정부의 재일한인 정책을 비판적이고 상대적인 관점에서 통합적인 연구를 추진하는 것을 목적으로 간행된 것이다. 제8권에서는 「재일본 한국인 유골봉환」, 「재사할린 동포 귀환문제」, 「원폭피해자 구호 문제」 등에 관련된 외교문서를 다루었다.

　　현재, 재일한인 사회는 탈식민과 분단의 재일 70년을 지나면서 한일 관계사의 핵으로 남아 있으며, 그만큼 한일과 남북 관계에서 이들 재일한인 사회가 갖는 의미는 강력하다고 할 수 있다. 바꾸어 말하면, 재일한인 사회를 한국과 일본 사이에 낀 지점에서 정치적이고 민족적인 이데올로기를 주입하여 부정적인 이미지로 읽어온 관점은 더 이상 유효하지 않다. 재일한인 사회는 한국과 일본을 상대화시키며 복합적인 의미망을 만들어내고 있기 때문에 오히려 한국과 일본, 그리고 남북 분단의 문제를 새롭게 재조명할 수 있는 위치로 자리매김할 필요가 있다. 특히, 현재 동아시아의 지형도가 급속도로 변화하고 있다는 점에서 남북의 역사적 관계사를 통합적으로 상대화할 수 있는 이른바 중간자로서의 재일한인 연구는 반드시 필요하다. 이에 본 연구팀은 재일한인 사회와 문화가 갖는 차이와 공존의 역학이 한국과 일본, 그리고 북한을 둘러싼 역동적인 관계망 속에서 어떠한 기제로 작동하고 있는지, 한일 양국의 외교문서를 통해서 살펴보고자 하는 것이다.

지금까지 재일한인 관련 외교문서에 대한 선행연구는 한일회담 관련 외교문서를 연구하는 과정 속에서 일부 재일한인의 북한송환사업 및 법적지위협정 문제를 다루고 있을 뿐, 해방이후부터 현재까지의 전체상을 파악할 수 있는 연구는 전무한 상태이다. 특히, 한국인 연구자는 재일한인 연구를 통해 일본의 내셔널리즘을 점검・수정하는 것에 집중한 나머지, 재일한인 사회와 문화에 한국이 어떠한 형태로 개입해 왔는지에 대해서는 그다지 관심을 두지 않았다. 따라서 본 연구팀에서는 한국정부의 재일한인 정책을 비판적이고 상대적인 관점에서 통합적 연구를 추진하기 위해, 한국정부의 재일한인 관련 외교문서는 물론이고 민단을 비롯한 재일한인단체가 발행한 자료를 수집하여 심화연구의 기초적인 자료로 활용할 계획이다. 이를 통해, 재일한인을 연구하는 한국인 연구자의 중립적인 포지션을 비판적으로 사유하고, 한국인의 내셔널리즘까지 포괄적으로 점검・수정할 수 있는 획기적인 토대자료 구축 및 새로운 연구방법론을 모색・제시하고자 한다.

　　본 해제집 제8권에서 다루게 될 외교문서에 대해서 간략히 소개한다. 「재일본한국인 유골봉환」 관련 문서에서는 1980년부터 1984년까지 작성된 재일한인 유골봉환 관련 외교문서를 통해 유골봉환 활동을 펼친 민간단체들은 주로 단독 활동보다 국내외의 다른 단체들과 협력하며 공동으로 유골봉환 활동을 전개한 것을 확인할 수 있다. 특히, 각 지역의 민단과 협력하면서 직접 일본 내의 사찰이나 신사에 안치되어 있는 유골을 조사 및 수집한 후, 한국과 일본 정부의 협조를 구하는 등 적극적으로 유골봉환 활동을 펼치는 일련의 과정을 살펴볼 수 있는 자료이다.

　　그리고 「재사할린 동포 귀환문제」에 관련한 문서는 일본 지식인들과 한국 학자들이 공동으로 사할린한인 귀환문제를 조명하고 국제사회의 책임을 환기시키려는 시도를 엿볼 수 있는 자료이다. 이들 외교문서를 통해서 단지 사할린한인 귀환이라는 물리적 이동을 넘어서, 국가의 책임, 식민 지배의 잔재 청산, 인도주의 실현을 위해 노력하고 있는 점을 살펴볼 수 있다.

　　「원폭피해자 구호 문제」에 관련한 문서에서는 한국인 원폭피해자들의 오랜 염원의 하나였던 도일치료와 관련된 문서를 주로 다루고 있다. 1980년 11월에 시험적으로 10명의 도일치료를 시작한 후, 5년간의 도일치료에 합의한 양국 정부의 합의서 교환(1981.12.01.)부터 합의가 종료되는 1986년 11월 30일까지 총 354명의 한국인 원폭피해자가 도일치료를 받는 과정을 확인할 수 있다.

본 해제 작업은 1년이라는 짧은 기간 동안에 1980년 1월부터 1984년 12월 사이의 한국정부 생산 재일한인 외교문서를 수집하여 DB를 구축하는 작업을 거쳤다. 동아시아연구소의 인문사회연구소 지원사업 연구팀 연구진은 방대한 분량의 자료들을 조사·수집했고, 정기적인 회의 및 세미나를 통해서 서로의 분담 내용들을 공유·체크하면서 해제집 내용의 완성도를 높이는데 심혈을 기울였다.

　　마지막으로, 관련 자료 수집에 적극적으로 협조해주신 외교부 외교사료관 담당자 선생님들께 진심으로 감사드리며, 방대한 분량의 자료수집과 해제작업의 악전고투를 마다하지 않고 적극적으로 집필에 임해준 인문사회연구소지원사업 연구팀 선생님들께도 이 자리를 빌려 다시 한번 깊이 감사드린다. 끝으로 이번 해제집 출판에 아낌없는 후원을 해주신 도서출판 박문사에 감사를 드리는 바이다.

2025년 6월
동의대학교 동아시아연구소
소장 이경규

목차

제3부

한국인 원폭 피해자 구호

해제집 이해를 위한 부가 설명

　본 해제집은 해방 이후인 1980년부터 1984년까지 생산된 대한민국 외교문서 중 공개된 재일코리안 관련 사안들을 모아 해제한 것이다. 외무부 파일은 시기와 주제에 따라 분류되어 있으므로 본 해제집에 수록된 파일들도 그 기준에 의해 정리하였다. 본 해제집은 아래와 같은 기준에 의해 작성되었다.

1. 각 해제문은 제목, 해제, 본문, 이하 관련 문서를 수록하였다.

2. 관련 문서는 동일 내용의 중복, 재타자본, 문서상태 불량으로 인한 판독 불가, 여러 사안을 모은 문서철 안에서 상호 맥락이 연결되지 않거나 상대적으로 중요도가 덜한 부분, 개인정보가 담긴 부분은 채택하지 않았다.

3. 관련 문서는 생산 연도순으로 일련번호를 매겼고, 각 문서철의 기능명칭, 분류번호, 등록번호, 생산과, 생산 연도, 필름 번호, 파일 번호(사안에 따라서는 존재하지 않는 것도 있음), 프레임 번호 등 외교부의 분류 기준을 그대로 사용하였다.

4. 문서의 제목은 생산문서의 원문대로 인용하였으나 제목이 작성되지 않은 경우는 임의로 작성하였다.

5. 문서번호는 전술한 이유로 인해 미채택 문서가 있으므로 편집진의 기준대로 일련번호를 부여하였다.

6. 발신처, 수신처, 작성자, 작성일은 편집부의 형식을 따라 재배치하였다.

7. 인쇄 번짐, 원본 필름의 촬영불량, 판독 불가의 경우 □의 형태로 처리하였으나, 원문에서 판독하기 어렵더라도 동일 사안에서 여러 차례 반복된 단체, 지명, 인명 등은 표기가 명백한 부분을 기준으로 통일성을 기하였고, 오타, 오기 등으로 각기 다르게 표기되었을 경우에는 각주로 이를 처리하였다.

8. 원문의 오기가 있더라도 표기를 그대로 따르는 것을 원칙으로 하였으나, 경우에 따라 임의로 띄어쓰기를 한 곳도 있다.

9. 개인정보 보호를 위해 외교사료관에서 검게 마킹한 부분이 있는데, 여기에 덧붙여 편집부에서 민감한 정보라 생각되는 부분은 ****로 처리하였다.

10. 본문의 한자는 원문과 관계없이 한국어 문서일 때는 정자로, 일본어문서일 때는 약자로 표기하였으나, 문서의 특성에 따라 이를 혼용한 곳도 있다.

제1부
재일본 한국인 유골봉환 건

해방이후 재일한인 외교문서 해제집
제8권 (1980~1984)

재일본 한국인 유골봉환, 1980, 1982, 1983, 1984년도 문서철

『재일본 한국인 유골봉환 1980』문서철에는 일본 유천사에 보관 중인 1,146위의 유골봉환을 둘러싸고 태평양전쟁 전몰 한국인 위령사업 협찬회와 1.20동지회의 지원을 받은 부산영원의 유골 봉환 활동 관련 자료가 수록되어 있다. 재단법인 부산영원은 1971년 8월 21일 보건사회부로부터 태평양 전쟁 한국인 전몰자 유골봉안사업 승인을 받은 단체로 1971년 12월 20일 일본 유천사(祐天寺)에 보관중이던 연고 유골 246위를 봉환하여 유족에게 인도했다. 이후에도 유골봉환 관련 사업을 계속하던 부산영원은 1979년 7월 9일 외무부에 '태평양전쟁 한국인 전몰 무연고 유골 봉환에 관한 건'이라는 제목의 진정서를 제출했다. 부산영원은 진정서를 통해 현재 일본 유천사에 보관되어 있는 1,146위 중에서 본적지가 남한으로 확인된 유골 711위가 연고자가 없다는 이유로 고국으로 돌아오지 못하고 있다고 지적하며 한국정부에 무연고 유골 711위를 봉환할 수 있도록 사업 허가를 요청했다. 부산영원은 일본의 민간단체 '태평양전쟁 전몰 한국인 위령사업 협찬회'와 '1.20동지회' 등과 협력하여 금년 추석 이전에 봉환할 계획이라고 밝혔다.[1]

이에 앞서 1.20동지회[2]도 1977년 2월 24일 외무부에 상기의 무연고 유골 711위의 봉환을 촉구하는 진정서를 제출했다. 1.20동지회는 제2차 세계 대전 당시 전문학교 이상 재학 및 졸업생 4,385명이 학도특별 지원병이란 이름으로 일본군에 입대한 뒤 한국으로 귀국한 학도병 친목 단체였다. 1.20동지회는 1977년 외무부에 제출한 진정서를 통해 1970년 8월 8일 열린 1.20동지회 임시총회에서 태평양전쟁 전몰 한국인 유골봉환사업을 후원하기로 결의한 이후, 제1차 246위 유골봉환과 제2차 911위 유골봉환 등 7년에 걸쳐서 유골봉환사업을 후원해 왔다고 소개했다. 또한 1976년 10월 28일에 시행된 제3차 26위 유골봉환을 마지막으로 연고 유골은 대부분 봉환이 완료되었기 때문에 유천사에 보관 중인 남한 출신 711위의 유골도 조속히 고국으로 돌아올 수 있도록 한국정부에 부산영원의 유골봉환사업에 대해 선처해 줄 것을 요청했다. 그 구체적인 방법으로는 일본의 민간단체 '태평양전쟁 전몰 한국인 위령사업 협찬회'가 일본정부와 교섭하여 민간사업의 일환으로 동 유골을 봉환할 의사를 밝히고 있기 때문에 한국정부가 허락한다면 재단법인 부산영원이 1.20동지회의 후원을 받아 유

---

1) 외교부(1980)『재일본 한국인 유골봉환 1980』 pp.23-24
2) 1972년 2월 3일 작성된 1.20동지회 임원 명단에는 명예회장 국회의원 장경순(張坰淳), 회장 국회의원 구태회(具泰會)와 같은 정치인을 비롯해 기업인, 교육자 등 사회 각 분야에서 활동하는 총 15명의 이름과 직업이 기재되어 있다. 서울시에 사무소를 두고 부산과 각 도(道) 및 일본 도쿄에 지부를 설치한 1.20동지회는 1974년 일본정부에 1944년 1월 20일 일본군에 입대한 4,385명의 한국인 명단을 요청했다.

골봉환을 추진한다는 계획이었다. 또한 동 유골봉환은 민간사업이므로 한국정부의 예산지원 없이도 충분히 실현가능하다고 덧붙였다.[3)

1.20동지회와 함께 유골봉환사업에 참여한 태평양전쟁 전몰 한국인 위령사업 협찬회(이하, '협찬회')는 1972년 9월 1일 일한문화협회의 산하 단체로 설립됐다.[4) 사무소는 일한문화협회 내에 설치했고 이사장과 사장도 일한문화협회와 동일했다. 협찬회는 도쿄 유천사에 안치 중인 유골과 그 외 태평양전쟁 전몰 한국인의 유골봉환 및 위령사업에 협력하여 한일 양국민 간의 친선우호의 열매를 맺고 더불어 세계인류 평화에 기여하는 것을 목적으로 설립됐다. 목적 달성을 위한 구체적인 사업으로 ① 한일양국 정부 간의 외교교섭과 병행하여 유골봉환에 필요한 민간 협력과 ②일본 국내에서 기금을 모아 한국 부산에 위령탑, 납골당 및 사원(평화사)을 건립한다는 계획을 세웠다. 이처럼 일본 유천사에 안치 중인 유골을 포함해 태평양전쟁 전몰 한국인의 유골봉환사업을 계획하던 협찬회가 우연한 계기로 한국의 평화사건립위원회와 접촉하여 그 뜻을 함께하기로 했던 것이다.[5) 평화사건립위원회는 국회의장 등을 역임한 육영재단이사장 곽상훈(郭尙勳)이 위원장을 맡은 단체였다. 곽상훈은 평화사건립위원회 취지문에서 부산 외곽의 금정산 기슭에 있는 부산영원 내에 '평화사(平和寺)'를 건립할 계획으로 지난 6월 12일 착공하여 이듬해 가을까지 준공할 예정이라고 밝혔다. 평화사건립위원회가 작성한 태평양전쟁 전몰한국인 위령사업서에는 단체의 고문으로 국회부의장이자 1.20동지회 회장 장경순과 이방자(李方子) 여사의 이름이 기재되어 있다. 재단법인 부산영원 이사장 정기영도 실행위원장을 맡아 평화

---

3) 외교부(1980)『재일본 한국인 유골봉환 1980』, pp.25-26
4) 태평양전쟁 전몰 한국인 위령사업 협찬회의 모체는 사단법인 일한문화협회(日韓文化協会)로 박춘금(朴春琴)의 재산 기부에 의해 1957년 도쿄에서 설립됐다. 일한문화협회는 한일공영의 본의에 입각하여 한일문화의 교류를 도모하고 일본에 거주하는 한국인의 생활과 문화의 향상을 촉진하여 한일 친선우호의 결실을 맺는 것을 목적으로 하였다. 이와 같은 목적달성을 위해 일한문화협회는 다음과 같은 사업을 실시했다. ① 한국인유학생, 재일한국인학생 및 일본인학생을 위한 학생기숙사의 설치운영 및 학생들을 위한 학자금 지급 또는 대여에 관한 사업, ② 민족문화 소개 등 한일문화의 교류에 관한 사업, ③ 재일한국인의 환경 개선, 생업 알선, 기술 훈련, 그 외 재일한국인의 생활과 문화의 증진에 관한 사업, ④ 재일한국인에 대한 갱생원호에 관한 사업, ⑤ 재일한국인 여자에 관한 보육(補育)사업, ⑥ 기관지 발행에 관한 사업, 그리고 마지막으로 그 외 앞의 목적을 달성하기 위해 필요한 사업 등을 추진했다. 1972년 7월 15일 현재 협회의 임원 명단에 이사장 야기 노부오(八木信雄), 회장 이시이 고지로(石井光次郎), 부회장 야스이겐(安井謙)과 허필석(許弼奭) 등이 이름을 올리고 있다. 이 중에서 33개의 단체로 구성된 '일본국민회의(日本国民会議)'의 의장을 겸임했던 야기 노부오 이사장은 1974년 4월 24일 '한국인 전몰자 유골봉환에 관한 청원'을 채택하여 일본 수상 등 관계자 15명에게 제출했다.
5) 당시 외무부 동북아주과는 태평양전쟁 전몰 한국인 위령사업 협찬회에 대해 부산영원의 정기영 이사장이 김정주 민단단장의 소개로 일한문화협회의 야기 노부오 이사장과 접촉하여 창립된 단체로 파악하고 있었다. 외교부(1980)『재일본 한국인 유골봉환 1980』, p.2

사건립위원회의 사업을 추진해 갔다.[6]

이외에도『재일본 한국인 유골봉환 1980』에는 동진회의 활동 관련 자료가 다수 수록되어 있다. 1980년 10월 27일 주일대사관은 '구 일본군 전범 유골문제(언론보도)'라는 제목으로 외무부에 보고서를 제출했다. 주일대사관은 보고서에 24일자 석간 마이니치 신문(每日新聞)에 실린 '한국출신 전범자 동진회'[7] 회원들의 유골송환에 관한 문제를 다룬 기사 내용을 첨부하며 동진회가 과거 몇 차례에 걸쳐 요구하고 있는 피해 보상문제와 처형된 회원들의 유골봉환에 대한 정부의 조속한 회답을 요청했다. 일본정부는 동진회 측에 피해 보상은 청구권 협정으로 이미 해결 되었고 유골봉환은 유족의 소재가 명확히 기재된 명부를 제출한다면 책임지고 유골을 송환하겠다는 입장을 전달했다.[8] 한국정부도 일본정부와 마찬가지로 한일 양국 간의 청구권은 1965년 6월 22일 체결된 청구권 협정에 의해 완전히 그리고 최종적으로 해결됐다고 강조하며 동진회 회원들의 피해 보상을 일본정부에 청구할 수 없다고 회답했다. 또한, 1977년 1월 19일에 공포된 '대일민간청구권 신고에 관한 법률' 제2조 9항은 신고 대상의 범위를 '일본국에 의하여 군인·군속 또는 노무자로 소집 또는 징용되어 1945년 8월 15일 이전에 사망한 자'로 규정하고 있기 때문에 동진회는 청구권 신고 대상자가 아니라고 강조했다.[9] 결국, 한국정부는 1979년 5월에 동진회가 일본국회에 유골송환을 요청하는 진정서만을 제출한 사례를 들어 동진회가 보상문제보다는 유골송환에 더 역점을 두고 있다고 판단하고 주일대사관에 보상 문제에 관한 현재 상황을 동진회 측에 설명하고 납득시키도록 지시했다. 유골봉환 문제에 관해서도 동진회가 직접 북한출신 유골 4위의 유족이 한국에 거주하는지 여부와 함께 남한출신 유골의 유족 주소와 명부를 작성 및 제출하도록 유도하고 한국정부는 이를 외교적 측면에서 지원하기로 했다.

---

6) 외교부(1980)『재일본 한국인 유골봉환 1980』, pp.57-59

7) 문서철에 수록된 자료「한국 출신 전범자 "동진회"의 진정」에는 동진회의 성격에 대해서 '1942년 2차 세계대전 당시 일본정부에 의해 계약 형식으로 징용되어 남방 연합군 포로 수용소 감시요원으로 복무하다가 종전 후 포로학대의 책임을 지게 되어 연합국 군사재판소에서 유죄판결을 받은 자들의 모임'으로 정의하고 하고 있다. 1979년 8월 16일에는 종전 후 처형된 23명의 유골 중 미귀환 유골 11위(북한 출신 4위, 남한 출신 7위)가 도쿄에 위치한 유천사와 조영원(照栄院)에 안치되어 있기 때문에 이들에 대한 피해보상과 유골봉환을 촉구하는 진정서를 제출하기도 했다.

8) 1980년 10월 야나기 이쿠오 후생성 원호국 업무 제1과 조사자료실장은 한국정부가 한일조약에서 대일청구권을 포기하였기 때문에 동진회의 요구는 한국의 국내 문제로서 처리해야 한다고 언급하면서 유족의 소재가 명확한 유골의 송환은 가능하다고 밝혔다.

9) 외교부(1980)『재일본 한국인 유골봉환 1980』, p.73. 재무부는 동진회의 보상 문제에 대해 1971년 11월 형사자 변종윤 씨의 유족이 한국정부에 제출한 '대일 민간청구권 신고'를 '1945년 8월 15일 이전에 일본국 및 일본국민에 대하여 발생한 청구권이 아니다'라는 이유로 대일 민간청구권 수리 거부 결정을 통지했던 재무부의 과거 사례를 참고했다.

한편 한국정부의 답신을 받은 동진회는 현실적으로 피해보상을 받을 수 없다는 점은 감수하겠다며 한일청구권 협정 2조의 해석상 처음부터 일본정부에 대한 보상 청구 권리가 없었던 것인지 아니면 일본정부에 대한 청구권은 인정되나 청구권협정 과정에서 동진회가 신고대상에서 누락된 것인지에 대해 재차 문의했다. 동진회 측은 한국정부에 동 문의가 금전적인 보상보다는 앞으로의 유골 처리에 대한 방향성을 검토하는 데에 참고하려 한다고 설명했다.[10] 이에 대한 한국정부의 답신은 1981년도 문서철 등 관련 자료가 없기 때문에 정확히 파악할 수 없다. 하지만, 1982년도 문서철 『재일본 한국인 유골봉환 1982』에서도 동진회의 유골봉환 활동이 계속되고 있음을 확인할 수 있다. 1982년 9월 13일 동진회 이학로(李鶴来) 총무는 주일대사관을 방문해 동진회가 일본의 의회와 후생성 등에 유골봉환에 관한 적절한 조의와 성의표시를 요청한 결과 후생성 측이 유골봉환 시에 유골마다 후생성 장관 명의의 조사(弔辞)를 첨부하고 약간의 부의금을 지급하기로 했다고 전했다. 또한, 전후처리문제에 힘써 온 청소년육성단체 건청회(健青會)의 스에쓰구 이치로(末次一郎) 회장의 주선으로 유골 1위당 30만엔의 위로금도 받을 수 있게 되었기 때문에, 이번 가을에 일본 조영원에 보관되어 있는 미귀환 유골 11위 중 유족이 확인된 남한출신 유골 5위의 유골봉환을 위한 한국정부의 협조를 구했다. 결국, 한국정부와 일본정부 간의 협상 끝에 유족이 확인된 유골 5위는 같은 해 12월 7일 김포공항을 통해 해방 후 37년만에 고국의 땅으로 돌아올 수 있었다. 일본정부는 '무용한 트러블 방지'를 위해 유골인도 시에 일본 측 관계자가 유족이나 동진회 회원과 직접 접촉하지 않도록 해 줄 것, 그리고 과도하게 보도되지 않도록 배려해 줄 것을 한국정부에 요청했다. 유골봉환에 앞서 12월 6일 메구로에 있는 우천사에서 위령제가 열렸는데 일본정부 측은 후생성 원호과장과 외무성 아주국장, 북동아과장 및 관계자가 참석했고 한국정부는 주일대사가 참석했다.

유골봉환은 김포공항의 검역관실 및 귀빈실에서 거행됐다. 일본 측은 후생성 원호국 업무 1과장 외 2명이 참석했고 한국정부는 보건사회부 사회과장 외 2명, 외무부 관계관, 동진회 회장 외 1명, 유족대표 변광수 외 4명이 참석했다. 봉환절차는 후생성 원호국 업무 1과장의 책임하에 유골을 김포국제공항까지 운송한 후, 김포공항 검역관실에서 보건사회부 사회국 사회과장에게 인도하면 동 검역관실에서 보건사회부가 유족에게 인계하도록 했다. 향전금은 유골 1위당 일본정부가 10만 원, 한국정부가 '사회복지사업기금 중 위문금' 명목으로 10만 원을 지급했다. 유골봉환이 완료된 후, 다음 날인 12월 8일에는 프라자호텔에서 내한한 일본 측 대표 3명을 초대한

---

10) 외교부(1980)『재일본 한국인 유골봉환 1980』, pp.89-91

오찬이 열렸다. 한국 측은 보건사회부 국장 외 2명과 해외희생동포 위령사업회장이 참석했다.[11]

이와 같은 동진회의 활동 외에도 동 문서철에는 사단법인 해외희생동포위령사업회(이하 '위령사업회')의 활동양상을 알 수 있는 자료가 다수 기록되어 있다. 1982년 1월에 위령사업회는 외무부에 제2차 세계대전 당시 해외에서 희생된 동포들에 대한 위령사업에 필요한 자료를 요청했다.[12] 4월에는 위령사업회 회원 9명이 주아가나 총영사와 함께 팔라우를 방문하여 팔라우 대통령 및 정부 고위층과 면담을 하는 등 한국정부와 팔라우 정부 간의 우호증진에 협력하기도 했다.[13] 또한, 위령사업회는 유골봉환 사업 외에도 1982년 7월 29일에 외무부장관에게 '일교과서 왜곡 부분에 대한 자료협조 의뢰'를 제출해 일본정부의 역사왜곡문제에 항의하기도 했다. 같은 해 7월 23일자 조선일보에 실린 '일제치하 한국인은 일(日)국적 44년 이전 징용 강제 아니다'라는 기사에서 일본 문부성 교과서 검정 담당관이 당시 조선인은 일본 국적으로 점령하에 있던 중국인과는 법적지위가 다르고, 전시중의 조선인 내지(內地) 이입은 시기에 따라 다르다고 언급하며 이러한 견해가 일본정부의 공식 견해라고 말한 점을 문제삼았다. 즉, 검정담당관의 견해는 태평양전쟁 당시 일제에 의해 징병, 징용, 정신대 등에 끌려간 것을 강제동원된 것으로 인식하는 위령사업회의 설립 취지와도 상반되며 이와 같은 견해를 수용한다면 위령사업회를 인가한 한국정부의 입장도 재고돼야 한다는 것이었다. 이에 위령사업회는 일본정부가 검정한 '일본사'와 '현대사회' 교과서에서 왜곡미화된 부분의 자료와 함께 교과서의 검정 경위 등의 기타 관련 자료를 위령사업회에 조속히 제공해 주기를 요청하는 등 일본정부의 역사왜곡 문제에 대해서도 적극적으로 대응했다.[14]

다음으로 살펴볼 문서철『재일본 한국인 유골봉환 1984』에서는 국제민간외교협회(이하, '외교협회')와 재일한국청년 상공인연합회(이하, '상공인연합회')의 활약상이 눈에 띈다. 1984년 8월 17일 외무부에 외교협회로부터 공문 발송 협조요청 의뢰서가 접수된다.[15] 외교협회는 1978년에 설립된 단체로 회장은 이안범이었고 사무소는 서울에 있었다. 의뢰서에 따르면 외교협회는 1983년 9월 26일 일본 야마구치 현 미네시에 매장되어 있던 한국인 무연골 12주를 한국정부의 지원없이 민간외교 차원에서 일본정부와 단독으로 교섭하여 천안 망향의 동산에 안장했다. 또한, 외교협회

---

11) 외교부(1982)『재일본 한국인 유골봉환 1982』, pp.65-66, pp.142-152
12) 외교부(1982)『재일본 한국인 유골봉환 1982』, p.23
13) 외교부(1982)『재일본 한국인 유골봉환 1982』, pp.28-33
14) 외교부(1982)『재일본 한국인 유골봉환 1982』, pp.51-53
15) 외교부(1984)『재일본 한국인 유골봉환 1984』, pp.115-133

는 이번에도 히로시마 지역에 안치된 유해를 오는 9월 25일 천안 망향의 동산에 안치할 예정으로 이미 토지 매입 계약도 완료했다고 덧붙였다. 이에 히로시마 현지에서 한국인 무연골 83위를 보관 중인 일본인 후카가와 무네토시(深川宗俊)[16] 씨의 부탁을 받아 유골봉환이 순조롭게 진행되도록 외무부에 일본의 외무성과 후생성 그리고 주일한국대사관에 협조 공문을 발송해 주기를 의뢰한 것이었다.[17]

의뢰서를 접수한 외무부는 8월 27일 주일대사관에 동 유골봉환의 절차와 문제점 등에 관해 일본 외무성 및 후생성과 구체적으로 협의한 후 그 결과를 회보하도록 지시했다. 주일대사관은 9월 22일 외무부에 일본정부와의 협의 결과를 다음과 같이 보고했다. 일본 외무성 북동아과 히사이치 과장보좌는 그간 후생성 관계관과 동 유골봉환문제를 협의해 왔는데, 후생성 측은 일본인으로 구성된 한국인 원폭 피해자 구원 시민회와 히로시마 민단단장이 민간베이스의 유골 송환을 반대하며 국가베이스에서 일본정부가 정식으로 한국정부에 인계할 것을 요구하고 있기 때문에, 일본정부가 발굴보관하고 있는 유골 45주와 함께 한국정부에 정식으로 인계하는 것을 검토 중이라고 전했다.[18]

이런 가운데 10월 3일에는 상공인연합회 김철도 전무가 주일대사관을 방문해 상공인연합회가 외교협회와 공동으로 후카가와 씨가 보관 중인 유골 83주와 최근 일본정부가 발굴하여 보관하고 있는 45주의 인수를 희망한다며 협조를 요청해 왔다. 이에 주일대사관은 민간단체의 유골인수문제에 대해 외무성에 의견을 물었다. 외무성은 한국정부가 유골 인도를 공식 요청하여 형식적으로는 정부 간에 유골을 인도하는 것으로 하되 실제로는 민간단체가 유골을 인도하는 방법이 좋을 것 같다고 답신했다. 주일대사관은 외무부에 이와 같은 내용을 보고하며 일본정부에 유골 인도를 공식적으로 요청할 것인지 여부와 상공인연합회 측의 요구에 대한 검토를 요청했다. 주일대사관의 전보를 받은 외무부는 곧바로 보건사회부에 일본정부가 지난해 8월과 금년 6월에 대마도에서 발굴한 한국출신 징용공 유골 45주의 봉환에 대한 보건사회부의 입장을 물었다. 보건사회부는 동 유골이 우리 동포의 유골임이 확인되고 유골

---

16) 1983년 3월 4일 시모노세키 총영사는 히로시마 지방 민단 본부의 조사를 토대로 외무부에 후카가와 씨에 대한 보고서를 제출했다. 시모노세키 총영사는 보고서에서 후카가와 씨는 전후 수년간 일본 공산당에 입당하여 활동한 사실이 있지만 성격이 맞지 않아 탈당했고 현재는 일본 공산당과 관계가 없다고 전했다. 또한, 후카가와 씨의 유골봉환 운동은 인도적 견지에서 전개하는 활동이라고 보고했다. 외교부(1983)『재일본 한국인 유골봉환 1983』, p.19
17) 외교협회의 의뢰서에는 '1.일본 후카가와 씨 협조 요청 공문 사본'이 첨부되어 있는데 사본에는 후카가와 씨의 직함이 '한국 미쓰비시 징용피폭자·유가족·귀국조난자·전후문제대책회의대표'로 되어 있다. 이외에도 '2.외무부 이첩 공문 사본', '3.국립 망향의 동산 공문 사본', '4.폐 협회 발송 공문 사본' 등이 함께 첨부되어 있다.
18) 외교부(1984)『재일본 한국인 유골봉환 1984』, p.142, p.144

봉송 및 안장에 소요되는 경비를 일본정부가 부담한다면 유골 인수가 가능하다고 회답했다. 하지만, 일본정부는 지금까지 정부 간 유골 인도의 경우 일본정부가 당지에서 위령제를 지내고 유골을 외무성 직원이 서울까지 동행하는 데에 드는 봉송비는 부담하였으나 안장비용까지 부담한 적은 없다며 대마도에서 발굴한 한국인 유골 45주도 전례에 따라 인도하기를 희망한다는 입장을 밝혔다.[19]

 유골봉환을 둘러싸고 한일 정부 간의 교섭이 난항을 겪게 되자 11월 23일 외교협회 이안범 박사는 외무부를 직접 방문해 동 유골봉환 건에 관해 면담을 갖게 된다. 면담자로는 동북아1과장 김석우, 동북아 1과 서형원, 보건사회부 사회국 사회과 김일선이 참가했다. 이안범 박사는 왜 후카가와 씨가 한국정부의 정식 공문을 고집하는지 묻는 김석우 과장의 질문에 대만은 유골봉환시 1주당 300만 엔의 보상금이 지급되었는데, 한국의 경우는 외무성이 대일청구권 협정으로 피해보상문제가 해결되었다고 주장하고 있기 때문에 한국정부의 협력을 요청한 것이라고 답변했다. 또한, 미쓰비시 측에 고인들의 체불 임금만이라도 보상하라고 요구했으나 미쓰비시 측으로부터 유족이 없으면 보상대상이 사실상 존재하지 않기 때문에 보상은 어렵다는 답신을 받았다. 그래서 후카가와 씨가 수차례 한국을 방문해 유족을 찾았지만 결국 실패했기 때문에 일본정부의 사죄를 촉구하는 의미에서라도 한국정부가 일본정부에 공문을 발송해 유골봉환에 대해 협조를 요청해주기를 재차 촉구했다. 이안범 박사가 회의실을 나간 후, 보건사회부 김일선은 외교협회에서 봉환을 추진 중인 유골은 한국인의 유골이고 망향의 동산에서 안장 신청이 승인되면 유골봉환을 반대할 이유는 없다고 언급했다. 다만, 일본정부에 협조 공문서를 발송시에 공문서 사본이 모금을 위한 운동에 남용되지 않도록 할 필요가 있다고 강조했다. 결국 동 유골봉환 건은 매우 복잡한 문제이므로 안기부에 연락을 취해 보건사회부, 안기부, 외무부 간 실무자 회의를 통해 검토 후에 결정하기로 했다.[20]

 하지만 일본 정부와 유골봉환문제와 관련해 실질적인 교섭을 담당하고 있던 외무부의 동 유골봉환 건에 대한 인식과 대응도 타 부서와 크게 다르지 않았다. 외무부는 동 유골봉환문제에 정부가 관여시의 문제점으로 과거에 민간이 보관하고 있는 유골은 민간 차원에서 봉환이 이루어졌기 때문에 동 유골봉환에 정부가 관여할 필요성 여부와 관여시의 절차를 문제의 초점이라고 파악했다. 또한, 동 유골봉환 건을 검토시에 고려 사항으로 일본 내 한국인 유골봉환 전반에 관한 정책과 민간 단체가 과열 개입할 경우의 대책을 들었다.[21] 이중에서 무연고 유골 봉환을 둘러싼 민간단체의

19) 외교부(1984) 『재일본 한국인 유골봉환 1984』, pp.146-152, p.154
20) 외교부(1984) 『재일본 한국인 유골봉환 1984』, pp.244-245
21) 외교부(1984) 「"국제 민간 외교 협회"의 유골 봉환 청원 검토」『재일본 한국인 유골봉환 1984』,

활동에 대한 외무부의 인식은 11월 국회에서 열린 유준상 국회의원과의 질의응답에서도 엿볼 수 있다. 외무부는 일본 내 사찰 등에 방치되어 있는 태평양 전쟁 전몰 한국인의 유골봉환에 대한 정부의 대책을 묻는 유준상 의원에게 그간의 유골봉환의 경과를 보고했다. 또한, 최근 국내 민간단체들이 일본 내 민간보관 유골과정에 정부의 개입을 요구하고 있지만 정부는 과거에 민간단체 주도의 유골봉환시 발생했던 치부 행위, 진짜 시비 등의 제반 부작용과 일본정부의 책임 이행 문제 등을 고려해 민간단체 주도의 유골봉환 과정에 정부의 개입을 삼가고 있다고 설명했다. 금후 정부는 연고자가 확인된 유골의 경우 연고자가 봉환을 요청할 경우 가능한 지원을 다 하겠지만, 연고자가 없는 무연골의 경우는 국내봉환보다 일본의 책임 이행 및 과거 반성을 촉구하기 위해 일본 내 위령탑 설립 방안 등을 관계부처 간의 협의를 통해 추진할 방침이라고 덧붙였다.[22]

이러한 유골봉환에 대한 한국정부의 정책 방침과 인식은 후카가와 씨가 보관 중인 유골 83주의 봉환을 위해 외교협회와 상공인연합회가 공동으로 요청한 협조공문 건을 둘러싼 관계 실무자 회의에서도 확인할 수 있다. 11월 29일 외무부 아주국장실에서 열린 실무자회의에는 외무부 아주국장, 외무부 동북아 1과장, 안기부 3국 일본담당, 보건사회부 사회국 사회과장이 참석했다. 먼저 유골문제 전반에 대해 보건사회부는 일본 각지에 한국인 유골이 산재되어 있기 때문에 한국인 유골로 판명이 날 경우 한국으로 봉환할 것인지에 대한 정부의 기본 입장이 확립될 필요가 있다고 강조했다. 하지만 무엇보다도 정부의 예산 확보가 가장 중요한 문제라고 언급하면서 봉환문제를 산발적으로 다루면 비효율적이고 비용 부담이 커지기 때문에 정부가 일본에 조사단을 파견하여 전반적인 유골 분포 상황을 조사하여 장기적인 정책을 수립할 것을 주장했다. 이에 대해 안기부는 유골 봉환에 대해 몇몇 사람들이 명분을 이용하여 돈벌이를 해 왔고 이에 동조한 일본인들은 일본 내 도시 계획, 도로 건설 등에 방해가 되는 한국인의 묘지를 처리하려는 등 그 동기가 매우 불순하다고 지적했다. 그렇기 때문에 정부는 전적으로 일본정부에 책임이 있다는 입장을 견지하면서 연고자가 확인된 유골은 유족에게 봉환하고 무연골은 일본 현지에서 뜻있는 사람들에 의해 위령탑을 건설하도록 유도할 것을 제안했다. 외교협회의 요청에 대해서도 일본 정부로부터 비용을 뽑아내려는 의도가 있기 때문에 정부는 관여할 일이 아니라고 강조했다. 보건사회부도 여권 발급으로 장사를 하려는 인상이 강하다며 안기부에 의견에 동조했다. 외무부는 일본 내 한국인 유골에 대한 전반적인 조사의 필요성 및 가능성에 대해서는 동감했지만, 외교협회의 청원을 거부했을 때 발생할 수 있는

pp.247-248
22) 외교부(1984)『재일본 한국인 유골봉환 1984』, p.239

문제점에 대해서는 우려의 목소리를 냈다. 결국, 한국정부에 협조 공문을 요청한 외교협회의 청원은 민간인 보관 유골봉환에 정부가 직접 관여한 전례가 없고 과거 봉환 과정에서 발생한 민단단체의 영리 행위 등의 부작용 등을 이유로 거부당했다.[23]

마지막으로 살펴볼 문서철『재일본 무연골 봉환 1984』에도 여러 민간단체들과 민단의 적극적인 유골봉환 활동을 보여 주는 자료가 수록되어 있다. 1984년 3월 28일자『서울신문』에 '일제 때 징용희생자 유골송환사업 추진-재일 한국부인회'라는 기사가 실렸다. 기사에 따르면 '재일본 대한민국 부인회(이하, '한국인부인회')'와 일본인 민간단체 '강제연행 희생자 유골제사 송환협회(이하, '송환협회')'가 '한국인 강제연행 희생자 유골제사 송환사업' 발족식을 3월 26일 도쿄에서 거행하고 금후 일본의 전국 사찰에 안치되어 있는 한국인 유골을 매년 3~4회에 걸쳐 모국으로 봉송하여 망향의 동산에 안치할 계획이라고 밝혔다. 기사를 접한 외무부는 주일대사에게 동건에 대해 조사 후 보고하도록 지시했다. 주일대사관의 조사에 의하면 송환협회는 지금까지 재일한국인 유지(有志)에 의해 위령제 및 송환사업을 추진해 왔으나 일본의 공적 기관 및 유지들은 동 사업에 비협조적인 태도를 취했다고 한다. 이를 우려한 송환협회는 늦게나마 무연골의 제사 및 송환사업의 실시를 목적으로 송환사업 발족식을 거행한 것이었다. 특히 사업추진에 있어서 한국인부인회가 전폭적으로 지원하기로 했다. 도쿄에서 열린 두 단체의 송환사업 발족회의에는 송환협회의 요시다 세이지(吉田淸治) 회장[24]과 이케다 슌(池田俊) 부회장이 참석했고 한국인부인회 측에서는 배순희(裴順姬) 회장 등 약 30명이 참석했다. 송환협회는 발족회의에서 금후의 사업추진 계획에 대해 먼저 조사기간을 4월~6월까지로 설정하고 한국부인회와 함께 전국의 사찰에 안치된 한국인 무연골을 조사하기로 했다.[25] 특히 후쿠오카현 지쿠호 탄광지역의 유골을 대상으로 조사하여 7월경 제1차 무연골 송환을 목표로 했다. 송환경비는 1회에 2~3백만 엔이 소요될 것으로 예상하며 현재 6~7회분의 송환경비가 모금되었다고 보고했다.[26]

이외에도 1984년에는 재일본대한민국거류민단(이하, '민단')의 무연골 봉환활동이 활발하게 이루어졌다. 민단 미야기현 지방본부는 1983년에 '미야기현 동포 무연골 본국이장사업 추진위원회(이하, '추진위원회')'를 구성하여 현내 각 사찰과 신사에 안

23) 외교부(1984)『재일본 한국인 유골봉환 1984』, pp.286-299
24) 주일대사관은 외무부에 제출한 문서「무연골 봉환사업」에서 요시다 회장에 대해 1983년 12월 23일 충남 망향의 동산에 일본인의 사죄비를 설립한 전 야마구치 현 노무보국회(勞務報国会) 시모노세키 지부의 동원부장으로『나의 전쟁범죄(조선인 강제연행)』의 저자라고 보고했다.
25) 송환협회는 전국의 사찰에 약 5만주의 한국인 무연골이 안치된 것으로 추정하고 그중 약 1만주는 확인가능할 것이라고 봤다.
26) 외교부(1984)『재일본 무연골 봉환 1984』, pp.29-42

치된 무연골을 망향의 동산에 봉안하는 사업을 추진했다. 이미 현내의 20개 사찰로부터 인수받은 50위의 유골에 대해서는 1984년 4월에 망향의 동산에 안장할 계획을 세우고 한국정부에 협조를 요청했다. 민단 미야기현 지방본부단장 성낙우가 추진위원장을 맡았고, 미야기현 민단 3기관장, 고문, 산하단체장, 지부단장, 친목단체장 등 28명이 위원으로 사업에 참여했다. 총 소요예산은 민단유지들의 성금으로 모금된 250만 엔이었다. 결국, 추진위원회는 한국정부의 협조를 얻어 성낙우 단장 외 12명이 무연골 52위와 함께 4월 3일 김포공항을 통해 입국하기로 했다. 유골 52위 중 3위는 유족이 확인되었기 때문에 추진위원회는 서울에서 유골 3위의 유족과 만남을 갖기로 했다.[27)]

민단 야마구치현 지방본부도 야마구치현 한일친선협회와 함께 제2차 세계대전 중에 희생된 한국인 무연골을 망향의 동산에 안치하는 사업을 추진해 왔다. 야마구치현 관내 사찰에는 무연골 600위가 가안치된 것으로 추정되는데 이번에 수집된 184위를 고국으로 봉환할 계획을 세우고 한국정부에 협조를 요청했다. 강정일(姜正一) 야마구치현 민단 단장 등 간부 40명과 이가와 가즈미(井川克己) 한일친선협회 회장 등 12명의 협회 측 인사들로 구성된 무연골 봉환 모국 방문단은 1984년 5월 2일 한국으로 출발하기에 앞서 시모노세키 회관에서 합동 위령제를 지내고 5월 3일 부산행 훼리편을 통해 입국했다.[28)]

이처럼 1980년부터 1984년까지 작성된 재일한국인 유골봉환 관련 외교문서를 통해 유골봉환 활동을 펼친 민간단체들은 주로 단독으로 활동하기 보다는 뜻을 같이하는 국내외의 다른 단체들과 협력하며 공동으로 유골봉환 활동을 전개한 것을 확인할 수 있었다. 특히, 민간단체들은 각 지역의 민단과 긴밀히 협력하면서 직접 일본 내의 사찰이나 신사에 안치되어 있는 유골을 조사 및 수집한 후, 한국과 일본 정부의 협조를 구하는 등 적극적으로 유골봉환 활동을 전개했다. 또한, 위령사업회처럼 유골봉환 관련 자료의 수집 대상 국가를 일본 뿐만 아니라 남부아시아 및 오세아니아 지역으로 확대하고 현지 유족의 생활실태까지 파악하려는 모습도 살펴볼 수 있었다.

하지만 한국정부는 이러한 국내외의 여러 민간단체들의 활동에 대해 적극적으로 지원을 하기보다는 민간단체의 난립, 목적 이탈 등의 부작용이 발생할 가능성과 일본정부의 책임 이행 문제 등을 우려해 소극적으로 대처했다. 또한, 유족들의 보상금 문제를 포함해 유골이 유족에게 인도될 때에도 일본정부의 관계자와 접촉을 자제시키는 등 유골봉환 문제에 있어서 여전히 유족의 목소리는 철저하게 배제되었다.

---

27) 외교부(1984) 『재일본 무연골 봉환 1984』, pp.2-28, p.33
28) 외교부(1984) 『재일본 무연골 봉환 1984』, pp.43-58

① 재일본 한국인 유골 봉환, 1980

② 재일본 한국인 유골봉환, 1982

③ 재일본 한국인 유골봉환, 1983

④ 재일본 한국인 유골봉환, 1984

⑤ 재일본 무연골 봉환, 1984

① 재일본 한국인 유골 봉환, 1980

○ ○ ○

기능명칭: 재일본 한국인 유골 봉환, 1980

분류번호: 791.28

등록번호: 17723(15160)

생산과: 일본담당관실

생산연도: 1980-1980

롤번호: 2010-82

파일번호: 06

프레임 번호: 0001-0092

1. 재일한국인 유골봉환(아북700-867 지시에 대한 조사 보고)

재일한국인 유골봉환(아북700-867 지시에 대한 조사 보고)

가. "태평양 전쟁 전물 한국인 위령사업 협찬회"의 모체는 "일·한 문화협회" 인바, 동협회는 한국인 유학생에의 숙소제공등 사업을 하고 있음.

나. 동협찬회는 부산영원 정기영이 김정주 민단단장의 소개로 일·한 문화 협회 이사장 "야기노부오(八木信雄)"와 접촉하여 창립된것임.

다. 모금준비는 되어 있으나 실제모금은 한·일간에 봉환에 합의를 보고 한국정 부가 부산영원을 한국측 인수자로 공식 인정한후에 개시될 예정으로 대기중 에 있음.

라. "야기"이사장은 "이시이" 회장이 최소한 5천만엥은 모금이 되지 못하면 한국 에 대하여 면목을 잃는다고 역원에게 역설하였다 함.

마. 유골봉환을 위해 활동중인 부산영원과 "태평양 전쟁 한국인 전몰자 유골 봉환회"에 대하여 외무성 관계관은 사견으로 한국정부가 민간 단체에 인수 시킬 경우 부산 영원으로 인수케함이 좋다고 함.

첨부: 일·한협회, 위령사업현찬회, 야기씨경력, 평화사건립위원회 역원 각1부.

2. 보건사회부 공문-재일본 무연유골 봉환에 대한 협조요청

보건사회부
번호 사회1461-71247
일시 1980.9.20.
발신 보건사회부장관
수신 외무부장관
참조 아주국장
제목 재일본 무연유골 봉환에 대한 협조요청

　　1. 태평양 전쟁중 일본 지역에서 희생된 한국인중 일본 정부 당국에서 확인 하여 일부가 본국으로 봉환되고, 무연고로 간주되는 유골이 아직 일본국에 남아 있는 바,

　　2. 이 잔여유골을 마저 봉환하여 고국의 동산에 안장하도록함이 다수 국민의

뜻인것으로 사료되는 바이니 귀부에서 일본국 정부와 협의하여 조속히 봉환돌
수 있도록 조치하여 주시기 바라며,

　　3. 당부에 접수된 인원인에 제시한 자료를 별첨과 같이 송부하니 참고하여
주시기 바랍니다.

첨부 1. 진정서 사본 1부.
　　 2. 부영(釜靈)제 52호 원문사본 1부.
　　 3. 부산영원 공문(부영 제 27호) 사본 1부.
　　 4. 기타자료 사본 1부. 끝.

보건사회부 장관

2-1. 첨부-진정서

陳情書

內容: 太平洋戰爭韓國人戰沒無緣故遺骨奉還促進에 關한 陳情

　　本人은 1971年 12月 20日 當時 財団法人釜山靈園理事長으로서 保社部의 承認을
얻어 日本東京裕天寺 에 安置되어있는 太平洋戰爭에서 韓國人으로서 戰沒한 遺骨
2,330位中 有緣故分 246位를 奉還하여 遺族에게 引繼하고 그 一部를 現在까지 釜山
市立公園墓地內納骨堂에 奉安하도록한 사람입니다.

　　그뒤 政府에서 第2次 第3次로 都合 937位를 奉還한바 있읍니다만 解放된지 35年
이 經過한 오늘까지 아직도 1,146位의 冤魂이 日本땅에 放置되어 있음은 民族의 衿
持로나 나라의 體面으로나 부끄럽고 안타까운 일이 아닐수 없읍니다.

　　지금 国保委 에서 推進하고 있는 社會淨化作業이 社會定義倶顯의一環임을 勘案
할 때 이 遺骨奉還은 民族正氣를 되살리는 뜻에서나 羞恥스런 지난날을 마무리 짖는
뜻에서나 하루 速히 이루어져야 할 宿題인줄 믿습니다.

　　別添參考資料를 充分히 檢討參酌하시고 外務部 当局과 日本当局과 折衷하여 迅
速히 奉還措置토록되기를 懇切히 바랍니다.

1980年 8月 14日
서울特別市 西大門区 弘恩3洞 334의17

財団法人 釜山靈園
理事 鄭琪永
(電話23−1204)

國家保衛非常州策委員會貴下

SCRAP BOOK는 보신 후 返還해주십시요.

2-2. 첨부-부영(釜靈)제 52호

財団法人 釜山靈園
釜靈第52号
1980.8.13.
受信: 日本国外務大臣
参照: 駐韓日本大使
題目: 太平洋戦争韓国人戦没無縁故遺骨奉還に関する件

　　1.　財団法人　釜山靈園は1971.8.21付韓国政府の許可を得て遺族が確認された246柱の遺骨を奉還しました。

　　2.　韓国政府は　1974.12以降、1976.9.28の二次にわたり937柱の有縁の遺骨を奉還しました。

　　3.　現在東京の祐天寺に今尚1,146柱の無縁の遺骨が奉安されています。この中で南韓出身分714柱は韓国政府では1974.1.26.　国務会議で一括奉還すると決議がすんでおりたゞ日本政府の誠意ある措置を待っております。

　　4.　日本側は日本国内法で結び終戦後30有余年の今に至るまで無縁故の理由で奉還をためらっておる次第です。

　　5.　もし遺族の死亡、行方不明等の場合は遺族のない現由で永久に祖国である韓國に帰れない不合理となります。

　　6.　本釜山靈園の納骨堂は釜山市で経営しておるものであり現在前般奉還された遺骨270柱が奉安されており日本からの714柱の奉安に充分な施設が出来ております。

7. 日本政府はこの旨お含みの上人類的、道義的見地よりして速かに一括引渡し下さるよう善処下さい

※ 参考書類
1. 日本国民会議の請願書写本　　　　　1部
2. 太平洋戦争戦没韓国人慰需事業計画書写　1部
3. 統一日報社説カピー　　　　　　　　1部
4. 外務部(韓国)に提出した書類　　　　1部

連絡所

韓國ソウル特別市中区北倉洞

南洋ビル701号(T.23~1204)

財団法人釜山霊園

理事　鄭琪永

2-2-1. 첨부─부산영원 공문(부영 제 27호) 사본 1부

재단법인 부산영원
번호 부영 제27호
일시 1979.7.9.
발신 재단법인 부산영원
수신 외무부 장관
참조 아주 국장
제목 태평양전쟁 한국인 전골 무연고 유골 봉환에 관한일

　1. 재단법인 부산영원 부영 제15호(75.3.27) 및 1.20 동지회 1.20 제18호(77.2.24)와 관련입니다.

　2. 재단법인 부산영원은 1971.8.21 환경1435-107344로 보건사회부장관으로부터 태평양전쟁 한국인 전골자 유골봉안사업을 승인받아 1971.12.20에 일본 유천사에 보관중이던 연고 있는 유골 246위를 봉환하여 유족에게 인도한바 있읍니다.

　3. 그후 정부에서 1974년 12월에 911위와 1976.9.23에 26위의 유연고 유골 봉환으로 연고 있는 유골은 거의 봉환이 완료되었읍니다.

4. 현재 일본 유천사에 1,146위나 보관되어 있으며 그중 본적지가 명확히 남한으로 되어있는 유골만도 711위가 있어 해방 35년이 되도록 연고자가 없다는 이유 하나만으로 한통에 30위씩 담긴채 고국으로 돌아오지 못하고 있읍니다.

5. 이미 정부 방침으로 남한 출신 무연고 유골도 인수 봉환키로 국무회의서 결정된지 5년이 경과된 오늘까지 돌아오지 못한것은 심히 유감된 일로서 이번에 일본중의원에서 유천사에 있는 "태평양 전쟁 한국인 전범 유골"을 봉환키로 결의된 이 기회에 상기 무연고 유골 711위를 조속봉환되도록 교섭해주시기 거듭 간청하는 바 입니다.

6. 부산 시립공원 묘지내에 건립된 "납골당"에는 현재 276위의 "태평양전쟁 한국인 전몰 유연고 유골" 이 봉안되어있고, 잔여 711위도 충분히 봉안할수 있는 시설이 이미 갖추어져 있는 것은 76.9.2. 제3차 26위 봉환시 일본 정부측이나 우리정부 관계관이 확인한바 있읍니다.

7. 무연고 유골의 봉환은 73.11.22자 230이위가 일본 북구주로부터 봉환되어 목포시 납골당에 봉환된 전례에 따라 일본 민간단체 "태평양 전쟁 전몰 한국인 위령사업 협찬회" (회장 이시이고지로)의 협찬으로 본 재단이 정부의 감독하에 1.20동지회의 후원으로 충분히 봉환할수 있아오니 금년 추석 이전에 봉환될수 있겠금 선처해 주시옵기 바랍니다.

참조:
1. 유골명보(태평양 전쟁 한국인 전몰자) 1권
2. 태평양 전쟁 전몰 한국인 위령 사업 협찬회 규약. 1부.
3. 1.20 동지회 공문사본 1부.
4. 통일일보 기사 사본 1부. 끝.

서울특별시 중구 북창동 11-3
남양빌딩 701호실(23-1204)
재단법인 부산영원 이사 정기영

2-2-2. 첨부-일본국민회의 청원서 사본

韓国人戦殁者の遺骨奉還に関するお願いの件

伝聞する所によれば、先の大戦に於て戦没された韓国人軍人軍属の遺骨にして今尚

わが厚生省に於て保管中の二千数十柱の中、北韓関係を除く千六百余柱の奉還につき日韓両国政府間に外交々渉が行われており、韓国側はその政府の責任に於て一括引取を要求しているのに対し、日本側は我が国内法の健前に従い遺族の確認されたもののみの引渡に応ずる態度を執っているため交渉が難行しておる由でありますが、既に日韓各々国を異にするに至っている現在、該遺骨の処理につき今尚わが国内法の健前に固執して韓国側の至当な要望が実現しないならば、韓国人の民族感情を刺戟することは必至と言わなければなりません。加之遺族の死亡、行方不明等の場合は、その遺骨は永久にその祖国に奉還するの由なき不合理をも生ずることになるでありましょう。

近時日韓両国の関係は、政治、経済、文化等諸分野に於て著しく緊密の度を増しつつありますが、今回、その処理を誤った場合の悪影響は測り知るべからざるものがあり、両国の親善提携の関係に於て千仞の功を一簣に欠く虞れが極めて多いのであります。

政府に於かれては、右お含みの上、人道的、道義的見地よりして速かにその一括引渡を実行せられますよう、日本国民会議構成三十三団体の名に於てお願い致します。

　　　昭和四十九年四月二十四日

　　　　　　　　　　　　　　　　　　　　　　　　　　　　日本国民会議

　　　　　殿

日本国民会議
　　構成団体

自由文教人連名	奉公協会	水交会
自由アジア協会	ひのもと同志会	日本学生同盟
民防	日本郷友連名	立憲養正会
新日本文化人会議	成長の家	日本精神作興連盟
新教育者連盟	中正会	日本傷痍軍人会
修養団	大孝弥栄会	全日本宗教政治連盟
憲法調査建議会	全国樺太連盟	綜合文化協会
外交懇話会	改憲発議国民委員会	神社本庁
憲法の会	北方領域恢復期成連盟	
全国師友協会	教育振興会	
新日本協議会	自由日本を守る会	

太平洋戦争全没韓国人慰霊事業計画書

太平洋戦争全没韓国人慰霊事業協賛会
東京都杉並区高井戸東3-2-23
日韓文化協会内
電話 03(304)3323

あいさつ

拝啓　時下益々御清祥の趣、大慶の至りに存じます。

　さて、日韓国交正常化以来、両国間の提携協力関係は、政治、経済、文化等の諸分野に亘り、年と共に緊密の度を深くし、正に善隣友好の実を挙げつつあるやに認められるのでありますが、永遠に運命を共にすべき日韓両民族の宿縁に思いを致

しまするとき、この両国々民の結びは、精神的、道義的要素による裏付けがなされてこそ、真にあるべき本来の姿が顕現されると確信するのであります。

　このような見地に立って両国関係の現状を眺めまするに、吾々日本国民として、更に一層の努力を傾注して解決を図らなければならぬ道義的問題が少くないのでありまして、先の太平洋戦争に際し、わが日本国軍人として戦陣に斃れた人々を初めとする数多くの韓国人被没者の遺骨にして、今尚わが国に安置中のものの祖国奉還並びにこれら戦没者慰霊の事は、その第一に挙ぐべきもので あり、この問題の解決なくしては、日韓両国の真の善隣友好関係は成立し得ないと言って過言ではありません。

　茲に於て、吾々有志相計り、太平洋戦争戦没韓国人慰霊事業協賛会を設立し、これと目的を同じくする韓国側「平和寺建立委員会」の事業を協賛する方針を決定致しました。何卒「趣意書」「規約」等御高覧の上、御協力を賜わりたく、篤と御願い申し上げる次第であります。

日韓文化協会会長　石井　光次郎

趣意書

　太平洋戦争に際し戦没された韓国出身将兵は、その数21,919柱に達すると言われるが、戦後に於ける諸種の復雑なる事情により、戦後四半世紀余の歳月を経過しながらも、なお父祖の地に奉還されねままわが国に安置されていたその遺骨は、2,329柱の多きを数える有様であった。然るところ、韓国遺族会並びに当時の学徒兵出身者の集いである一・二〇同志会関係者の撓まざる努力により、昨年十一月末二十七年振にして246柱の奉還が実現し、その他の遺骨もまた、北韓地方出身者の一部約400柱を除き、木年中に奉還完了の運びとなったのである。

　抑々これら戦没将兵は、当時わが日本国軍人として勇躍死地に赴かれた人々であるから、その英霊は当然吾々国民を挙げての崇敬と祭祀を受くべきものである。従って既に靖国神社合祀の事も行われたのではあるが、これら将兵が韓国の出身者であることを思うとき、吾々日本人の良心として、その慰霊については更に何らか特別の配慮が加えられるべきであるとの感を深くせざるを得ない。日韓国交正常化以来、両国の関係は日を逐うて親密の度を増しつつあるものの、これら英霊に対するかかる配慮なくしては、真の善隣友好関係の樹立は望むべくもないと言って決し

て過言ではないのである。

　吾々日本人たる者は、このたびの遺骨奉還の機会こそが、わが国民の誠心を披瀝して、これら戦没将兵に対する慰霊の実を挙げ、日韓両民族の真の友好関係と世界人類の平和とに寄与するための絶好の機会であることに思いを致し、日本人の真面目を発揮するところがなくてはならない。

　茲に於て、吾々有志相計り、これら戦没韓国人将兵の慰霊につき具体案を検討中のところ、時偶々韓国遺族会、一・二〇同志会等の願望により結成された平和寺建立委員会に於て、同じくこれら将兵の慰霊並びに世界平和祈願の目的を以て、わが日本に最も近接した釜山に清浄の地を選び、納骨堂、慰霊塔、寺院(平和寺)等を建立する計画があり、既に着工の段階に達したので、わが方に対しても協力方を求めて来たのである。

　依って、関係者鳩首熟議の結果、吾々独自に事を進めるよりは、寧ろ韓国側の計画に合流し、日韓双方の合作により事を成就せしめることこそが、これら戦没将兵の遺志に添い、日韓両民族の親普友好関係の強化に役立つものであるとの結論に到達したのである。

　就いては、別紙計画に基づき、広く各界に訴えて浄財を募り、平和寺建立委員会の計画実現に協力せんとするものであるが、日韓の親善と世界の平和とに深い関心を抱かれる各位の御協賛あらんことを切望して止まない次第である。

規約

第一章　総則

第一条　本会は太平洋戦争戦没韓国人慰霊事業協賛会と称する。

第二条　本会の事務所は東京都杉並区高井戸東三丁目2番23号財団法人日韓文化協会
　　　内に置く

第二章　目的及び事業

第三条　本会は東京都目黒区祐天寺に安置中の遺骨その他太平洋戦争戦没韓国人の
　　　遺骨奉還並びにその慰霊事業に協力して、日韓両民族間の親善友好の実を挙
　　　げ、併せて世界人類の平和に寄与することを目的とする。

第四条　前条の目的を達成するため次の事業を行う。

　　　1. 日韓両国政府間の外交々渉と併行して遺骨奉還に必要な民間的協力を
　　　　行うこと。

2. わが国各界に訴えて浄財を募り、韓国釜山に計画中の慰霊塔、納骨堂
   及び寺院(平和寺)の建立に協力すること。
3. その他本会の目的達成のため必要と認める事業。

第三章　会計

第五条　本会の運営に必要な経費は寄付金をもって支弁する。

第六条　事業計画及びこれに伴う収支予算に会計年度開始前に理事会がこれを定める。

第七条　収支決算は会計年度終了後1ヶ月以内に監事の監査に付し、その承認を　受
　　　けるものとする。

第八条　会計年度は毎年9月1日に始まり翌年8月31日に終る。

第四章　役員及び職員

第九条　本会には次の役員を置く。
　　　　会長　1名
　　　　副会長　若干名
　　　　理事　若干名(うち理事長1名、　當務理事若干名)
　　　　監事　2名

第十条　1. 会長及び副会長は、理事会が推薦する。
　　　　2. 理事及び監事は理事会で選出する。
　　　　　　但し、本会設立当初の理事及び監事は発起人公で選出する。
　　　　3. 理事長は理事のうちから、理事会の推薦により会長が委嘱する。
　　　　4. 常務理事は、理事の互選により、理事長が委嘱する。

第十一条　1. 会長は、会務を総轄する。
　　　　　　副会長は会長を補佐し、会長が欠けたとき、または会長に事故があ
　　　　　　るときは、その職務を代理する。
　　　　2. 理事長は、本会を代表し、会務の執行を統轄する。
　　　　　　会長、副会長が共に欠けたときは、理事長が、その職務を行う。
　　　　3. 常務理事は、理事長を補佐して本会の常務を処理する。
　　　　4. 事務局長は理事長を補佐して本会の事務執行を統轄する。
　　　　5. 理事は、理事会を組織し、会務の執行を決定する。
　　　　6. 監事は、民法第59条の職務を行う。

第十二条　役員の任期は、本会の目的を達成し、解散するときまでとする。

第十三条　1. 本会に、顧問若干名を置く。

2.　顧問は理事会の推薦により、会長が委嘱する。

　　3.　顧問は、重要な会務について、会長および理事長の諮問に応ずる。

第十四条　1.　本会に事務局を設け、事務局長及び必要な職員を置く。

　　2.　事務局長は、常務理事の互選により、理事長が委嘱する。

　　3.　職員は有給とする。

第五章　会議

第十五条　会議は、理事会および常務理事会とする。

第十六条　1.　各会議は、必要により、理事長がこれを招集し、それぞれの議長となる。

　　2.　会議を構成する役員2分の1以上または監事から会議の目的となる事項を示して請求があったときは、会議を招集しなければならない。

第十七条　各会議は構成員現在数の2分の1以上の出席がなければ、開会することが出来ない。

第十八条　会議の議事は、出席役員の過半数の同意をもって決定する。可否同数のときは、議長が決定する。

第十九条　やむを得ない理由のため会議に出できない役員は、あらかじめ通知された事項についてのみ、書面をもって票決し、または出席役員に表決を委任することが出来る。

第二十条　簡単な事項または緊急を要する事項については、書面を送付して替否を求め、会議に代えることが出来る。

第六章　附則

第二十一条　本会は規約第四条に示された事業の完了と共に解散するものとする。

第二十二条　本規約は昭和47年9月1日から施行する。

事業計画書

　わが国に安置する平洋戦争戦没韓国人の遺骨の祖国奉還、並びにその慰霊事業に協力して、日韓両民族間の親善友好の実を挙げ、併せて、世界人類の平和に寄与する目的を以て次の事業を行う。

第一、日韓両国政府間の外交々渉と併行して遺骨奉還に必要な民間的協力を行うこと。

第二、わが国各界に訴えて浄財を募り、韓国平和寺建立委員会の手により釜山に着

工中の納骨堂、慰霊塔及び平和寺の建立に協力すること。

これに要する資金総額1億3千万円の中6千5百万円を目標とし、概ね次の計画を以て募金するものとす。

	募金総額	内訳	
第一次	3,800万円	納骨堂	2,000万円
		慰霊塔	1,500万円
		事務費	300万円
第二次	2,700万円	平和寺	2,500万円
		事務費	200万円
計	6,500万円		6,500万円

第三、その他本会の目的を達成するために必要な事業を行うこと。

納骨堂、慰霊塔、平和寺建立計画概要

建立地：釜山直轄市東莱区杜丘洞山83番地

着工：昭和47年6月

竣工：昭和48年10月

総工事費：1億3千万円

設計：納骨堂、慰霊塔(大林土建株式会社)

　　　平和寺(大亜建築設計事務所)

細部計画

(単位：日本円)

項目	内訳	予算
敷地	10,000坪×1,000円	1,000万円
納骨堂	4層(地上3、地下1)延建坪120坪鉄筋コンクリート	2,000万円
慰霊堂	地上20M、焚香台、"碑面"烏石	1,500万円
平和寺	法堂74坪、寮舎37坪、在来式木構造	2,500万円
平和寺附属建物	仏教会館、鐘閣、山神閣等	2,500万円
設計工事監督	設計250万円、監督90万円	340万円
霊牌製作費	全戦没者22,000名×300円	660万円

付帯工事費	敷地整地、道路、美化、電気、水道	1,500万円
事務費	募金、通信、事務、旅費等	1,000万円
計		13,000万円

但し日本側募金の韓国側受収先は"平和寺建立委員会"であり、工事完了後は宗教法人平和寺に基本財産として寄付編入するものとする。

役員

会長　　　石井光次郎(衆議院議員・元衆議院議長・日韓文化協会会長)

副会長　　麻生照海(全日本仏教会事務総長)　◎

〃　　　　大西　一(日本郷友連盟理事長)　◎

〃　　　　笹川良一(日本傷痍軍人会会長)　◎

〃　　　　佐藤　信(日本遺族会専務理事)　◎

〃　　　　鈴木　一(日韓親和会会長)

理事長　　八木信雄(日韓文化協会理事長・李退溪研究会理事長)

常務理事　飯野重作(仏教タイムス専務取締役)

〃　　　　石原正一郎(全国戦友会連合会常任理事)

〃　　　　板垣　正(日本遺族会事務局長)

〃　　　　稲垣菊太郎(全国交通安全協会専務理事)

〃　　　　厳谷勝雄(国際仏教興隆協会理事長)

〃　　　　大山量士(亜細亜友之会理事長)

〃　　　　黒川孝樹(全日本仏教会国際部長)　◎

〃　　　　田中香浦(国柱会主幹)

〃　　　　長沼基之(立正佼成会理事長)　◎

〃　　　　船口暉子(全日本仏教婦人会事　◎務総長)

〃　　　　三谷静夫(日韓親和会専務理事)　◎

〃　　　　村井喜一(水交会事務局長)　◎

〃　　　　保智平八郎(日本郷友連盟常務理事)　◎

〃　　　　山口英治(日韓経済協会専務理事)　◎

〃　　　　山城祐尊(大行寺住職)

〃　　　　柚原　久(偕行社事務局長)　◎

理事　　　岩崎武雄(東京大学教授・文学博士)

〃　　恵谷隆戒(京都仏教大学教授・文学博士)

〃　　大隅実山(真城寺住職)

〃　　甲斐田慎二(新日本協議会常務理事)

〃　　鎌田信子(日韓親和会)

〃　　柴田全乗(光台寺住職)

〃　　末広　栄(戦没者遺骨収集促進団体協議会事務局長)

〃　　高井房子(仏教徒婦人会会長)

〃　　竹谷内三郎(写真家)

〃　　戸田秀一(日本慈行会常務理事)

〃　　西田　将(全国戦友会連合会常任理事)

〃　　林　忠明(全国戦友会連合会顧問・野重一会会長)

〃　　林田大土坊(妙見宗大僧師)

〃　　山口　賢(仏教タイムス編輯局長)

監事　　鵜川武久(日韓文化協会常務理事・経済学博士)

山本光利(中央日韓協会事務局長)

事務局長　石原正一郎(本協賛会常務理事)

主事　　鄭起永(日韓文化協会学生寮寮長)

(五十音順、◎印は未機関決定)

顧問

安倍源基(新日本協議会代表理事)

有末精三(日本郷友連盟会長)　◎

泉　園子(日本慈行会会長)

上村健太郎(日韓親和会副会長)　◎

植村甲午郎(日韓経済協力会会長・経団連会長)　◎

賀屋興宣(衆議院議員・日本遺族会会長)

金　正柱(在日本大韓民国居留民団中央本部団長)

白石宗城(中央日韓協会会長)　◎

鈴木　悟(全日本仏教会理事長)　◎

鈴木善幸(衆議院議員・戦没者遺骨収集促進団体協議会会長)　◎

高杉晋一(海外経済協力基金総裁)　◎

戸松慶議(国之礎本部会長)

中林政吉(生長の家理事長)　◎

庭野日敬(立正佼成会会長)　◎
沼田恵範(仏教タイムス社長)
朴春琴(日韓文化協会常任顧問)
御手洗辰雄(評論家)　◎
安岡正篤(全国師友協会会長)
山本スギ(全日本仏教婦人会理事長)
山本茂一郎(軍恩連盟全国連合会会長)　◎
吉田留次郎(中外日報社長)　◎

(五十音順、◎印は未機関決定)

2-3. 첨부-기타자료(1.20 동지회 공문)

1.20동지회
번호 1.20제18
일시 1977.2.24.
발신 1.20동지회 회장
수신 외무부 장관
참조 아주국장
제목 태평양 전쟁 한국인 전몰 무연고 유골 봉환에 관한 일

　　　　1. 재단법인 부산영원 부영 제15호(75.3.27)와 관련입니다.
　　　　2. 본 1.20동지회는 70.8.8. 임시총회 결의로 태평양 전쟁 전몰 한국인
유골 봉환사업을 후원하기로 결의한 이래 7년에 걸쳐 제1차 246위 및 제2차
911위 봉환을 후원하였읍니다.
　　　　3. 76.10.28.자 제3차 26위 봉환시까지 연고 있는 유골은 거의 봉환이
완료되고 잔여 유골은 무연고이며 남한 출신분이 711위가 됩니다.
　　　　4. 현재 재일동포의 유골을 "망향의 동산"에 봉환하고 있는 실정에 비추
어볼때 33년이 경과되도록까지, 이미 정부 방침으로 봉환하기로 결정된 전몰
유골이 봉환되지 못함은 심히 유감된 일로 생각합니다.
　　　　5. 본 1.20 동지회는 이 봉환사업이 유종의 미를 거두기를 간절이 바라고
아래와 같은 심정을 참작하시와 신속히 선처 있으시기 바랍니다.

－아래－

가) 부산시립 공원묘지내 납골당에 현재 276위가 봉안되어 있으며 잔여 711위도 충분히 봉안할수 있는 시설이 이미 갖추어져 있음.

나) 무연고 유골의 봉환은 73.11.22.자 230여위가 일본 북구주로부터 봉환되어 목포시 납골당에 봉안된 전례에 따라, 봉환절차는 일본 민간단체의 협찬으로 충분히 가능함.

다) 전항과 같이 잔여 남한출신 무연고 유골은 일본 민간단체 "태평양전쟁 전몰 한국인 위령사업 협찬회"(회장 이시이 고지로)가 일본 정부와 교섭하여 민간사업으로 봉환할 의사를 밝히고 있음.

라) 1971.11.20자 제1차 246위를 봉환한 재단법인 부산영원이 정부 감독과 본 1.20동지회 후원으로 부산에서 인수받어 봉안하면 됩니다.

마) 잔여 711위의 봉환에는 민간 활동에 의한 사업으로서 정부 예산지원의 배려가 없이도 충분히 가능함. 끝.

서울시 중구 북창동104 동아빌딩 502호

1.20 동지회

회장 구태희

2-3-1. 별첨-本協会のしおり

本協会のしおり

本協会『学生寮』

財団法人　日韓文化協会　東京都杉並区高井戸東3-2-23　電話(302)5451(代表)168

目次

あいさつ

会長　石井光次朗

　1970年代は激変の年代であり、大きな変動の年代であると言われるが、その激動する世界情勢の中に於て絶対に変ってならぬものは、日韓両国の善隣友好関係である。その意味に於て、両国の友好親善を目的とするわが日韓文化協会の使命と責任とは愈々その重大性を加えてきたと言わなければならない。

　時恰も本年を以て創立15周年を迎えるに至ったわが協会は、茲に思いを新たにして、日韓両国のあるべき姿の顕現のため一層の寄与をなすべく、協会の主たる事業である学生寮の活用促進のたのの画期的施策を中心に、両国間の文化交流並びに在日韓国人の文化と生活の向上のたのの具体策を講ずることとした次第である。

　両国の友好親善の強化に関心を有たれる各位の心からなる御支授を切望して止まない。

ご挨拶

副会長　許弼奭

　韓日国交正常化以米茲に7年、両国文化の交流は年と共に盛大に赴きつつあり、殊に韓国政府が今春青年学生の日本留学を正式に認めるに至ったことは、韓国人学生のための学生寮を経営する本協会の副会長として、将又在日韓国人教育後援会の理事長として、その日の一日も早からんことを待望していただけに、私にとって衷心の欣快事である。

　本協会は、これを機会に学生寮の無料開放を断行すると共に、駐日韓国大使館及び在日韓国人教育後授会との緊密な連絡の下に優秀な入寮者を確保し、韓日両国

の文化交流、親善友好の実を挙げんとするものであるが、大方各位の絶大なる御協力をお願いして止まぬ次第である。

ご挨拶

副会長　八木信雄

　国際情勢の変転誠に目まぐるしきものある今日、吾々日韓両国の友好親善を希う者にとって、その維持、強化のための諸施策の必要性をこれほど痛感させられる時代はない。

　幸いにして、本春青年学生の対日留学が政府によって公認せられるなと韓国側による対日親善強化の姿勢が打出されたについては、わが日韓文化協会としても亦この好機会を遁すことなく、本協会の積極的活動を通じて両国間の文化交流、在日韓国人の文化と生活の向上など友好親善の強化に貢献するところがなければならない。

　本協会々長の挨拶にもある通り、時恰も創立15周年の記念すべき年を迎えた協会は、茲に学生寮室料の無料化を断行し、優秀なる韓国人の勉学を援助するなどの方策を主とし、協会の目的達成のための強力な施策を進ることに決定したのである。

　本冊子により本協会の目的、事業、業績、今後の構想等御了承の上、一層の御指導と御協賛とを賜らんことを熱望する次第である。

沿革及び過去の業績　本協会は昭和32年(1957年)9月、入国管理局大村収容所に収容中の韓国人と釜山に抑留中の日本人漁民との相互釈放に関する両国間の申合せにより、大村収容所を出所する約500名の韓国人を社会に復帰せしめるために必要な就職斡旋、身許保証、生活援護などの事業を行うことを差当りの目的として、法務省の依頼と斡旋により設立された。

　該事業一段落の後は、在日韓国人の身上相談、更には韓国人学生の指導に力を注ぎ、関係者の熱意と努力とにより、多大の効果を収めた。

　昭和40年(1965年)12月、日韓両国の国交正常化実現と共に、両国民の間に善隣友好関係促進の気運が高まり、本協会の使命も亦その重大性を加えるに至ったので、昭和42年(1967年)11月会務総轄者として石井光次郎現会長を推戴し、逐次協会の機構及び役員の陣容強化を図り、或いは機関誌を通じ、或いは韓国人学者、文化人等の招請を通じ、更に進んでは学生寮の経営を通じて、協会の使命達成のため懸命の努力を重ねてきた。

今後の構想　翻って、わが国の現状を省るとき、激変する国際情勢に幻惑されて
か、日韓両国の運命共同体たる所以を忘れ去ろうとする傾向がみられ、誠に遺
憾である。過去10有5年に亘って両国の善隣友好に顕著な実績を示してきた本協
会は、更に百尺竿頭一歩を進めて、学生寮室料の無料化による韓国人学生の勉
学の援助、韓国語の講習、韓国事情の紹介等による対韓親善気連の醸成、在日
韓国人の生活の向上促進による両国民親和の達成などに努力を傾注すべく決定
したのである。

而して、これら事業の遂行を円滑ならしめるためには、協会の財政的基盤を確
立することが緊要であるから、篤志の出捐を仰ぐ外、収益事業の実施をも考慮
し、目下その態勢を整備中である。

(이하, 정규 생략)

3. 주나고야총영사관 공문—무연고 한국인 유골 본국이장 및 민단간부 연수

주나고야 총영사관
번호 나총영725-800
일시 1980.9.25.
발신 주나고야 총영사
수신 장관
참조 영사교민국장, 아주국장
제목 무연고 한국인 유골 본국이장 및 민단간부 연수

　　　1. 관할 미에현 민단에서는 동현 한일친선협회, 의원연맹등의 협조를 얻어
미에현 각지에 산재되어 있는 한국인 무연불 70여주의 소재를 조사 확인하고
이를 모국의 "망향의 동산"에 이장코저 준비를 계속하여 왔읍니다.
　　　2. 그간 이장 사업이 잘진전되어 이미 "망향의 동산"에 장지 구입, 의령비
건립등의 이장준비를 완료하고 오는 10월 20일 별첨 일정으로 민단간부, 한일
친선협회 회원등 일행 121명(일인35명, 한국인 86명)으로 구성된 방한단이 유
골을 직접 모시고 당지를 출발 예정입니다.
　　　3. 또한 동 방한단은 이장 행사후 연수회 및 산업시찰등을 실시코저 하는

바, 별첨 일정에 의한 요망사항에 대하여 관계 부처와 협조, 조치하여 주시기 바랍니다.

별첨: 미에현 민단의 협조 의뢰서 및 방한일정 각 1부. 끝.

주나고야 총영사

3-1. 별첨-미에현 민단의 협조 의뢰서

在日本大韓民國居留民團 三重縣地方本部

韓居三地本　発第27-22号, 西紀1990年 9月 19日

受信 中央組織1局長, 駐名古屋大韓民國總領事館

參照

首題 三重県無緣故韓國人本國移葬 및 民團本支部幹部本國研修 訪韓團實施에 關한 協助依賴 首題之件에 關하여 아래와 같이 實施하오니 本国의 關係部處의 積極的인 助力을 바라는 바입니다.

아래

1. 實施內容
    ① 三重県 無緣故 韓国人 本国「望鄕의동산」移葬事業
       望鄕의 동산 管理事務所와 公文 또는 国際電話로 相互協議 墓地 5坪 購入, 慰靈碑建立費用中 韓貨 ₩80万을 韓國外換銀行을 通하여 送金, 工事를 進陟中에 있으며 日程表와 같이 '80.10.21 現地 望鄕의 동산에서 慰靈祭와 慰靈碑와 除幕式을 갖게 된다.
    ② 民団本支部 幹部本国研修 및 産業視察業 訪韓團
       別添日程表와 같이 80.10.22부터 25까지 研修와 産業視察을 実施한다.
2. 日程
    1980.10.20~1980.10.25(5泊6日)
3. 參加人員
    121名(日本人35名 韓國人86名)
4. 要望事項
    ① 無緣故韓国人移葬事業에 關한 各級部處에 對한 協助(金浦空港, 輪送關係, 望鄕의 동산에서의 諸般行事)

② 研修會 2科目에 對한 講師關係(日本語도 理解하시는 분)

③ 板門店 視察

④ 浦項製鉄所 및 現代造船所 産業視察

5. 關連通知事項

① 無緣佛은 繼續調查中에 있으나 오늘 現在 76柱 確認 되어 있음.

② 墓地 5坪 ₩10万円, 慰靈碑建立費 ₩150万円 其他 合同慰霊祭 費用 ₩40
   万円 計₩200余万円으로 着手하고 있음.

有添: ① 三重県無緣故韓國人 合同之墓慰靈碑建立趣意書

② '80.10.13 民団三重県本部에서 있을 韓日合同慰霊祭開催案內文

③ 日程表

④ 訪韓団名軍, 各1部   "끝"

地方團長 鄭仁梧

4. 외무부공문(착신전보)–무연고 한국인 합동 의령제 개최

외무부

번호 NGW-1011

일시 141130

수신시간 10.14. 14:09.

발신 주나고야 총영사

수신 장관

제목 무연고 한국인 합동 의령제 개최

연: 나총영725-800

연초로 보고한바 무연고 한국인 한·일 합동 의령제(한국인 유골 76주)는 10.13
11:00 미에현 지방 본부에서 한·일 관계 인사 다수 참석하여 엄숙히 거행되었
으며 동 유골은 한·일 친선 방한단 약 120명이 직접 모시고 금월 20일 당지를
출발 예정임을 보고함.

또한, C.B.C. 도까이 TV등은 동의령제 행사를 직접 취재 방영하였으며 쥬니찌
신문등도 크게 보도하였음.

주요 참석인사: 총영사 김영곤, 미에 한인 친선 협회 회장- 나기 가와리기지, 민단 중앙 본부 단장-장총명

참석인원 : 약 130명

(교일, 아일)

5. 외무부공문(착신전보)─구 일본군 전범 유골문제(언론보도)

외무부

번호 JAW-10674

일시 241915

수신시간 80.10.25. 12:39

발신 주일대사

수신 장관

제목 구 일본군 전범 유골문제(언론보도)

　　80.10.24.자 석간 마이니찌는 사회면 5단으로 아래보도함

　　─구일본군에의한 포로학대의 책임을 지게되어 전범으로서 형을 받고 죽음을 당한 조선인의 유골이 동경도내 2개소의 절에 가안치된채 태평양전쟁중 일본군에 반강제적으로 징용되어 남방각지에서 포로 감시의 일에종사한 사람들로서 같은 전범용의로 유죄판결을 받았으나 구사일생으로 살아난 동포들은 10.25. 08:00부터 동경방송 매일신문 계열의 테레비 방송숙에서 방영될 +야기지로쇼+에 출연 유골을 조국에 송환하여달라고 호소하게됨 유골의 송환 운동을 계속하고있는 것은 형무소에서 고락을 같이한 구 동지들끼리 만든 한국출신 전범자동진회(회장: 이대홍) 임.

　　─동지들의 유골은 1955년과 1960년의 2회에 나누어 계 14주가 일본에 송환되었음. 동진회는 일본 정부를 상대로 유골의 고국으로의 송환과 자신들의 국가보상을 계속 요구하여왔으나 79.5월에는 국가 보상과는 분리하여 유골의 송환만을 국회에 청원 하였음. 일반적으로 한국인 전몰자의 유골을 송환할 경우 현지에서 일본대사관이 소액의 부조금을 넣어서 유족에게 전하는 방법이 있음. 그러나 일본정부는 일한조약의 체결로 한국은 대일청구권을 포기하였다는 입장을 취하고있어 국가보상은 물론 유골의 송환도 통상의 방법 이외로는 응하려하

지 않고있음. 유골 14주 가운데 3주는 74년 통상루트로 한국의 유족에게 전해졌음. 그러나 유족의 주소가 판명된 남은 11주에 대해서는 일본정부가 조의를 표명하고 사죄도 없는한 무언의 귀국거부를 계속하고 있음.

야나기 이꾸오 후생성 원호국 업무 제1과 조사자료실장의 말, 한국은 일한조약에서 대일청구권을 포기한것으로 동진회의 주장은 한국내의 문제로 되었음. 유족의 주소를 알고있다면 명부를 가져다주기바람. 책임지고 유골을 송환하겠음. (일정, 아일)

6. 주일대사관 공문—2차대전 전범자들의 보상 청구 진정에 대한 회답지침 요청

주일대사관
번호 일정700-5644
일시 1980.10.27.
발신 주일대사
수신 장관
참조 아주국장
제목 2차대전 전범자들의 보상 청구 진정에 대한 회답지침 요청

　　　연: (1) 일본(정)700-321(79.8.16)
　　　　　(2) JAW-10674(80.10.24)
　　1. 연호(1)로 회답지침 시달을 요청한 바 있는, "한국출신 전범자 동진회"의 진정에 관하여 회보 바랍니다.
　　2. 그동안 상기 동진회는 그들이 받은 피해에 대한 보상과 처형자들에 대한 유골 봉환이 이루어 지도록 정부에서 외교적 조치를 취하여 줄 것을 누차 진정하여 왔는 바, 최근 연호(2)와 같은 기사가 게제된 경위등에 비추어 정부 입장을 가능한한 조속히 동진회측에 통보함이 바람직 한 것으로 사료됩니다. 끝.

주일대사

7. 기안—동진회 진정에 대한 회보

분류기호 문서번호 아일700-
시행일자 1980.11.4.
기안책임자 김상근 일본담당관실
경유수신참조 주일대사
제목 동진회 진정에 대한 회보

　　대:일정700-5644('80.10.27)
　　한국출신 전범자 동진회가 귀공관에 제출한 진정에 대하여는 아래 지침에
따라 처리하시고 결과를 통보하여 주시기 바랍니다.
　　　　　　　　　　　　　　　-아래-
1. 피해에 대한 보상문제
　　가. 한·일 양국간 청구권 문제는 1965.6.22 서명된 청구권 협정(제2조)에
　　　　의해 완전히 그리고 최종적으로 해결 되었음. 따라서 동인들의 피해에
　　　　대한 보상을 새롭게 일정부에 요청할 수 없음.
　　나. 동인들은 1977.1.19에 공포된 "대일민간청구권 신고에 관한 법률"에 의
　　　　한 청구권 신고대상자가 아님.
　　　　* 대일 민간 청구권 신고에 관한 법률 제 2조 9항:
　　　　　(신고대상의 범위) "일본국에 의하여 군인·군속 또는 노무자로 소집
　　　　　또는 징용되어 1945.8.15일 이전에 사망한 자"
　　다. 결론적으로 동인들의 피해에 대한 보상절차는 마련되어있지 않은바 이
　　　　러한 상황을 충분히 설명·납득시키기 바람.
2. 유골 봉환 문제
　　가. 일측은 유족의 주소가 판명되면 유골을 인수하겠다는 입장이므로 우선
　　　　동진회로 하여금 유족 주소를 확인, 명부를 작성. 제출케하고 특히 미귀
　　　　환 유골 11위중 북한출신유골(4위)의 유족이 아국에 거주하고 있는지의
　　　　여부를 동진회측을 통하여 확인 바람.
　　나. 동진회측으로부터 동 유족 명부를 입수한후, 검토하여 일본정부에 유골
　　　　봉환을 요청하는 문제를 새로이 지시할 것임.
　　다. 상기 조치사항에 관하여 수시로 본부에 보고바람. 끝.

8. 한국 출신 전범자 "동진회"의 진정

한국 출신 전범자 "동진회"의 진정

1. 동진회의 성격
   1942년 2차 세계대전당시 일본정부에 의해 계약 형식으로 징용되어 남방 연합국 포로 수용소 감시요원으로 복무타가 종전후 포로학대의 책임을 지게되어 연합국 군사재판소에서 유죄판결을 받은자들의 모임(회장: 李大興)

2. 진정내용('79.8.16)
   가. 형사자들의 유골봉환
      * 당시 23명이 처형되었으며, 이중 미귀환 유골은 11위로서 현재 동경도내 裕天寺및 照榮院에 분골 안치 되어있음. (북한출신4, 남한출신 7)
   나. 자신들의 피해에 대한보상

3. 일본정부입장
   가. 보상은 청구권 협정으로 해결되었음.
   나. 유골봉환은 유족의 소재가 판명되고 명부를 가져다주면 책임지고 유골을 송환하겠음. (1980.10 야나기 이꾸오 후생성 원호국 업무 제1과 조사 자료실장의 말)

4. 보상문제에 관한 재무부의견
   가. '71.11 형사자 변종윤의 유족이 한국정부에 제출한 "대일민간청구권 신고"에 대하여 재무부측은 "1845.8.15일 이전에 일본국 및 일본국민에 대하여 발생한 청구권이 아니다"라는 이유로 대일 민간 청구권 수리 거부 결정을 통지하였음.
   나. 관련법규(대일 민간 청구권 신고에 관한 법률 제2조 9항) (신고대상의 범위) "일본국에 의하여 군인. 군속 또는 노무자로 소집또는 징용되어 1945년 8.15 이전에 사망한 자"

5. 검토의견
   가. 보상문제는 상기와 같이 동인들이 청구권 협정에 의한 보상 대상이 아니며, 또 한 이미 청구권 신고기간이 지났으므로 이러한 상황을 설명·납득시키면 될것이며, 이미 진정인들도 보상문제에는 역점을 두고 있지 않음.
      (그 예로 '79.5 유골 송환만을 일본국회에 진정)
   나. 유골봉환문제는 우선 진정인들로 하여금 일측이 요청하는대로 유족주소 및 명부를 작성 제시하게하고 외교적 측면 지원을 가하면 될것임.

9. 주일대사관 공문—진정처리

주일대사관
번호 일본(정)700-616
일시 1980.12.1.
발신 주일대사
수신 장관
참조 아주국장
제목 진정처리

　　　대: 아일700-23815
　　　연: 일정700-5644(79.10.17)

　　1. 한국출신 전범자 동진회의 연호 진정에 대하여는 대호 1항의 지침에 따라 동진회측에 적의 설명하였습니다. 이에대하여 동진회측은 현실적으로 보상을 받을 길이 없다면 이를 감수하겠으나, 이론상으로 보상책임이 있는 것은 일본측인지 아니면 한국측인지, 환언하면, 한 · 일 청구권 협정 2조의 해석상 당초부터 일본정부에 대한 보상 청구 권리가 없었던 것인지, 불연이면 일본에 대한 청구권은 인정되나 청구권협정에 따른 아국내의 처리과정에서 신고대상에서 누락된 것인지를 문의하고 있습니다. 동진회측은 동 문의가 금전적인 보상을 받기 위한 것이라기보다 금후 유골의 처리 방향을 검토하는데 참고로 하고저 한다고 하니 본항에 관한 법률적 견해를 회시바랍니다.

　　2. 동진회측은 대호 2항 유골봉환문제는 상기 문의에 대한 정부의 회답을 기다려 당관과 긴밀히 협의해 나가겠다고 합니다.

　　주일대사

② 재일본 한국인 유골 봉환, 1982

○ ○ ○

기능명칭: 재일본 한국인 유골 봉환, 1982

분류번호: 791.28

등록번호: 17716

생산과: 동북아1과

생산연도: 1982-1982

1. 한국청소년 연맹 공문-"재일교포 2세 모임"이 주관하는 위령제와 유관한 제기관에 보내는 공한

한국청소년연맹
번호 한청연 국협 701-19
일시 82.1.20.
발신 한국청소년연맹 사무총장 구윤서
수신 외무부장관
참조 아주국 일본 심상관
제목 "재일교포 2세 모임"이 주관하는 위령제와 유관한 제기관에 보내는 공한

    218년전에 일본에서 숨진 우리 선조들의 넋(조선통신사 수행원 김한중, 최천중)을 위로하기 위하여 위령제를 거행키로 한 소식(동아일보 1월 15일자)을 접하고 1천 7백만 국내의 청소년육성사업을 전개하고 있는 본 한국청소년연맹으로서는 이를 주관 거행하는 재일교포 2세모임(오오사까 민단 본부내)에게 격려의 서신을 발송하였기에 이 서신을 업무에 참조하시도록 송부합니다. 또한 본 한국청소년연맹 사업에 관한 자료도 동봉하오니 업무에 참조하시고 앞으로 교포 청소년 육성사업 및 국제청소년 문화교류 사업에 대한 당 연맹사업에 적극 협조하여 주시기 바랍니다.

한국청소년연맹
사무총장 구윤서

1-1. 첨부-한국청소년연맹 서신

"在日僑胞2世모임" 兄弟들에게

僑胞 兄弟 여러분!
    여러분들이 218年前에 日本땅에서 숨진 우리 先祖들의 넋을 慰勞하기 위하여 慰靈祭를 擧行키로 했다는 消息(東亞日報, 1月1日字)은 祖國에 있는 우리 國民들을 깊이 感激시키고 있읍니다. 이 慰靈祭를 擧行하기로 決意한 여러분

兄弟들의 勇氣와 슬기에 깊은 敬意와 祝賀를 드립니다.

여러분들의 이 慰靈祭 擧行은 無防備 狀態에서 日本에 同化해가는 우리 僑胞 兄弟들로 하여금 日本의 到處에 묻혀 있는 생생한 우리 歷史의 魂에 가까이 接하게 함으로써 自身들의 "在日"을 되돌아 보게 하며, 그들이 새로운 "在日"의 意志를 키우게 된다는 点에서 매우 깊은 뜻이 있다고 믿읍니다. 뿐만 아니라 韓·日交流歷史속에서 가장 價値있는 記錄으로 評價되는 朝鮮通信使의 役割을 將來의 韓·日友好 交流의 敎訓으로 삼게 되기를 바라는 여러분들의 行事 趣旨에도 깊은 뜻이 있다고 생각합니다.

이 慰靈祭는 또한 우리들이 비록 사는 곳이 서로 다르더라도 우리 民族의 脈을 같이 느낄 수 있다는 하나의 魂의 모임이며, 같은 心臟에서 뛰고 있는 피의 진함을 알게하는 모습이며, 하나의 歷史를 이으려는 한결같은 民族 結合의 意志라고 생각됩니다. 여러분들의 慰靈祭 擧行에 대한 우리 國民들의 感激은 때문에 너무나 當然한 것이기도 한 것입니다.

僑胞 兄弟 여러분!

여러분들이 마련한 慰靈祭 行事에 비록 저희 몸이 參席하지는 못 하나 마음 만은 함께 하겠읍니다. 여러분들이 이번 慰靈祭에서 보여주는 民族의 넋을 이어 가는 勇氣와 슬기가 日本의 곳곳에 사는 在日僑胞 靑少年은 믈론 全世界 到處에 사는 우리의 海外僑胞 靑少年들에게도 明白하게 심어지기를 바랍니다. 때문에 이와 같은 우리 民族의 矜持를 떨치고 우리 歷史의 생생한 魂을 接하는 民族의 行事가 거듭 發掘되기를 또한 바라고, 이러한 事業을 위하여 우리가 할 수 있는 일이 무엇인지도 알려 주시기 바랍니다.

"在日僑胞 2世모임"의 이번 慰靈祭 擧行에 대하여 우리 온 國民이 聲援을 보내고 있읍니다만, 特別히 이 글을 보내고 있는 저희 韓國靑少年聯盟은 恪別한 感懷를 느끼고 있읍니다. 왜냐하면 우리 "韓國靑少年聯盟"은 그 事業中에 海外僑胞 靑少年 育成事業에 恪別한 關心을 기우리고 있기 때문입니다.

本 韓國靑少年聯盟은 우리 祖國의 國內外 1千 7百萬 靑少年들이 全人敎育과, 課外活動 訓練을 通하여 새로운 民族, 國家觀을 定立하고 그들로 하여금 民族의 念願인 祖國統一과 民族雄飛의 새 歷史 創造에 이바지 할 수 있는 民族主體勢力이 되게 하며, 同時에 世界로 向한 進取的 氣像을 振作시키어 우리 民族의 繁榮과 國家社會 發展에 寄與할 수 있는 그러한 靑少年들을 育成하도록 創設된 靑少年 育成機構입니다.

이와 같은 事業을 爲하여 온 國民의 뜻에 따라 "韓國靑少年聯盟 育成에 關한 法律이라는 特別法을 制定하여 온 國民들이 擧國的으로 이 事業을 支援, 後援하고 있읍니다. 本 聯盟은 그 事業의 準備의 한해를 보내고 첫번째 施行年을 맞이하여 總力을 기우리고 있읍니다만, 이 事業에는 海外僑胞 青少年들의 愛國, 愛族의 民族觀을 高揚하고자 하는 僑胞 青少年 育成事業이 또한 恪別히 強調되고 있어 앞에서도 強調한 바와 같이 在日僑胞 兄弟들의 慰靈祭 擧行消息을 接하는 우리의 感懷가 恪別한 것입니다.

저희 "韓國青少年聯盟"의 事業을 理解하시도록 우선 몇가지 參考資料를 同封하오니 參考하여 주시기 바랍니다. 이 海外僑胞 青少年事業에 대하여는 外務部 當局은 勿論, 駐日大使館, 民團 中央本部 및 大阪 民國本部等 關聯、機構와의 協助關係를 着實히 推進할 豫定입니다.

앞으로 여러분들의 理解와 協助, 그리고 깊은 參與를 바라고 싶읍니다. 僑胞 兄弟 여러분!

이제 이 慰靈祭 行事가 뜻있게 치루도록 協助해준 몇분에게 特別히 感謝의 뜻을 表하고 싶읍니다. 朝鮮通信使에 따른 貴重한 史的 事實을 提報해준 良識있는 日本人 郷土研究家들에게 感謝를 드리고 싶읍니다. 또한 이러한 史的 事實과 慰靈祭에 따른 깊은 意味을 社會的으로 關心을 갖게 해준 日本의 每日新聞側에도 特別한 感謝를 드리고 싶고, 우리 國民들에게 이 感激的인 行事를 널리 알게 해준 東亞日報 駐日特派員에게도 感謝를 드리고자 합니다.

끝으로 다시 한번 218年만에 擧行되는 先祖들을 爲한 慰靈祭가 뜻깊게 치루어 지기를 1千 7百萬 青少年들과 온 國民들의 뜻으로 거듭 祝願하는 바입니다.

1982年 1月 18日
韓國青少年聯盟 事務總長
具閏瑞

2. 해외희생동포위령사업회 공문—제2차 세계대전 기간중 해외에서 희생된 동포들에 대한 위령사업을 위해 필요한 자료 협조 요청

번호 해위82-
일시 1982.1.   .
발신 해외희생동포위령사업회 회장 이용택
수신 외무부 장관

참조 아주국장
협조 아주과장
제목 제2차 세계대전 기간중 해외에서 희생된 동포들에 대한 위령사업을 위해 필요
한 자료 협조 요청

　　1. 제2차 세계대전중 일제에 의해 징병, 징용, 혹은 정신대로 끌려나가 무고
히 희생되어 이역의 고혼이된 동포들에 대한 위령사업을 통하여 애국애족의 사
상을 창달시키고 국위를 선양하며 주권 국민으로서 자존을 재고하고 관계국과
의 민간교류증진을 위한 본회는 본회 자체의 조사만으로는 미흡하다고 사려되
어 귀부에 관계 자료를 협조 요청합니다.
　　2. 협조 요청 자료 내역
가. 일본군에 의해 징용, 징병, 정신대로 끌려간 동포들과 그 희생자의 실태조사
나. 유족들의 실태조사
다. 희생된 진상의 조사

해외희생동포위령사업회
회장 이용택

3. 기안-자료송부

분류기호 문서번호 아일700-
시행일자 82.2.8.
기안책임자 문호준 동북아1과
경유수신참조 해외희생동포 위령사업회장
제목 자료 송부

　　대: 해위82-
1. 대호관련, 당부 소관사항에 대한 참고자료를 별첨과 같이 송부하니 참고하시
기 바랍니다.
2. 귀회에서 요청한 자료중, 피징용, 정신대 등으로 끌려간 동포 및 희생자와
그유족들에 관한 현 실태는 당부에서 파악될 수 없는 사항인바 양지하시기

바랍니다.

첨부: 한국인 전사자 유골봉환 현황 1부. 끝.

4. 주아가나총영사관 공문-Palau 출장 보고

주아가나총영사관

번호 아가영700-10

일시 82.4.12.

발신 주아가나총영사

수신 장관

참조 미주국장, 아주국장, 경제국장, 정보문화국장

제목 Palau 출장 보고

　　4.7일부터 10일까지 4일간 본직은 해외희생동료 위령사업회 일행9명을 대동하고 당관 관할 Palau에 출장하였는바 동출장 경과를 다음과 같이 보고 합니다.
1. 출장목적

　　Palau 공화국 정부 고위층 예방 및 해외희생동료 위령제 참가
2. 일정

4월7일	13:00	Koror 도착
	15:00	Haruo Remeliik 대통령 예방
	17:30	Caros Hiros Salii 하원의장 방문
4월8일	10:00	해외희생동포 위령제참가
	14:00	Van Camp Tuna 처리공장 시참
	19:00	만찬
4월9일	도서 시내 시찰	
4월10일	08:00	하원의장과의 조찬
	10:30	Koror 출발 귀임

3. 주요 면담 및 접촉 내용

　　가. 대통령과의 면담

　　　　1) 일시 및 장소

　　　　　　4월 7일 15:00 대통령 사무실(대통령 사무실은 9월 폭파사건으로 사용불능하여 법무부 Judcial Bldg. 2층을 임시 사용중)

2) 면담 요지

　가) 본직은 부임 인사차 예방하게됨을 영광으로 생각하며 양국간 우
　　호 관계 증진을 위해 노력 하겠다고 하고 명4월 8입 한국희생동
　　포를 위한 위령제 개최에 대한 협력을 요청함.

　나) 동 대통령은 한국정부의 수산관계 훈련생 초청건에 대해 감사하
　　다고 하고, 현재Palau는 일본, 대만 및 비율빈과 어업협정이 되
　　이 있다고 말함.

　다) 본직은 앞으로 양국간 협력증진 가능분야를 모색, 양국간 협익을
　　확대해 나가자고 하였음.

　라) 어업협정 문제에 대해서는 일본 및 대만이 다액의 출어료를 Palau
　　측에 주고있다는 이야기가 있어서, 즉석 토의를 피하고, 면담후
　　현지 Van Camp 회사와의 계약하에 조업중인 국제원양 대표
　　(Palau 출장중)에게 상기 어업협정 내용등 조사 의뢰함.

3) 소감

　동 대통령은 교육계출신 정치인으로서 근면, 소박, 정직하다는 인상
　을 받았으며 매우 우호적이었음.

나. Alfonso Octerong 부통령 접견

1) 4월 7일 오후 예방 신청했으나 부재중이었음.

2) 4월 8일 10시 해외희생동포 위령제에 참석한 자리에서 면담하였음.
　동 부통령은 한국정부의 수산연수생초청에 대해 감사하다 하며, 진
　행사항을 문의하기에 본국정부에 □건서류 송달되고 있다고 답함.
　동 부통령은 위령제 추도사를 통해 Palau-한국간의 역사적 우호관계
　및 앞으로의 우호 증진을 역설함.

다. 상원 의장과의 면담

4월 8일 10시 위령제 및 19시 만찬시 면담하였는 바, 동의장은 앞으로
상호협력하자고 하며

1) Palau 는 자력 독립을 위해서 법체재도 정비가 필요한바, 문제의 한
　예로서 외국 기술자의 취업허가만 하더라도 히가 기준 선정이 어려
　워 비율빈 취업자가 기술 기능도 없이 취업 입국 한다고 함.

2) 주민들이 게으르고 기술습득 교육이 되어있지 않음을 한탄하며, 자주
　만나 대화 하자고 함.

라. 하원 의장과의 면담

1) 일시 및 장소

4월 7일 17:30 Caros Hiros Salii 하원의장의 개인 변호사 사무실

2) 면담 요지

동 하원의장은 한국방문 일정을 세우고 있다고 하며 출신도시인 Angaur 개발계획에 대한 관심과 내용을 설명함. Angaur도는 5평방 마일의 비옥한 섬으로 500-600 주민이 살고있고, 인광석 채굴을 위한 과거 독일인 및 일본인이 하던 시설이 남아있는 바, 한국이 동 인광개발, 또는 농업개발에 참여하여주기 바라는 요지였음.

한파라 산업주식회사(전화 72-2887)가 전 대통령 출마자이며 현재 정부 반대세력의 지도자인 Roman씨와 계약한 Angaur 인광석 개발계획은 Roman 씨가 Angaur도 주민도 아니고 소유주는 아니므로 동 계약은 무효라고 주장함.

3) 4월 10일 8시 호텔식당에서 조찬시

가) 출입국관리 및 북괴인사의 입국 가능성 타진한 바, 동 하원의장은 현재는 Guam(미국 Visa 필요)을 경유해서 Palau에 와야 하므로 별문제 없으나, 오는 8월부터 Air Nauru가 Palau-Manila 직행 운행하게되면 문제시 된다고 함.

현재 Visa 없이 왕복 Ticket만 소지하면 모든 관광객이 1 개월간 체류할수 있음.

나) 대미 교섭

미국정부와 기본약정(Compact of Free Association)과 부속 협정(8개) 일부는 합의에 도달했으나 부속협정 4개 정도는 더 교섭을 진행 해야 함.

미결 교섭사항의 문제점을 문의한바, 환경 오염 및 안보국방 문제라고 답함.

4) 기타 접촉 관찰

가) 대미 교섭을 위해 최근 전권사절이 임명되어 5월부터 미국정부와 교섭 재개 한다 함.

나) 4월 10일 대통령과 상원의장이 워싱톤 향발한 바, 미정부측과 현안문제, 특히 최근 공무원 파업으로 봉급인상등 소요재원 구원문제 등이 주요 토의사항일것으로 사료됨.

다) 상기 환경오염 및 안보국방 문제는 Palau 측의 원자무기 도입 배제 입장에 대해, 미국측은 원자잠수함 기지, 해병훈련장등 이용 계획이 있는것으로 알려짐.

라) 대미 교섭도 가까운 시일내에 타결, 비준 처리될 처지에 있지 않은 것으로 관찰됨. Palau 주민의 주요 직장이 정부 공무원이나, 재원이 없으며, 미연방정부의 재정원조도 여의치 않으며, 원조는 주로 Capital Improvement Fund로서 제약 되고 있음.

4. 교민 진출 상황

　가. 이종득씨가 지방유지 3명과 합작으로 건설회사(Socio Micronesia Inc.)를 운영, 10여명의 한국 기술자를 데리고 K-B Bridge 건립 등 주요 건설, 토목 공사를 하고 있음.

　나. 국제원양과 신영어업이 Van Camp 회사 소속으로 각기 4척 및 3척의 60톤급 어선 (20여명 승선)을 진출시켜 140명의 아국 원양어선 선원이 진출하고 있음.

　다. Van Camp 회사에 한국 종업원 수명 근무하고 있고, 중앙산업이 남은 기재 처리차 1 명 주재하고 있음.

　라. Palau 근처 원양어업에 동원에서 3척, 삼양 3척(현재 2척 출어) , 삼부 2 척의 600-800 톤급 대형 어망 Tuna 잡이 어선 7척이 출어 또는 조업 준비 중임.

5. 건의

　가. Palau 정부 고위층이 수교 첫번째 국가를 한국과 하고싶다고 호언하고 있는 처지이며, 이종득씨가 정부고위층과 친분이 있고, 이곳 교민사회에서도 덕망있고 착실한 사람으로 평가되고 있으며, Palau 위령탑도 독자적 재정부담으로 건립한 경력도 있는바, 동인의 명예영사 임명 건의를 재가 조치하여 주기 바람.

　나. 당관의 관할지역 출장비 증액 요망함.

주아가나 총영사

5. 해외희생동포위령사업회 공문-일교과서 왜곡 부분에 대한 자료 협조 의뢰

번호 해위조82-0091
일시 1982.7.29.
발신 사단법인 해외희생동포위령사업회 회장 이용택

수신 외무부장관
제목 일교과서 왜곡 부분에 대한 자료 협조 의뢰

　　1. 본 회는 제2차 세계대전중 일제에 의해 강제 징용, 징병, 정신대로 태평양 연안 여러나라와 섬들에 끌려가 비참하게 희생된 동포들에 대한 위령사업을 하고 있는 민간 단체입니다.

　　2. 본 회는 우리 정부 보건사회부 제789호로 1979.9.6. 사단법인으로 인가받은 비영리 법인입니다.

　　3. 1982.7.23. 조선일보 보도에 의하면 "일제하 일본인은 일국적 44년 이전 징용 강제 아니다" 제하에 지난 7.22. 일본 문부성 교과서 검정 담당관은 일본 정부의 공식 견해라고 밝히면서

　　　　가. 당시의 조선인은 일본 국적을 갖고 있었으며 점령하에 있던 중국인과는 법적 지위가 전혀 다르다고 하였읍니다.

　　　　나. 전시중의 조선인 노동자의 내지 이입은 시기에 따라 형태가 다르다고 하면서

　　　　○ 1939-42년까지는 자유 모집

　　　　○ 1942-44년까지는 관 알선

　　　　　(총독부의 기관이 알선하는 방식)

　　　　○ 1944년이후 비로소 국민 징용영이 조선인에게도 적용되었음을 뜻한다고 발언하였다고 합니다.

　　4. 그렇다면 본 위령사업회의 설립 취지에는 태평양 전쟁중 일제에 의해 우리 동포들이 징병, 징용, 정신대로 끌려간 것은 강제 수단인 것을 확인하고 있는데, 본회의 설립 취지의 타당성이 문제되며, 또 본회의 설립을 인가하신 정부의 입장도 재고되어야 한다는 것이 됩니다.

　　5. 8.15후 37년이 지난 지금까지 일본 동경에서 8.15 전 연합군 포로수용소 포로 감시병으로 종사타가 포로 학대죄로 처형된 희생동포의 유족 보상문제는 일본 국적을 상실했기 때문에 일본인이 받아야 할 보상을 받을수 없다고 현재까지 미루고 있으며 유,무기 징역형으로 복역타가 석방된 생환자(한국 출신 전범자 동진회 단체를 조직 일본 정부에 보상 청원중)에 대한 피해 보상 역시 받지 못하고 방황하고 있는 실정입니다.
일본이 1945년 패망하기 이전 한국인은 일본 국적이라고 공식 견해를 밝혔다고 한다면, 이들 전범자들에 대한 보상도 마땅히 일본인과 동일하게 지급되어야 한다고 보여집니다. 그럼에도 불구하고 한국인 전범자들을 외국인이라고 보상

을 못하겠다고 한다면 일본 정부 자신이 전후 모순된 마각을 들어내고 있읍니다.

　6. 귀부에서 이와 관련되는 관계 자료와 금번 일본 정부가 검정한 "일본사"와 "현대사회" 교과서에 왜곡 미화된 문제의 핵심인 일곱가지(일부 신문과 국사편찬위원회는 아홉가지로 보고 있음) 자료를 위시하여 문제된 교과서의 검정경위 등 기타 관련 자료를 본회에 조속한 시일내에 제공 협조하여 주시면 대단히 감사하겠읍니다.

관계자료에 따라 현재 일본에서 버림받고 있는 전범자 유족과 생존자등의 지원 자료는 물론 기타 해외 희생동포들과 위령사업에 좋은 자료가 될 것입니다. 끝.

사단법인 해외희생동포위령사업회

회장 이용박

6. 주일대사관 공문—동진회 유골봉환

주일대사관
번호　일본(정)700-6737
일시　1982.9.13.
발신　주일대사
수신　장관
참조　아주국장
제목　동진회 유급봉환

　대: 아일 700-23815(80.11.5.)

1. 9.13. 한국출신 전범자 동진회 이학로 총무가 당관을 방문, 그간 동진회가 일의회 및 후생성 등에 유골봉환 관련 적절한 조의 및 성의표시를 요청하여 왔는바, 후생성측이 유골봉환시 유골마다 후생대신 명의의 조사를 첨부하고, 후생성이 약간의 향료를 지급하기로 하였으며, 일본 건청회(회장: 스에쯔구 이찌로) 측이 주선하여 유골 1위당 30만엔의 위로금을 지급하기로 되었으므로, 동진회로서는 금년가을에라도 유골을 한국으로 송환키로 방침을 결정하였다고 말하고, 유골봉환에 앞서 9.19. 유골이 보관된 "조영원"에서 위령제를 열기로 하였다고 알려오면서, 유골봉환 실현에 따른 협조를 요청하였기 보고합니다.(한국에서 유족

인 변광수가 보사부 및 외무부에 유골봉환에 따른 절차를 취할 것이라 함)
2. 상기 이학로의 설명에 의하면 한국거주 변광수(처형된 변종윤의 자)를 통해 확인한결과에 의하면, 미귀환유골 11위 중 북한출신 유골4위의 유족은 조사가 불가능하였으며, 남한출신 유족중 5위는 판명되었으나, 2위(김장록, 김택진)는 아직 판명되지 않았다고 말하고, 가능하면 한국 정부측에서 상기 조사중인 2위 및 북한출신 4위의 유족의 소재를 조사해주기 바란다고 요청하여 왔음을 아울러 보고합니다. (별첨 명부 참조)
첨부: 한국출신 전범 처형자 명부1부. 끝.

주일대사

7. 기안-2차대전 전몰자 유골 봉환[1]

분류기호 문서번호 아일700-41518
시행일자 82.10.30.
기안책임자 박승무 동북아1과
제목 2차대전 전몰자 유골 봉환

　　대: 일본(정)700-6737(82.9.13)

　　연: 아일700-23815(80.11.4)

1. 대호와 관련, 한국출신 전범자 유골 11위중 5위는 국내유족이 밝혀졌으며, 동 유족들은 유골의 조속한 봉환을 진정하여 왔는바, 별첨자료를 참조, 국내유족이 밝혀진 하기 유골이 조속 봉환될 수 있도록 일 관계당국과 교섭하고 진전상황을 보고 하시기 바랍니다.

전몰자	유골인수자	관계	현주소
변종윤	변**	자	청주시 내학동 ***번지 **호
김귀호	김**	질	북제주근 한림읍 옹포리 ***번지
천광린	천**	질	서울 강남국 논현동 ***번지 ** 아파트 *-***
박성근	이**	모	군산시 미원동 ***번지
임영준	임**	제	군산시 송창동 *-**

---

1) 원본 첨부문서 누락

2. 대호 2항의 연고자가 확인되지 않고 있는 6위의 유골에 대하여는 연고자의 소재를 조사해 주도록 관계기관에 요청중에 있는바, 동 결과가 나오는 대로 회보 위계입니다.

첨부: 1. 봉환요청서 5부(변광수의 봉환 진정 1부포함)

     2. 사망증명서 5부.

     3. 전몰자와 유골인수자의 관계를 증명하는 호적등본 5부

     4. 유골 인수자의 주민등록표 5부. 끝.

8. 외무부 공문(착신전보)-유골봉환

외무부

번호 JAW-11338

일시 181635

발신 주일본대사(일정)

수신 장관

참조 아일

제목 유골 봉환

    대: 아일700-41518

    연: JAW-11084, 11293

외무성측이 당관에 연락해온바에 의하면, 일후생성측은 대호 유골5위를 82.12.7 (전회와 마찬가지로) 부산에서 인도할것을 희망하고 있다 하는바, 연호 인수절차 등 아측 입장 지급 회시 바람. 끝.

9. 전언통신문-2차대전 전몰자 유골봉환에 따른 의견 회보

전언통신문

번호 사회1461-293

발신 보사부 장관

수신 외무부 장관
제목 2차대전 전몰자 유골봉환에 따른 의견 회보

1. 아일700-40564(82.11.12), JAW-11338호와 관련 사항입니다.
2. 제2차 세계대전시 전몰한 재일본 한국인 유골봉환에 대하여 당부의 의견을 다음과 같이 회신합니다.
   가. 인수시기: 82.12.7.
   나. 인수시기: 김포공항
   다. 인수절차: 김포 공항에서 일본 후생성으로부터 인수하는 즉시 유족에게 직접 인계하는 것이 좋겠음.

송화자: 보사부 사회과 서동만 11.23. 11:30
수화자: 동북아1과 박승무

10. 외무부 공문(착신전보)-유골봉환

외무부
번호 JAW-11526
일시 271352
수신시간 82.11.27. 14:10
발신 주일대사(일정)
수신 장관(아일)
제목 유골 봉환

대: WJA-11201
연: JAW-11457
금 11.27. 당관 조중표 2등 서기관은 외무성 북동아과 무라다 사무관을 면담 (후생성 원호국 업무 제1과 고바야시 조사 제3계장 동석), 협의한바 동 요지 다음 보고함
1. 일측 관계관 방한 명단 및 일정
   가. 명단(3명)

후생성 원호국 업무 제1과장 모리야마 키쿠오, 동 업무 제1과 조사 제3계장 고바야시 유우이찌로오, 외무성 북동아과 관계관 1명

　　나. 일정(숙소:LOTTE HOTEL)

　　12.7. 15:50 KE-703편 서울착.

　　12.8. 보사부 관계과장 면담.

　　12.9. 13:30 JL-952편 서울발

　2. 유골인도 절차(일측 요망 사항)

　　가. 일측은 5주의 유골을 포장 일괄하여 한 BOX(백색, 명단첨부)로 하여 항공기내에 소지하여 수송하려 하는바 김포공항에서 통관상 편의 조치를 해줄 것과 인도장소(공항내 VIP ROOM 등)를 사전에 알려주길 요망하고 있음

　　나. 일측 관계관이 보사부 관계관에게 인도하여 동 보사부 관계관이 유족에게 인도하는 절차를 취하고 싶다고하고 일측 관계관이 유족과 직접 만나지 않도록(무용한 트러블 방지) 인도장소를 별도로 해줄것을 요청함

　　다. 상기 인도시 한국측 참석 관계관의 명단을 사전 통보해줄것을 요망하고 있으며 과도한 보도가 되지않도록 각별한 배려를 요청하고 있음

　3. 향전금: 유골1주당 한화10만원(전회 4만원)씩 유골 인도 이전에 주 한일 대사관이 보사부측에 전달할것임

　4. 12.8. 일측 방한자의 보사부 관계과장 면담 주선을 요청하고있는바 주선 후 회시바람

　5. 일측은 상기 방한에 앞서 12.6. 메구로 유뗀지(우천사)에서 위령제를 행할 예정으로 일측에서는 후생성에서 원호국장 및 관계과장등이 외무성에서는 아주국장 북동아과장 및 관계관이 참석할 예정으로 있다하고 당관 관계관의 참석을 요청한바 전회와 마찬가지로 영사 1명을 참석시키는 방향에서 추진하겠다고 말하였음. 끝.

11. 기안-2차대전 전물자 유골봉환

분류기호 문서번호 아일700-
시행일자 82.11.29.
기안책임자 박승무 동북아1과
경유수신참조 보건사회부 장관

제목 2차대전 전몰자 유골봉환

    대: 사회1461-293
    연: 아일700-35547

1. 제2차 대전 전몰자 유골 5위의 봉환에 대한 귀부의 대호 입장에 대하여 일측이 수락 하였음을 통보합니다.
2. 이와 관련, 주일대사관은 일 후생성측과 유골봉환에 따른 실무협의를 가졌는바, 동 협의내용을 별첨과 같이 송부하오니 통관조치, 인도장소 선정, 참석자 명단 작성 및 유족에의 통보등 필요한 조치를 취하신후 동 결과를 당부로 지급 회보하여 주시기 바랍니다.
첨부: 주일대사전문사본 1부. 끝

12. 보건사회부 공문-제2차대전 전몰 재일본 한국인 유골봉환 계획통보

보건사회부
번호 사회1461-18905
일시 1982.12.1.
발신 보건사회부 장관
수신 외무부장관
제목 제2차대전 전몰 재일본 한국인 유골봉환 계획통보

1. 외무부 아일 700-40504('82.11.18) 및 아일700-51793('82.11.29)호와 관련임.
2. 전몰한국인 고변종윤 외 4인의 유골봉환에 대하여 별첨과 같이 통보합니다.
첨부: 유골봉환계획 1부. 끝.

보건사회부장관

12-1. 첨부-유골봉환계획

제2차 세계대전중 전몰한 재일본 한국인 유골봉환계획

1. 봉환일자: 1982.12.7(15:50, KE703)
2. 봉환장소: 김포공항(당부 검역관실 및 귀빈실)
3. 참석자(13명)
   가. 일본측: 후생성 원호국 업무1과장 외 2명
   나. 아측: ● 당부 사회과장 외2명
              ● 외무부 관계관1명
              ● 동진회회장외1명
              ● 유족대표 변광수외4명
4. 봉환절차
   가. 일본후생성(원호국 업무1과장) 책임하에 김포국제공항까지 인도.
   나. 당부 사회국 사회과장이 동공항 검역관실에서 인수.
   다. 당부는 동 검역관실에서 유족에게 인계코자 함.
5. 향전금 지급
   0. 지급액: 유골 1위당 100,000원(일본측 100,000원별도)
   0. 지급과목: 사회복지사업기금중 위문금목
6. 일본측대표와 오찬
   전몰자 유골 5위를 아국에 인도하기 위하여 내한하는 일본측대표(3명)들을
   아래와 같이 접대코자 합니다.
   가. 일시 및 장소
       1982.12.8. 12:00 프라자호텔
   나. 참석자(7명)
       ● 보사부: 국장외2명
       ● 해외희생동포 위령사업회장
       ● 일본측: 후생성 원호국 업무1과장 외 2명
   다. 소요경비: 200,000원
   라. 예산과목: 325-1500-1511-234 (해외이주과 판공비)

13. 외무부 공문—유골봉환

발신전보
번호 WTA-1217

일시 021732
발신 장관(아일)
수신 주일대사, 총영사
제목 유골봉환

　　　대: JAW-11526
　　　연: WJA-11201
　1. 보사부측이 추진중인 유골 인수 계획은 다음과 같음.
　　　가. 봉환절차
　　　　　1) 일측이 김포국제공항까지 인도
　　　　　2) 보사부 사회과장이 공항 검역관실에서 인수, 유족에게 인계(인수장소
　　　　　　와 인계장소를 다르게 할것을 검토중에 있으나 공항사정상 어려운
　　　　　　점이 있다함)
　　　나. 향전금
　　　　　유골1위당 10만원(일측 향전금 별도)
　　　다. 공항 참석자
　　　　　외무부 관계관 1명
　　　　　보사부 사회과장 등 3명
　　　　　유족 5명
　　　　　동진회 회장등 2명
　2. 보사부측은 봉환사 내한하는 일측 인사를 위해 12.8. 12:00 프라자 호텔에서
　　오찬을 예정하고 있음. (보사부 원호국장, 사회과장 등 참석, 별도의 관계과
　　장 면담은 생략 예정). 끝.

14. 발신전보-유골봉환

발신전보
번호 WJA-1228
일시 031130
발신 장관(아일)
수신 주일대사. 총영사
제목 유골봉환

연: WJA-1217

연호 봉환절차를 다음과 같이 변경 실시 예정이니 일측에 통보바람.

1. 일측이 김포공항까지 인도
2. 외무부 및 보사부 관계관 2명이 공항 검열사열대(CIQ) 지역에서 일단 유골인 수(통관 및 입국수속)
3. 일반출구로 나온뒤 일측 일행과 함께 검역 소장실로 감.
4. 검역 소장실에서 아측 대표와 일측대표 일행만이 참석하여 인수 서명
5. 아측이 별도의 장소에서 유족에게 유골 전달. 끝.

15. 외무부 공문(착신전보)–유골봉환

외무부
번호 JAW-12052
일시 031057
수신시간 82.12.03. 11:43
발신 주일대사(일정)
수신 장관(아일)
제목 유골봉환

대: WJA-1217
연: JAW-11526

1. 대호 사실 외무성에 통보하였음
2. 연호 방한자 명단중 외무성 관계관은 무라따 사무관임
3. 일측은 유골인도시 일측 관계관이 유족 및 동진회 인사와 직접 접촉하지 않도록 배려하여 줄것을 재 요청하여 왔으니 참고바람. 끝

16. 발신전보–유골봉환

발신전보

번호 WJA-1269
일시 081100
발신 장관(아일)
수신 주일대사
제목 유골봉환

　　　대: JAW-11526
　　　연: WJA-1228
　　　대호 유골 5주는 예정대로 무위 봉환되어 가족에게 인도 되었음.

③ 재일본 한국인 유골 봉환, 1983

○ ○ ○

기능명칭: 재일본 한국인 유골 봉환, 1983

분류번호: 791.28

등록번호: 17720

생산과: 동북아1과

생산연도: 1983-1983

1. 면담요록

면담요록
1. 일시 1983년 1월 31일(요일)   시~   시
2. 장소: 보사부 의정국장실
3. 면담자: 의정국장－후까가와(피해자 유족 지원 회장)
　　　　　　　　신영수(원폭협회 회장)
　　　　　　　　노장수(피폭 침몰 유족회장)
4. 내용:
   － 히로시마 미쯔비시 중공업 징용간 한국인 45년 9월 징용에서 풀려나 귀국길
     에 태풍을 만나 숨진 한국인 86구를 한국에 반송하여 망향의 등산에 안치코
     자 하는 건에 대한 협의 내용임.
   － 이 문제는 외무부를 통하여 확인한후 일본 정부를 통해 송환 요청을 하겠으
     며 이에 따른 소요예산도 계상되어야 함으로 사회국과 협의후 결정하겠다고
     설명하였음.
* 참고사항: 성명 미상 일본인 국제전화

　　　　　　　　　　　수화자: 의정국장
　　　　　　　　　　　일시: 6.3 10:40
　　　　　　　　　　　내용: 2.3일자 신문을 읽었음.
　　　　　　　　　　　　　　후까가와는 공산국의 자로서 위험인물임.
　　　　　　　　　　　　　　유골을 미쯔비시 징용공 것이 아님 등등.

2. 협조문－민원처리 의뢰

협조문
번호 감사125.4-79
일시 1983.2.21.
발신 민원사무통제관
수신 아주국장
제목 민원처리 의뢰

1. 아래와 같은 내용의 민원이 접수되었는 바, 이를 별첨과 같이 이송하오니, "민원사무 처리규정"에 의거 7일이내에 처리, 그 결과를 민원인에게 통보하는 동시에 사본 1부를 감사관실로 송부하여 주시기 바랍니다.

2. 동 민원을 처리함에 있어, 민원인의 입장을 이해하고 처리위주의 형식을 지양하여 완전무결하게 민원을 해소할수 있도록 만전을 기하여 주시기 바랍니다.

　　　　　—아래—

　　　가. 민원인: 來山哲三

　　　나. 민원내용: 제2차 대전중 전몰한 86구의 한국인 유골 송환

첨부: 민원서 1부. 끝.

민원사무통제관

3. 보건사회부 공문—2차대전 전몰 한국유골에 관한 서한 이첩

보건사회부
번호 사회1463-2291
일시 1983.2.15.
발신 보건사회부장관
수신 외무부장관
제목 2차대전 전몰 한국유골에 관한 서한 이첩

　　　기따야마 데쯔조오
　　　北山哲三(日本國広島市四區鈴が峰町 17-3-13-10.2)씨가 당부에 보내온 서한

내용은 제2차 대전중 전몰한 86구의 한국인유골송환에 관한 것이므로, 귀부 소관으로 사료되어 이첩하오니 적의 처리 하시기 바랍니다.

첨부: 서한 원본 1부. 끝.

보건사회부 장관

3-1. 첨부-서한

拝啓　貴国益々御繁栄の段慶賀の至りに存じ上げます。我国中曽根総理大臣の訪問により貴国との連携が強化され自由主義を信奉する等同胞として誠に嬉しく存じております。

　さて、戦時中三菱重工広島造船所(当時三菱重工広島機械製作所)に徴用され、帰国途中に遭難された韓国の方々の遺骨送還運動を進めている「韓国の三菱徴用被爆者・遺家族・帰国遭難者・戦後問題対策会」の代表深川宗俊が1月28日から貴国を訪れ、金正礼保健社会部長官に日韓政府間で遺族への遺骨引渡しが早期に実現するよう申入れを行うと報道されておりますが(別添1　58.1.28付中国新聞参照)本件を詳細に承知している者として、貴国及び貴国と我国との友好関係維持のため、次の通り正しい事実をお知らせ致しまので、十分検討のうえ慎重かつ誤りなき対応をされるよう切にお願いする次第であります。敬具

記

1. 遺骨は三菱徴用工のものか?

　戦後問題対策会が貴国へ返還しようとしている遺骨(長崎県壱岐郡芦辺町で昭和51年8月に発掘され、現在広島県沼隈郡沼隈町の福泉坊に仮安置されている86体の遺骨)が三菱徴用工のものであるという可能性は極めて薄い。(殆んどない)

　即ち76.8.15付西日本新聞で発掘について地元芦辺町役場の総務企画課長が、「いま発掘している遺体は、深川さんの捜している徴用工とは別の人ですよ」と明言している。また地元関係者の証言や遺骨には子供の骨が混じっている事実などから、三菱徴用工のものであるという可能性は極めて薄い。(別添　2参照)

2. 深川宗俊の正体は?

　深川宗俊は広島市に居住する共産党員と言われております。昨今、日本の言論界を沸かせている森村誠一著「悪魔の飽食」が日本共産党の戦術によってでっち上げた作品でその根拠がデタラメであったことが証明されたと同様に今回の遺骨も三菱徴用工とは何ら関係のないものであると思われるにも拘らず、彼の主催する団体がこの遺骨を三菱徴用工の遺骨と決めつけて返還しようとしております。

　言うなれば、もし深川らの主張の通りになれば、「悪魔の飽食」の第2弾であり、深川宗俊は日本における金大中の小型版と言っても過言ではありません。

3. 彼等の狙いは何か？

　彼等の究極の狙いは日韓両国の反戦活動を盛り上げ、ひいては容共思想・左

翼思想の普及にあることは火を見るよりも明らかであります。更にこの運動を通じて日本を支える大企業・自由主義体制を崩壊に導き容共政権の樹立へもって行こうとしております。

4. 本件、貴国が外交ルートで応じた場合、起り得る問題は？

　　前述のように昨今の「悪魔の飽食」の偽でっち上げ事件同様、彼等はでっち上げを行おうとしており、それを貴国が外交ルードで応じるならば、真実を知っている両国国民の信頼を失い、ひいては日韓両国の友好関係にも大きな影響が予想され、韓国びいきの失望・落胆・憤慨を招くことは必至であります。

5. 結論(私達の貴国へのお願い)

　　以上の通り彼等は共産主義者であり、何ら確証のない内容をでっち上げ反戦活動の材料とし、自由主義社会破壊のために利用しようとしており自由主義を信奉する同胞として政府間レベルでの遺骨返還等彼等・要請に対しては拒否いただきたい。

　　万一受け入れるとしても遺骨は三菱徴用工のものであるとの確証はないが……という形で受けられるよう切望するものであります。

　　以上

追伸　　本件我国衆議院議員中川秀直代議士(自由民主党)、岡田正勝代議士(民社党)にも前述の内容を説明し、深川宗俊の動きは間違いであるとして我々の方に協力をいただいております。

また、我国外務省アジア局北東アジア課村田事務官、スー事務官にも説明を行い理解を得ております。

(후략)

4. 외무부공문(착신전보)

외무부
번호 SIW-032
일시 03041445
수신시간 83.03.04. 16:16
발신 주 시모노세키 총영사

수신 장관(아일)
제목

　　대: 아일700-05776
　　1. 당관은 대호 관련 민단 히로시마 지방 본부등에 사실 조사한바
　　　　가. 전후 대책 문제 협의회-후카가와-는 과거 히로시마 미쯔비시 중공업의 징용공반장으로 근무하였으며,
　　　　나. 전후 수년간 일본 공산당에 입당, 활동한 사실이 있으나 성격이 맞지 않아 탈당하였으며
　　　　다. 현재는 일본 공산당과의 관계가 없는 것으로 알고있어 동인의 유골봉환 운동은 인도적 견지에서의 활동으로 사료된다 함.
　　2. 또한 동 서한의 발송인-고야마-는 미쯔비시 중공업 히로시마조선소 근로부 소속임에 비추어 동건은-후카가와-의 적극적인 유골 봉환 활동에 대한 미쯔비시 중공업의 배상금 문제, 봉환 경비 요청등을 우려하는 모략일 가능성도 있는 것으로 사료됨을 보고 함.
끝.

5. 외무부공문(착신전보)-유골관계

외무부
번호 JAW-2150
일시 05157804
발신 주일대사
수신 장관(아일)
제목 유골관계

　　외무성 북동아과 히나따 차석은 금 5.17. 당관 조상훈 정무과장에게 2차대전 종전직후 미쓰비시 중공 히로시마 공장에 징용되었던 한국인 유골문제에 관하여 일정부의 조치를 하기와 같이 알려왔으니 참고바람.
　　1. 1945.9-10경 미쓰비시 중공 히로시마 공장에 강제 징용되었던 한국인(인수 미상)이 본국 귀환중 쯔시마, 이쓰기 부근에서 체포, 사망된 사건과 관련, 약10

년전 한국정부에서 사실조사 의뢰가 있었으며, 한국내 유족회(약 40인)의 진정도 있었고 지난해 중의원 모리이 쥬우로오(사회당) 의원등이 관심을 가지고 정부의 조사를 촉구한바 있음.

2. 당시 전후 일본의 사정이 혼란상태이었고, 격심한 태풍도 있어 구체적인 사건의 경위가 애매한 상태이나 외무성은 후생성과 공동으로 금번 현지 조사단 외무성 북동아과 담당관 1인및 후생성 관계관)을 파견하여 약 2주간 희생자를 선의로 매장한 인사, 위령비를 세운 인사등 관계자를 면담하여 사건 경위 및 유골 소재등에 관한 조사활동을 실시할 예정으로 있음(끝)

6. 주일대사관공문—유골관계

주일대사관
번호 일본(정)700-6385
일시 1983.7.28.
발신 주일대사
수신 장관
참조 아주국장
제목 유골관계

    연: 일본(정)700-6287(83.7.25.)

1. 연호 내용을 외무성에 재확인한바, 잇끼, 쯔시마 조난 한국인 유골 조사결과의 대강 내용은 별첨과 같습니다.

2. 잇끼는 이미 1976년도 민간인들이 발굴한 83주외에 168주 정도가 더 있다는 관계자들의 증언에 따라 발굴작업을 하였으나 확인불가 하였다합니다.(연호 86체는 착오이며, 히로시마 인근 사찰에 수용된 83주는 76년도 발굴된 것으로 금번 조사에서 확인된 것이아님).

3. 금번 조사에서 확인된 쯔시마의 42주는 금후 쯔시마 내의 적절한 사찰에 모아 집중 수용할 예정이라 하였으니 참고 바랍니다.

첨부: 외무성 조사결과. 끝.

주일대사

6-1. 첨부–외무성 조사결과

壱岐・対馬に埋葬中の遭難韓国人還骨調査結果

調査区域		調査結果
1. 壱岐	(1) 清洲浜	発掘したが、遺骨を発見することができなかった。
	(2) 竜神崎	〃
2. 対馬	(1) 豆酸	発掘したが、遺骨を発見することができなかった。
	(2) 国崎	〃
	(3) いとり小島	〃
	(4) 黒島	〃
	(5) 池畠	発掘、遺骨を確認した。関係者によれば遺骨12柱の由
	(6) 品木島	〃　関係者によれば遺骨約30柱の由

[注]　昭和51年8月広島市の民関グループの手により壱岐の清石浜から78柱、龍神崎から5柱がそれぞれ発掘され、現在広島県沼隈郡にある「福泉坊」に安置されている由。

④ 재일본 한국인 유골 봉환, 1984

○ ○ ○

기능명칭: 재일본 한국인 유골 봉환, 1984

분류번호: 791.28

등록번호: 17717

생산과: 동북아1과

생산연도: 1984-1984

1. 국립망향의동산관리소 공문-한국인 유해 봉환 협조

국립망향의동산관리소
번호 망향 1461-11
일시 1984.1.10.
수신 국제 민간 외교 협회장
제목 한국인 유해 봉환 협조

    1. 외무부로부터 일본 미쓰비시 중공업 히로시마 공장에 징용되어 희생된 한국인의 유해에 관한 현지(일본)발굴조사 결과가 별첨과 같이 통보되어 이첩하오니 참고 하시여

    2. 처참하게 숨진 우리 동포의 유해를 (현재 일본국 광도현소외군 広島県 沼隈郡 복천방"福泉坊"에 83위가 안치되어 있다함) 하루속히 그리던 조국의 땅 (국립 망향의 동산)에 이장되여 편안히 잠들수 있도록 귀단체에서 적극 협조하여 주시기 바랍니다.

    첨부 유해 발굴 조사 결과 공문 사본 1부. 끝.

    국립망향의동산관리소

2. 기안-진정서 확인 회신

분류기호문서번호 아일700-
시행일자 1984.8.21.
기안책임자 박석환 동북아1과
경유수신참조 보건사회부장관 사회국장
제목 진정서 확인 회신

    대: 사회1461-20896(84.7.18)
    대호 확인 요청 사항에 대하여 아래와 같이 회신합니다.
    1. 유학암(일본명: 옥천학암)의 사물기록은 별첨 "조선 출신사몰자 명부 (경상북
       도)" 61페이지에 등재되어 있음.

2. 동인의 유해는 1948.2.3. 일본 사세보항(佐世保港)을 출항한 뽀고다 마루(ポコタ丸)편으로 당시 부산에 있는 "조선과도정부 외무부 부산 연락사무소"로 상기 명부와 함께 송환되었다 함.

첨부: 조선 출신 사몰자 명부. 1부. 끝.

3. 주일대사관–민원처리 회신

주일대사관
번호 일본(영)725-6984
일시 1984.8.16.
발신 주일대사
수신 장관
참조 아주국장, 영사교민국장
제목 민원처리 회신

대: 아일700-20422(84.7.26.)
　　영재725-20720(84.7.30.)

1. 대호 진정에 대하여 일본 후생성 원호국 업무2과에 알아본 바, 유학암(일본명: 옥천학암)의 유해송환은 1948.2.3. 일본 사세보항(佐世保港)을 출항한 뽀고다 마루(ポコタ丸)편으로 당시 부산에 있는 "조선과도정부외무부부산연락사무소"로 "조선출신사몰자명부"와 함께 유해를 송환하였다합니다.

2. 동인의 사몰기록은 별첨 "조선출신사몰자명부(경상북도)" 61페이지에 등재되어있습니다.

첨부: 조선충신사몰자명부 사본1부. 끝.

4. 기안–민원 회신

분류기호문서번호 아일700-

시행일자 1984.3.21.
기안책임자 박 석환 동북아1과
경유수신참조 건의
제목 민원 회신

　　　日本国 鹿児島県 鹿屋市 古前城町 4608번지에 거주하는 일본인 永野力男은
공원 납골당에 안치되어 있는 아국인 유골20주를 봉환해 갈 것을 요청해왔기,
이에 대하여 별첨과 같이 회신코자 하오니 재가하여 주시기 바랍니다.
　　　첨부: 국장님 명의 서한1부. 끝.

4-1. 첨부-국장님 명의 서한

대한민국
외무부

친애하는 永野力男 귀하
　　　귀하가1945년부터 지금까지 유골20주가 안치되어 있는 공원 납골당을 참배하시
고 또 관리해오신데 대하여 경의를 표하는 바입니다.
　　　우리 정부는 귀하가 요망하신 유골봉환 문제에 관하여 귀국 정부와 협의를 할
생각입니다.
　　　아국인 유골의 소재를 알려주신데 대하여 감사드리며, 귀하의 건승을 기원합니다.

1984.8.21.

아주국장
김재춘

5. 기안-유골봉환

분류기호문서번호 아일700-
시행일자 1984.8.27.

기안책임자 박석환 동북아1과
경유수신참조 주일대사
제목 유골 봉환

　　대: 일본(정)700-6387(84.7.16.)
　　1. 대호, 국제민간외교협회에서는 일본인 후까가와와 공동으로 84.9.25. 히로시마 소재 유골 83주의 본국 송환을 추진하고 있다고 밝히면서, 당부의 협조를 별첨과 같이 요청하여 왔습니다.
　　2. 상기관련, 일 외무성 및 후생성과 동 유골봉환에 따른 절차와 문제점등에 관하여 구체적으로 협의하여, 그 결과를 회보하여 주시기 바랍니다.
　　첨부: 국제민간 외교협회 협조 요청 문서 사본1부. 끝.

6. 외무부 공문(착신전보)–유골봉환

외무부
번호 JAW-4848
일시 09221024
수신시간 84.09.22. 10:45
발신 주일대사(일정)
수신 장관(아일)
제목 유골봉환

　　대: 아일700-22900
　　일본 외무성측(북동아과 히사이찌 과장보좌)은 그간 후생성 관계관과 대호 유골봉환 문제를 협의해 왔다고 말하고 후생측은 대호 83주 유골 송환 문제를 검토한 결과 한국인 원폭 피해자 구원 시민회(일본인으로 구성됨) 및 히로시마껭 민단단장으로 부터 민간 베이스의 송환에 반대하고 국가 베이스에서 일본 정부가 정식으로 한국 정부에 인계해 줄 것을 요구하고 있는점을 감안, 기히 일본 정부가 발굴 보관하고 있는 45주의 연골과 함께 일정부가 한국정부에 정식으로 인계할것을 검토 중이라함. 끝.
　　(공사 이기주·국장)

7. 해외희생동포위령사업회 공문-해외희생동포 위령사업에 관한 자료수집 지원 협조요망

해외희생동포위령사업회
번호 해위조84-0096
일시 1984.9.25.
발신 사단법인 해외희생동포위령사업회 회장 이용택
수신 외무부장관
참조 아주국장
협조 동북아1과장
제목 해외희생동포 위령사업에 관한 자료수집 지원 협조요망

    1. 해위조84-0036 (84.5.17) 관련사항입니다.
    2. 본회는 항상 귀부의 적극적인 협조아래 해외희생동포 위령사업이 순조롭게 수행되고 있음에 대하여 감사드립니다.
    3. 본건 귀부에 서면으로 협조 요청한지가 벌써 만2년이 지났읍니다. 그리고 본회가 하는일이 무엇인지 또 본회의 성격, 사업실적 및 협조요청 사유 등을 충분히 이해할수 있도록 소개해 드린바 있읍니다.
    4. 그리고 자료협조 내용도 하나 하나 구체적으로 알려 드렸읍니다만은 해당지역이 광범위하고 또 종전후 장기간 경과한 관계로 난제가 많은것으로 믿어집니다. 부디 바쁘시고 어려우시드라도 다시 한번 해당지역에 확인해 주시고 자료 수집이 불가능하면 불가능하다 등과 다소나마 가능성이 있으면 확인 가능성이 있다고 알려 주시면 확인될때까지 기다리도록 하겠읍니다.
    이점 십분 통찰하시고 현재 진행사항만이라도 회답하여 주시면 대단히 감사하겠읍니다. 끝.

사단법인 해외희생동포위령사업회

회장 이용택

8. 외무부 공문(착신전보)-유골봉환

외무부

번호 JAW-5049
일시 10041549
수신시간 84.10.05. 00:32.
발신 주일대사
수신 장관(아일, 영재)
제목 유골봉환

    대: 아일700-22900
    연: JAW-4848
    1. 금 10.3 김철도 재일한국청년 상공인연합회 전무는 당관을 내방, 동연합
회가 대호 국제민간 외교협력회와 공동으로 연호 후까가와씨 보관 유골 83주와
최근 일정부가 발굴, 보관하고 있는 45주를 인수하기를 희망한다면서 당관의
협력을 요청해왔음,
    2. 상기 민간단체에 의한 유골 인수문제에대해 외무성측 의견을 문의한바
외무성측은 연호와 같이 한국정부가 유골의 인도를 공식요청, 형식적으로 일본
정부가 한국정부에 유골을 인도하는것으로하고 실제로는 민간에 인도하는 방법
은 가능하다고 한바, 유골의 인도를 일정부에 공식 요청할 것인지의 여부및 상
술 상공인 연합회측 요청의 수락여부에 대해 검토회시바람. (공사 이기주 국장)

9. 기안-대만도 유골 봉환

분류기호 문서번호 아일700-
시행일자 1984.10.6.
기안책임자 정영구 동북아1과
경유수신참조 보사부장관 사회국장
제목 대마도 유골 봉환

    1. 주한 일본대사관은 일본 외무성 및 후생성이 작년5월과 금년 6월 조사한
결과 대마도에서 45주의 한국 출신 징용공 유골을 발굴하였다고 전하고 한국정
부가 동 유골의 반환을 요청하면, 반환에 관하여 적극적으로 검토할 것이라 하
면서, 아국정부의 입장을 문의하여 왔으니 이에 대한 귀부의 입장을 회신하여

주시기 바랍니다.

　2. 동 유골은 발굴된 후 화장하여 현재 芦辺浦 납골당(나가사끼 현 잇끼군)에 가안치되어 있다하며, 이들의 신원에 관하여 확실한 물증은 없으나 "참기" 태풍(1945.9.17.) 및 "아구근" 태풍(1945.10.10.)으로 조난한 한국 출신자들임이 거의 확실한 것으로 추정된다 함을 참고로 첨언합니다.

첨부: 1. 쓰시마, 잇끼에 있어서 한국출신 징용공의 매장유골 재조사 등 결과
　　　 2. 일본중의원 사회 노동 위원회의록 28호.　　끝.

10. 보건사회부–대마도 유골봉환

보건사회부
번호 사회1463-13595
일시 1984.10.12.
발신 보건사회부 장관
수신 외무부장관
참조 아주국장
제목 대마도 유골봉환

　1. 아일 700- 38204('84.10.8.)호와 관련입니다.

　2. 일본 외무성 및 후생성이 대마도에서 발굴한 유골이 우리동포(징용공)의 유골(명단)임이 확인되고, 해 유골의 봉송 및 안장에 소요되는 비용을 일본국이 부담함을 전제로 할때에는 유골의 인수가 가할 것임을 회신합니다. 끝.

보건사회부 장관

11. 외무부 공문(발신전보)–유골봉환

외무부
번호 WJA-3765

일시 10221640
발신 장관(아일)
수신 주일대사
제목 유골봉환

　　대: JAW-5280
　　연: WJA-2497
　　일본에서 발굴된 유골이 우리동포의 유골임이 확인되고, 동 유골의 봉송 및 안장에 소요되는 비용을 일본이 부담하는 경우에 인수하는 것이 아국정부의 기본 입장인바, 연호 사항 조속 확인 보고 바람. 끝.

12. 외무부 공문(착신전보)-유골봉환

외무부
번호 JAW-5339
일시 10231656
수신시간 84.10.23. 17:30
발신 주일대사(일정)
수신 장관(아일)
제목 유골봉환

　　연: 일본(정)700-6387, JAW-5049
　　대: 아일700-22900, WJA-3765
　　1. 대호 유골(무연골)은 종전후 아국으로 귀환 도중 해상 조난 사고로 사망한 아국인 징용자의 유골일 가능성이 큼. (연호 참조)
　　2. 종래 정부 베이스의 유골 인도시에는 일정부가 당지에서 위령제를 갖고 서울까지의 봉송비를 부담(외무성 직원1명이 동행)하여 왔으나 안장비용을 부담한 예는 없었던바, 외무성측은 연호 유골 인도 시에도 전례에 따르기를 희망함을 참조, 연호건 회시바람. 끝
　　(공사 이기주-국장)

13. 韓民族犠牲者の霊を慰める日韓友好平和之塔建立

韓民族犠牲者の霊を慰める
日韓友好平和之塔建立

日韓友好平和之塔建設委員会
〒543　大阪市天王寺区上本町6丁目9-10
(青山ビル本館1011号)
事務局　電話　(06)779-2243番

韓民族犠牲者の霊を慰める
日韓友好平和之塔を
日本、京都・高麗寺に建立
建設起工式は10月15日、日韓共同で盛大に挙行

韓民族牲者の霊を慰める「日韓友好平和之塔」は今年12月20日、完成に向け建設準備
が進められている。〈慰登塔完成予想図〉
(高さ20メートル)日本京都・高麗寺境内に建立。

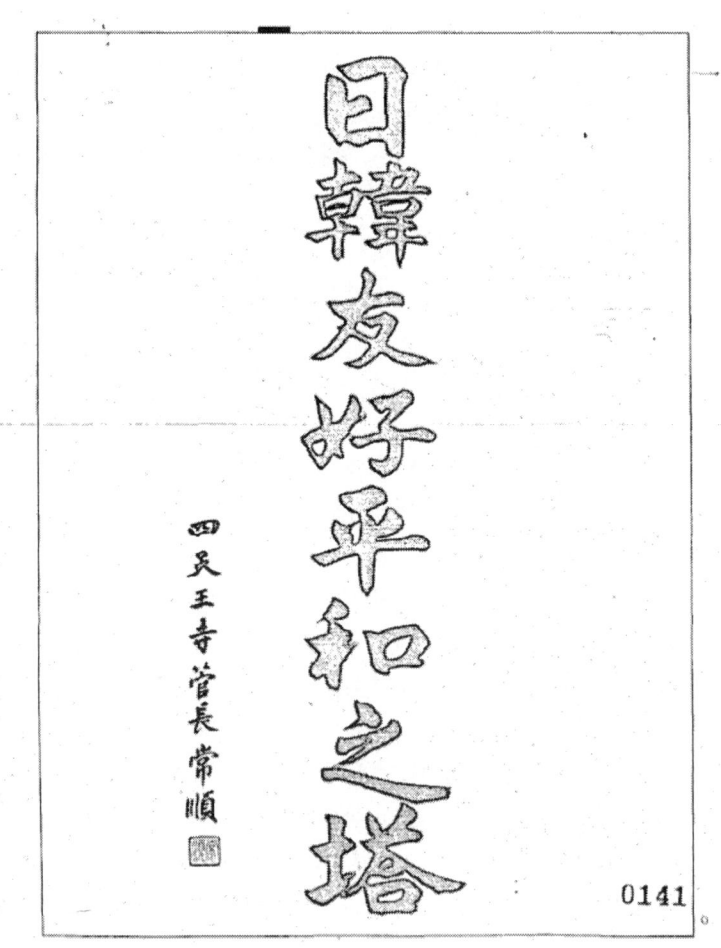

0141

「日韓 友好 平和 之塔 」
建立趣旨書

　日本は韓国に最も近い隣国として、古来より文化・政治・経済等において密接
なつながりを持っております。

　過去幾度か両国間において、悲運な時代があり、特に第二次世界大戦中、軍
人・軍属、或いは労務者等として徴用され、犠牲者となられた韓民族の方々の数は
二百万人に達すると云われております。

　これら尊い犠牲者の御霊を慰め冥福を祈念することは、私達のつとめであり、

両国親善のためにも、なおざりにできないところでございます。

　本会におきましては、1981年10月、京都にて開催の日韓、韓日仏教親善大会の決議に基づき、別紙により「日韓友好平和之塔」を建立することになりました。

　何とぞ趣旨ご賢察の上、ご協力ご支援を賜わりますよう切にお願い申し上げる次第でございます。

　昭和58年8月吉日

「日韓友好平和之塔」建設委員会

会長　三木政楠

韓民族犠牲者의 영영을 달래주는

日韓友好平和之塔建立趣旨書

　解放後 많은 憂国志士들이 祖国光復의 功績을 評価받아 建国褒賞을 받았으며 또한 적지 않은 数의 遺魂들이 母国땅에 無言의 還国을 하였읍니다. 나라 잃은 民族이 主権을 되찾겠다는 自衛를 위한 抗争은 後日, 褒賞이나 勲章을 받기 위한 일은 아니였겠읍니다만, 後孫들은 이를 歴史에 記録하고 오랜 後世에까지 遺訓을 남기기 위하여 그분들의 愛国業績을 자랑하고 있는 것입니다.

　그런데 우리는 꼭 한가지 까맣게 잊고 있는 일이 있읍니다. 바로 日本帝国主義에 위하여 20世紀 前半期의 数拾年間 徴兵 徴用 또는 其他 方法에 위하여 日本땅에 끌려가서 억울하게 犠牲된 遺魂들에 관한 問題입니다. 이들은 他意 또는 強圧에 의하여 労役場 또는 戦争터로 끌려다니는 동안 많은 犠牲者를 냈읍니다. 그 悲運의 怨魂들을 우리는 果然 어떻게 礼遇하고 있읍니까! 韓国은 解放을 맞은지도 어언 38年이란 歳月이 흘렀읍니다. 目撃者요 証言者인 全斗煥大統領이 영도하는 第五共和国의 우리 世代가 이제 이일들을 外面한다면 영원히 그들의 怨魂을 달랠 사람은 아무도 없게 될것입니다.

　이제 韓民族犠牲者慰霊塔을 日本의 古都 京都에 建立한다는 것은 다만 犠牲된 怨魂을 慰撫하는데 끝일것이 아니라, 다시는 善隣間에 患難의 汚点을 남기는 일이 없도록 警覚心을 높여줌과 同時에, 大韓民国의 発展을 과시할수 있는 웅장함을 表現하여 在日 同胞들에게는 屈辱의 歴史를 되새기고 祖国愛와 民族意識을 불러 이르키는데 이바지 하고저 합니다.

　多幸하게도 日本国総理大臣이였던 福田赳夫先生을 비롯 많은 日本人들이 이 慰霊塔建立趣旨에 賛同하고 協賛에 熟意를 보이고 있읍니다.

이제 韓民族犧牲者의 영영을 달래 주는 日韓友好平和之塔 建立起工式도 1983年 10月 15日, 京都 高麗寺 境内 建立장소에서 盛大하게 거행하였읍니다.

오는 1983年 12月 25日에는 平和의 塔이 完工될 예정이오며 周囲 환경 聖域化 作業까지는 1984年 9月 25日에 완공. 盛大한 除幕式을 올릴 예정입니다.

또한 慰霊平和之塔과 英霊奉安所를 建立하는 이 地域을 在日韓国人同胞들이 精神面에서 하나로 뭉칠수 있는 場所가 될 수 있겠금 하나의 象徵으로 内外에 자랑할 수 있도록 聖域化하고 春, 秋 年2回씩 이 곳에 서 異国에 묻힌 同胞의 넋을 慰撫하는 大規模의 慰霊祭를 挙行합니다.

同時에 日本全域에 散在한 同胞들에게 愛国心을 불러 넣어주기 위한 民族精神 修練道場으로서도 活用할수 있도록 해야 할것이며, 또한 이곳을 祖上崇拝, 平和愛護의 殿堂으로 삼을 수 있도록 設 計하며 이곳을 訪問하는 内外人士들을 接待할수 있는 会館을 建立, 韓国의 伝統文化 紹介, 各種資料 展示等도 併行하게끔 해야할 것입니다.

존경하는 韓国国民 여러분 그리고 海外에 계시는 여러분의 積極 참여, 지도, 지원으로 이 탑이 建立되기를 기원합니다.

1983年10月15日

日韓友好平和의 塔 建立委員会

日韓仏教親善協会

事務局長 神谷康介

日韓友好平和之塔建立

目的　近世及び第二次世界大戦中における韓民族の犠牲者の霊を慰める平和之塔を建立して、日韓両国の友好親善の増進を図る。

名称　日韓友好平和之塔建設委員会

場所　京都府相楽郡南山城村童仙房八番「高麗寺」境内　敷地約6万坪

規模　1. 慰霊塔聖地1千坪内に下記の通り建設

　　　2. 慰霊塔高さ約18米(内幕壇の高さ2米)
　　　　　右側十三道表象塔(韓民族出身地十三道を象徴したもので、黒石で十三段層積上げ形式、高さ約7米)

　　　3. 慰霊塔周囲聖域化事業
　　　　　慰霊塔及び十三段層の周囲

　　　　右……弥勒菩薩半跏思惟像

　　　　左……天人吹笛像

　　　　後……十二千支神像石屏風

　　　　周囲……石獅子、高麗犬、多宝塔、瞻星台

　　　聖域参道両側に新羅石燈

完成期日　日韓友好平和之塔………………1983年12月25日

　　　　　平和之塔周囲聖域化事業完工…1984年 9月25日

経費　総工費　約3億円

　　1. 敷地……約3千平方米

　　　　　　　日本曹渓宗管長　釈泰然大僧正提供

　　2. 慰霊塔　本塔身及び十三段層塔

　　　　本塔基壇、香炉台、花盆台一式

　　　　　　日韓仏教親善協会調会長　三木政楠建立寄贈

　　3. その他、聖域化事業は寄附金による。

　　　　　　　韓民族犠牲者の霊を慰める

　　　　　　「日韓友好平和之塔」建立寄贈書

平和之塔建立寄贈者

　　　　　　　　　　　　　　大阪市南区難波千日前1番20号

　　　　　　　　　　　　ナンバプラザホテル株式会社　社長

　　　　　　　　　　　　　　　日韓仏教親善協会　副会長

　　　　　　　　　　　　日韓友好平和之塔建設委員会　会長

　　　　　　　　　　　　　　　　　　　　　三木政楠

　　今般、長い間の日韓両国の宿願であった韓民族犠牲者の霊を慰める平和之塔建
設について、私は、これからの日韓両国の誠の友好親善と世界の平和のため、下記
の物を日韓仏教親善協会に建立寄贈する事を確約いたします。

　　　　　　　　　　　　　　　記

　　1. 日韓友好平和之塔(本塔身)

　　　　高さ18m(縦幅2.5m×横幅2.5m)

　　2. 日韓友好平和之塔(基壇)

高さ2m(縦5m×横12m)
3．13段層の塔(韓民族出身地13道を象徴)
　　　高さ7m(縦0.5m×横0.5m)
4．香炉台、花盆台一式　　　　以上
　昭和58年　8月　　日

　　　　　　　　　　　　平和之塔建立寄贈者　三木政楠

日韓仏教親善協会　様

　　　　　韓民族犠牲者の霊を慰める
　　　　「日韓友好平和之塔」建設聖地寄贈提供書

　　　　建設聖地寄贈提供者：大阪市生野区勝山北5丁目12番39号
　　　　　　　　　　　　日本曹溪宗管長
　　　　　　　　　　　　釈泰然

　　今般、我が民族の長い宿願であった、韓民族犠牲者の霊を慰める「日韓友好平和
之塔」建設実行にあたり、日韓仏教親善協会・中野英賢会長の高邁な理念と三木政
楠副会長の平和之塔本塔身及び13層塔を建立寄贈の誠意と、神谷康介事務局長の熱
心な努力により平和之塔建設委員会が発足され、これから日韓両国の子々係々まで
の友好の輪を広げるために行う平和之塔建設について、私達は京都府童仙房にある
高麗寺の境内聖地3000㎡を「日韓友好平和之塔」建設委員会に寄贈提供する事を約定
いたします。
　昭和58年8 月15日
　　　聖地寄贈提供者
　　　　日本曹溪宗・管長　釈泰然

日韓友好平和之塔建設委員会会長　三木政楠様

韓日友好の礎を固めよう
韓民族犠牲者の霊を慰める
「日韓友好平和の塔」建立にあたり

四天王寺　管長　出口常順

　　四天王寺は、日本で最初に韓国から仏教を採り入れた聖徳太子をお祀りしています。太子は仏教精神によって日本の国を建設しましたが、太子が制定された十七条憲法の最初に見られる仏教の「和の精神」は万国共通の精神であります。

　　和の精神が世界万国に通じ、平和が保たれることはこの上ない、いあわせなことです。

　　世界は多くの人々がいろいろな歴史の中で、多様な考えで生きています。大東亜戦争におきましても、たくさんの人々が犠牲になったことは、悲しいことです。「和の精神」が万国の国民に通じ、もう二度と悲惨な戦争が起きないことを願います。

　　平和の慰霊塔ができることを心から賛成し、これを契機として、日韓両国の親善関係がより一層深まり、将来とも永遠に平和でありたいという一念を実現させるものとなるよう、心から念願します。

日本曹溪宗　管長　釈泰然

　　私が日本に来た当時、厚生省の地下室には韓民族戦争犠牲者の遺骨がたくさんありました。一九六八年二月のことです。この有り様をみて胸がいっぱいになり、何とか慰霊塔を建てて殉難者の霊を慰めようと思い、計画もしましたが、経済的な問題で実現に至りませんでした。

　　こうした折、三木政楠氏から、日本国民の犯した罪を清算するつもりで日本国民を代表して建立資金を提供するという申し出があり、私の願っていたことが同氏のおかげで実現することになりました。

　　「宗教法人曹溪宗高麗寺」は韓国仏教伝統の教団であります。在日同胞に対して精神的、宗教的な文化の向上をはかり、世界平和と韓日両国の文化交流の広場にするために宗教活動を続けています。この度、韓民族文化センターの建立の事業を推進しており、在日同胞の文化的遺産にもなり、平和の広場となることでしょう。

建設委　会長　三木政楠

　　はるばる韓国より沢山の御来賓が日韓友好平和之塔起工式に参席していただ

き、盛大に開かれたことは喜びに堪えません。日本は韓国に最も近い隣国として政治・経済・社会・文化等密接なつながりをもっています。両国関係は過去、幾度か悲運な時代があり、特に第二次大戦中、日本のために亡くなった韓国人は二百万ちかくもなり、犠牲になった方々の霊を慰めることは私たちの務めであります。

　私は一昨年比叡山で行われた日韓仏教官能親善日本大会の席上、韓民族戦争犠牲者の慰霊塔立決議文を朗読した者として決議倒れに終わらせないためにも何とか実現をはからねばならないと建立を決意した次第です。私が寄贈するのは慰霊塔の本塔身と基塔、十三段層塔などで、慰霊塔建立を発願したのは八年ほど前です。一日も早く日韓友好平和之塔の建立を願い、住民の皆さんの御協力も切にお願い申し上げます。

建設委　事務局長　神谷康介

　事務局を担当する者としてここまでこぎつけられたのもひとえに諸先生の協力の賜であり、まさに言語の絶するものがあります。日韓友好平和之塔建設委員の顔ぶれは形式的なものではなく、一人ひとりに連絡、確認し趣旨に賛成して頂いた方々です。

　私をこのように動かしてきたのは"やらないといけない"という執念があったからです。名称を日韓友好平和之塔にしたのも単に犠牲になった人々の霊を慰めるということだけではなく、平和之塔をシンボルにし、日韓両国及び両国民の間に平和が構築されアジアひいては世界に戦争のない平和な社会をつくるスタート台にしようということです。

　過去の悲しみだけにひたるのではなく、未来に向け平和の確立に日韓両国民が手を携えていくことは素晴らしいことです。在日同胞の皆さんには最大の関心をもって参与していただけるよう呼びかけたいと思います。

韓民族犠牲者の霊を慰める
「日韓友好平和の塔」を建立
10月15日、盛大に起工式を行う
京都・高麗寺

「日韓友好平和之塔」建設場所にクワを入れる日韓関係者

　第二次世界大戦中に日本の軍人・軍属、労働者として徴用され異邦の土となった韓民族犠牲者の霊を慰める「日韓友好平和之塔」建立起工式が10月15日正午から、京都府相楽郡南山城村童仙房の韓民族寺院・高麗寺境内で小雨の中行われ、参列した約200名の関係者が、犠牲者のめい福と日韓両国の親善を祈願した。

　この平和之塔建立は、戦時中の韓民族犠牲者たちのめい福を祈り、日韓友好を図ろうと1981年に日韓・韓日仏教親善協会主催による仏教大会(比叡山にて開催)で慰霊塔建立が決議されたことから、日韓関係者の間で今年9月、日韓友好平和之塔建設委員会(会長＝三木政楠氏)が結成され、用地3千方㎡を高麗寺が寄贈することで建設運びとなった。

　起工式には日本側から出口常順四天王寺管長、日韓仏教親善協会関係者のほか森山茂樹南山城村村長、韓国側からは徐京保一鵬禅宗会総裁、姜晋性国会議員、尹栄燁駐大阪総領事ら多数が参席、参列者全員が1分間の黙とうのあと、三木政楠会長、姜晋性議員のあいさつや読経などが行なわれた。

　建設される同平和の塔は、縦12m、横5m、高さ2mの基壇の上に鉄筋コンクリートの塔(高さ18m)を建て、その表面に1m四方の石張りを施したもので、塔石右側には黒石造りの13道表象塔(同7m)も設ける。また慰霊塔周辺整備として、塔周囲

には弥勒菩薩半迦思惟像(同4.5m)、天人吹笛像(同3.5m)。12干支神像石屏風(高さ3m、横12m、幅1m)を造り、周辺にも石獅子、狛犬、多宝塔、瞻星台、石灯300基も設置する。事業費は3億円。

　本塔身は今年中に完成するが、総合的に完成するのは来年9月の予定。「日韓友好平和之塔は日韓親善はもとより世界平和のシンボルにした」と関係者は話している。

　なお、「日韓友好平和之塔建設委員会」役員の顔ぶれは別記のとおり。

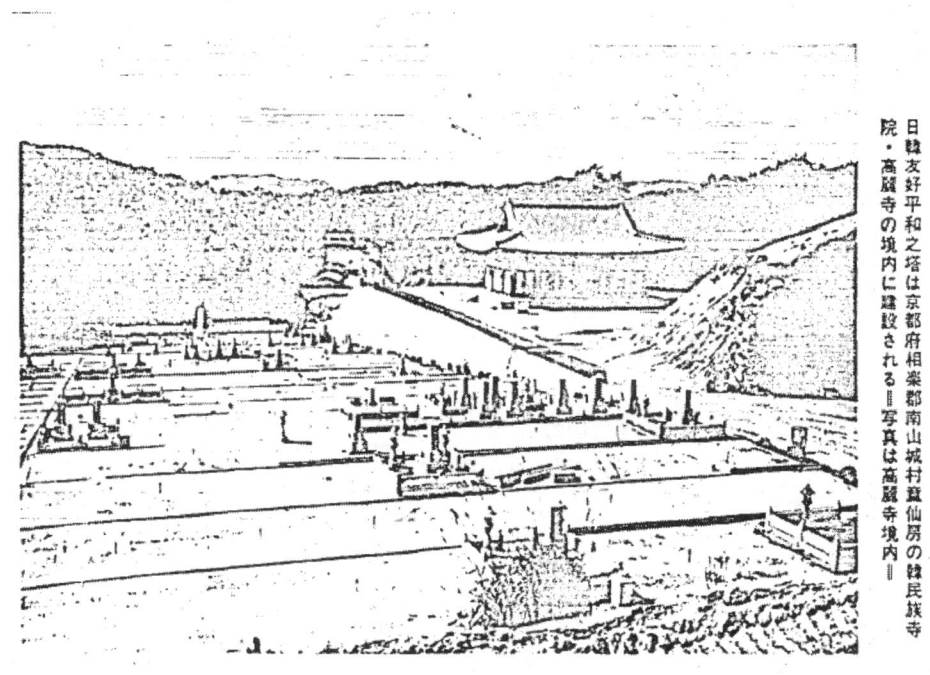

日韓友好平和之塔は京都府相楽郡南山城村童仙房の韓民族寺院・高麗寺の境内に建設される＝写真は高麗寺境内＝

―第2回日韓仏教韓国大会―
両国3000名がソウルに集う
―第2回日韓・韓日仏教大会開く―

　隣国である日韓両国が最も関係深い仏教を通じ、友好親善を図るため、毎年両国相互で開催している日韓・韓日仏教親善大会が、今年は第2回韓国大会として、去る4月21日、22日の両日、両国の仏教関係者約3,000名参加のもと、ソウル市内の

奉恩寺とハイヤットホテル大会場で盛大に開催された。

同韓国大会は、天台宗比叡山観樹院住職の中野英賢氏が会長をつとめる日韓仏教親善協会(事務局＝大阪市内、事務局長＝神谷康介氏・本誌社長)と韓日仏教親善協会が主催し、大韓仏教界元老の徐京保大僧正(三蔵法師)が大会長となって開催。日本からは日韓仏教親善協会の関係者(三浦善光寺貫主など)200名が同20日訪韓、参加した。

訪韓一行は20日の歓迎会で韓国側関係者約500名と交歓。大会一日目の翌21日は、午前10時から壬申の乱で豊臣秀吉軍に焼かれた、1,200年前創建の古刹、曹溪宗奉恩寺の大雄殿で、両国の仏教徒約1,800名に□る日韓仏教合同慰霊大法会を盛大に行なった。同大法会では中野英賢会長、三浦善光寺貫主(山田恵諦天台座主代理)などが献花した後、韓国側と日本側がそれぞれ般若心経を読誦、つづいて神谷康介事務局長の通訳で両国の会長挨拶が行なわれた。

中野会長は「仏教に国境はない。私たちは仏教の教えに従って世のため人のために尽くさなければならない……」と語り、徐会長は、「本日は韓日両国の新しい友好協力時代を迎えたことで特に記念すべき日であります。過し日の非行を省みて新しき韓日友好の転機になることを確信します」と大会の辞を述べた。

南北統一・世界平和祈願大法会で挨拶する中野英賢会長(4月22日、ハイヤットホテル)

0154

日本と韓国を結ぶ経済情報誌・月刊「ORIENT」より

15

4月22日、ソウル奉恩寺で日韓合同慰霊大法会が行なわれた

　大会2日目の22には、南北統一、世界平和祈願大法会がハイヤットホテル1階の大会場で正午まで行われ、約2,000名の参加者全員が南北統一と世界平和を祈って合掌。南北分断国家となっている韓国半島の究極的な統一と世界平和、人類共栄に向けて日韓仏教徒が相互協力していくことで意見が一致、大会決議文を満場一致で採択した。午後からは、学術大講演会が行なわれ、①韓国内で、韓国側が提供する土地に、日本側が韓日仏教親善会館を建設する②第1回大会の決議に基づき日本の京都に、大戦で亡くなった韓国人の慰霊塔を建立する－の2点を決議した。

　また、訪韓団一行と韓国側代表は国立墓地に参拝、さらに同基地にある故朴正熙大統領夫妻の墓にも参拝した。一行は続いて神谷康介事務局長の案内でセマウル運動本部を訪問、全斗煥大統領の実弟である全敬煥本部事務総長を表敬訪問するなど、日韓相互交流の輪を拡げ、親善の実をあげて帰国した。

神谷康介氏(左)の案内でセマウル運動本部訪問、
全敬埈本部事務総長(右)

大会の辞を述べる徐京保大会長

14. 면담요록

면담요록

일시 1984.11.23

장소 동북아1과

면담자 동북아1과장 김석우

　　　동북아1과 서형원

　　　보사부 사회국 사회과 김 일선

　　　국제민간 외교협회. 이안범박사.

내용

　　과장: 숭고한 목적을 위해 수고가 많읍니다. 구체적으로 정부가 협조할 사항은
　　　　　무엇입니까?

　　이박사: 한국정부가 일정부에 유골봉환에 협조해달라는 정식 공문을 발송해줄
　　　　　것.

　　과장: 과거 민간 베이스 봉환전례가 많다. 일본인 후까가와氏가 한국정부의 공
　　　　　문 발송을 고집하는 이유는?

　　이박사:

　　　　－ 대만은 유골봉환시 1주당 300만엔 보상 지급되었다. 따라서 한국의 경우
　　　　　에도 상응한 보상이 있어야 한다. 이에 일 외무성 답변은 대일 청구권

협정으로 해결되었다는 입장. 후까가와씨는 한국정부의 협력요청
- 한국민간외교협회가 민간베이스 봉환을 위해 노력했으나, 同人은 미쓰비
시측이 체임임금만이라도 보상하라고 요구 이에 히로시마껭 민단이 찬동
- 유족이 없으면 사실상 보상대상이 없으므로, 후까가와씨는 수차 내한하
여 유족을 찾았으나 실패
- 일정부의 사죄를 촉구하는 의미에서라도 한국정부가 일정부에 공식공문
을 발송하여 유골봉환에 협조하라고 촉구.

이박사: 이기주공사와 김철도간 주일대사관에서 큰 언쟁이 있었다. 이 공사의 '정
부회신이 없으므로 회신이 있을때까지 잠자코 있어라'는 말에 크게 싸웠다.
이달 말 또는 12월 중순까지 봉환계획이다. 최소한 후까가와씨에게 치사 및
봉환협조공문을 발송해달라.
후까가와씨는 막대한 유골보관료를 부담하고 있다.
봉환차 도일하는 인원에 대해 여권발급을 순조롭게 해달라.
보사부 사회국장과 크게 언쟁했다.(산사람 생계·치료문제도 복잡한데 왜
유골을 들여오려고 하느냐에 분개)
천안 망향동산에 1,200여주가 봉환돼있다. 수용능력은 4,600여주정도다.

  － 이 안범 박사 퇴거후 －

김일신: 한국인 유골이고 망향동산에 안장신청. 승인되면 반대할 이유 없다. 공
문발송시 주의사항은 공문사본을 모금을 위한 운동에 남용되지 않도록 하는
것이다.
과장: 이 문제는 극히 복잡한 문제이므로 안기부와 연락하여 보사부. 안기부.
외무부간 실무차 회의를 열어 검토한 후 결정하자.

15. "국제 민간 외교 협회"의 유골 봉환 청원 검토

"국제 민간 외교 협회"의 유골 봉환 청원 검토

1984.11.

아주국

1. 문제 (정부의 관여)
   가. 과거 민간 보관 유골은 민간 차원에서 봉환
   나. 국제 민간 외교 협회가 문제의 후까가와씨 보관 무연골 83주(그간의 경위는 별첨1 참조)를 봉환하는데, 한국 정부의 관여를 요청
   다. 공 관여의 필요성 여부 및 관여시 절차가 문제의 촛점임.
2. 검토시 고려 사항
   가. 일본내 한국인 유골 봉환 전반에 관한 정책
   나. 민간 단체가 과열 개입할 경우 대책
3. 국제 민간 외교협회 청원 수락시 장단점
   가. 긍정적 측면
      O 민간단체 청원 및 유준상 의원 질의에 적절한 대응
      O (문제의 유골 봉환이 이뤄져야 한다면)
         민간단체 주도로 정부 예산 (안장비) 부담 경감
   나. 부정적 측면
      O 민간단체 모금 과정에 물의 야기 가능성
      O 형식상 정부간 봉환이 되므로 일 정부측에 비용 부담 요청 및 절차 문제 협의 필요
4. 결론
   가. 정부 직접 관여는 하기 문제 고려, 가급적 피하는 선에서 대처
      O 상기 부정적 요소의 정부 책임 전가우려
      O 금후 민간 단체 유골 봉환시 정부 관여 선례화 우려
   나. 정부 불관여시 대책(토의 사항)
      O 민간 단체 청원 및 유준상 의원 질의에 대한 대책
      O 일본 민간 단체 (후까가와) 및 재일한국 청년 상공인 연합회에 대한 대책

15-1. 별첨1-최근 제기된 유골 봉환 문제

최근 제기된 유골 봉환 문제

1. 당해 유골의 발굴 및 보관
   가. 제2차대전시 미쓰비시 중공업에 징용되었던 한국인 노무자, 1945년 9월

한국으로 귀환 도중 해상에서 조난

나. 일본인 후까가와(당시 미쓰비시 중공업 노무반장) 씨가 1971년 이끼와 대마도에서 조난 한국인 가매장지 발견

다. 1976년 후까가와씨가 이끼에서 유골 83주를 발굴하여 보관

라. 1984.6. 일 정부가 대마도에서 유골 45주를 발굴하여 보관

2. 최근 문제화된 경위

가. 한국 국제 민간 외교협회, 일본 민간(후까가와) 보관 유골 83주 봉환 노력에 대한 아국 정부의 협조 요청(84.8.17.)

　　○ 요청내용: 외무부장관 명의로 일본 외무성 및 후생성에 동 83주 유골의 한국 봉환에 협조 요청 공문 발송 (유골 보관자인 후까가와씨의 요청을 인용)

나. 동 유골 봉환의 절차와 문제점을 일본 외무성 및 후생성과 협의하는 과정에서 일본 정부 하기 입장 표명(84.9.22.)

　　○ 상기 유골 83주와 함께 일본 정부가 대마도에서 발굴한 45주의 유골을 한국 정부에 공식 봉환 의사 표명

다. 김 철도 재일한국 청년 상공인 연합회 전무, 한국 국제민간 외교협회와 공동으로 상기 83주와 45주의 인수 희망 표명 및 주일대사관의 협조 요청(84.10.3.)

　　○ 이에 대해 일 정부는 한국 정부의 공식 인도 요청시 형식상으로는 정부간 공식 인도하는 것으로 하고, 실질적으로는 민간간 인도 방법 제시

라. 현재 국제 민간 외교 협회는 후까가와씨 보관 83주의 국내봉안준비(안장지 및 비용 확보)를 완료하고 상기 83주 봉환에 대해서만 정부 협조 요청

별첨2.

정부간 유골 봉환 교섭 과정에서 민간단체의 개입 및 유골 봉환 사업 승인 전례

1. 경위

가. 유족주의에 따른 봉환 합의

　　○ 일 후생성 보관 유골 2328주 일괄 봉환을 위한 양국 정부 교섭 과정에서 북한 출신 유골을 둘러싸고 교착(1964-   )

○ 1969제3차 한일 정기 각료회의에서 유족이 확인되는 유골에 대해서
개별적으로 봉환한다는 잠정 양해 성립
나. '태평양 전쟁 한국인 전몰자 유골 봉안회' 주관하의 재단법인 '부산영원'
유족 대표로 유골 봉안 사업 승인 신청
○ 관계부 입장
  - 보사부, 상기 유골 봉환과 부산 영원의 봉안 사업에 찬동(1970.9.)
  - 외무부, 상기 유골 일괄 인도를 위한 양국 교섭에 진전이 없는 한
    민간단체 직접 개입은 부적당(1970.10.)
○ 보사부, '부산영원의 유골 봉안 사업 승인(1971.8.)(승인조건, 별첨
  2-1 참고)
다. 사업 승인 후 '부산영원'의 봉환 활동 지원
○ 부산영원, 유골 봉환 활동에 대한 당부의 협조 요청
  - 유골 봉환에 따른 일체 경비는 일 정부가 부담토록
  - 본건 유골 봉환을 위해 한국 정부가 '부산영원'에 봉환사업을 승인
    했음을 일측에 통보
○ 외무부, 진정한 유족대표로 인정된 동 단체에 조속 인도되도록 일 정
  부와 교섭
라. 부산영원, 동건 유골 봉환 계획 당부에 통보
2. 승인조건: 위반시 사업승인 취소함과 동시 고발 조치
가. 유골 수집 및 본국 봉환 과정에서 본 사업을 빙자하여 어떠한 명목으로
  도 금품 수집 또는 영리행위를 하지 말 것.
나. 동 유골 인수 절차는 관계 당국의 사전 승인을 득할 것이며, 주일 대사관
  과 사전 협의하에 추진할 것.
다. 국내 봉안과정에서 매장 및 묘지 등에 관한 법령에 위반되지 않도록 할 것
라. 위령제 및 기타 의식은 최선의 예절을 다할 것
마. 납골당 및 위령탑 건립은 제1차 사업 완료 후 관계 당국의 승인을 득하여
  실시할 것
바. 이상 조건 위반하여 사업 추진 과정에서 사회적 물의가 야기되지 않도록
  할 것

16. 유골봉환 관련단체 현황

단체	소재지	비고
태평양 전쟁 한국인 전몰자 유골 봉환회(회장: 강위종)	일본	
국제 민간 외교 협회(회장: 이안범)	서울	
재단법인 부산 영원	부산	
전범자 동지회(동진회)		
한국인 강제 연행 희생자 유골 제사 및 송환 협회(회장: 요시다)	일본	
재일 한국 청년 상공인 연합회	일본	
해외 희생 동포 위령 사업회(회장: 이용택)		

17. '국제민간외교협회' 청원 검토시 고려사항

'국제민간외교협회' 청원 검토시 고려사항

1. 기본사항
   가. 정부 개입 경위
      ○ 과거 민간 보관 유골은 민간 베이스 봉환
      ○ 문제 유골 83주는 민간보관 유골이나, 일본 민간의 청원으로 일 정부
        가 개입하게 됨.
      ○ 한국 민간단체가 일본 민간 요청에 따라 한국 정부 개입 (협조 형태)
        요망
        과거: 일본민간 ------ 한국민간
        현재:

   나. 문제유골 83주외 기타 유골과 관련 사항 (일정부 대마도 발굴 45주 및
      여타 유골)
      ○ 국제민간 외교협회는 유골 봉환을 영구 사업으로 추진
      ○ 아국의 국토 이용 계획 및 묘지 정책과 관련

- 일본인 유골 합사대
- 나고야 지역 평화사 건립 운동

2. 민간 외교협회 청원 수락 여부

　가. 수락할 경우
　　○ 긍정적인 면
　　　- 민간 단체 청원 및 유준상 의원 질의에 적절한 대응
　　　- (어떤 형태로든 유골 봉환이 이루어져야 한다면) 민간 단체 주도로 정부 예산 (안장비) 부담 경감
　　○ 부정적 측면
　　　- 민간 단체 모금 과정에서 물의 야기 가능성
　　　- 형식상 정부간 봉환이 되므로 일정부측에 비용 부담 요청 및 절차 문제 협의 필요

　나. 거부할 경우
　　○ 수락할 경우의 부정적인 측면을 배제할 수 있으나, 양국 민간 단체의 진정 및 국회에 대해 적절한 해명 곤란.
　　　(장괸님 국회답변: '순조로운 봉환 협조')
　　○ 정부간 봉환으로 압력이 가해질 우려가 있고 이경우 정부의 예산 조치 필요

3. 기타 유골과 관련, 검토할 점
　○ 일본내 수만주의 유골이 산재
　○ 국제민간 외교협회는 유골 봉환을 계속 사업으로 추진
　　- 문제 유골 83주 봉환 성공시 유골의 발굴. 수집. 봉환 활동 가속화 예상
　　- 타 민간 단체들도 뛰어들 가능성
　○ 국토 이용 계획 및 묘지 정책과 관련 검토
　　- 유골 봉환에 부정적 요소로 작용

4. 종합적 검토
　가. 문제 유골 83주
　　○ 민간 외교 협회, 국내 봉안 준비 완료
　　　보사부 산하 천안 망향동산 관리소 안장 승인
　　　국회 일각에서 협조 촉구
　　○ 제2항의 부정적 요소를 충분히 고려하되, 엄격한 요건하에 협조해도 무방할 것으로 사료됨.

─ 협조 형태
　나. 기타 민간 보관 유골
　　　○ 금후 민간 단체의 유골 봉환사업이 난립 않도록 배후에서 행정 지도
　　　○ 여건상 꼭 필요한 경우(유족 확인 등) 개별적으로 문제 해결
　　　○ 일본내 평화사 건립 운동을 측면 지원, 동 사찰에 한국인 유골을 수
　　　　합. 봉안토록 유도
5. 요청 수락시 조치
　1. 상기 단체가 외무부 등록 단체이나 유골 봉환 사업은 보사부 소관이므로
　　보사부에 등록 감독케
　2. 전례에 따라 사업 신청케하고 승인 조건 부여
　3. 봉환 계획을 제출토록
　4. 정부가 요청하게 될 때 일 정부 비용 부담 협의
　5. 일 정부에 요청 형식 검토
　6. 봉환차 도일하는 인원수 제한

18. 유골봉환문제

Ⅰ. 유골의 구분
제2차전 당시 강제 징병, 징용되어 희생당한 한국인의 유골은 보관 주체,
명단 확인 여부 및 봉환 절차상 다음 3가지로 구분됨.

구분 성격및 수	성격	수
일정부보관 유골	1. 일 후생성이 G.H.Q로부터 인수 받아 보관 2. 유골의 명단이 구체적이므로 유족관계 확인 가능 3. 북한 출신 유골과 관련 외교 문제가 됨.	2. 328주
민간 보관 유골	1. 일본 내 전국 사찰 및 납골당에 방치 2. 유골의 일본명 또는 한국명만 기입됨. 따라서 유족 수소문 거의 불가 3. 민간 베이스에서 봉환되고 있음.	약 5만주 추정

가매장 상태 유해	1. 가매장 상황 파악 불가 2. 이끼. 쓰시마에서 일부 발견. 발굴, 유골의 신원 전혀 파악 불가 　　－ 민간발굴 83주: 민간보관 유골로 분류가 　　－ 일정부 발굴 42주: 정부 보관 유골로 분류가 3. 국회 질문등과 관련 현재 문제되고 있음.	파악불가 (이끼 및 쓰시마에서 125주 발굴 보관)

II. 일 정부 보관 유골
　1. 현황
　　가. 일 정부 후생성 통계에 의하면
　　　○ 1945.8.까지 강제 징용된 한국인: 약 360,000명
　　　○ 피징용 사망자와 전사자(군인. 군속) 중 G.H.Q
　　　　－ 피징용 사망자 명단은 종전후 분산유실로 파악 불가
　　　　－ 전사자는 약 22,000명으로 종전 직후 회수된 유골은 약 8,300주 그중 1948.2.5.5.에 의해 약 6,000주 봉환되고 일 후생성이 인수 보관하게 된 잔여 유골은 2,328주(북한 출신 469포함)
　　나. 일 후생성 보관 한국인 유골 2,328주 봉환 교섭 및 실제
　　　○ 1964 이래 상기 유골의 일괄 봉환을 위해 교섭해 왔으나 한·일 간 입장 대립으로 고착(아래 문제점 참고)
　　　○ 1969. 제3차 한·일 정기 각료회의에서 상기 유골중 연고 관계가 분명한 분에 대해서는 연고자 요청에 따라 개별적으로 봉환한다는 잠정적 양해 성립
　　　○ 상기 양해에 따라 봉환된 유골 1,188주 (1970-1984)

봉환연도	봉환수	비용 관계	활동 민간 단체	인수방식
1970.6.	1	봉송비 일측 부담 1주당 향전금 일본과 한국이 1/2(1984: 20만원)	재단법인 부산 영원 및 동진회 (전법자 동지회) 가 유족 대표로 활동	1. 유족확인(유족주의) 2. 유골인수절차 　일정부-한국정부-유족 또는 　유족 단체 3. 향전금 　일정부-보사부-유족 또는 　유족단체
1971.1.	1			
1971.11.	246			
1974.12.	911			
1976.10.	22			
1978.3.	1			
1982.12.	5			
1984.4.	1			
	102			

2. 문제점

　　가. 1969년 양해에 따라 유가족 밝혀지면 언제든지 개별적 봉환 가능하므로 문제점 없음.

　　나. 수차의 개별적 봉환중에도 양국 정부는 잔여 유골의 일괄 봉환 위해 교섭해 왔으나 북한 출신 유골 처리를 둘러싸고 1984년 현재까지 답보 상태

　　다. 일괄 봉환에 대해 양측의 대립된 입장

　　　　일측: 유족주의 입장에 따른 1년간 공시후 →
　　　　　　　－ 유족이 판명되지 않은 남한 출신 유골은 한국에 일괄 인도
　　　　　　　－ 북한측이 인수를 요구하면 일적-북적을 통해 인도
　　　　　　　　북한측이 희망하지 않으면 일 후생성이 계속 보관

　　　　아측: 남한 출신 유골은 한국에 일괄 인도
　　　　　　　북한 출신 유골은
　　　　　　　－ 남한에 연고자가 있는 경우 한국으로 인도
　　　　　　　－ 남한에 연고자가 없는 경우는 다음 조건하에 북한에 인도
　　　　　　　　● 일적-북적을 통해서만 인도
　　　　　　　　● 일북한간 교류확대 또는 공식 접촉의 계기가 되어선 안됨.
　　　　　　　　● 호송과 관련 일 정부 관계자 북한 방문 불가

3. 대책

　　○ 남한출신 무연골 → 한국으로
　　　〈차후 북한 유족 나타나면 북적을 통해 북한으로〉
　　○ 북한 출신중 남한에 유족 〈민법상 친족 범위〉 밝혀지면 남한으로
　　○ 북한 출신 유골 중 무연골은 일후생성 계속 보관
　　　　－ 북한의 인수 희망으로 교섭시는 사전 한국정부와 합의
　　※ 비용은 보사부와 협조.

Ⅲ. 민간보관: 일본 전국 사찰 및 납골당에 방치된 무연골

1. 현황

　　가. "한국인 강제 연행 희생자 유골 제사 및 송환 협회" (회장: 요시다) 추정
　　　전국 사찰 안치 한국인 무연골:　　　　약 5만주
　　　그중 확인 가능한 것:　　　　　　　　약 1만주
　　나. 최근 파악 가능한 무연골 봉환 사례

			경비내역	주관및후원단체	
1977.10.27.	삿포로 전역에서 수집	254주	600만엥 민단: 300만 친선협회: 300만	북해도 민단 지방 본부 북해도 한·일 친선협회 북해도 한·일 의원 연맹	망향 동산
1980.10.20.	나고야 미에현	70주	민간단체 전액부담	미에현 민단 동현 한·일친선 협회 동현 한·일의원 연맹	"
1983.9.26.	미네지구	12주	민간단체 전액부담	한국 민간외교 협회 송환협회(회장 요시다 미 네지구 유지)	망향 동산

　　다. 1984.8. 일본인(長野力男)은 鹿屋市 납골당에 안치된 무연골 20주 봉
　　　　환을 진정, 이에 대해 국장님 명의의 감사 답신 발송

　2. 문제점 및 대책

　　가. 양국 정부의 개입없이 양국 민간간의 협조로 봉환이 이루어지고 이러
　　　　한 유형의 봉환이 일 정부 보관 유골의 봉환 교섭 과정에서 하나의
　　　　선례로 언급된바 없음.

　　나. 따라서 당부로서는 민간 단체에 일임하고 수속 절차상의 측면 지원에
　　　　그치는 것이 좋을 것으로 봄.
　　　　상기 다항의 건에 대해선 민간 베이스 송환이 되도록 유도함이 좋을
　　　　것임.

Ⅳ. 가매장 상태의 유해

　1. 현황

　　가. 문제화된 배경

　　　　○ 징용 한국인의 일본내 가매장지 분포 및 규모에 대한 전체적 상황
　　　　　은 파악 불가한 상태이나, 다만 1973년 이후 이끼 및 쓰시마의
　　　　　한국인 가매장지가 발견, 발굴됨으로써 당해 유골의 봉환 문제가
　　　　　발생됨.

　　나. 이끼 및 쓰시마 발굴 유골 문제의 경위

　　　　○ 2차 대전시 미쓰비시 중공업에 강제 징용된 한국인 노무자 246명,
　　　　　1946년 9월 한국으로 귀환도중 해상에서 행방불명됨.

　　　　○ 상기 징용공들의 노무반장이었던 후까가와(深川宗俊) 씨, 유가족
　　　　　의 연락을 받고 개인적으로 조사에 착수

- 상기 징용공들의 귀국선이 당시 서일본을 강타한 태풍으로 조
난사한 것으로 추정
- 이끼 및 쓰시마에서 당시 조난자들의 가매장지 발견
- 1976년, 이끼에서 83주의 유골 발굴, 히로시마 사찰에 안치
○ 1973.11. 한국 정부는 후까가와씨와 면담후 일본 정부에 사실 조
사 의뢰
○ 1982. 중의원 사회 노동 위원에서 모리이 쥬우로오(사회당) 의원
발의로 정부에 조사촉구, 결과에 따라 유족에의 봉환 추구
(전후 문제 대책회의, 후까가와씨 운동에 기인)
○ 1983.6. 일 정부 조사 착수
○ 1984.6. 일 정부 대마도에서 43주 발굴
(芦辺浦 납골당에 안치)
○ 1984.6. 일 정부는 한국 정부가 요청시 인도할 의사 밝힘.
2. 문제점 및 대책
가. 후까가와씨 발굴·보관 83주
○ 성격상 III항의 민간 보유 유골로 대분류할 수 있었으며, 후까가와
씨와 한국민간 외교 협회간 봉환을 서두르고 있음.
- 상기 유골 봉환 절차에의 참여자
일정부: 82년 중의원 사회 노동 위원회에서 청원서가 채택된
바 있으나 일본 정부는 상기 유골 83주에 대해서는 특별한
언급이 없음.
후까가와: 상기유골이 미쓰비시 징용공들이라 주장하고, 유골
봉환전 보상 문제등에 대해 일 정부 및 미쓰비시 중공업에
책임 촉구.
한국 민간 외교 협회:
보상 문제를 무시할 수도 있으나 한국 정부가 일본 정부에
공문을 발송하여 후까가와씨가 상기 유골을 '협회'측에 인
도하도록 해줄 것
○ 상기유골이 미쓰비시 징용공이라 주장하고 있으나, 현실적으로 유
골의 명단도 전혀 파악 불가한 상황에서 사실 관계가 불명하므로
- 상기 유골의 성격을 III항의 것으로 분류하여
- 협회측 요청에 따른 공문을 발송하고
- 유골 봉환에 따른 통관 절차상 예우를 협조하는 방식으로 해결

하는 것이 좋을 것으로 사료됨.

나. 일 정부 발굴 보관 42주

○ 크게보아 성격상 II항 일 정부 보관 유골로 분류가

○ 1984.6. 일 정부는 상기 유골 42주의 인도 의사를 밝혔고 1984.11. 국회에서 유준상 의원이 조속한 봉환 조치를 촉구함.

○ 상기 유골 봉환 절차에 대한 양국 정부 입장

　－ 아측(보사부): 안장 및 봉송비용 일측 부담 한국인 유골로 확인 시 인수가

　－ 일측: 선례에 따른 봉환

　　선례는 봉송비 및 향전금 일측부담

　　(II항의 일 정부 보관 유골)

○ 처리지침: 상기 유골의 조속한 봉환이라는 입장에서

(제1안):

1. 미결로 남아있는 II항의 정부보관 유골의 경우와 분리 (단 이번 봉환이 II항의 유골 봉환 교섭의 선례가 되지 않는다 는 조건 명시)

2. 비용에 관한한 선례에 따름.

3. 안치에 소요되는 비용은 보사부 예산에 계상되도록 보사부와 협조

(제2안):

1. 상기 항 민간보관 유골로 분류하여 한국 외교협회등이 민간 베이스에서 봉환하도록 일임하는 방법

19. 대외비-유골 봉환 문제 및 대책

유골 봉환 문제 및 대책

1984.12.

외무부

1. 문제의 제기
   ○ 일본의 태평양 전쟁 수행시 징병, 징용등으로 강제 동원되어 사망한 한국인 유골은 일부 봉환되고, 대부분 일본내에 있음.
   ○ 미봉환 유골 현황
      - 일 후생성 보관 유골: 1,140주
      - 일본내 사찰 등에 방치된 무연골: 약50,000주(추정)
   ○ 최근 민간단체("국제민간 외교협회")가 상기 무연골 봉환 사업을 추진 하면서, 동 봉환 사업에 정부가 직접 개입하여 줄 것을 요청함.
      - 유골 봉환에 대한 정부의 기본 입장 정립이 요망됨.
2. 그간의 봉환 경위
   ○ 일 후생성 보관 유골
      - 정부는 일괄 봉환 교섭을 했으나, 북한 출신 유골의 처리에 대한 한·일 양측 입장 대립으로 현재까지 미결 상태임.
   ○ 민간 보관 무연골
      - 양국의 민간 단체들이 민간 차원에서 봉환 교섭을 하고, 정부는 필요시 측면 지원을 해왔음.
      - 동 과정에서 민간단체의 영리 행위 등 부작용이 노정된바 있음.
3. 고려 사항
   가. 유골 봉환의 도덕적 명분론은 유교 전통을 가지고 있는 한국 사회에서는 소홀히 다루기 어려우므로 정부로서도 관심을 가지고 신중히 대처해야 함.
   나. 동 유골은 일본 군국주의의 희생이라고 할 수 있으므로, 그 봉환은 일 정부가 전후 처리의 일환으로 성의를 가지고 책임을 지도록 해야 할 것임.
   다. 일본이 국토부족으로 인한 묘역 부족 문제를 해결키 위해 무연골의 봉환 사업을 추진할 가능성을 감안해야 함.
   라. 아국 정부 사업으로서 우선 순위가 높지 않은 점을 감안해야 함.
   마. 과거 무연골 봉환 과정시 발생했던 민간 단체의 영리 행위 등 부작용의 재발을 방지해야 할 것임
4. 기본 입장
   가. 장기적 대책
      ○ 일본내 아국인 유골에 대한 전반적인 실태조사의 추진
      ○ 일본의 책임 이행촉구
         - 연고자 있을 경우 보상 문제
         - 무연골 봉환에 따른 제비용 부담

○ 일본내 위령탑 설립 유도

    - 무연골이 수집될 경우 본국 봉환 보다 현장에 위령탑 설립 안치가 바람직

    - 일본의 과거 반성을 촉구하고 양국간 우호, 친선 다짐의 상징으로 함.

나. 단기적 대책

○ 일 후생성 보관 유골

    - 남·북한 문제에 미칠 파급 효과 고려 일괄 봉환 교섭은 당분간 보류

    - 연고자 요청시 case by case 로 개별 봉환 지원

○ 민간 보관 무연골

    - 연고자 나타날 경우

      • 연고자 요청시 case by case로 봉환 지원

    - 무연고 유골

      • 정부 개입은 삼가

      • 민간간 교섭 통해 봉환할 경우 반대하지 않음.

19-1. 참고자료-유골 봉환 문제 현황

(참고자료)

유골 봉환 문제 현황

1. 유골의 구분

구분	내용	수
일 정부 보관 유골	○일 후생성 보관 ○유족 관계 확인 가능 ○연고자를 원할경우 개별 봉환 ○북한 출신 유골 관련 외교문제가 되고 있음.	1,140주 (북한 출신 432주 포함)
민간 보관 유골	○일본내 사찰 및 납골당 등에 방치됨. ○유족 관계불명한 무연골 ○민간 베이스 봉환	약 5만주(추정)

가매장 상태
유해(가칭)
	○이끼, 대마도서 일부 발견
	  - 민간 발굴 83주:
	      • 민간보관 유골로 분류 가능
	  - 일 정부 발굴 42주
	      • 정부 보관 유골로 분류가능
		파악 불가

(보관주체, 명단확인 가능여부에 따른 구분)

2. 유골 봉환 현황

  가. 일 정부 보관 유골

    1) 현황

      (가) 일 정부(후생성) 통계

        ○ 1945.8.까지 강제 징용된 한국인: 약 360,000

          - 피징용 사망자 파악 불능(종전후 명단 분산 유실)

          - 전사자: 약22,000

            • 종전후 회수된 유골 약 8,300주. 그중 1948.5.까지 약 6,000주 봉환되고 일 정부 (후생성) 보관 잔여 유골은 2,328주 (북한출신 432주포함)

      (나) 2,328주 봉환 교섭 경위

        ○ 1964이래 상기 유골 일괄 봉환을 위해 교섭해 왔으나 양국 입장 대립으로 교착

        ○ 1969. 제3차 한·일 정기 각료회의시 상기 유골중 연고 관계가 분명한 분에 대해서는 연고자 요청에 따라 개별 봉환한다는 잠정 양해 성립

        ○ 동 양해에 다라 1970-1984간 1,188주 봉환

년도	'70	'71	'74	'76	'78	'82	'84
실적	1	247	911	22	1	5	1

    2) 문제점

      (가) 개별 봉환

        ○ 1969년 양해에 따라 개별 봉환 가능

      (나) 일괄 봉환

        ○ 북한 출신 유골 처리에 대한 양국 기본 입장 대립으로 현재까지 미해결 상태임.

      (다) 일괄 봉환에 대한 양국 입장

(1) 아측

　　○ 남한 출신 유골 한국에 일괄 인도

　　○ 북한 출신 유골의 경우

　　　　- 한국에 연고자 있는 경우 한국으로 인도

　　　　- 한국에 연고자 없는 경우 다음 조건하에서만 북한에 인도

　　　　　• 일적-북적을 통해서만 인도

　　　　　• 일·북한간 교류 학대 및 공식 접촉 계기가 되어선 안됨.

　　　　　• 봉송 관련 일 정부 관계자 방북 불가

(2) 일측

　　○ 유족주의 입장에 따른 1년간 공시후

　　　　- 유족 판명되지 않은 남한 출신 유골은 한국에 일괄 인도

　　　　- 유족 판명되지 않은 북한출신 유골은 북한측이 인수를 요구하면 일적-북적을 통해 인도

　　　　- 북측이 요구 희망치 않을 경우 일 후생성 계속 보관

나. 민간 보관 유골

　1) 현황

　　○ "한국인 강제 연행 희생자 유골 제사 및 송환 협회"(회장: 요시다) 추정

　　　- 전국 사찰 및 납골당 안치 한국인 무연골: 약5만주

　　　　(이중 약1만주 확인 가능)

　　○ 최근 무연골 봉환 실적

년도	수	주관 및 후원단체
'77	254	민단 지방본부(북해도), 한일 친선협회 한·일 의원 연맹
'80	70	〃
'83	12	국제 민간 외교협회, 송환 협회

　2) 문제점

　　○ 정부 개입없이 양국 민간간 협조로 봉환됨.

　　○ 민간 단체 난립, 목적 이탈 등 부작용 발생 가능

　　○ 정부 불관여 입장 고수

다. 가매장 상태유골

　1) 현황

　　○ 이끼 및 대마도 발굴 유골

　　　　- 1976. 후까가와 이끼도에서 83주 발굴
　　　　- 1984.6. 일 정부 대마도에서 45주 발굴
　　2) 문제점
　　　　○ 후까가와씨 국제 민간 외교협회가 봉환 교섭
　　　　- 일 정부는 한국 정부 요청시 인도의사 밝힘.

20. 외무부 공문—유골 봉환 협조 요청 회신

외무부
번호 아일700-49062
일시 1984.12.25.
발신 외무부장관
수신 국제 민간 외교협회
제목 유골 봉환 협조 요청 회신

　　대: 외협공015(84.8.17.)
　　대호 귀협회의 요청에 대하여 관계부처간 협의 결과 다음과 같은 결론에 도
달하였으며, 따라서 대호 5항 요청은 시행할 수 없음을 통보합니다.
　　　　　　　　　　　　　- 다음 -
1. 정부는 일본내 태평양 전쟁 전몰 한국인 유골은 전적으로 일본 정부 책임
   하에 봉환되어야 한다는 입장임.
2. 그러나 일본 정부의 전적인 책임하에 봉환이 되지 않고 있는 현 상황에서,
   연고자가 확인된 유연골은 유족들의 뜻에 따라 봉환되도록 정부로서도
   가능한 행정적 지원을 해오고 있음.
3. 한편, 연고가 없는 무연골의 경우에도 가능한한 봉환을 추진하는 것이
   바람직 하다는 견해가 있으나, 정부가 직접 관여한 전례가 없고 또한 과
   거 유골 봉환 과정에서 발생했던 부작용등을 감안, 기존 방침대로 무연골
   의 경우에는 정부가 직접 관여하지 않는 것이 타당함.
4. 다만, 민간 보관 무연골의 경우 양국의 민간 독지가들이 순수 민간 차원에
   서 봉환을 추진하는데 대해서는 정부로서 반대하지는 않을 것임. 끝.

외무부 장관

⑤ 재일본 무연골 봉환, 1984

○ ● ○

기능명칭: 재일본 무연골 봉환, 1984

분류번호: 791.28

등록번호: 2013100071

생산과: 재외국민과

생산연도: 1984-1984

1. 주센다이총영사관 공문—미야기현 동포 무연불 본국 안장

주센다이총영사관
번호 센다이(영)725-135
일시 1984.3.14.
발신 주센다이 총영사
수신 장관
참조 영사교민국장
제목 미야기현 동포 무연불 본국 안장

     1. 민단 미야기현 지방본부는 1983년 "미야기현 동포 무연불 본국 이장사업 추진위원회"를 구성하고, 현내 각 사찰, 신사등에 산재해 있는 연고자가 불명인 동포들의 유골을 본국 망향의 동산에 합동 안장하는 사업을 추진하여 왔는 바, 금반 현내 20개 사찰로부터 50위의 유골을 인수받아, 오는 4.5(한식), 망향의 동산에 안장키로 결정하였는 바 동 사업 개요는 아래와 같음.
        추진위원장: 민단 미야기현 지방본부단장 성낙우
        위원: 미야기현 민단 3기관장, 고문, 산하단체장, 지부단장, 친목단체장 등 28명
        무연불조사표: (별첨)
        소요예산: 일화 250만엥(민단 유지들의 성금)
     2. 상기 안장식 참석을 위한 민단 성낙우 단장등 14명이 동 유골을 휴대코 4.3. 15:00 KE-767편 서울 도착 예정임.
     3. 건의사항.
        가. 김포공한 세관당국이 유골 통관에 협조하여 줄것을 요망함.
        나. 유골을 휴대하는 일행이 입국 수속후 교통부 혹은 대한항공의 귀빈실을 잠시 사용할수 있도록 주선바람.
        다. 망향의 동산 관리당국이 등 안장식과 관련한 제반 안내 및 편의제공 토록 요망함.
첨부: 동포 무연불 본국 이장 사업 계획1부. 끝.
(작성자: 영사 황규정)

주센다이 총영사

1-1. 첨부—동포 무연불 본국 이장 사업 계획

同胞無綠佛本国移葬
事業計画

在日本大韓民国居眠間宮城県地方本部

1. 宮城県同胞無綠佛 本国移葬事業
   1. 趣旨: 지난날 우리나라가 主権을 強脱 당하여 日本에 強制로 連行되어 惨酷하게 犠牲된 県内同胞 無綠佛에 対한 慰霊 事業으로써 本国의 "望郷의 동산"에 合同安葬한다.
   2. 推進委員会構成
      地方本部 団長(成楽禹)을 委員長으로 議長(姜太元) 監察委員長(曹秉烈)을 副委員으로, 外 三機関・顧問・傘下団体長・各支部団長・親睦会代表로써 構成한다.
   3. 事業施行 日字: 1984年 4月 5日(木曜日)
   4. 諸経費: 推進委員会을 中心으로 県内同肥 有志들의 協力을 받아 募金活動을 展開하여 寄付金으로 充当한다.
2. 宮城県 同胞無綠佛本国移葬 事業 推進 委員会
   委員長:　　　成楽島
   副委員長:　　姜太元　曹秉烈
   委員:　　　　吳炳泰　姜腸祐(三機関)
   　　　　　　李龍杰　鄭圭泰
   　　　　　　金寅浩　朴鍾仁
   　　　　　　徐相洽　裵石福(顧問)
   　　　　　　權保根　李景淳
   　　　　　　徐正喜　鄭圭夏
   　　　　　　安秉燁
   　　　　　　李昌林　玄奉現(傘下団体)
   　　　　　　宋達源　吳南順
   　　　　　　李根茁
   　　　　　　姜泰中　吳泰守(支部団長)
   　　　　　　金炫碩　朴受判

玄成男 金興坤(親睦団体)

徐昌木

(28名)

(외교사료관 생략 부분)

4. 諸経費 予算

項目	金額	支佛	残(□支払)	備考
合葬墓工事費 (墓碑)	₩3,263,700	¥954,000— (契約金 ₩500,000) (送金 ¥800,000)	約 ₩200,000-	
基地使用料 (5坪)	₩120,000			
慰霊祭(本国)	₩150,000			
交通費 (뻐스貸切等)	¥100,000			
奉送費 (5名)	¥500,000			
供養(お寺)	¥330,000			寺33個所
慰霊祭(会館)	¥200,000			
其他	¥266,000			
計	(₩3,533,700 ¥1,396,000) ¥2,500,000			₩3,533,700 ÷320 =¥1,104,000

5. 本国 移葬 日程表(集)

日字	内容	時間	備考
1984	仙台出発(空港)	10:35	
	名古屋到着(〃)	11:45	
4.3.(火)	名古屋出発	13:20	KE767便
	서울 到着	15:10	
	入国手続	15:10~16:20	
	서울 出発	16:30	뻐스貸切
	天安到着	18:00	1泊
4.5.(木)	安葬祭	10:00~12:00	
	天安 出発	13:00	뻐스貸切
	서울 到着	14:30	解散

6. 安葬菜参加者名単.

同行参加	本国合流
成楽禹	曹秉烈
姜太元	呉泰守
姜勝祐	金成基
朴甲生	朴昌基
呉南順	
張福順	
卞清子	
蘇斗来	
呉分蘭	
宋達源	
梁元錫	
	1984年3月10□

2. 외무부 공문(착신전보)-미야기현동포 무연유골 본국안장

외무부

번호 SEW-44

일시 03151130
수신시간 84.3.15. 18:23
발신 주센다이 총영사
수신 장관(영재)
제목 미야기현동포 무연유골 본국안장

    1. 미야기현 민단 지방 본부는 무연불 본국 안장 사업을 추진, 민단 유지들로 부터의 성금 (일화 250만엥)을 들여, 현내 20개 사찰 및 신사로부터 연고자 없는 동포유골 50위를 인수 받아, 오는 4.5. 망향의 동산에 이장키로 하였는바, 동 성낙우 단장등 민단간부 14명이 상기 유골을 휴대, 4.3. 15:00 KE-767편 서울 도착 예정이니, 공항에서의 유골통관, 귀빈실(교통부 혹은 대한항공 운영) 사용 허가등 관계 당국에 협조 요청해주시기 바람.
    2. 상세는 파편 송부 하겠음. 끝.
    (총영사 유지호)
－ 안장승인신청
－ 재외공관장 확인증
－ 1구당: 100000원
    합장의 경우 약간 상회 단 시설비 부담

3. 기안－미야기현 동포 무연골 본국안장

분류기호 문서번호 영재725-011250
시행일자 84.3.16.
기안책임자 정신구 재외국민과
경유수신참조 보사부장관
제목 미야기현 동포 무연골 본국안장

    1. 재일거류민단 미야기현 지방본부는 재일동포 무연골 본국 안장사업을 추진, 민단유지들의 성금으로 미야기현 관내 사찰 및 신사등에 안치된 무연골 50 위를 인수받아 84.4.5. 망향의 동산에 이장키로 하였음을 주센다이 총영사관을 통해 알려왔읍니다.

2. 미야기현 민단지방본부는 유골의 이장을 위해 성낙우 민단단장등 간부 14명이 유골을 휴대 아래일정으로 서울도착 예정이니 귀부에서 망향의 동산에 동무연골 안장을 위한 필요한 조치를 취하여 주시고 결과를 당부에 통보하여 주시기 바랍니다.

도착일시 84.4.3. 15:00(KE 767편). 끝.

4. 기안—통관협조의뢰

분류기호 문서번호 영재725-011251
시행일자 84.3.16.
기안책임자 정신구 재외국민과
경유수신참조 관세청장 김포세관장
제목 통관협조의뢰

1. 재일거류민단 미야기현 지방본부는 재일동포 무연골 본국 안장사업을 추진, 민단유지들의 성금으로 미야기현 관내 사찰및 신사등에 안치된 무연골 50위를 인수받아 84.4.5. 충남 천원군 소재 망향의 동산에 이장키로 하였음을 주센다이 총영사관을 통해 알려왔읍니다.
2. 상기와 관련, 미야기현 민단지방본부는 유골의 이장을 위해 성낙우 민단단장등 간부 14명이 유골을 휴대, 아래일정으로 서울 도착 예정인바 입국시 동유골의 통관이 신속하게 조치되도록 적의 협조하여 주시기 바랍니다.

도착일시 84.4.3. 15:00 (KE767편). 끝.

5. 기안—귀빈실 사용협조 의뢰

분류기호 문서번호 영재725-011247
시행일자 84.3.16.

기안책임자 정신국 재외국민과
경유수신참조 교통부장관 항공국장
제목 귀빈실 사용협조 의뢰

　　1. 재일거류민단 미야기현 지방본부는 재일동포 무연골 본국 안장사업을 추진, 민단유지들의 성금으로 미야기현 관내 사찰및 신사등에 안치된 무연골 50위를 인수받아 84.4.5. 충남 천원군 소재 망향의 동산에 이장키로 하였음을 주센다이 총영사관을 통해 알려왔읍니다.
　　2. 상기와 관련, 미야기현 민단지방본부는 유골의 이장을 위해 성낙우 민단 단장등 간부 14명이 유골을 휴대, 아래일정으로 서울 도착 예정인바 입국시 동 사업의 취지를 감안, 공항귀빈실을 이용할 수 있도록 적의 조치하여 주시기 바랍니다.

　　○도착일시 84.4.3. 15:00 (KE767편). 끝.

6. 외부무공문(발신전보)-미야기현 동포 무연골 본국 안장

외무부
번호 WSE-13
일시 03161830
발신 장관(영재)
수신 주센다이 총영사
제목 미야기현 동포 무연골 본국 안장

　　대: SEW-44
　대호, 무연골 본국 안장 사업과 관련 아래사항을 보고 바람.
　　　1. 동사업의 배경 및 경과
　　　2. 망향의 동산, 관리 사무소에의 안장 승인 신청 사실여부
　　　3. 유골 합장의 경우 부대시설의 설치 계획 유무 및 계획이 있을 경우
　　　　그내용. 끝.
　(영교국장-이승곤)

7. 외무부 공문(착신전보)–미야기현 동포 무연골 본국안장

외무부
번호 SEW-48
일시 03171100
수신시간84.03.17. 16:08
발신 주센다이 총영사
수신 장관(영재)
제목 미야기현 동포 무연골 본국안장

　　대: WSE-13.
　　연: 센다이(영)725-135(84.3.14)
　　1. 동 사업의 배경 및 경과는 연호로 3.16. 착 주일대사관 파우치편 송부하였음.
　　2. 망향의 동산 관리 사무소의 승인(면적 5평, 사용료 12만원)을 얻었으며 합장묘에 세울 비석 및 분향대도 준비되어 있다함. 끝.
　　(총영사 유지호)

8. 교통부 공문–귀빈실 사용 추천

교통부
번호 항정725-2732
일시 1984.3.22.
발신 교통부장관
수신 외무부장관
제목 귀빈실 사용 추천

　　1. 영재725-011247('84.3.17)의 관련입니다.
　　2. 재일동포 무연골 50위의 고국 이장을 위하여 입국하는 성낙우 민단 단장의 공항 귀빈실을 사용할 수 있도록 추천하였음을 통보하니 세부사항은 동공단과 협의 조치 하시기 바랍니다. 끝.

교통부장관

9. 외부무공문(발신전보)—미야기현 무연골 본국안장

외무부
번호 WSE-17
일시 03221800
발신 장관(영재)
수신 주 센다이 총영사
제목 미야기현 무연골 본국안장

　　연: WSE-13
　　연호 무연골 본국안장과 관련, 보사부측이 망향의동산 관리사무소에 확인한
바에 의하면 안장일자가 4.4이라하는 바, 동건 민단측에 확인, 보고바람. 끝.(영
교국장-이승곤)

10. 외무부 공문(착신전보)—무연골 본국안장

외무부
종별 지급
번호 SEW-58
일시 03230930
수신시간 84.03.23. 17:04
발신 주센다이 총영사
수신 장관(영재)
제목 무연골 본국안장

　　연: SEW-48.
　　대: WSE-17.
　　민단측에 확인한바, 4.5. 계획을 4.4.(수)로 변경하였다 함. 끝. (총영사 유지호)

11. 보건사회부 공문—미야기현 동포 무연골 본국안장

보건사회부
번호 사회1461-4113
일시 1984.3.24.
발신 보건사회부장관
수신 외무부장관
제목 미야기현동포 무연골 본국안장

　　1. 영재725-011250 ('84.3.17)호와 관련입니다.
　　2. 미야기현에 안치된 무연골 50위의 망향의 동산안장과 관련하여 별첨과
같이 조치하였음을 통보합니다.
　　첨부: 공문사본 1부. 끝.

보건사회부장관

11-1. 첨부—공문 사본

보건사회부
번호 사회1461-
일시 1984.3.24.
발신 보건사회부장관
수신 국립망향의 동산 관리소장
제목 미야기현 무연골 망향의 동산 안장

　　외무부로부터 통보된 바에 의하면 재일거류민단 미야기현지방 본부는 관내
사찰 및 신사등에 안치된 무연골 50위를 '84.4.4 망향의 동산에 안장할 예정이라
하는 바, 동 유골의 안장에 차질이 없도록 사전준비에 만전을 기하기 바람.
　　0. 도착일시 '84.4.3, 15:00(KE767편)
　　0. 방한인원: 민간 단장등 간부 14명. 끝.

보건사회부장관

12. 외부무공문(발신전보)-무연골 본국 안장

외무부
번호 WSE-20
일시 03261840
발신 장관(영재)
수신 주센다이 총영사
제목 무연골 본국 안장

　　대: SEW-58
　　1. 대호 미야기현 민단 무연골 본국 안장 사업과 관련, 관계부처와 협의 결과, 통관 문제는 협조키로 하였으나 귀빈실 사용문제는 귀빈실 운영상(당일 귀빈실 이용 내외국인 주요인사에 대한 의전 문제등) 곤란하다고 하니 양지 바람.
　　2. 상기 귀빈실 이용 문제와 관련, 김포 공항 관리 공단측은 엄숙한 분위기하의 유골 봉환 절차를 별도 검토할 것이라하며 동민단 간부의 입국시 유골 봉송 방법(민단간부 개인별로 유골을 각자 휴대 귀국하는 것인지, 또는 유골 50위를 화물 형식으로 탁송 동시 입국 예정인지, 또는 유골을 소수의 보관용기에 합장, 휴대하여 입국할 것인지 등)을 문의하여 왔는바, 동건 민단측에 확인 보고 바람. 끝. (영교국장-이승도)

13. 외무부 공문(착신전보)

외무부
번호 SEW-66
일시 03271600
수신시간 84.03.28. 11:04
발신 주센다이 총영사
수신 장관(영재)
제목

　　대: WSE-20.

대호 관련 미야기 민단측에 문의한바, 50위의 유골중 6위에 대해서는 민단 간부들이 개인별로 휴대하고 나머지는 관(90CM×40CM 정도) 2개 나누어 넣어 화물형식으로 탁송, 동시 입국 한다함. 끝.

(총영사 유지호)

14. 신문기사

서울신문(84.3.28.) ─ 日帝때 徵用 희생자 遺骨송환사업 추진

日帝때 徵用 희생자
遺骨송환사업 추진
在日 韓國부인회

[도오꾜=朴花珍특파원] 해방전 징용 또는 强制連行으로 日本에 끌려와 동지에서 혹사당하다 숨진 한국인유골을 망향의 동산에 안치시키기 위한 「韓國人강제연행희생자 유골祭祀송환사업」이 26일 도오꾜서 발족식을 가졌다.

日本人 송환단체와 在日한국부인회 중앙본부,(회장 朴順姬)대표등이 참석한 가운데 발족한 이 사업에서는 앞으로 일본전국에 안치돼 있는 한국인유골을 확인, 연 3~4회에 걸쳐 고국의 가족에게 인도하거나 망향의 동산에 안치하기로 결정했다.

15. 외부무공문(발신전보)-재일교포 무연골 봉환사업

외무부
번호 WJA-913
일시 03281500
발신 장관(영재)
수신 주일대사
제목 재일교포 무연골 봉환사업

3.28자 서울신문은 재일 한국부인회와 일본인 송환단체가 "한국인 강제연행 희생자 유골제사 송환사업" 발족식을 3.26. 동경에서 갖고 금후 일본 전국 사찰에 안치되어 있는 한국인 유골을 연 3-4회에 걸쳐 모국으로 봉송하여 망향의동산에 안치할 계획임을 보도하였는바, 동건 상세조사 보고바람. 끝.

(영교국장-이승곤)

16. 대외비 외무부 공문(착신전보)—무연골 봉환사업

외무부
번호 JAW-1443
일시 03302011
수신시간 84.03.31. 01:53
발신 주일대사
수신 장관(영재, 아일)
제목 무연골 봉환사업

대: WJA-913
대호 무연골 봉환사업등에관해 (한국인) 강제연행 희생자 유골제사 송환협회 요시다 회장에게 확인한바를 다음과같이 보고하오니, 본부지시사항 있으면 회시바람(관련자료는 차기 파편 송부위계임)
1. 송환협회의 설립취지
가. 현재까지는 재일한국인 유지에 의한 위령제및 송환사업을 추진하였으나, 일본의 공적기관및 일본유지들은 동사업에필요한 조치를 취하지않고있는 실정임
나. 송환협회는 상기 상황을 우려하고, 일본인으로서, 무연골의 제사및 송환사업을 행할목적으로 성립하였음
다. 송환협회는 재일한국 부인회의 전면적 협력을얻어 송환사업을 추진하기로 함
2. 송환사업 발족회의
1) 일시-3.26
2) 장소-동경호텔 다까나와

3) 참석범위
　　　　가) 송환협회측-요시다 회장 이께다부회장
　　　　나) 부인회측-배순희 회장등 약30명
　　4) 회의내용-금후부터 송환협회측과 한국부인회가 공동으로 송환사업등을 추진하기로함
　　3. 금후의 추진계획
　　　　1) 송환협회측은 조사기간(4월-6월)을 설정, 한국부인회측과 공동으로 전국사찰에 안치된 한국인 무연골을 조사
　　　　2) 상기 조사기간동안 확인된 한국인 무연골을 7월경에 제1회 송환을 후꾸오까현 지꾸호오 당시 탄광지역존재 유골을 대상으로 실시
　　　　3) 송환사업을 연3-4회 추진할계획이며, 송환경비는 1회 2-3백만엥이 소요될것으로 판단(현재로서 6-7회분의 경비는 모금되어있음)
　　4. 참고사항
　　　가. 요시다 회장은 83.12.23 충남 망향의 동산에 일본인의 사죄비를 설립한 전야마구찌현 노무모국회 시모노세끼 지부의 동원부장인 동시에, 나의 전쟁범죄(조선인 강제연행)의 저자 이기도함(일어판 금일의 한국 84.3월호 참조)
　　　나. 전국사찰안치 한국인 무연골은 약 5만주로 추정되나, 약 1만주는 확인가능할것으로 본다고함. (공사 이기주-국장)

17. 외무부 공문(착신전보)-미야기현 동포 무연불 안장

외무부
번호 SEW-76
일시 04021810
수신시간 84.04.03. 09:18
발신 주센다이 총영사
수신 장관(영재)
제목 미야기현 동포 무연불안장

　　연: SEW-58
　　대: WSE-17

1. 대호 미야기현 동포 무연불 52위를 모시고 당지 민단 성낙우 단장외 12명은 예정대로 4.3(화) 15:10 KE-767편 서울도착 예정이니 통관, 귀빈실 휴식등 제반 편의 제공바람. (당지 민단 조병열 감찰 위원장등 별도 5명은 서울에서 합류함)

2. 유골 52위중 3위의 유족이 학인되어 서울에서 상기 일행과 접촉할 것이라하니 참고바람. 끝.

(총영사 유지호)

18. 주일대사관 공문-재일교포무연골봉환사업

주일대사관
번호 일본(영)725-2093
일시 1984.4.3.
발신 주일대사
수신 장관
참조 영사교민국장
제목 재일교포무연골봉환사업

대: WJA-913

대호 재일교포무연골봉환사업 자료를 별첨과 같이 송부합니다.

첨부: 자료 각1부. 끝.

주일대사

18-1. 첨부-재일교포무연골봉환사업 자료

韓国人強制連行儀牲者
遺骨祭祀送還事業発足式のご案内

1910年、朝鮮半島は日帝の植民地化政策の野望により日本に併合され、大陸進出への足場として政治の主権はもとよりすべての産業、施設が軍事力強化のために収奪されたのであった。と同時に"朝鮮人狩り"の名のもと、日本国内、サハリン(旧樺太)等での軍需産業の労働力として百数十万人といわれる成年男子が強制連行された。連行の手口は非情をきわめたもので事前通告はおろか、畑で農作業に従事する者や就寝中のところを銃剣でおどして連れ去るというものであった。これら連行者は各地の炭鉱、ダム建設、トンネル工事等の危険な飯場へ監禁され、乏しい食料と厳しい労役の中で栄養失調と過労によって次々に死んでいったのであった。当時朝鮮人労務者の死は"病死"と処理されることが多かったが、実際の死因は撲殺や懲罰、あるいは過労によるものが多く、軍はこれを"消耗"と名ずけて各地の寺社へ無縁仏としてわたしたのであった。

　しかも日本の行政機関や産業界は戦後これら強制連行に関する公式書類をすべて焼却しその責任の隠蔽化をはかった。このため、おびただしい連行犠牲者の無縁仏は今も全国各地に散らばり、供養もなされないままに眠っているのである。

　これまでのところ在日韓国人有志による慰霊祭や送還事業がわずかに見られるのみで、日本の公的機関や有志は誰もこの事業を手がけていないのが実情である。

　「強制速行犠牲者遺骨祭祀送還協会」はこうした状況を憂慮し、遅まきながらも無縁仏の祭祀、送還事業を行うことを目的として設立されたものであり、事業推進にあたっては在日本大韓民国婦人会が全面的協力をよせるはこびとなっている。

　そこでこのほど「送還協会」および「在日大韓婦人会」が共催して発足式を行い、事業の成功を期することとなったが、貴紙の報道によって幅広く事業の趣旨が衆知されるとともに調査事業の円滑化がなされることを希望するものである。

記

日時：昭和59年3月26日(月)PM3:00
会場：ホテル高輪　TEL　03(443)9251
　　　東京都港区高輪2-1-17

強制連行犠牲者遺骨祭祀送還協会
会長　吉田清治　TEL　03(495)6909
在日本大韓民国婦人会中央本部
会長　裵順姫　TEL　03(454)1248

趣意書

強制連行犠牲者遺骨·祭祀送還協会
(略称　送還協会)

趣意書

　韓国人強制連行と強制労働は、日本の侵略による日韓併合の三十六年間にわたっておこなわれたが、このような悪政は主として日本政府によって直接おこなわれたものである。その他にも日本政府当局の命令により、一般日本人の手によっても数多くおこなわれた。

　第一次世界大戦前後の日本近代産業発展期に、日本政府と朝鮮総督府の行政によって飢餓状態にさせられていた多数の韓国人が日本産業のために、「人夫募集」と称するわずかの前渡金による事実上の人身売買によって、身がらを拘束されて、日本内地へ強制連行され、全国各地の炭坑、鉱山、水力発電用ダム建設、鉄道トンネル等の工事現場の「飯場」に監禁されて、危険な重労働に強制労働させられていたのである。その総数は、当時の韓国人の人口二千二百万人のうち、六十万人とも百五十万人とも推定されている。

　一九三九年(昭和十四年)から一九四五年(昭和二十年)までの約六年間は、日本政府が韓国人を「皇国臣民」と称して、国家総動員法によって更に韓半島から七十万人とも百六十万人ともいわれる多数を徴用、強制連行して、軍工事や軍需産業に強制労働させたのである。

　日本の敗戦によって解放され、祖国を再建した大韓民国国民は、日韓併合中に、特に太平洋戦争中に、強制連行された同胞が何万、何十万と、戦死、事故死させられ、虐殺されて、再び祖国へ帰ることができなかったことを、深く認識しているのである。

　敗戦後の日本の行政機関と産業界は、徴用、強制連行に関する公式書類をすべて焼却した。強制連行犠牲者の消息は、四十年間不明のままで、当然ながら、その遺族たちの日本人にたいする激しい怒りと、怨念は消えることがないだろう。

　現在の日本経済の発展と繁栄は、戦後だけでできあがったものではない。明治の国家近代化と、大正から昭和初期にかけての産業近代化があったからで、それは韓半島の併合による収奪と、強制連行された韓国人の犠牲の上に成り立ったもので

ある。強制連行されて死亡した犠牲者は、今日のわれわれ日本人の豊かな高度産業社会の基盤作りと、日本のアジア侵略戦争のために、直接犠牲に供された人びとである。しかしこれまで、日本政府をはじめ、国会や地方議会においても、日本の国家と国民のために犠牲となったこれらの韓国人の、無縁仏にされている遺骨にたいして祭祀(さいし)をおこない、その祖国へ送還しようとの動きはなかった。

戦後三十九年、あまりに遅過ぎるそしりをまぬがれないが、私たち少数の日本人有志たちは、「強制連行犠牲者遺骨祭祀送還協会」を結成したのである。本来ならこの事業は日本政府機関や地方行政機関がおこなわなければならない国家的事業である。本会は広く全国各地の有志の参加を求めて、公益法人へと組織を発展させて、数年間の継続事業として、祭祀送還を完了したい。

本会の事業は非常に困難が予想される。全国数万の寺院に収められている無数の無縁仏の中から、実地に調査確認していかなければならない。幸いにしてこのたび、在日本大韓民国婦人会中央本部裵順姫会長の御協力が得られることとなり、同会二十万人の韓国婦人会員の同胞愛によって、この事業は進展されるだろう。

強制連行犠牲者遺骨祭祀送還協会

(略称　送還協会)

会長　吉田清治

副会長　池田俊

東京事務所　　〒141　東京都品川区上大崎二―二四――一

目黒西ロマンション二号館一〇〇五号

電話(〇三)四九五―六九〇九

大阪事務所　　〒591　大阪府堺市百舌鳥赤畑町二―四六―二

興南開発株式会社内

電話(〇七二二)五八―〇〇二八(代)

参考文献

[強制連行の実体記録]

用水池は細長く横幅は五、六十メートルだが、長さは百メートル以上あって、青い水が満水して深そうで、岸辺に浮き草が密生していた。周囲は灌木の茂みで男たちの姿は見えなかったが、こんな地形の朝鮮人狩りは兎狩りと同じであった。猟

師は兎を追って走りまわる必要はなく、猟犬が吠えたてて行けば、かくれた兎はとびだしてくる。逃げ道のない用水池のまわりの灌木の茂みの中では、日本人が大声を上げて進んでいけば、朝鮮人はいつまでもかくれてはいられない。隊員たちは灌木の茂みの外側の農道を進みながら、石を捨って茂みの中へ投げはじめた。隊員たちは興にのって、獣を追いたてるように、石を投げては喚声を上げた。

　近くの茂みの中から、男が一人立ちあがって顔を見せた。隊員たちはその男に向かって、ひとしきり石を投げつけた。男は灌木に顔をかくしてわめき、そばの茂みの中から別の男が現われた。隊員たちが茂みに飛び込んで行った。あちこちで灌木の梢が大きく揺れて隊員が叫び、朝鮮人の獣のような悲鳴があがり、かくれていた六人の男たちがつぎつぎに狩り出された。男たちは農道へ突き出されて、隊員に蹴られて倒れ、木剣で打ちのめされた。

　広い白菜畑で大野が二十代の男を狩り出して私を待つていた。そばにいた若い女が大野に近寄って、たどたどしい日本語で、子供が生まれるから父親を連れて行かないようにと哀願した。大野は笑いながら、若い女の腹を、木剣の先で下からなであげた。若い女は悲鳴をあげて、朝鮮語でわめきながら走りだし、部落へ向かって逃げて行った。男が目をつり上げて大声で大野に食って掛かった。「あんた、それでも警察か。悪いことしない女の腹を棒で突いた」「おれは女の腹を、突いたりはせん。突くことはこうするんじゃ」大野は木剣を構えて、男の腹を、もろ手突きした。男が腹をおさえてうずくまると、強く肩を打ち据えた。

　軍工事の労務者はほとんど朝鮮人の徴用に依存していた。昭和十九年になると、軍事施設や陸軍飛行場からの電話連絡で、私は徴用朝鮮人労務者の、「消耗」通知を受けることが多くなった。「消耗」とは、徴用朝鮮人の死亡のことで、労務報国会事務局では業務上そう呼んでいた。その日も私は「消耗」通知を受けて、福岡県芦屋町の陸軍飛行場の工兵隊へ出頭した。事務所へ通されると、若い工兵中尉から、死亡した徴用朝鮮人の補充を命ぜられ、事務机の上にむぞうさに置かれていた骨箱を受領させられた。私は同行した部下に骨箱を持たせて、労務班長の軍曹から骨になった徴用朝鮮人の氏名と出身地を聞き取り手帳に記すと、私は死亡状況をたずねた。軍曹は机の上の書類を整理しながら早口で、事故の殉職なんかじゃありません。昨日仮病を使い作業を休んだため、兵隊から懲罰をうけて、夕方息をひきとったので、直ちに火葬場へ送って骨にしておきましたと言い捨てると、笑いながら事務所から出ていった。

　徴用朝鮮人の死亡はすべて、事業所や労務報国会事務局で、書類に「病死」と記入された。実際の死亡状況は、殉職扱いとなって葬儀が行なわれるような、作業上

の事故死は少なかった。現場監督や兵隊たちは、即死の撲殺はあまりやらなかったが、懲罰が原因の死亡や本人が苦役に耐えられず作業現場の高所から飛び降りたり、飯場で夜中に首をつったりする自殺が多かった。

(私の戦争犯罪　吉田清治著　三一書房より抜粋)

19. 외무부 공문(착신전보)—아국인 무연불 봉송

외무부
번호 SIW-79
일시 04261445
수신시간 84.4.26. 15:22
발신 주 시모노세키 총영사
수신 장관(사본: 보건사회부 장관)
제목 아국인 무연불 봉송

　　　당지 민단 야마구찌현 지방본부와 일·한 친선법회는 주로 2차 세계대전중 희생된 아국인 무연불을 모국 망향의 동산에 안치하는 사업을 추진하여 왔으며 현재까지 수집된 무연불 184주를 5.3일 부관 훼리편으로 본국에 봉송하여 망향의 동산에 안장 위계라하니 동 무연불 봉송과 안장에 필요한 협조를 하여 주시기 바람. 끝
　　　(총영사 양구섭-영사교민국장)

20. 재일본대한민국거류민단 야마구치현 지방본부 공문—무연불 본국송부

在日本大韓民国居留民団山口県地方本部
번호 韓居山地本 発第32号
일시 1984.4.11.
발신 야마구치현 민단 지방본부 단장 강정일
수신 수신처 참조

제목 무연불 본국 송봉

　　아래의 취지에 따라, 야마구치현 민단 지방본부 및 일한 야마구치현 친선
협회 주관으로, 무연불을 본국에 봉송코자 하오니, 제반 수속 및 절차에 협조를
바랍니다.
첨부: 1) 취지문 1부.
　　　2) 무연불 명단 1부.
　　　3) 참가자 명단 1부.
　　　4) 일정표 1부. 끝

　　　　　야마구씨현, 민단 지방본부 단장 강정일
　　　　　야마구치현 일한 친선협회회장 이가와 가쓰미(井川克巳)

수신처: 관세청장. 부산시장. 부산세관장. 부산방송국장.부산일보 사장, MBC 부산
　　　방송국 사장, 주 부산 일본 총영사.

20-1. 첨부-취지문

　　　　　　　在日韓国人 山口県 無線骨 母國安葬趣旨書

　　時下 佳春之節에 貴下의 玉体淸安하시며 하시는 모든 일들이 日益 繁昌하심을
祈願합니다.
　　平素의 在日同胞에대한 権益과 民生安定을 爲해서 아낌없는 声援에 대하여 眞心
으로 感謝의 말씀을 드리는 바입니다
　　작년에 母國에서는 離散家族찾기 運動이 全国的으로 展開되고 있었던것을 알고
있읍니다.
　　今年으로 光復을 찾은지 39年 韓日国交가 正常化된 지도 어언 19年이 되었읍니
다만 過去日韓両国間에 不幸했던 時代인 太平洋戦争当時에 日本은 戦争目的達成을
위하여 수많은 우리同胞들을 強制徴用徴兵等으로 끌고와서 戦争의 犠牲物로 만들어
두번다시 父母兄弟가계시는 故郷山川에 돌아가지를 못하고 억울하게도 異国땅 日本
에서 죽어간 同胞가 많았읍니다.

最近 山口県内 在日同胞団体인 在日本大韓民国居留民団山口県地方本部와 山口県日韓親善協会와의 主催로 山口県内 約1500(寺)절에 仮安置된 在日韓国人無縁骨 推計約600柱 現在184柱 收骨된 実態調査를 거쳐 뼈라도 故郷에 묻어주자는 運動이 9年前부터 일어나서 2年前부터 具体的인 誠金募金을 実施한 結果 많은 協助를 받아서 今般 別添 無縁物名單과 日程表 参加名單에 따라서 曰水霊柩車에 安置 釜関훼리一로 釜山市를 거쳐서 忠南 天安郡 望郷의 동산에 安葬하게 되었습니다. 아무쪼록 변함없는 便宜와 協調를 바랍니다.

西紀 1984年 4月 11日
在日本大韓民国居留民団山口県地方本部
地方団長 姜正一
山口県　日韓親善協会
会長 井川克巳

20-2. 첨부-참가자 명단

山県在日韓国人無縁仏本国安葬訪問団名單

職位	姓名	生年月日	旅客番号
地方団長	姜正一	1924.1.3	S1001777
常仕顧問	朴□	1924.11.10	S1001350
顧問	都相龍	1922.12.20	S1000030
〃	陳点春	1926.11.17	S1000396
〃	金明顕	1924.2.26	S1001784
〃	金遇坤	1920.5.18	S1002448
副団長	全永伯	1929.8.3	S1001192
試長	金享根	1938.8.12	S1000883
副議長	韓元台	1932.1.17	S1001974
監察委員長	金文相	1932.9.15	S1000666
〃委員	文相台	1925.9.8	S1002325
〃委員	白玉基	1924.5.16	S1002825
総務部長	徐元喆	1952.11.14	S1001635

民生 〃	崔俊錫	1941.1.20	FU000310
執行委員	金青鎔	1924.10.15	S1001264
支団長	玄彭玉	1924.9.28	S1000421
〃	李文教	1915.8.5	S1001124
〃	李漢泰	1919.8.12	S1001545
〃	裵判石	1978.9.25	S1001000
〃	趙武一	1932.1.27	S1003366
〃	金正彦	1937.4.9	S1000991
〃	裵其萬	1931.97	S1003871
〃	洪淳根	1923.7.26	S1004341

支団長	朴性圭	1931.8.31	S1001791
〃	文在必	1933.4.10	S1002164
〃	聖述誠	1923.1.26	S1003338
〃	崔在洙	1932.9.14	S1001732
支部顧問	朴喜宗	1918.2.7	S1000004
支部副団長	朴仁寅	1935.4.13	S1001251
〃	金京植	1928.8.16	S1002745
〃	吳成道	1934.4.7	S1000330
本部青年会長	沈成徳	1956.9.7	S1002730
〃 組織次長	洪信雄	1951.7.26	
青年会企事部長	沈信次	1959.10.23	FU000043
	辛海雄	1951.11.30	YO000167
本部婦人会会長	金房恵	1926.7.17	S1001856
〃 副会長	李福順	1939.2.15	S1003544
監査	徐景仙	1918.12.18	S1002383
〃	朴明玉	1923.2.11	S1000148
支部会長	辛慶和	1928.2.28	S1002132

山口県日韓親善協会無縁仏移葬訪韓団名簿

1. 井川克巳(男)会長(下関中央□市□社長)下関市丸山□4-6-6
   (釜山名誉市民)
2. 神徳通也(男)防府支部長(三田尻病院々長)防府市三田尻

(春川名誉市民)

3. 武田孝之(男)岩国支部長(山口会議員)岩国市土生113-1

4. 平田嘉男(男)萩支部長(萩市会議員)萩市堀内一□

5. 吉田武(男)山口支部事務局長(山口市吉敷)

6. 関村富三(男)理事(東洋物産社長)下関大学丁

7. 渡辺□(男)理事(安倍外務大臣秘書)下関市清末丁

8. 活田富宏(男)(活田葬儀社々長)下関市前田2丁目21-15

9. 有馬実成(男)厚江寺住職　徳山市久米

10. 原田正道(男)常安寺住職　宇部市松山町2丁目

11. 清成昭則(男)海晏寺住職　下関市伊崎町1-14-12

12. 野村武史(男)常任理事　下関市武久町1-23-10

20-3. 첨부-일정표

程	□日	交通便	時間	摘要	宿泊地
一日	5/2 水曜日	釜関 훼리	13:00	下関活田会館에서 山口県合 同慰霊祭를 挙行한 後	
			17:00	釜関훼리-로 出航 釜山으로 船内에서 夕食및 打合	船中泊
二日	5/3 木曜日	専用車	8:30	釜山着, 下船, 入国手続	※船内에서 朝食
			9:00	훼리- 터어미널에서 簡単한 合同慰霊	
			9:30	出発,「望郷의 丘」으로	
			12:00	途中, 昼食	
			14:30	望郷의 동산 着 慰霊祭準備	
			15:00	無縁仏合同慰霊祭	
			17:00	望郷의 동산 出発 서울로	
			18:00	호텔 check-in	서울 ROTTE HOTEL (予定)
			19:30	慰労 리셉션	
			21:00	終了 自由行動	

三日	5/4	KE便	8:00	朝食
	金曜日	(飛行機)		朝食後, 自由解散
		OPEN	9:40	金浦空港発 福岡로
			10:50	福岡着(5/4 帰国予定者만)
				解散

20-4. 첨부-무연불 명단

(명단 생략)

21. 야마구찌현 재일 교포 무연골 본국 안장

야마구찌현 재일 교포 무연골 본국 안장

○ 주관: 야마구찌현 민단 지방 본부(단장: 강 정일)
　　　　야마구찌현 한일 친선 협회(회장: 이가와 가즈미)
○ 무연골 봉환
　　야마구찌현 관내 사찰에 가야치된 무연골(600위 추정) 중 184위
○ 무연골 봉환 모국 방문단
　　민단측: 강정일 단장등 야마구찌현 민단간부 40명
　　한일친선협회측: 이가와 회장 등 12명
○ 일정

일시		내용
5.2(수)	13:00	야마구치현 합동 위령제(시모노세끼, 和田회관)
	17:00	부산향발(부관 훼리편)
5.3(목)	08:30	부산착
	09:00	훼리 터미널에서 약식 합동위령제
	14:00	망향의 동산 도착

| | 15:00 | 합동 위령제 |
| 5.4 | 09:40 | 후꾸오까 향발 |

22. 외무부 공문(착신전보)-무연고 유골봉환

외무부
번호 JAW-6031
일시 12031721
수신시간 84.12.03. 22:47
발신 주일대사
수신 장관(아일,영재)
제목 무연고 유골봉환

　　　현재 일국내에 보관되어 있는 한국인 무연고 유골의 현황과 본국 봉환대책
에 관한 당관 건의를 명12.4(화) 정파편 발송예정임. (공사 이기주-국장)

제2부

재사할린 동포 귀환 문제

해방이후 재일한인 외교문서 해제집
┃제8권┃(1980~1984)

사할린 동포 귀환 문제는 일제 강점기 말기, 일본 제국이 조선인을 사할린으로 강제 동원한 데서 시작되었다. 이들은 탄광, 벌목장, 군수공장 등 극한의 노동 현장에 투입되었으며, 1945년 8월 15일 조국의 광복을 맞이했음에도 불구하고, 고국으로 돌아갈 수 없었다. 해방 이후 사할린은 소련령으로 편입되었고, 일본은 패전국으로 전쟁의 책임을 지게 되었으며, 한반도는 곧이어 남북으로 분단되었다. 이러한 국제 정치적 변화 속에서 사할린에 남겨진 조선인들은 귀환 통로조차 확보하지 못한 채 수십 년간 타국에 고립된 삶을 살아야 했다.

이들은 소련 내에서 장기간 '무국적자' 상태로 방치되었으며, 한국과 일본, 소련 간의 외교적 이해관계 속에서 제도적 사각지대에 놓여 있었다. 1980년을 기준으로 대부분은 이미 고령에 접어들었고, 자녀 및 손자 세대와 함께 사할린 지역사회에 정착한 상황이었으나, 여전히 조국으로의 귀환에 대한 희망을 품고 있었다. 조국에서 태어나 전쟁과 식민지 지배, 냉전을 모두 경험한 이들에게 '귀환'은 단순한 물리적 이동이 아니라, 생애를 마무리하고 정체성을 회복하는 중요한 행위였다.

이러한 상황 속에서 대한민국 정부는 이들의 귀환을 국가적 책무로 인식하고, 사할린 동포들의 조속한 송환을 추진하고자 외교적 노력을 기울이기 시작했다. 외무부는 일본 정부와의 협의를 통해 사할린 동포들의 귀환 통로를 마련하려 했으며, 일본 내 민간단체 및 적십자사 등과도 연계해 다양한 인도적 지원 활동을 병행하였다. 이는 단순한 이산가족 상봉이나 귀국 지원 차원을 넘어, 민족의 분단과 냉전의 구조 속에서 오랜 시간 방치되었던 이들을 다시 공동체 안으로 끌어안으려는, 국가적·인도주의적 과제의 일환이었다. 1980년대의 외무부 외교문서는 이러한 대응의 일환으로, 당시 한국 정부가 사할린 동포 문제를 어떤 시각에서 접근했으며, 민간과 국제사회가 어떻게 협력하고 있었는지를 보여주는 중요한 기록이다. 이 문서에 따르면, 정부는 사할린 거주 한국계 주민들을 가능한 한 조속히 귀환시키려는 분명한 방침을 가지고 있었고, 그 실현을 위해 일본 정부와의 외교 협상에 집중하고 있었다. 결국, 사할린 동포 문제는 단순한 귀국 문제를 넘어서, 일제의 식민 지배와 냉전의 유산, 한·일·소 삼국의 외교와 정치가 얽힌 역사적 과제이자 인권 문제였다. 이들의 존재는 대한민국이 '재외국민 보호'라는 헌법적 책무를 수행함에 있어 가장 복잡하면서도 시급한 과제를 상징하고 있었다. 따라서 사할린 동포 귀환 문제와 관련하여 1980년부터 1984년까지 각 문서철에 담겨있는 중심 내용을 바탕으로 이 시기의 전체적인 흐름과 과정에 있어서 핵심적인 사항들을 짚어 보고자 한다.

먼저 〈재사할린 동포 귀환 문제, 1980〉 문서에서는 대한민국 정부가 사할린 동포 문제를 단순한 이산가족 문제나 민원 차원을 넘어, 국가적·외교적 과제로 인식하고 있었음을 확인할 수 있다. 외무부는 주일대사관에 지시를 내려 사할린 교포들에 대한 지속적인 관심을 가지고, 귀환 희망자 명단 확보, 일본 정부와의 협조 체제 강화, 국제기구를 통한 국제적 연대를 추진하도록 하였다.

1980년 외교문서에서 대한민국 정부는 다음과 같이 ①사할린 교포의 조기 송환이라는 정부 방침에는 변함이 없다, ②일본 및 소련과의 외교 접촉 시 이 문제를 지속적으로 제기하라, ③교포 지원단체와 유기적 관계를 유지하며, 외교적 영향력을 높여라는 외교 원칙을 분명히 하고 있다. 이러한 지침은 일본과 소련이라는 당시 냉전 체제의 주요 강대국 사이에서 한국 정부가 처한 외교적 현실을 보여준다. 특히 소련은 자국의 체제와 주민 통제 원칙에 따라 교포 송환에 비협조적이었으며, 일본 역시 과거 식민 지배에 따른 책임을 회피하는 경향이 있었음을 확인할 수 있었다.

1980년 1월 31일 외무부가 사할린 교포 귀환문제 관련하여 주일본대사에게 내린 다음와 같은 지시내용을 확인할 수 있다. 사할린 집행 실행위원회 보고에 의거하여 대한민국 정부는 주일대사관을 통해 사할린 동포들에게 위문품을 전달하는 등 정서적·물질적 지원도 병행하였다. 사할린 현지 동포들이 요청한 물품으로 소품 인형 20점, 카렌다 100부, 녹음 테이프 10개, 한방약 책자 2부, 생활력 책자 10부 등이 있었으며, 이러한 물품들을 통하여 사할린 내 동포들과의 유대감을 강화하고 고국에 대한 향수를 달래고자 하였다. 단순한 생활필수품을 넘어서, 고국의 온기와 문화적 유대감을 전하는 수단이 되었다.

사할린 동포 문제를 해결하기 위한 노력은 정부뿐 아니라 민간단체에서도 적극적으로 이루어졌다. 대표적인 단체로는 '사할린억류한국인귀환회'(회장 박노학), '사할린재판실행위원회'(사무국장 미하라 레이) 등이 있었으며, 이들은 일본 내외에서 사할린 동포의 귀환을 촉진하기 위한 다양한 활동을 벌였다. 사할린재판실행위원회 사무국장 미하라 레이는 유엔사무총장에게 제출할 청원서를 1980년 7월 17일 주일본대사관에 보내왔는데 주요 내용은 다음과 같다. ①사할린 억류 동포 실태 파악을 위한 국제조사단을 파견해 줄 것, ②사할린 억류 동포의 일본 입국에 필요한 절차를 일본 정부가 소련 정부에 통고하도록 일본 정부에 촉구해 줄 것, ③사할린 억류 동포의 소련 출국에 필요한 모든 절차를 소련 정부가 일본 정부에 통고하도록 소련 정부에 촉구해 줄 것. 이처럼 유엔 사무총장에게 사할린 억류 동포의 실태를 파악하기 위한 국제 조사단 파견과 출국·입국 절차 간소화에 대한 일본·소련 정부 간 협의를 촉구하는 청원서를 제출하였다.

또한 본 문서에는 박노학 사할린억류한국인귀환회 회장은 1980년 7월 10일 대통령 앞으로 진정서를 발송한바, 외무부는 이에 대한 회신(1980년 8월 6일 외무부 아주국장 명의)을 주일본대사관에 송부하면서, 이를 박노학 회장에게 직접 전달하도록 지시하는 내용도 담겨져 있다. 그 내용을 살펴보면 박노학의 헌신적인 노력에 경의를 표하며 사할린 동포의 귀환 지연이 소련의 출국허가에 대한 소극적인 태도 때문임을 밝히고 있다. 그리고 정부는 지속적인 외교적 노력을 다하고 있으며 항상 보내주는 사할린 동포에 대한 자료를 유익하게 사용하고 있음에 감사함을 표하고 있는 내용이다. 그리고 당시 1980년 11월 13일 문서를 통하여 외무부가 미하라 레이로부터 입수한 사할린 동포 자료에 따르면, 다음과 같은 내용을 확인할 수 있다. 당시 사할린 지역에는 약 2만~3만 명의 한국계 주민이 분포해 있었으며, 19개 시와 35개 도시에 분산되어 살고 있었다. 이들은 이미 지역사회 내에서 상점 지배인, 공장 관리자, 대학 강사 등으로 활동하며 경제적으로 자립한 경우도 많았지만, 법적 지위나 정치적 권리는 제한되어 있었다. 특히, 많은 한국계 가정이 10명 이상의 자녀를 둔 대가족 형태를 유지하고 있었으며, 자녀들은 대부분 현지 학교 교육을 받고 있었다. 한편, 생계 수단으로는 원예, 축산, 토마토 농사 등을 주로 하며, 현지의 야채 유통의 95% 이상을 한국계 주민들이 책임지고 있다는 보고도 있었다. 이들은 소련 사회의 일원이었으나 정체성은 여전히 '조선인'에 가까웠고, 한국어와 문화를 유지하려는 시도도 이어지고 있음을 확인할 수 있다.

다음으로 〈재사할린 동포 귀환 문제, 1981〉 문서를 통하여 사할린 동포들의 복잡하고 다면적인 생활상을 살펴볼 수 있다. 일부는 지역 사회 내에서 자립적 삶을 영위하고 있었으며, 소련 국적을 취득한 후 교육 및 직업 활동을 이어가기도 했다. 그러나 상당수는 귀국을 간절히 염원하고 있었고, 특히 고령의 1세대들은 조국에 대한 향수와 가족 상면의 소망을 간직하고 있었다. 1981년 당시 사할린을 방문한 일본 기자와의 인터뷰에서는 "조국에 돌아갈 수 있다면 물고기가 되어서라도 돌아가고 싶다"는 발언이 등장한다. 이는 동포들의 조국에 대한 그리움과 단절된 가족에 대한 애절한 정서를 상징적으로 보여주는 예라 할 수 있다. 다만 일부 교포는 시간이 지나 손자들과 정착한 삶에 익숙해지면서 귀국에 대한 열망이 약화되기도 하였다. 또한 "대한민국이 우리를 받아줄 의향이 없다"는 소문도 있었으며, 이는 귀환에 대한 희망을 저하시켰다.

대한민국 정부는 사할린 동포들의 귀환을 위한 외교적 노력을 꾸준히 전개하였다. 외무부는 일본 정부에 지속적으로 문제 제기를 하였고, 주일대사관은 동포 송환과 위문품 전달에 관여하였다. 특히 귀환이 어려운 상황에서 '일시 귀국'을 가능케 하는 방안에 대한 협의가 이루어졌으며, 일부 사례에서는 일본 내 친척 방문을 위한 입국

허가가 성사되기도 했다. 1981년 12월 1일 사할린 동포 일시 귀국 중인 박형주의 주일본대사관 관계관 면담 시 언급 요지 사례를 살펴보면 다음과 같은 내용이 있다. ①북한 국적자는 소련 당국이 무국적으로 인정하여 출국을 허용, ②북한 국적 소지 시 일본 입국이 불가능하므로 소련 국적 신청자 급증 추세, ③영주귀국 희망은 일부이고, 그보다는 일시 친지 방문 실현을 희망, ④한국이 소련과 직접 교섭하는 것이 바람직하다는 내용이다.

또한 박형주의 언급을 통한 사할린 동포들의 생활상을 알 수 있는데 다음과 같은 내용을 확인할 수 있었다. ①사할린에는 4~5만 명의 한민족 동포가 거주하며, 많은 사람이 무국적 상태로 있어 선거권 및 피선거권은 없으나 공직에는 취업이 가능함, ② 대부분의 동포 1세들은 언젠가는 고향으로 돌아간다는 희망 속에 소련 국적을 취득하지 않음, ③사할린 동포 대부분이 말을 하지는 않으나 북한 김일성 체제에 대해 매우 비판적임, ④사할린 동포 대부분이 남한 출신으로 고향 소식을 알기 위해 한국 국제방송을 항상 들으며, 88올림픽 개최지가 서울로 결정되었을 때 눈물을 흘리며 반가워했음.

한편, 민간 차원의 활동도 여전히 활발히 전개되었는데, 당시 대표적인 단체로는 '사할린억류한국인귀환회', '사할린재판실행위원회'가 있으며, 이들은 국제적십자사, 유엔 등 국제기구에 청원을 제출하고, 일본과 소련 정부를 상대로 귀환 협상을 촉구하였다. 특히 미하라 레이는 사할린 동포의 실태 파악 및 국제 여론 환기 등에서 중심적인 역할을 하였다. 본 외교문서를 통하여 인도적 지원과 교류 활동을 알 수 있는데, 사할린 동포들의 대표적인 물품 요청으로 달력, 한국 인형, 전통 음악이 담긴 카세트 테이프, 생활 서적, 민속 그림 등이 요청되었다. 특히 달력의 그림을 오려 액자에 넣고 주변 사람들에게 보여주는 사례는 고국의 이미지가 정서적으로 얼마나 중요한 역할을 하는지를 보여준다. 이 외에도 사할린에서 접수된 서신은 5,800여 통, 국내에서 발송된 서신은 3,700여 통에 달했으며, 이는 실질적인 정서적 연결망의 역할을 수행하였다.

그리고 중·소이산가족회와 같은 국내 단체들은 이산 가족의 생사 확인, 서신 전달, 귀환 희망자 명단 확보 등 다양한 활동을 수행하고 있었다. 중소이산가족회는 1981년 6월 1일 일본 정부에 사할린 억류 가족 송환 요청하였다. 한국과 일본 외상회담 개최를 앞두고 일본 정부에 요청하였는데, 억류 가족들이 60~80세 고령자라는 점을 들어 조속한 송환을 희망하고, 이미 사망한 경우는 유해 인도를 희망하며, 현재 진행 중인 억류자 송환재판의 조속한 마무리를 촉구한다는 것이었다.

본 문서를 통하여 일본 정부가 과거 식민지 정책에 대해 정치적·법적 책임을 회피하고 있음을 다시 한번 확인할 수 있었다. 1975년에 일본 정부를 상대로 한 귀환 책임 소송도 진행되었지만, 행정적 협의나 법적 판결 이전에 고령의 동포들이 하나둘 세상을 떠나는 현실은 이 문제가 얼마나 시급했는지를 시사한다. 소련은 "귀환은 가능하다, 단지 한국이 수용하지 않을 뿐"이라는 입장을 견지했고, 일본 역시 귀환 비용과 책임 소재를 한국 정부에 떠넘기려는 태도를 보였다. 결과적으로 사할린 동포의 귀환은 세 국가 간의 복잡한 외교적 이해관계 속에서 방치되어 왔음을 다시 한번 확인할 수 있었다.

다음으로 〈재사할린 동포 귀환 문제, 1982〉 문서는 사할린에 거주 중인 한국계 동포들의 귀환 문제와 관련된 다양한 외교적, 법적, 민간 활동의 전개 과정을 상세히 담고 있다. 이 문서는 당시 한국, 일본, 소련 간의 복잡한 외교 관계 속에서 이루어진 귀환 요청, 국제기구 협조, 사법 절차, 시민 단체 활동 등의 모습을 다각도로 조명하고 있다.

1982년에는 일본 내 사할린 교포 귀환 촉진을 위한 시민단체인 '사할린재판실행위원회'의 활동이 본격화되었다. 이 단체는 귀환 청구소송을 제기하고, 사할린 교포 및 그 가족을 초청해 일본에서의 면담 및 증언 활동을 지원하였다. 특히, 실행위원회는 일본 정치인들과의 협의를 통해 여론 환기와 정치적 지지를 얻기 위해 노력했다. 1982년 2월과 4월에는 사할린 재판 제35회 및 제36회 공판이 도쿄지방법원에서 열렸으며, 여기에는 사할린 동포와 가족들이 증인으로 참석하여 귀환의 절박성을 증언하였다. 한편 일본 정부도 일정부분 사할린 동포 귀환 문제에 협조하는 모습을 보였다. 일본 외무성은 관련 민원 및 청원을 접수하고, 사할린 거주 동포의 일본 방문이 원활히 이루어질 수 있도록 출입국 및 체류 허가 등의 행정 절차를 조율하였다. 다만, 이러한 조치는 사할린 동포의 일시 방문에 국한되었으며, 영구 귀환에 대한 합의는 요원한 상태였다. 일본 정부는 이 문제를 소련과의 외교 문제로 간주하면서 직접 협상보다는 일본 적십자사와 국제기구를 통한 우회적 해결을 모색하고 있었다.

또한 사할린 동포들의 생활 실태에 대한 보고도 문서에 포함되어 있다. 이들은 소련 국적 혹은 무국적 상태로 다양한 차별과 제약을 겪고 있었으며, 언어와 문화, 가족과의 생이별 등으로 인해 정신적·물리적 고통을 받고 있었다. 동포들은 생존 가족을 찾고, 그들과 재회하고자 하는 염원을 품고 있었으며, 이에 따라 친족 초청이나 일시 입국이 일련의 절차를 통해 이루어지고 있었다. 일본에 체류 중인 사할린 동포 박형주의 가족 사례는 이러한 과정을 보여주는 대표적인 사례였다. 박형주는 일본 거주 친척 문행자의 초청을 통해 일시 입국에 성공하였으며, 이후 귀환 촉진 활동에 중요한 증언자 역할을 수행하였다.

사할린 동포의 귀환 문제 해결을 위한 노력은 한국 정부의 외교 전략과도 연계되어 있었다. 한국 외무부는 직접적인 소련과의 교섭이 어려운 상황 속에서 일본 및 제3국과의 협조, 국제기구 활용, 여론 조성 등을 통해 간접적인 해결책을 모색하고 있었다. 특히, 박형주와 같은 일시 귀국 사례를 통해 교포 실태를 파악하고 정책 수립에 반영하려는 시도가 있었으며, 일시 귀국자들의 체류 연장, 국내 가족과의 상봉 주선 등이 이에 해당하였다. 결론적으로, 1982년은 사할린 동포 귀환 문제 해결의 전환점 중 하나로 평가된다. 민간단체의 활발한 활동, 일부 사법적 진전, 국제기구 및 일본 정부의 제한적 협조 등은 동포 귀환 문제에 대한 국제사회의 인식을 환기시키는데 기여하였다. 그러나 영주 귀환의 실현까지는 여전히 많은 제약과 장애가 존재하였으며, 이 문제는 이후에도 수년간 지속적으로 외교적 및 시민사회 차원에서 논의되었다.

다음으로 〈재사할린 동포 귀환 문제, 1983〉 문서는 사할린 동포 귀환 문제를 둘러싼 정치·법률·외교·시민사회의 총체적 대응을 보여주는 자료이다. 1983년 대한민국 외무부는 이 문제를 해결하기 위해 다양한 다자 외교를 시도했다. 특히 국제적 십자사(ICRC)를 중심으로 한 국제기구와의 협조를 통해 사할린 동포들의 귀환 통로를 열고자 했다. 당시 외무장관 이범석은 ICRC 총재 앞으로 공식 서한을 보내어 한국 정부의 입장을 설명하고 협조를 요청하였으며, 재외공관을 통해 관련 사항을 국제사회에 알리는 활동도 병행되었다. 이러한 외교적 노력은 단순한 외교 문서 전달에 그치지 않고, 고령 교포의 귀국이나 유해 송환, 가족 상봉 등의 인도주의적 접근을 중심으로 이루어졌다. 이는 냉전 체제하에서 한·소 간 외교가 단절된 상황에서 실질적 진전을 모색하기 위한 우회 전략이었다.

또한 1983년에는 일본 법조계도 이 문제에 대해 목소리를 높이기 시작했다. 일본 변호사연합회는 대한민국 전두환 대통령에게 정식 청원서를 보내, 사할린 동포의 조속한 귀환을 위해 한국 정부가 보다 강력한 조치를 취해 줄 것을 요청하였다. 이들은 일본 정부가 식민지 시절 사할린에 조선인을 강제로 이주시킨 책임이 있으며, 그 책임에 따라 이들의 귀환을 지원해야 한다고 주장했다. 청원서에는 일본이 사할린 동포를 이주시킨 장본인이라는 점, 종전 이후에도 귀환 기회를 제공하지 않은 점, 그리고 여전히 많은 동포들이 무국적 상태로 고통받고 있다는 사실이 조목조목 적시되어 있었다. 일본 시민단체와 재일 한국인 단체들도 활발하게 연대하며 귀환

촉구 운동을 펼쳤다. 특히 '사할린재판실행위원회'는 가족 상봉 및 귀환을 위한 실질적 활동을 주도하였다.

당시 보고서에 따르면, 사할린에는 약 45,000여 명의 한국계 주민이 거주하고 있었고, 이들 중 상당수가 여전히 귀환을 원하고 있었다. 다만 소련 정부는 "귀환 희망자가 없다"는 입장을 지속적으로 유지하며, 실질적 귀환을 방해하고 있었다. 이는 소련의 체제 유지를 위한 통제 정책의 일환으로 해석되며, 교포 사회의 고립을 더욱 심화시키는 요인이 되었다.

한편 한국 정부는 사할린 동포와 한국 내 가족 간의 교류를 위한 다양한 민원 처리를 진행하고 있었다. 이산가족 재회, 일시 입국 허가, 국내 정착 지원 등 다양한 행정적 조치를 검토하였으며, 이는 정부의 '재외국민 보호' 원칙에 따른 적극적인 대응으로 평가받는다.

그럼에도 불구하고, 사할린 동포들의 실질적 귀환은 극히 제한적이었다. 일본 정부는 입국 허가를 통해 일부 동포의 일시 귀국을 허용했으나, 귀환의 목적지가 일본이 아닌 대한민국임을 전제로 삼았다. 소련은 이러한 절차에 비협조적이었으며, '귀환은 한국과의 문제'라는 논리를 앞세워 일본과의 협상 자체를 거부하였다. 결국 일부 가족 상봉이나 유해 송환 사례를 제외하고는, 대다수의 사할린 동포는 고향 땅을 밟지 못한 채 생을 마감해야 했다. 1983년 문서에 나타난 사할린 동포 귀환 문제는 단순한 국제 행정 문제가 아니라, 역사적 책임과 인권 회복의 문제로 이해되어야 한다. 이는 일제의 식민 지배가 남긴 상흔이며, 냉전의 정치적 구조 속에 방치된 인도주의적 비극이라 볼 수 있다. 한국, 일본, 소련 세 국가의 외교적 이해관계 속에서 희생당한 이들의 삶은, 오늘날에도 여전히 해결되지 않은 민족적 과제로 남아 있다. 한국 정부는 이후 귀환 사업을 점진적으로 확대하며 일부 사할린 동포의 귀국을 실현시켰지만, 후속 세대들의 정착과 문화적 통합, 법적 권리 보장은 여전히 지속적인 노력이 요구되는 과제임을 확인할 수 있다.

다음으로 〈재사할린 동포 귀환 문제, 1984〉 문서는 사할린에 남겨진 한국계 동포들의 귀환 문제를 해결하려는 1984년의 다양한 외교적, 민간적 노력이 복합적으로 진행된 시기의 내용을 담고 있다. 사할린 동포들은 일제 강점기 말 일본 제국주의에 의해 강제로 동원되어 사할린에 이주된 후, 해방과 동시에 귀국하지 못하고 소련의 지배 아래에서 수십 년간 고립된 삶을 살아왔다. 대한민국 정부는 이들의 귀환을 위한 외교적 노력을 기울였으나, 냉전의 틀 속에서 현실적인 제약이 많았다. 당시 사할린에는 약 6만 명에 달하는 한국계 교포가 거주하고 있었으며, 이들 중 약 3,000

명 이상이 귀환을 희망하고 있었다. 그러나 실제로 귀환한 사람은 1970년대까지 3명, 가족 방문 사례는 4건에 불과했다. 대부분의 동포는 고령자였고, 자신들의 마지막 생애를 고향 땅에서 보내고 싶다는 간절한 바람을 품고 있었다. 그러나 이들의 귀환은 단순한 비행기 티켓의 문제가 아니었다. 국적 문제, 정치적 대립, 행정적 절차, 그리고 한국·일본·소련 3국 간 외교적 입장 차이가 모두 얽혀 있었다.

특히 많은 교포들은 자신의 신분이 모호하거나 무국적자 상태였고, 소련 정부는 "귀환 희망자가 없다"는 입장을 고수하면서 송환 문제를 사실상 외면했다. 반면 일본은 정치적·도의적 책임을 느낀다고 언급하면서도, 실질적인 귀환 조치보다는 일시적인 방문이나 민간 교류에 집중하는 모습을 보였다. 대한민국 외무부는 소련과의 외교관계가 단절된 상황에서 일본 정부, 국제적십자사(ICRC)와의 협조를 통해 간접적으로 귀환 문제를 추진하고 있었다. 특히 1983년 말, ICRC 아시아국장 Jean de Courten의 방한을 계기로, 무국적 상태의 사할린 동포 중 일부라도 가족 상봉이 가능하도록 인도주의적 접근을 강화하려 했다. 이들은 사할린 동포의 문제를 '정치적 사안'이 아닌 '인권과 인도주의적 사안'으로 전환하여 접근해야 한다고 강조했다.

정부는 일본과 소련 사이에서 귀환 문제를 제기하고 국제 여론을 환기하기 위해 적극적인 외교적 활동을 이어갔다. 그러나 1983년 KAL기 격추 사건으로 인해 한·소 관계는 다시 냉각되었고, 소련 측의 협조 가능성은 오히려 더 낮아졌다.

정부의 한계를 보완하기 위해 국내외 민간단체의 활약도 활발히 전개되었다. 국내의 중·소이산가족회(회장 이두훈)를 중심으로 가족찾기, 귀환촉진 운동, 여론 환기 등이 지속적으로 진행되었고, 일본 내에서도 '사할린동포귀환촉진회'(회장 박노학), '전후처리를 생각하는 회'(오오누마 야스아키 교수) 등의 단체가 결성되어 사할린 동포의 실태를 알리고 귀환을 지원하는 활동을 전개하였다.

특히 일본 공명당의 구사가와 쇼지 의원은 사할린 동포 권희덕 부부를 일본에 초청해 가족 상봉을 주선하였고, 정보 교류 센터를 설치하여 귀환을 위한 민간 협력을 확대할 구상을 밝혔다. 이러한 민간의 노력은 정부의 대응을 보완하는 데에 결정적역할을 했으며, 국제사회와 일본 내 정치인들을 자극하여 귀환 문제를 다시 수면 위로 끌어올리는 데 기여하였다. 구사가와 의원은 "소련 정부를 자극하지 않기 위해 먼저 신원이 확실한 사람 한두 명씩부터 초청해야 한다"는 실용적 전략을 내세웠고, 이는 귀환 운동의 지속 가능성을 높이는 방안이기도 했다.

문서 말미에 따르면, 사할린 동포 귀환 문제는 단기간 내에 해결될 수 있는 사안이 아니며, 소련의 기본 입장 변화 없이는 장기화될 가능성이 높다고 분석하고 있다. 따라서 정부는 일단 '영주 귀환'보다는 '가족 상봉'을 통해 현실적인 진전을 이끌어내려는 전략으로 전환하고자 하였다. 일본 정부에는 보다 적극적인 책임 이행을 요구하고, 국제기구와 연대하여 국제적 공감대를 형성해 나가려는 외교적 노력이 병행되었다.

1984년 3월, 중·소이산가족회는 외무부 장관과의 면담을 통해 사무실 확대, 예산지원, 귀환 추진 정책 강화를 요청했다. 정부는 귀환 비용 부담 문제를 일본과 협의하되, 일본이 소극적일 경우 한국 정부가 부담할 수 있도록 하겠다는 입장을 밝혔다.

같은 해 여름에는 사할린 동포 문제를 국제적으로 부각시키기 위한 심포지엄이 계획되었으며, 이는 일본 지식인들과 한국 학자들이 공동으로 이 문제를 조명하고 국제사회의 책임을 환기시키려는 시도였다. 이러한 일련의 노력은 단지 귀환이라는 물리적 이동을 넘어서, 국가의 책임, 식민 지배의 잔재 청산, 인권과 인도주의 실현이라는 큰 틀의 과제로 연결되어 있었다.

사할린 동포 귀환 문제는 단순한 이산가족 상봉의 문제를 넘어, 식민 지배의 잔재 청산, 냉전 체제 속 외교의 비인간성, 국제 사회의 책임 회피라는 보다 근본적인 문제를 드러내고 있다. 사할린 동포들은 전쟁과 분단의 희생자일 뿐만 아니라, 지금도 '정체성의 공백' 속에서 살아가는 인권의 사각지대에 있는 존재들이다. 이 문제의 해결은 단지 정책이나 예산의 문제가 아니라, 국가의 도덕적 책임과 국민적 연대의식을 묻는 질문이다. 시간이 갈수록 귀환이 필요한 이들은 줄어들고 있으나, 그들의 삶이 역사 속에 잊혀져서는 안될 것이다.

▍관련 문서 ▍

① 재사할린 동포 귀환문제, 1980
② 재사할린 동포 귀환문제, 1981
③ 재사할린 동포 귀환문제, 1982
④ 재사할린 동포 귀환문제, 1983, 전2권
⑤ 재사할린 동포 귀환문제, 1983, 전2권
⑥ 재사할린 동포 귀환문제, 1984

① 재사할린 동포 귀환문제, 1980

○ ○ ○

기능명칭: 재사할린 동포 귀환문제, 1980

분류번호: 791.51

등록번호: 23127(15163)

생산과: 일본담당관실

생산연도: 1980-1980

필름번호: 2010-82

파일번호: 09

프레임 번호: 0001-0151

1. 주일대사관 공문―북괴내부실정에 관한 자료

주일대사관
번호 일본정700-38
일시 1980.1.7.
발신 주일대사
수신 장관
참조 아주국장
제목 북괴내부실정에 관한 자료

　　　　당지 화태재판실행위 미하라 사무국장이 제공한 북괴실정에 관한 자료를 별
첨 송부하오니 업무에 참고하시기 바랍니다.
　　　첨부: 상기자료 1부. 끝.

주일대사

1-1. 첨부―북괴 내부 실정에 관한 자료

11月27日　福井県敦賀港にて

　　　　　　　　　　　　　ベルウオルスク　金ソクチョ

前月末港の帰□急に私の船は本土のワニナへ寄港せず、ホムスク(真岡)港へ入りま
した。ホムスクからユージノサハリンスク(豊原)は汽車で5時間です。私は一泊休暇
を貰って家へ帰りました。その時、ホムスクからユージノサハリンスクの列車のな
かで朝鮮人乗客の話は朴大統領の訃報の話で持ちきりでした。彼らはソ連放送や
ピョンヤン放送では信頼できないと、毎日毎日ラジオをつけっぱなしにして、日本
NHK小樽放送を聞きました。いま、サハリンでは、韓国ひいきの人たちと、朝鮮ひ
いきの人たちの間で、朝鮮ひいきの人たちの力が強くなっていて韓国ひいきの人た
ちはやっぱりそんな事件があるようでは韓国は駄目なのかなあと力を落している。
自分たちのこれからの運命はどうなるのかなあ、国に帰りたいと思っていても、望
めないことなのかと、不安に思って、毎日を涙で過している。

北朝鮮は衣料も食料も切符制で、ソ連の現在とくらべると問題にならないことを知っていて韓国の発展に望みを持っていた、韓国支持の人々は朝鮮半島は良くならないかなあと、悲観をしています。

サハリンと韓国は手紙が直通でいくと聞いてはいるが、恐しがって、手紙を出さずにいる、サハリンの人々はこれで今までのようなサハリン帰還運動は出来るだろうか話が出しにくくなるのではないかと心配をして何としてもくわしい安心のいく情報が欲しいと話合っている。

朴大統領の話がサハリンに拡がっていて、私が家へ戻ると、妻がすぐ誰に密告されるか解らないから、日本との連絡を止めてくれ、朝鮮の物品を持ち込むのを止めてくれ、罪を受けるのは貴方一人ではないかと言いました。だが、私はこれは朝鮮人ならやらなきゃならないことではないか…解ってくれと話しました。たった一泊をして、数時間過すだけの帰宅でしたが、サハリン中の大さわぎがいつも平静にして三原さんからの韓国の預り物へも寛大であった妻の態度にも朝鮮人の不安が伝わっていました。

サハリンの人々は可愛想です。たった一つの心の寄り処として、生きる望みをかけている祖国の様子や実感が伝って来ないことです。私はどんな思いをしても、三原さんに連絡をつけますから、サハリンの人々に希望を持たせてあげて下さい。

ソ連から北朝鮮旅行に許可された小遣いは100₽(ルーブル)で、北朝鮮スーベニーンヨンツプウでお土産を買おうとしたら45センチ、四方位のししゅうの壁掛二枚か、石の置物二個分のお金でしかありませんでした。とても高いと思いました。

しかも一般人に聞いて見ると、北朝鮮の一般人にはそうした装飾品などは、自由に買える余裕はまったくなく衣食住すらも余分なものは何一つ買えないといわれました。一般人家庭にはラジオもテレビもなく、国家を流す有線放送以外は何も聞けません。一般人の給料は一ヶ月90ウォンで、喰うのに精一ぱいで何も買えないと言っていました。

ラジオもスーベニヤンヨップにありましたが、とても高くて手を出せない価格でしたし、腕時計、テレビ、ラジオも東欧の品があったり、日本品、アメリカ品もありましたが、ソ連のヤミ値より高く思いました。

この船のテレビは日本で中古品を2万円で船員たちがお金を出し合って買ったのだが、自分の好みの番組をガチャンガチャンやってもこわれない、良くまあ見ると思うほどつけっぱなしです。

ソ連のテレビは高い品を買っても、三年もちません。日本の中古テレビのように、つけっぱなしにすると、すぐつまみがガタガタになります。

私たちサハリンの人々の欲しがっているものは韓国のこよみと歳時記です。いつ何があって何の祭りをする。腹痛にはどんな薬(漢法薬)をのむ、こんな細かいことが記されている本を、みなほしがっています。

これからどこの港へ廻されても、必ず連絡します。出かけて来られる処なら必ず来て下さい。サハリンの人々はボクの話を持っています。

2. 주일대사관 공문–사하린 교포 귀환

주일대사관
번호 일본(정)700-1696
일시 1980.3.27.
발신 주일대사
수신 장관
참조 아주국장
제목 사하린 교포 귀환

　　　당지 화태 재판 실행 위원회 미하라 레이 사무국장으로부터 입수한 사하린 교포 근황에 관한 정보를 별첨 송부하오니 업무에 참고하시기 바랍니다.
　　첨부: 상기 자료 1부. 끝.

주일대사

2-1. 첨부–사하린 교포 근황에 관한 정보

3月2日より5日まで　福井県郭敦賀港
ペルウォル、ウラルスク号　金ソクチョ
1. 現在のサハリンでは、帰還した人々に、朝鮮が統一したら帰れるという噂が流れていて、何とか南北の話合いがうまくついてくれると良いという気分が人々の集まるところで語られている。サハリンの人々は一生懸命にソウル放送、ピョンヤン

放送、日本NHKの放送を熱心に聞いている。

今まで帰国申請をしたり、出国査証を出したことのある人々は、ユージノサハリンスクのオビールへ其の後どうしたらよいかを問合せにいっているが、ソ連官庁は帰さないとは言わずに、まだ待て、許可で出るのに時間がかかっているをくりかえすだけである。人々は旅行でも良い、一時帰国でもよい。何とか、故郷を一度だけ見たいとくり返し陳情をして来ているようである。

朴享柱さんと大泊で駅構内でぐう然あって、二人で北大泊まで列車で並んで腰をかけいろいろ話合った。その時、朴享柱さんも何回も、豊原のオピールへ帰国申請の問合せに足を運んだことを話してくれた。朴享柱さんの場合も、ソ連側は駄目だと拒絶をしなかったと言う。朴享柱さんは北大泊で別れるとき、船員である貴方が羨ましい、一夜だけでも、せめて故郷を見たい、日本へ行きたいを、くり返していました。

1. こんなにたくさんのカレンダー、お人形、歌のテープ、韓国暦は、サハリンの人々にとっては、どれもこれも欲しいものばかりです。きっとみなが大喜びをするでしょう。お願いがあります。タンケントの朝鮮民族はとてもえらいかしこし人々だと思うのは、民族の教育をしっかりと、子孫に伝えています。サハリンの朝鮮民族は、日本によって、サハリンに連れて来られてから、故郷をたち切られたまゝで現状が混乱したまゝです。サハリンの人々が子供たちに語って聞かせたい故国の歴史についての教科書が持ち合わせておりません。どう教えたら良いのか、故国の近代史、現代詩を説明できる日本語でも韓国語でも良いから、これなら良いという本がありましたら持って来て頂けませんか。私たち、40代の父親は、いつもそうしたことで悩んでおります。手に入るものは金日成さんの宣伝の本だけです。そうしたものではなく、世界史として読めるものが欲しいです。どうせ私たちはもうソ連人としてソ連領土で生活していく以外には生きていきようがないと思います。せめて、子供たちだけには、自分たちの故国の歴史位は、はっきり語れる知識を持ちたいと思います。

1. サハロフさんのことは、日本では反対制などと解釈をしていますが、ソ連では権力競争と見るべきだと思います。私たちがソ連の学校で教えられたサハロフさんは、幾つもの学術賞をとった非常に立派な秀才で、その論文の一つ一つは当時の若い人たちのあこがれでした。ソ連では、優秀な人材が延びている最中は、国をあげて声援をします。しかし、一定の水準を超えて政府機関の発表以上の評価に高まった時点からは、仕事がおさえ込まれる立場に変わっていきます。国民が政府機関の人々が語る論理以上に、サハロフさんの論理を支持するのを嫌うからです。国民は

サハロフさんの真価をしって、サハロフさんの論文に目を通し、こうした結果になる　ソ連の政治機構をやっぱりおかしいのではないかと影で話合います。

日本で起こったカズロフさん(コズロフ大佐事件)のこともソ連の外国武官は全員そうした人たちだからと少しもびっくりしません。事件が自然に消えるまで、じいっと待ちます。国民には発言する場も批判する場もありませんから、政府が問題にしなくなる時間を待つだけです。私たちはこうしたソ連政府の仕組みにならされていますから、その手の内からこぼれ落ちづに、自分たちの生活を守ることを自然に身に付けています。

1. 忘却の海峡の映画についても、サハリンでは、5人、10人のグループでフィルムを持ち廻りながら上映したいと話合われています。各人は上手に守り通しながら、サハリン中で上映することでしょうね。東京でも何とかプリントを割って下さることを考えて下さい。今から10年前は、こうしてカレンダーとか人形とか、其の他の雑誌とかが、故国の思い出がそっくりサハリンへ来ることは考えられるものでは有ませんでした。それが人参茶も人参酒もサハリンへ運ばれてくるな人思いも及ばなかったことです。きっとうまく運んでいくような気がしてきています。こんな苦労は何もない苦労よりどんな嬉しい苦労が、サハリンの人でなければ別りません。東亜日報も東洋日報も、統一日報も、きっとサハリンの人々には、ボロボロの小片になるまで廻し読みされることでしょう。

東京のみなさんによろしく伝えて下さい。4月にはサハリンからの感想をきっと伝えることが出来るでしょう。

"사하린으로부터 보고" ('80.4.월 쏘련 문제)
(필자: 쏘련하급 공무원으로 추정)

1. 사하린주 일반 사정
   － 19개 시와 35도시로 구성
   － 인구 60만
   － 일반 쏘련인의 사하린 여행은 특별 허가 필요
2. 한국계주민 사정
   － 사하린 전인구의 반에 해당하는 20-30만 정도로 추산
     (공장 책임자, 대학강사, 상점 지배인도 다수)
   － 한국계 주민들은 출생율이 대단히 높아 10-12명의 자식을 둔 가장도 있음.

－ 야채(토마도) 장사의 95%이상이 한국계
3. 사할린의 장래
　　－ 쏘련의 현체제가 동요될 경우 사할린의 귀속문제가 제기될 가능성이 큼
　　－ 사하린에 자자손손 영주하려는 쏘련인이 적어지고 있는 반면 한국계 주민들
　　　이 인구의 다수를 점하게 될 가능성이 커지고 있는 점으로 보아 사하린의 장
　　　래는 한국계 주민들에 의해 결정될 가능성이 배제되고 있지 않음.

3. 주일대사관 공문-사하린 교포 귀환[1]

주일대사관
번호 일본(정)700-2203
일시 1980.4.24.
발신 주일대사
수신 장관
참조 아주국장
제목 사하린 교포 귀환

　　　　대: 아일700-2220(80.1.31.)
　　　1. 당지 사하린 재판 실행 위원회 미하라 사무국장은 80.3.23.(수) 하오 당관
을 방문, 사하린 교포 2세 우종학(48세 소련국적)씨가 지난 4.19.-22.간 소련의
일본 방문 관광단의 일원으로서 내일한 기회에 우씨와 면담한 내용을 알려옴과
동시 사하린 사정에 관한 자료를 전달하여 왔는바, 동 자료를 별첨 송부하오니
업무에 참고하시기 바랍니다.
　　　2. 동 미하라 사무국장은 대호 사하린 교포 위문품이 사하린 현지에 전달되
어 교포들 사이에 크게 환영받았다고 하며, 동 위문품을 좀 더 보내달라는 요청
이 있다고 말하고 특히 한국 인형, 한방약, 옛 멜로디가 담긴 레코드, 한국 역사
및 국어책등이 필요하다고 하니 가능 한대로 송부하여 주시기를 건의합니다.
별첨: 1. 우종학씨 관계 기사 사본.
　　　2. 사하린 관계 자료 사본. 끝.

　　주일대사

───────────────
1) 원본 첨부파일 누락

4. 주일대사관 공문─사하린 교포 귀환

주일대사관
번호 일본(정)700-2526
일시 1980.5.13.
발신 주일대사
수신 장관
참조 아주국장
제목 사하린 교포 귀환

　　당지 사하린 억류 한국인 귀환 소송 재판 실행위원회의 "미하라" 사무국장
은, 동인이 최근 귀환한 교포들을 만나, 그들로부터 진술받은 현지 교포 실태,
일본 귀환 수속등에 관한 자료를 5.9. 당관에 송부하여 왔으므로 이를 송부 하오
니 참고 하시기 바랍니다.
　　첨부: 동 자료 사본 1부. 끝.

　　주일대사

4-1. 첨부─미하라 사무국장의 자료

5月1日(木曜日)
北海道岩見沢市　成楽鉉　杉田竹子　夫婦(76年帰国)の市営住宅に於て、サハリン州
ウクリザゥスク(旧樺太東内渕)より里帰りをしてきた石山つぎ子(日本人妻)、朴선
근(ソングン)夫妻ともに大正5年生(1916)63才に会う。
慶尚北道出身
帰国手続の申請から5年前に認められたが、認可寸前で却下された。2年前に里帰り
申請を提出して書類不備で却下された。戦後28年間石山つぎ子が同一企業に勤めて
いるので職場の党委員会に申出でて国営企業内の弁護士に書数を作成して貰ってソ
連邦法規通りの申請書と、職場服務状況書類と北海道よりの実娘2人の招請状添附
に里帰り帰国3カ月、2ヶ月延長の書類もつけられて、40数年振りで日本へ来られ
た。

第一回の帰国申請をした時は、現在は日本人も朝鮮人も日本国へ行かれない帰国サウシニャ(理由書)を出しなさい。と謂われたのが5年前、75年再歎願書を出せといわれたのが、78年でした。その間度々、日本へ行かれない理由を手続き所へ聞きに行ったら、下級官吏が解らないの一辺倒の応待であった。書類不備と難グセをつけられるだけなので職場の弁護士に完全な書類を作ってくれと頼んだ。帰国の1ヶ月前にそれをつけて再々歎願を作って、職場の招介状を持ってサハリン州オビールの最高機関へいって、下部の官吏を相手にせずに、第一書記に直接面会して、チョロマン(収容所)へ行くか、日本へ行くか、二つに一つでも良い、日本に置いて来た3才の子供に会いたいと泣きつくした。その場で許可すると謂われて、その後は手続きが順調に運んで1カ月後に里帰りすることが出来た。ハバロフスクの空から、飛行機が新潟へ向かったのでやっとこれで途中の取消しはないと安心した。

この度40余年目に日本へ帰って来て日本人が大した生活をしているのにびっくりしました。

4年前にサハリンを引揚げたこの家(成楽鉉、杉田竹子宅)も冷蔵庫、テレビ、電気釜、ガス水道がすべて揃っていて信じられない思いである。この家の人たちは日本では働きさえすれば何でも不足なものはないと言っているが、朝8時から5時迄のサハリンの労働者生活は日が出てから朝の出勤前の自家用畑仕事、退勤後から寝るまでの畑仕事や、家具造りなどを思うと、何とも羨ましい生活である。

私は国営縫製会社のマツセル(職長)なので月給は250Rであり夫はセメント工場でやはり職長をしていて250Rをとっている私どもの職場でも下給者は70R—100Rしか取っていないから、子供がいると生活は苦るしい。家賃、ガス、水道、電気、交通費の公共料金はただに近い安さで心配はないが、日常品は品不足で、日本のスーパーの見ると、サハリンの人々は10万人位でも行列をするでしょう。物資の面から見るサハリンは不足だらけで、北朝鮮への旅行者の話を聞いて、これでもまだましなのだと誰もが思っています。

日本へ来るについては、大くの人たちから日本へ行ったら何もない、資本主義の国だから金持ちだけが良いくらしをしていて、旅行者などは相手にされないと言われましたが、来て良かったと思います。意地悪人もいなかったし、会う人ごとに親切にしてもらいました。サハリンの朝鮮人の南の人たちは故郷へみな帰りたがっています。戦争で連れてきて引取らない日本国をうらんでいます。朝鮮人同士は朝鮮語で話し、日本人妻同士は日本語で話します。ソ連語は職場用語と公式用語として使われるだけで、喜び悲しみは朝鮮語と、日本語でしか話されません。

1970年、故郷へ帰れると家も荷物もみんな売ってしまった人がたくさんいます。

18才～19才で徴用を受けて来た人々でみな50代でした。帰れないと失望して大酒を呑んで早死をした人も多いのです。

70年から75年位はサハリン中が故郷へ帰れると喜び、帰れないと失望して、半ばあきらめの状態になった時代で、韓国が面倒を見てくれないのか日本国は駄目だとヤケクソになりました。

私はユージノサハリンスク(豊原)を2月26日に出発して3月1日に新潟へつきました。

その間ハバロフスクで3日間とめられましたが、飛行機が金曜日にしか出ないのだと知らされていても、旅行不許可と呼び戻されるのではないかと、生きた心地がしませんでした。

ユージノサハリンスク出発の時は里帰りがすぐ知れ渡ってしまうので、帰りたい人々が訪ねて来て旅行カバンに入れるものなら入りたいと泣いたり、東京へ行ったら、私は日本人だからと言って、呼んで呉れる人を探して頂戴と泣かれました。

1年に1回墓参団の人から日本の話、韓国の話を聞くことだけが楽しみだから、墓参団がいつ到着するか、少しでも早く知らさせて下さいと伝えて来て下さいと話されることばかしでした。変った事といえば、昨年、北朝鮮からの出稼ぎ人夫がたくさん逃亡をしてサハリン中が大へんなさわぎになりました。私たちも外出禁止になって遠くへは行けませんでした。全部つかまったようですがどうなったか知りません。何で逃げたかも解りません。軍隊が出て犬が出て追いかけて、すぐつかまった人と逃げるのがうまくて情報部の訓練された人間だろうといわれる位逃げるのがうまかった人もいたそうです。それはすごいさわぎでした。

5月2日

大久保正治(小樽市)夫朴敏植　妻大久保鶴子義兄

私は昨年九月妹鶴子と朴さんの永住離国の手続を取る為にユージノサハリンスクへ妹夫婦を訪ねました。国鉄を退職しましたので、まとまった退職金を受け妹夫妻を引取るのはこの機会をおりてはないと思ったからです。然し前便でお知らせしたように子供たちが妹夫妻と別れるのを嫌がってどうしてもそれを押し切る決心がつきかねて、私共は帰ってきました。今回のサハリン訪問で変ったことは前回、前々回の訪問で4日間8□□宿めることを許可してくれた、妹夫婦の家への訪問の許可が降りなかったとです。何回も妹夫婦の家へ外泊させてくれと願出ましたが、インツーリストホテルで会えというだけでした。毎日妹夫妻がホテルへ面会に通勤してくるという状態で訳を聞いても一斉駄目の一点ばりでした。前回、前々回は道労協(北海

道労働協議会議長)の伊予辺さんで今回は書記長が団長だったから、実力者ではない
のだとあきらめて帰ってきましたが、お客の多いホテルでは本心が聞けず、打ちとけた話もできず、何とももの足りない思いで帰ってきました。外出も自由外出が認められず、政府指定の歴史館とか日ソ交流団体との交流ばかりでした。妹の家へ偶然行けたのも高価なカセット用ラジオを持っていったのを不許可としてとり戻して来いといわれてソ連側付添と共に、大型ラジオを取りに行ったからで、そんなことがなければ妹の家を見ることも出来ませんでした。日本式住宅はみなとりこわされて、ソ連式の丸太だけを組んだ住宅にそのあたりは変っていました。
何とも落着かない墓参団でした。

5月3日　日本永住帰国者
小樽市　笹谷キミエ(73才)　昭二(37才)

息子昭二が1才の時父親が病死にその通夜に樺太から夫の両親が駆けつけた。初七日が済むと息子を連れて女一人の生活は大変だからと、両親に従って樺太へ連れて行かれた。その翌年が終戦であった。日ソ引揚船が出る頃は夫の両親が死んでしまっていた。最後の58年の引揚船には病院へ入院していて間に合わなかった。その間引揚申請をしなかったのは身寄が小樽の妹一人なので内地へ帰って女手独りで最高教育を息子にする自信がなかったのでソ連へ残ってソ連本土の最高教育を受けさせてから日本へ帰ろうと思った。日本へ結婚させたら帰らなくなると思って結婚はいろいろ話があったが、断り通して今回永住帰国をしました。おかげ様で息子も大学、大学院教育を受けて、高校教師をしていました。
朝鮮人の帰国の問題はむつかしいことです。それは日本政府が政府の仕事として朝鮮人を日本人として交渉しなければ駄目です。私はサハリンの普通学校でも、大陸の大学でもこの問題を朝鮮人の級友と話合っていました。本当に帰国出来るとなったら、10万人は帰国をするでしょう。その根拠は老人も幼児も帰りたいからです。親が帰るのなら家族の若者一人はついて帰りたいと、どの朝鮮人も語っていました。
私は帰ってきたばかりでこのような政治向きの話はしたくないのですが、サハリンで多くの朝鮮人と話合ったことから、この問題は日本に初めて国民としてお世話になる者としては困りますが、日本国が悪いと思いますし、日本政府が責任を持って、帰国の労を取らなければいけない問題だと思います。私の使う朝鮮は全部南のことでサハリンでは韓国という言葉を使いつけていませんから、南朝鮮の人たちの

話として聞いて下さい。日本政府が引受けると謂ったら強く希望している帰国者は帰れます。

それは1970年過ぎたら全部故郷へ帰すといって手続きを受付けました。朝鮮人として故郷へ帰すという事を、サハリンの朝鮮人とサハリンの官庁の間に誤解があったようです。サハリンのソ連役人は北朝鮮へ帰すと手続きをしたのですが、サハリンの朝鮮人は北朝鮮は絶対に駄目といって怒ったのです。

それまで北朝鮮国籍だった人がみなソ連籍に取換えてくれと官庁に押しかけて手続きを取るようになったのです。それはきびしい調査がされました。本当に日本時代からの居残り朝鮮人かの身元調査とたいへんな量の書類が職場から報告されて、合格した人たちだけがソ連籍に直ったのです。それを見ても、戦後すぐに朝鮮籍に競って故郷へ帰りたくてした人々も、全部ソ連籍に直してしまうので、北朝鮮の役人が金日成の許可がなければ北朝鮮籍は直せないという通達を出したのです。それ以後、北朝鮮籍の人々は北朝鮮へ旅行以外はサハリン内の移住も出来なくなり、平面的にはサハリンの朝鮮人との交流もむつかしくなりました。サハリンは今でも特別行政地区でソ連人でさえも、サハリンへ移動してくる役人のほかは入って来られません。

6年前、私は学生だったのでサハリンの朝鮮人と帰国の問題を真剣に話合いましたので、正確に話せます。サハリンの朝鮮人の間では4年ほど前に韓国政府がサハリンの朝鮮人を引取りたがっていないという話が流れて、それから引取りを拒否しているとい話になって、それが常識のようになり、帰国を希望もたせることは宣伝だというようになりました。しかし、北朝鮮への帰国はサハリンの朝鮮人たちが全部拒否していますので、ソ連の官庁に向っては帰国はしたくない、日本旅行をさせてくれと今では申請をしていますが、旅費が高いことと、申請手続きが面倒なので教育を受けた人々でなければ手続きは旅行申請でさえもできません。

没海州、ハバロフスクからサハリンに北朝鮮人動労者の出稼人が二ヶ月、七ヶ月の契約でたくさん来ております。

林業、漁業場を中心に没海州に拠点を置いて、ナホトカ北朝鮮領事館が監督をしています。1979年8月12日の契約期限切れに14人の北朝鮮稼動労務者が帰国をしたくないといって逃亡したのです。

8月から11月まで1人つかまり2人つかまりと3ヶ月間大騒ぎになりました。サハリンの東洋人は大変な迷惑をしました。本土の東洋人の区別も別らない軍隊が出動しましたので、片っぱしから東洋人は調査の対象になりました。

汽車もバスも船も切符を3ヵ月売らなかったのです。ソ連軍隊、警察は北朝鮮人は

中国へ逃げる、韓国へ逃げる、世界中へ逃げると言って歩きました。

12月に入ると全部つかまって騒ぎは納りました。党地方新聞の記事では、今でもチョロマン(収容所)に入っている、ソ連のチヨロマンは北朝鮮より良いタバコがある、食料がある、ふとんもあると帰国をさせないでくれと言っていると書いてあった。もっと日本語が上手になったら、何でも話ます。また来て下さい。

※ 今回の特徴は帰国した韓国人がサハリンに居た時、使用していた韓国名と本国戸籍の漢字が違う人が多いということでサハリンの人々が名字の姓を漢字で書き、名前はハングルで書くようになったことで漢字では書けないと言い出したことです。

何としても帰国する時にははじき出されないようにいろいろと工夫をしています。

5月4日　東京へ帰京

三原　令[2]

5. 외무부 공문(발신전보)–사회당 의원 초청

외무부

종별 지급

번호

일시

발신 장관

수신 주일대사

제목 사회당의원초청

　　중·쏘 이산 가족회(대구 소재, 회장 이두훈)은 '80.8.15 개최될 이산가족 연례총회에 사회당 도가노 타이지 의원, 귀지 사하린 교포 귀환 한국인회 박노학 회장, 동 고문 장재술 고문 및 화태 한국인 재판 실행위 이즈미 변호사를 초청할 계획이라면서 동 초청에 필요한 정부의 재정적 협조를 요청해 왔는바, 귀관은

---

2) 이하 연결되는 화태실행위원회 뉴스는 생략

전기 도가노 의원 및 박노학 회장과 접촉하여 방한 의사 유무를 타진, 지급 보고 바람.

(아일-   )

6. 주일대사관 공문—화태교포 귀환 신청서

주일대사관
번호 일본(정)700-3803
일시 1980.7.17.
발신 주일대사
수신 외무부 장관
참조 아주국장
제목 화태교포 귀환 청원서

　　　화태억류 한국인 귀환 소송 재판 실행 위원회가 유엔 사무총장에게 제출할 청원서를 동 "미하라" 사무국장이 당관에 참고로 보내왔기에 이를 송부합니다.
첨부: 동 청원서 1부. 끝.

주일대사

6-1. 첨부—청원서

　旧日本領樺太((現)ソ連領・サハリン)在住の朝鮮半島南部((現)大韓民国)出身者に関する帰還のための陳情書

　　　　国際連合事務総長
　　　　　クルト・ワルトハイム殿

　私たちは日本国の国家総動員法(昭和十三年法律第五十五号)による強制労働政策

の犠牲者として、樺太に強制連行され、強制労働に就かされたにもかかわらず、日本国の敗戦後は同地に置き去りにされて、いまだ日本国の外交的保護も受けられず、自らの意志によることなく復員の道を断たれている朝鮮半島南部((現)大韓民国)出身者の帰還が、国際連合の助力により果たされるよう、貴職において御尽力をいただきたく陳情するものです。

　私たちは一九七五年十二月に、サハリンに抑留されている四人の韓国人を原告として、日本国政府に原告らを帰還させる義務のあることを確認させる訴状を、東京地方裁判所に提出いたしました。それから五年目を迎える現在に至るまで、日本国政府はこの提訴は訴えの利益がないという理由で、却下を求め続けております。

　私たちはソ連政府から、「日本国政府が彼らを日本人としてひきとるならば、帰還希望者を出国させる」との見解を得ています。しかるに、日本国政府はサンフランシスコ講和条約により、彼らは日本国籍を喪失したと主張し、帰還業務を拒否し続けております。

　この間にもサハリンにおいては、老いた帰還希望者がひとりまたひとりとこの世を去っていきます。ひとりでも多くの人々が、いのちのあるうちに故郷の土を踏むことができるように、貴職の御尽力を得たく次の事項を陳情いたします。

一、第二次大戦終了後、旧日本領樺太((現)ソ連領サハリン)に抑留されている韓国人の安否調査を、適当な国際機関において行なうこと。

一、日本国政府に対し、故郷帰還希望者全員が日本国に入国できる方法を、ソ連邦政府に対し提示するよう勧告すること。

一、ソ連邦政府に対し、故郷帰還希望者全員がソ連邦から日本国に出国できる方法を、日本国政府に対し提示するよう勧告すること。

　　　　一九八〇年　　　月　　　日

　　　　　　　陳情人　住所　東京都千代田区内神田二の十の八山本ビル二階
　　　　　　　　　　　　　　　樺太抑留韓国人帰還請求裁判実行委員会
　　　　　　　　　　　　氏名　　　　　　　　　㊞
　　　　　　　　　　　　　他　　名

7. 주일대사관 공문—화태교포에 관한 자료 송부

주일대사관
번호 일본(정)700-5961
일시 1980.11.13.
발신 주일대사
수신 장관
참조 아주국장
제목 화태교포에 관한 자료 송부

　　　화태 억류 한국인 귀환 소송 재판 실행위원회 "미하라 레이" 사무국장으로부
터 입수한 화태교포에 관한 자료를 별첨 송부합니다.
　　첨부: 1. 화태 여행자 2명의 진술서(2명) 1부.
　　　　　2. 월간 정계(11월호) ("북방영토, 소수민족의 눈물" 가사 게재) 1부. 끝.

　　　주일대사

7-1. 첨부—화태여행자 2명의 진술서

　　　　　　11月1日～5日間　北海道岩見沢―小樽(札幌　北三枝幸町含)

1. 岩見沢市　杉田竹子
　　私は9月20日より26日迄墓参団に参加して真岡(ホムスク)―本斗(ネベルスク)―
　　豊原(ユージノサハリンスク)へ行って来ました。
　　9月20日稚内港へ集合して午前10時出発、真岡のホテルへ着いたのは午後8時で
　　した。船は東日本フェリー宗谷丸で、船に乗船時間は8時間なのが、シケで2時
　　間遅れて着きました。
　　費用は旅費が日本円20万円が規定費用で旅行支度、お土産、小遣いに雑費が10
　　万円かかりました。これは最低の費用だと思います。これ以上用意が出来な
　　かったからです。

社会党の墓参団で団長は岡本栄太郎(同会議員)福団長は市会議員で秘書係及び責任者はすべて北海道本部の社会党役員です。墓参者参加は30余名で全国から集って横浜集合、小樽集合と船が廻って来たようです。

今回の墓参団の特徴は二日外泊が許されたことで、私も二人の娘夫婦の処へ泊ることが出来ました。残留韓国人の方たちが多く集って来て、どんなことをしても帰りたいと口々に訴えました。

日本で帰還裁判が起った当時、サハリンの韓国人はすぐにも故郷へ帰れると期待をして、多くの人々が手続きを取ったが、それからはっきりしたことが知らされぬまゝに長い歳月が立ったので、期待をした人々はあきらめて今では『帰すとダマされた』とうらむようになっていました。サハリンの人々は帰還が望めないのなら、日本人里帰者のように、身元引受人の責任者をソ連政府と交渉して『国籍』の別なく、一時帰国の方法を是非とってくれといっています。今回社会党関係者はは全□金電通、全金の組織動労旗を立てて、サハリン交流国として渡り、日本人480名の調査をして帰還したい人、一時帰国をしたい人、面接調査をしていました。それはあくまでも日本人を対象にしてで、多くの韓国人に対しては目をつむって意識的に調査の対象から外していたようです。社会党役員の説明では、日本政府にまかせおいたら帰れない、社会党が完全に責任を持つと国籍を問わず一時帰国をさせると言うことでした。ユージノサハリンスク、第一書記官さんが変って、今度の人は大変物解りが良い方だと言うことです。ソ連共産党委員会との交流会でソ連側の説明もそのようなことを言っていましたが、ソ連側の内容は韓国人も含めているように思えましたが、社会党側は役員も労働組合員も韓国人には興味を示さなかったようです。

サハリンの韓国人たちは、社会党墓参団に話合っても、故国南朝鮮(韓国)へ帰りたいと言っても相手にされないとで、理解力を示さないので、肉親と相うことだけを楽しみに墓参団を持ちます。樺太裁判をいくら聞いても、知らないと言うだけなので、一番サハリンに力のある社会党が知らないほどの裁判なら、帰れないとサハリンの韓国人たちはなげいています。これを見たり聞いたりしていますと、私は社会党のお世話になって、肉親と合えて嬉しく感謝の心で一ぱいですが、学問のない私は、何故、南朝鮮人(韓国人)に対して、こうも冷たいのか、戦争中日本国が連れていった人たちなのにと悲しくなってしまいます。

故郷へ帰りたい人ばかりなのだと説明して話合いたいと思いましたが、折角お世話になったえらい社会党の方たちに、どう説明して良いのか、サハリンの韓国人の苦難の人世を少しでも知って貰える、解って貰える社会党のえらい人は

居ないものだろうかと、心で泣いて黙って過しました。

この墓参団も社会党道本部が許可すればどんな人でも参加することが出来るということですが、ソ連の外れの地ですから、墓参に関係のあるサハリン出身者以外には、参加する人は有ません。

サハリンの韓国人たちの心配は北海道庁の墓参団が社会党道本部の墓参団一本に絞られて、ソ連札幌総領事の許可に依るサハリン渡航だけになることです。そうなると、韓国の話も聞けず、韓国への手紙を托す人もいなくなることです。

私も息子夫婦、主人(日本人妻による帰国者)の弟夫妻から何故韓国のカレンダー、お人形、流行歌を持って来てくれなかったのかと、うらまれました。カレー粉味の素など私がサハリンにいた時、不自由したものを思い浮べながら、御土産を用意したのですが、それらの物より韓国の品物をなつかしかって、慾しがるのです。わたしは日本へ帰って来て人と話すのが嫌になっています。口々に帰りたい帰りたいの話した、サハリンの人々の真剣な顔が思い出されるからです。私の住む岩見沢も樺太引揚者が多いのですが、だれ一人、樺太に残されている韓国人のことを話す人は居りません。樺太に近い北海道でこれですから、日本人に話しても相手にされないわけですね。私は日本人ですが、時々サハリンの韓国人をこんなに気の毒に思う自分を何国人だろうと思ってしまいます。

2. 小樽市　高野昭二

サハリン州第一書記はテレチャコフさん(55才)に変りました。前任者レオノフさんはサハリン北部50°線以北の漁場の市へ転任しました。

ソ連の議会は日本衆議院に当る聯邦会議、参議院に当る民族会議で構成されています。聯邦会議は共産党委員会で民族会議は15の共和国代表者会議です。これを中央民主主義といって、下部からの声を取り上げるのではなく、共産党綱領に依って正しい路線を一般人に流すことで、官職の高級者や企業各部間の上級者は共産党党員でなければならないことになっています。

学校は15年制学校、16年制学校、17年制学校を卒業した者が大学卒、8年制学校のあとが多種数の組合せ方があって、それに通信制などを組合せると、日本の学校制度では解りにくいものです。博士は46才まで、それ以上の年齢になると博士は取れないなど、年齢制限のワクが色々にあります。

兵役の義務は18才から21才、28才まで両親の面倒を見る場合は、兵役の義務がなくなる。しかし、弟がいた場合は弟が両親の面倒がみれる年令になって、兄

が28才以上だった場合は弟が親の面倒を見るなどです。

賃金は1カ月成人男子で最低が70R〜300R、300R以上の収入は税金が倍額になる。

月に600Rが最高でこれはコルホーズ(国営農場)ではなく、サホーズ(開発農場)に対する特典です。サハリンの場合は、この特典者が多く、本土の既成の国営企業より月給が二倍になっています。

それで月給の200R〜300Rと言っているのでしょう。

本土から来たロシヤ人共産党員も月給が良くなければサハリンには来ません。

党員の場合には、月給外の公費支給が多く、自動車を持つとか、一般人の手に入らない高額の物品が支給されます。

共産党員になるには、大学は頭さえ良ければ入学出来ますが、絶対に有力なコネがなければなれません。サハリンの特殊事情をもとにして考えなければ、色々なことは解釈されません。

外国旅行にしても、申請書を提出すると、共産党委員会が調査を始めます。先ず現在勤務している企業には、1年間毎に綴じられた勤務者の勤務評定が作られていますから、就業状況は一目で解りますし、健康診断も一ヶ月毎に行われている職場検診によって、正確なものがすぐ作られていますから、『良い人間』としての適性は書類がすぐ作られます。ここでは、上役と仲良くないものはいくら旅行申請を出しても、この段階ではねられます。

日本帰国の場合は、手続きのOKの出た段階で北朝鮮系の役人に知られたら、じゃまをされて、駄目にされる例が多いのです。

私の出国の場合は、母が長い期間をかけて職場の上役と仲良くして帰還の一年前に許可が出ました。正式に書類が揃ったのは、79年2月中旬でした。ソ連政府の許可は日本国引揚でした。日本大使館は'80 1月に許可がまた降りませんので、一端荷物をみなほどいてしまいました。1月末に日本大使館へ手紙を出したら、2月1日に許可印が押されました。そこれプリキモーリを予約して船で帰る仕度をしました。正式に書類が全部整ったのは2月14日です。期日の最終日が2月29日です。これでは、船が使えません。ハバロブスク―新潟の飛行機にあわててかえました。日本に着いたら滞在期間1カ年という上陸許可証をもらいました。私がソ連籍だったからでしょう。でも、引揚なのにおかしいと思いました。

それで父親姓の高野昭二と記されたのです。笹谷昭二は母親の旧姓で姉が身元引受人だったからとか、日本に馴れなければ解らないことばかしてでした。

ソ連本土のユダヤ人出国税は大学卒が900Rで、博士は1万Rです。ユダヤ人は

頭が良くて、ソ連共産党委員会のなかの有名人は身元を追求すると、ユダヤ人である場合が多いです。その点、サハリンは近年出国税がゆるくなって許可が降りた人は200Rですみます。日本人の場合は事情によっては無税という処置も取られます。

私のソ連サハリンにいた時代で変った出来事をいうのは'62年のことです。北朝鮮の将軍が50名中国とソ連に分れて亡命して来たことです。妻たち、子供たちも、ヨーロッパを経由して、その後父親と合流したので、私の同級生にもそういう人がいました。ハバロブスクの大学には特に多かったようです。ルーマニヤの大学からモスクワ大学へ移って来た人もいました。今でも父親たちは、年金生活者になって、ユージノサハリンスクの町や、ハバロブスクの町の公園などでその人たちを時々見かけます。

あなたがハバロブスクの公園で声をかけた"日本マル忘れた""朝鮮マル話したくない"といって去ったという老人は、そうした将軍の一人だったかも知れませんね。私はそうした人の息子たちと仲良く話しましたので良く解ります。

ハバロブスクやサハリンへ手紙が届かないということは有ません。もしあったとしたら、訴訟を起すことです。ヘルシンキ郵便条約に反すると、一度やってご覧なさい。ソ連はかっこうの悪くなる抗議を嫌いますから。徹底的に調べるでしょう。その次から抗議訴訟を起した人の郵便物は理由なくなくなることはないと思います。紛失しないようになどの陳情書、嘆願書などは通用しません。良い悪いを区別するには裁判が一番です。日本のような裁判と違って、すぐ決ります。サハリンの人々はソ連式ヨーロッパ法の運用を期待するので、きっとだらだら長引く日本の裁判に日本式お断りと判断してしまうのでしょうね。

私の帰還は、母の日本式お願いと、私のソ連式理屈抗議との合作帰還だと思います。日本へ帰って来たら、私の考え方は一斎通用しなくなりました。これは私が、小樽という田舎に住んだからなのでしょうか、東京へ行ったら理屈で話合いが出来るでしょうか、私は都会の日本人と生活様式の考え方など話合いたいと思います。久しぶりに話らしい話をしました。また来てください。

② 재사할린 동포 귀환문제, 1981

○ ○ ○

기능명칭: 재사할린 동포 귀환문제, 1981

분류번호: 791.51

등록번호: 23128

생산과: 동북아1과

생산연도: 1981-1981

1. 주일대사관 공문–사할린 교포 일본 입국 신청

주일대사관
번호 일본(정)700-4121
일시 1981.5.22.
발신 주일대사
수신 장관
참조 아주국장
제목 사할린 교포 일본 입국 신청

     당지 화태 재판 실행위 미하라 사무 국장이 전하는 바, 사할린 거주 교포의 일본 친지 방문건에 관하여 다음과 같이 보고합니다.
     1. 현재 사할린 거주 한인 문이화는 남편 박형주 및 막내딸(3세)와 함께 일본 내 친지 방문을 위해 쏘련 당국에 출국 허가 신청을 하였던바, 일본 정부로부터 입국 허가가 있으면 쏘련 당국으로서는 출국 허가하겠다는 답이었다 함.(이 경우 북괴 여행 서류를 사용치 아니함.)
     2. 동 문이화의 일본내 친지는 다음과 같음.
       가. 문행자(언니, 오사까 거주)
       나. 김화춘(모, 77년 사할린에서 귀환, 80년 81세로 사망)
     3. 5.21. 상기 문행자, 미하라 사무국장, 다부찌 헤쯔야 참의원 의원이 외무성(북동아과)을 방문, 입국 허가를 진정 하였다 함.
첨부: 1. 사할린 문이화(박형주)로 부터의 편지 사본 1부. 끝.

주일대사

1–1. 첨부–문이화 편지[1]

敬愛する梅花香花御姉さん達へ

---

1) 원문은 페이지가 역순으로 되어 있고, 편지봉투가 첨부되어 있다.

謹啓　御姉さん達御元気ですか。もう春も過ぎ去ろうとして居ますね。此のサハリンは、五月の中旬と云っても未だ寒いです。

端分と御無沙汰致しました。正月に掛けて□□の体の□合が好くなかったので入院したが、私が□んだいして此の様に手紙を出すのが遅々なってしまったのです。御詫び致します。扨て、此の様に手紙を出す様になった事は他の事でなく、私達夫婦と末娘の一時日本への渡航の問題ですが、此の前(四・五日前)に私がソ連共産党中央委員会に陳情書を呈し、家庭の事情を述べて手紙の返事が来たのです。それに付いて、該当帰還では日本外務省から日本への一時的でも入国許可が発給された場合はすぐビーザを出すとの事です。

ですから、御姉さん達御元気を出して頑張って呉ださい。此の様な手紙をモス□ーの日本大使館に呈出しましたから、御姉さん達が外務省を訪ねて事情を御話しし、今度私達夫婦に日本への渡航証明書を出して頂く様に御尽力を御願い致します。

御母さんが此のサハリンをお立ちになってからもう□六年になりますが、その間、周囲の環境も端分変りました。お母さんに御生存中会ひたかったのですが、本当に悲しくて堪りません。御逝去になった事が信ぜられぬ様です。暇さえあれば、録音テープを聴いて居ります。

でも多少なりとも私達夫婦にかすかながらも希望が湧いて来た様な感じです。

日本に渡航出来るか(此の度は出来る様な気がしますが、否出来でせう)未だ疑問ですが、兎に角一度外務省をお尋ねして、私達に渡航証明書を発給する様に陳情して呉ださい。

お姉さん、出来る事なれば、一度私の家に電話を掛けて呉ださい。昨年と今年にかけてお姉さんの所に三回ばかり電話をかけてたが、門□迄通話しましたが、お姉さんの所はでないのでした。日本人の男の家でしたが、話は中断されました。で、此の度はお姉さんの家から電話して頂き度いのです。その時は、老回君も家で待って居るようににしますから、5月23日、24日(土曜日、日曜日の夜に掛けて呉ださい。必ず待って居ります。

私の家の番号はサハリン州、チェ□フ市1-07(一ゼロ七番)ですから、チェ□フ市バプ(pak)の家と云えば、交換も解るはづです。

御元気を出して頑張って呉ださい。では左様なら

1981．5．8日

義弟　福田

2. 주일대사관 공문—사하린 교포를 위한 물품 요청

주일대사관
번호 일본(정)700-4123
일시 1981.5.22.
발신 주일대사
수신 장관
참조 아주국장
제목 사하린 교포를 위한 물품 요청

　　　당지 화태 재판 실행위 미하라 레이 사무국장이 당관을 방문, 화태를 비롯한 공산 지역 교포의 서신 요청에 응해, 송부해 주기 위해 다음 물품을 지원해 주기를 요청 하였아오니, 당관으로 송부하여 주시기 바랍니다.
　　1. 달력(이미 지난 것이라도 좋음. 사할린 등지에서는 아국의 생활성이 담긴 달력을 그림 부분만 나중에 잘라서 액자에 넣어 귀중하게 보관하고 주위 사람들에게 자랑한다 함. 북괴 영사관을 통해 외곡된 선전만을 받아 오다가 특히 윤택한 농촌을 지나는 새마을 호" 등을 보고 깜짝 놀라면서 기뻐한다 함.)
　　2. 그림 엽서.(널뛰기, 빨래하는 것등 일상 생활이 많이 들어 있는 것)
　　3. 인형.
　　4. 한국의 메로디 카셋트(과거 송부된 것 이외의 것을 종류를 많이 보내주면, 사할린에서 상호 복사해서 사용한다 함.)

　　　주일대사

3. 중소이산가족회 공문—사할린 억류 동포에 대한 본회 요망 사항

중소이산가족회
번호 중,소 제219호
일시 1981.6.1.
발신 중소이산가족회 회장

수신 외무부 장관
참조 아주국 일본 담당
제목 사할린 억류 동포에 대한 본회 요망 사항

　　금번 개최 될것으로 예상 되는 한,일 외상 회담에 앞서 본회는 아래와 같이
요망 합니다.
　　1. 사할린(쏘련령)에 억류되어 있는 귀환 희망자들을 하루 속히 송환시켜줄
것을 일본 정부측에 요망합니다.
　　2. 귀환의 염원을 이루지 못하고 운명을 달리하신 분들의 유해를 인도하여
가족품에 돌려줄 것을 일본 정부에 요망합니다.
　　3. 현재 사할린(화태)억류자 송환 재판을 조속히 마무리 지어 그결과를 일본
정부는 책임 질것을 촉구합니다.
(사할린 잔유자 재판은 1981.5.20. 제 30차가 끝남)
　　4. 현재 억류된 동포들의 1세들은 60-80세의 고령자들이오니 이점 참작하여
하루속히 그뜻을 이루어질수 있도록 외무부 장관님께서는 적극 노력하여 주시
기를 바랍니다. 끝.

　　중소이산가족회 회장 이두훈

4. 중소이산가족회 공문–진정서

중소이산가족회
번호 중,소 제218호
일시 1981.6.1.
발신 중소이산가족회 회장 이두훈
수신 외무부 아주국장
제목 진정서

　　아래와 같이 본회의 어려운 사정을 진정하오니 선처하여 주시기 바랍니다.
　　1. 진정서 1부
　　2. 예산서 사본1부

3. 사업실적(중요)1부. 끝.

중소이산가족회 회장 이두훈

4-1. 첨부-진정서

존경하는 국장님께 드립니다.

　공사다망하신 국장님께 이글월을 드리게 된점 먼저 사과 드립니다.

　본회는 중,소에 이산되어 있는 동포들에 가족을 찾아 그혈연의 정을 이어주는 그들에게 조국의 발전상과 조국이 공산권에 이산된 동포들에게도 많은 관심을 가지고 있다는 것과 그들이 긍지를 가지고 살아가는데 힘이 되고 있으며 더욱이 2세대들에게 조국을 알리는 역활과 특히 사할린에 억류된 동포구출과 귀환의 꿈을 실현치 못하고 돌아가시는분들의 유해를 연추하여 가족의 품에 돌아오게끔 노력하고 있읍니다.

　본회는 1970년 8월 15일에 발족하여 1972년 3월 20일 외무부 사회 단체 등록 제84호로 등록하였으며 1980년 2월 29일 중소이산 가족회로 명칭을 변경하여 현재까지 중공과 쏘련에 이산된 가족을 찾아서 불철주야 고심하고 있으며 11년동안 수많은 가족들의 생사 여부와 서신을 연락하여 그성과는 높이 평가되고 있는 실정이나 운영난으로 인하여 활발한 이산가족 찾기가 어려울뿐만 아니고 현재 더욱더 운영난에 봉착하여 사업을 계속할 형편이 못되어 1981년 3월 28일 외무부 아주국 일본담당과를 찾아가 면담한 자리에서 호소를 하였더니 관계 담당자께서 얼마만큼의 예산이 필요로 하는지를 신중히 검토하여 올려보라는 고마운 말씀에 따라 1981년 4월 6일 (중,소 제210호)로 간단한 본회에서 꼭 필요로 하는 예산안(사본 별지)을 큰 기대와 흥분으로 올렸으나 지금 현재까지 아무런 소식이 없어 수차 문의하여 보았으나 확실한 답변을 듣지 못하고 저 나름대로 우리의 뜻대로 곤란한 처지인 것을 직감할수 있어 또다시 아주국장님께 이 어려운 사연을 호소하는 것입니다.

　본회는 중공이나 사할린(화태)동포들에게는 없어서는 아니될 귀중한 단체이며 국내가족과 중,소 동포들에게 격려의 서신을 수없이 받았으며 저의 조그마한 힘이나마 국가에 이바지하고 이산가족들의 가교의 역활을 할수 있다는 긍지를 가지고 피나는 노력과 배고픔을 참아가며 회원들의 협조와 저의 사재를 털어 지금까지 운영해

오고 있읍니다만 세월이 갈수록 회원들의 무성의, 불황, 흉년, 등으로 인하여 더욱더 곤경에 처해있으며 저의 사재마저 바닥이나 진퇴양난에 처해 있읍니다. 사무실 임대료가 7개월이나 밀려 사무실 마저도 쫓겨날 처지이오니 어떻게 하였으면 좋을지 모르겠읍니다.

오늘부터는 체신요금이 인상되어 더욱더 곤경에 처해질 것은 자명한 사실이 아니겠읍니까

저역시 3살때 아버지를 2차대전때 일본에 징용으로 빼아끼고 고난과 서러움속에서 성년기를 맞아 아버지의 생사라도 알아야겠다고 1970년에 이회를 만들어 오늘과 같은 성과를 거두었으며 일본의 식민지 정책으로 이렇게 많은 이산가족들이 생겼다는 것을 알았을때 부터 이들을 위하여 무엇인가 할일이 없을까 하여 뛰어든 것이 오늘에 이른 것이며 한때는 후회도 해봤으며 가족들의 무관심과 정부측의 무관심을 느낄때면 더욱더 헛된 인생을 살았구나를 절감하며 저의 바보스러움을 저주도 하였읍니다만 한사람 한사람의 정을 이어줄 때 눈물로 40여년만의 부모, 처자들의 친필을 보고 상면이나 한듯이 반가워 울먹일때면 저도 눈물을 같이 흘리며 얼마나 보람된 일인가고 나자신에게 위로하며 살아 왔으며 지금도 마찬가지 심정으로 하루하루를 불안하게 살고 있는 심정입니다.

국장님! 저의 성장과정과 11년동안의 이사업속에서의 애로와 희비애락이 어찌 지면으로 적을수 있겠읍니까

국장님! 저의 애로와 공산권 이산가족들을 위하여 정부 차원에서 도와줄 길이 없겠읍니까 많은 돈이 필요한것도 아닙니다. 1개월에 30만원 정도면 해결할수 있을 것입니다. 사회사업 한답시고 돈가지고 누구에게 이야기하는 것처럼 숙스럽고 안쓰러운 일은 없을것입니다. 이점 국장님께서 널리 이해하실줄 믿습니다.

자세한 것을 설명 드릴수 있도록 국장님께서 저를 한번 불러 주시면 더큰 영광이 없겠읍니다. 내내 귀하신 국장님께 은혜있으시기 바라며 두서없는 저의 하소연 송구스럽기만 합니다.

참고가 될까 하여 간단한 본회 사업실적과 외무부 아주국 일본담당과에 보낸 예산안을 첨부합니다.

1981.6.1.

중,소 이산가족회(구화태억류 교포귀환촉진회)
회장 이두훈

4-1-1. 별첨–중소이산가족회 공문–예산신청 및 서신 접수 실적

종수이산가족회

번호 제210호

일시 1981.4.6.

발신 중소이산가족회 회장

수신 외무부 일본 담당과

제목 예산신청 및 서신 접수 실적

     아래와 같이 제출 하오니 협조하여 주시기 바랍니다.

별첨: 1. 예산안

     2. 집세 계약서 사본

     3. 사할린 서신 접수 1981년 3월 현재(420통)

     4. 중공 서신 접수 1981년 3월 현재(61통)

     5. 집세 미지급 확인서. 끝.

중소이산가족회

4-2. 첨부–예산서

1981년 중요예산안

종류 \ 내역	지출내역	산출근거	비고
지출부	사무실 임대료	71,000×12=852,000원	
	시무원 급료	80,000×12 =960,000원	
	우송료	90,000×12=1,080,000원	
	인쇄비	12,500×12=150,000원	
	사무용품	5,000×12=60,000원	
	자료복사	5,000×12=60,000원	
	전화료	35,000×12=420,000원	
	합계	298,500×12=3,582,000원	

4-3. 첨부–사업실적

사업실적

1981.5.30.현재

1. 사할린에서 온 서신 접수   5,832통
2. 사할린으로 보내 서신   3,708통
3. 중공 서신 접수 1980년 2월 28 이후)   560통
4. 중공 서신 발송 (〃   〃   )   230통
5. 국내 연고자들의 서신접수   26,413통
6. 국내 연고자들에게 서신발송   32,625통
7. 사할린 생사 확인 세대   3,020세대 45,300명
8. 사할린 국내 연고자 세대   2,110세대 25,320명
9. 중공 거주 동포 생사 확인   1,901세대 28,515명
10. 중공 국내 연고자 생사 확인   1,341세대 16,092명
11. 방송 원고 kBS(사회 교육방송)   1,444통 방문방송 16 20 명
    본회 회원가입 사할린 2,113세대 중공 1,341세대 계 3,451세대
    진정, 호소 탄원 130여차례
                        국외: 일본정부 적십자사, 쏘련정부, 세계인권연맹,
                        국제적십자사
                        국내: 외무부,적십자사,인권연명
    사할린 역류자 송환 재판: 현재 1981.5.20. 제30차
                        재판 동경 지방 재판소
    홍보: 전국 일간지, 라듸오, 텔레비전, 다수 1개월 연속 다큐멘타리1편 영화
            일본 국내합작: 망각의해협
    서명운동: 1976년 5십만 서명운동
    초청장: 사할린동포에게 974세대
    중공, 소련에 보낸 인쇄물: 사전, 소설책, 토정비결, 옛노래책, 옥편, 화보등 73점
    중공, 소련 카렌다(일력) 500여부 발송
    감사장, 표창장: 일본 국내 본회협조자 표창장 및 감사장 다수 수여
    사망자 확인(사할린) 954명
    소련 본토 이주자 확인(사할린) 84세대 189명
    북괴 이주자 확인   (〃) 140세대 164명

5. 주일대사관 공문—사하린 교포 일본 입국문제

주일대사관
번호 일본(정)700-4887
일시 1981.6.25.
발신 주일대사
수신 장관
참조 아주국장
제목 사하린 교포 일본 입국문제

     연: 일본(정)700-4121(81.5.22)
     연호 관련 미하라 사무국장의 당지 쏘련대사관 코마로프스키 참사관과의 면담 내용 기록을 별첨 송부합니다.
     첨부: 상기 면담 기록 끝.

주일대사

5-1. 첨부—면담기록

5月26日～28日
     住友金属海運和歌山製鉄所企業埠頭
     E岸壁　ソ連貨物船　クラスノ　トゥリンスク号　3,150屯　Красно-Турьнск
     （KRASNO TOURINSK）
     金ンクチョ

5月25日、神田の事務所へ后1時、和歌山より電話が入り、30日まで入港の連絡あり、すぐ行くと連路を返えす。

和歌山港は大阪より、急行で1時間半、門真市の文幸子さんに連絡を取り、寝台車で朝8時に大阪へ行く。国電天王寺駅和歌山本線改札口切符売場で待つ、9時と約束する。

住金埠頭内は駅構内タクシーも入ったことはないという場所で、正門、東西南北

門、6号門とゲートが厳重で、タクシー乗入れはむつかしいと言う。湾口に一番近い門にタクシーを着けてもらって、入場証を受け、船までの入場okを取る。途中、住反鉱山その他営業所の10余並ぶ事務社屋を通り抜けて、構内速度35kを厳守させられて走る。住金海運和歌山支店外航業務部、及び構内税関支署で下津和可山税関長の家族面会の許可書を受ける。

E岸壁へ11時30分やっとたどり着く。隣接のD岸壁には、1万屯以上のリビアタンカー船が止っているので、ソ連貨物船は蒸気船の引船のように少さく見える。

連絡が取ってあつたらしく当番の呼び出しに直ぐ金ソクチョさんと政治局員ウラジミールさんが出て来た。

船室では、65才と60才のバァちやん二人連れと、金さんと頬をつけ合って抱きあって喜ぶ。韓国語の挨拶の文さんとに、ウラジミールさんは前回のむつかしい顔を捨てて、前面的に協力的になつてくれる。サハリンの弟さん及び妹夫妻の様子を必死で聞く文さんの態度に引込まれて、金さんもまるで二人つきりのように夢中に話込んでしまうので、ウラジミールさんは時々、きつい目をするが、二人はおかまいなしの熱心さで文光海さんの再婚相手の身元について話込んでいる。手持ち無沙汰になる、私にウラジミールさんは、燒立てのホットケーキを持って来たり果汁の飲物を待って来たりして接待のこまめなサービスをしてくれる。お土産に持っていった、ウラジミールさん用のアメリカ映画、俳優(女)のカレンダーと、ダーク・ダックスの唄った、ロシヤ民謠の日本語のレコードが音楽好きのウラジミールさんには気に入られて、時々席を外しては音楽を自室のステレオにかけに入ってはメロディを口ずさんで、その都席、船のまかないに命じては、燒立てのパンを作って持ってくる。まったく船は、政治局さんの意志通りに動くので、文さんはびつくりして、あの人は仕事は何ですかと金さんに聞くと、「船一番に仕事が閑なのが仕事の人です。」と答が返えって来た。ウラジミールさんは夜まで夕飯を食べて、ゆっくりして行けと言ったが、4時半にタクシーを呼んであると言うと、住友のタクシーを呼べといって豊タクシーと言う構内(港)専用タクシーを呼んでくれた。これはきびしい検問は全部「外人さん、外出」で通り抜けられる便利な　タクシーであったが、国鉄本線和歌小駅にはゆかず、海ぞいの南海線和歌山駅へ着けられたのには驚いた。

経済国日本だけあって、住友資本でガッチリかたまつた和歌山県の姿は、観光旅行では、まったく見られない断面もしっかりとソ連船寄港によって見ることが出来た。

金ソクチョさんの伝える、サハリン状況は、サハリン韓国人は、帰日を状況を分析してあきらめてはいるが、本当は帰りたい人々ばかりで、せめて一時帰国でも良い

からと、ソ連当局に交渉できない、母国の力の弱さをなげきながら、風聞でも良い
から第三国交渉でもしてくれたら、その噂さを聞いただけで、老令の身は死んでも
良いと思っている。日本には、もう長い時間待たされるだけの対応に怒りだけを持
つているというのが真相だと告げている。

6月3日　PM4時~6時

コマロフスキー(Georgii E. Komarouskii)参事官さんとお相する。[2]

1. 文幸子さんの妹の夫の手紙のコピーをよろしかったら私に下さい。東欧一課(外
　ム省)と話合いましょう。サハリン州には検討を話合います。私共が出さないの
　ではないことをはっきりさせましょう。日本の交渉がサハリンの朝鮮人の交渉
　とは違って、北方領土と極東軍備の問題で私共とは最悪の交渉をしています。
　私共はロシヤ人の気の大きい処を見せるために、旅行を今回120名も北海道地区
　に限り許しました。

2. この日本の中に、朝鮮人(韓国人で良いです)でサハリンの身内に相いたい人は多
　いですが、その人がサハリンへ訪ねるということも研究してみましょう。南朝
　鮮に家族のいる朝鮮人のことは、私共も気になっていることです。

1. 一時帰国を希望して、家族もそれを願っている人たちには、私共もそれを考え
　るように検討します。サハリンからの願いごとで、私たちが考えることを要す
　るものは、率直に話して下さい。

1. 私は、南朝鮮の人たちとは話したことは有ませんが、北朝鮮の人々の、日本に
　対するウラミのすさまじさは話題のなかでよく聞きました。貴女が日本人名で
　はサハリンの人々に相手にはされない、朝鮮名で連絡する(手紙の宛名が全部金
　玲子なので)それ解ります。私共は了解します。
　旧式の日本文のむつがしい手紙(サハリンの手紙は戦前の手紙文とつづけ字なの
　で)結構です。私が読みにくかったら専問に読む人に読ませます。出国の難点が
　何か解決出来るよう考えます。研究も検討もしてみます。ソ連が悪くないこと
　も知ってもらいます。

　　　재사하린 김석조(쏘련 KRASNO Tourinsk 선원)씨와 미하라 사무국장 면담
　　　　　　　　　　　　　(1981.5.26-29)

---

2) 아래 번호는 원문에 따른다.

- 사하린 교포들은 귀국을 체념하고 있으나 일시 귀국이라도 간절히 바라고 있음.
- 소문이라도 좋으니 제3국(쏘련과의 교섭이 어려운 것을 알고 있음.)과 교섭을 하고 있다는 것을 듣고 싶은 심정임.(그런 소문을 듣는 것만으로도 큰 위안이 됨.)

미하라 사무국장-주 쏘련대사관 Georgii E Komarov skill 참사관과의 면담요지
(81.6.3)
- 재일한국인중 사하린 거주 친척방문 희망자가 많은 바 이문제를 연구해 나갈 것임을 표명
- 사하린 교포 일시 귀국 문제도 아울러 검토할것을 표명

6. 중소이산가족회 공문-사할린 억류 동포 송환 재판 증인 출국에 대한 협조 의뢰

중소이산가족회
번호 중소 제240호
일시 1931.10.21.
발신 중소이산가족회 회장 이두훈
수신 외무부 및 법무부
제목 사할린 억류 동포 송환 재판 증인 출국에 대한 협조 의뢰

　　1. 금번(1981.11.27) 일본 화태 재판 실행 위원회에서 국내 가족(재판 33차) 증인 초청에 별지 2명이 채택되어 모든 비용은 초청인 측 부담으로 동경지방재판소 민사 3부에 출두 강제 연행당시와 지금까지 살아온 경위 등을 증언하게 되어 있아오니 증인 본인들의 여권 발급과 이에 필요한 제반 사항에 대하여 적극적인 협조를 바랍니다.
별지: 1. 원고 및 증인 인적사항
　　　2. 초청장 및 보증서 사본 각1부
　　　3. 본 중소이산 가족회 등록증 사본 1부 끝.

　　　　중·소이산가족회 회장 이두훈

6-1. 별지―초청장 및 보증서

招請状

拝啓　秋冷の候、貴殿益々ご清栄のこととお慶び申し上げます。

　　さて、昭和五〇年に提訴いたしました東京地方裁判所同年(行ウ)第一四四号カラフト残留者帰還請求訴訟事件の証拠調べも、いよいよ貴殿から原告趙敬奎氏の強制連行の状況その他今日までの留守家族の紆余曲折について証言していたゞくところまで参りました。そこで、遠路恐縮乍ら万障御差し繰りあわせの上渡日下さいますよう、連絡旁ご招請申し上げます。

　　なお、貴殿に証人として東京地方裁判所に出延していたゞく日時は、来たる十一月二十七日金曜日ですが、事前の準備が種々重つておりますので出来るだけ早目にお出かけ下さいますようお願いします。

　　また、甚だ失礼ですが、貴殿の往復の旅費、日本滞在の費用等については、私共弁護団が負担させていたゞきますが、この段ご了承賜わりたく、念の為申し添えます。

　　　　　　　一九八一年一〇月六日

　　　　　　　　　　　日本国東京都港区六本木三丁目七番二三号小川ビル五階

　　　　　　　　　　　　　　カラフト訴訟弁護団主任代理人

　　　　　　　　　　　　　　　　　弁護士　有賀正明

　　韓国大邱市南区大明洞一五六一番の一二
　　　　　李潤泰様方
　　　趙小慶殿

登薄昭和56年第1213号

　　嘱託人　弁護士有賀正明の代理人木村美恵は本公証人に対し嘱託人の真正にして正規の認証嘱託委任状を提出して嘱託人が別紙編綴の招請状に署名捺印したことを自認する旨陳述した。

以上認証する

昭和56年10月6日本公証人役場において

東京都千代田区内幸町2丁目1番1号飯野ビル407号室

　　霞ヶ関公証役場

　　　　東京法務局所属

　　　　　公証人　瀬戸正二

保証書

　　　　　　　　　　　韓国大邱市南区大明洞一五六一番の一二

　　　　　　　　　　　　　　　　　　　　　　李潤泰方

　　　　　　　　　　　　　　　　　　　　　　趙小慶

　　右の者の入国後本邦滞在中の同人に関しては、私が招請者として身柄保証致します
から、本書を差入れます。

　　　　昭和五六年一〇月　　　日

　　　　　　　　　　　　　港区六本木三—七—二三　小川ビル五階

　　　　　　　　　　　　　　　　　　弁護士　有賀正明

　　法務大臣殿

7. 외무부공문(착신전보)-화태잔류 한국인과 일본의 책임(언론보도)

외무부

번호 JAW-11442

일시 231822

수신시간 81.11.24. 08:33

발신 주일대사

수신 장관
제목 화태잔류 한국인과 일본의 책임(언론보도)

　　금 11.23. 아사히 신문은 화태기민과 일본의 책임 제하의 사설을 다음요지 거재하였음.

　　1. 2차 대전전 일본 통치하의 남화태(현소련령 사하린주)에 노동력으로 강제 연행되어 지금 아직도 고향에 돌아가지 못한채 망향에 젖어있는 한반도 특히 남한 출신자가 많이 있음 이러한 사실을 알고 있는 일본인이 어느정도 있을 것인가

　　2. 6년전 엄수갑씨등 화태잔류 한국인 4인이 일본 정부는 우리들을 고국에 귀국시킬 의무가 있다고 제소한 화태잔류자 귀환소송이 동경 지방재판소의 심리에서 원고측 입장의 마무리를 기다리고 있음 11.27.에는 한국에 거주하는 원고측 가족이 동 지방재판소의 법정에서 40년전의 강제연행의 실태, 잔류가족의 어려움, 귀환을 기다리다 지친 실정을 증언할 것임

　　3. 귀환문제에 대한 일본정부의 대처는 종래 매우 소극적이었는바 샌프란시스코 평화조약의 발효에 따라 한반도 출신자는 일본국적을 상실하여 이미 일본인은 아니다라는 입장이 그 전제로 되어있음 그러나 그들은 일본 국적하에서 변경으로 보내졌으며 연행자체가 제 2차 대전을 수행하는 일본의 정책 수산의 일환이었음 이를 생각한다면 외국인의 문제로서 간과하는 것은 허용될수 없을 것임.

　　4. 광산 노동자등으로 남한지역에서 화태에 강제 연행된 사람은 종전시 4만 3천명에 달함 이들은 전후 소련 당국이 본래의 일본인과 구별하여 무국적자로 취급하였던점 소련과 한국간에 국교가 없는점 일본 정부의 적극적인 대처가 없었던점등 때문에 귀국할수 있었던 것은 일본 여성을 처로하고 있는 사람등 약 2천명에 불과함.

　　5. 잔류 한국인의 대부분은 그후 소련 당국의 권유로 북한이나 소련의 국적을 취득하였으나 고향에 돌아가고 싶다는 일념에서 생활상의 불이익을 알고서도 지금 아직도 무국적 상태를 계속하고 있는 사람이 약 2천명 있다고 함 재판을 제기한 것은 그러한 사람들임.

　　6. 일본 정부가 전연 오불관언했던 것은 아님. 근년에는 정치적 도의적 책임을 인정하여 겨우 400여명에 대하여 이기는 하나 도항증명을 발급하였음 일본 정부가 입국을 인정하면 일본경유의 출국을 허가한다고 하던것이 약 5년전부터 출국을 일체 허가하지 않은것 같이 되었음.

7. 화태잔류 한국인 문제를 조사한 일본 변호사 연합회는 보고서에서 일본정부의 법적 외교적 대응의 잘못에 문제발생이 원인이 있다고 하고 귀환 희망자의 실태조사 희망자에의 무조건 입국허가 소련과의 귀환교섭의 개시등의 구제조치를 요청하고 있는바 동제안에는 긍정해야할 점이 많음.

8. 청장년으로 화태에 건너간 사람들도 이제는 거의가 60 세를 넘어서고 있음 다시 고향의 땅을 밟지 못하고 울분의 죽음에 이른 사람도 적지않음 생존자의 경우에도 화태를 태어난 고향으로 하는 2세, 3세가 늘어감에 따라 정신적인 고립감이 길어져 그만큼 망향의 감정이 점점 더해가고 있다함

9. 이들에게 남은 시간은 이미 많지는 않음 냉각된 일소관계나 북한에의 배려를 염두에 두고있는 소련의 외교적 입장을 생각하면 교섭에 의한 국면타개에는 상당한 시간과 우여곡절이 예상됨 대응은 일각을 다투고 있음

10. 일본은 얼마전 국제 인권규약을 비준하였고 금년에는 난민조약에도 가입하였음 이제 아직도 강한 인권 후진국의 평가를 뒤집기 위해서도 과거 식민지 정적에 기인하는 동 인권문제에 진정하게 대처해야 할 것임.

11. 그경우 강제연행으로 운명이 좌우된 사람들에게 희망하는 고향을 되돌려주는것 즉 원상회복 의무가 있다는 것을 우선 확실히 인식할 필요가 있음 현대의 기민이라고 불리우는 화태잔류 한국인의 귀환문제가 해결되지 않는한 일본의 전후처는 끝나지않음 이문제에서는 일본 및 일본인이 질문받고 있음을 잊어서는 안됨.

(일정 아일 국법 영교)

8. 외무부공문(착신전보)-화태교포 방일

외무부
번호 JAW-11502
일시 262326
수신시간 81.11.27. 01:08
발신 주일대사
수신 장관
제목 화태교포 방일

연: JAW-11497

금 11.26. 당관 김석우정무과장이 오구라북동아과장에게 연호 화태거주 박형주 가족 3명의 방일과 관련 동방일 실현을 화태잔류 한국인 귀환문제에 대한 긍정적 징후로 보지 않느냐고 질문하였던바 오구라과장은 다음과 같이 답하였기보고함

가. 화태거주중인 한반도 출신자중 무국적상태에 있는 자로서 일본에 입국하고저 소련당국에 출국신청한 숫자는 411명으로 알고 있는바 동인들중 대부분의 일본을 경유 한국에 귀환하여 정주하려는 자이나 일부는 일본 내에 친척이 있어 일본내 정주를 희망하는자도 있음 금번 박형주 가족의 일본입국은 일본내 친족방문 목적의 것으로서 정주를 위한것은 아니나 상기 411명중에서는 처음으로 소련출국이허가된 사례임

나. 금번 박형주 가족의 일본입국사실을 앞으로의 화태교포귀환문제의 긍정적신호로 볼것인가와 관련 동가족의 일본입국실현이 일본내 초청자들의 열의에 기인한것인지 아니면 소련의 전반적 태도변화에 기인한것인지는 아직 판단하기 어려움

다. 일본으로서는 동귀환문제에대해 어떻게든 적극적으로 노력해보고저생각하고 있는바 현재 일소관계가 전반적으로 교착상태에 있어서 동문제를 협의할 계기가 잘조성되지 않는 형편임.

(일정 아일 영교 국법)

9. 주오오사카총영사관 공문-사할린 교포 박형주 면담 보고

주오오시카 총영사관
번호 오오사카(영)725-217
일시 1981.12.1.
발신 주오오사카총영사
수신 장관
참조 아주국장
제목 사할린 교포 박형주 면담 보고

대: WOS-1118

대호 사할린 거주 교포 박형주 면담 결과를 아래와 같이 보고합니다.

　가. 인적사항

　　1) 성명: 박형주(朴亨柱)

　　　생년월일: 1930.4.28

　　　본적: □□□□□

　　　현거주지: 쏘련국 사할린주 체호부시 세레루나야 28

　　　　(SAGHALIN CHEHON UE SEUERNAYA 28)

　　　직업: 체호부시 국립상업국 경제담당 책임자

　　　　(ECONOMIST 라 호칭한다고 함)

　　　국적: 무국적

　　2) 성명: 문이화(文李花)(박형주의 처)

　　　생년월일: 1932.2.23일생

　　　본적: □□□□□

　　　현주소: 남편과 동일

　　　직업: 가정주부

　　3) 성명: 박미순(박형주의 3녀)(朴美順)

　　　생년월일: 8세

　　　출생지: 사할린 체호부시 출생으로 현재 쏘련 소학교 1년생

　나. 도일경위

　　1) 오사카부 가도마시 혼마치 9-11에 거주하고 있는 재일교포 문행자 (박형주 처 문이화의 친언니)의 초청으로 일본에 오게 되었음.

　　2) 상기 문행자는 동생 문이화와 그의 가족을 생전에 만나보고 실은 일본에서 약7년전부터 초청장을 보내고 계속 연락을 하였으나 뜻을 이루지 못하다가 금년 8월경 다시 동생 문이화로 부터 초청장을 만들어서 보내달라는 요청을 받고 초청장을 재작성 발송한후 일본 법무성, 외무성, 적십자사 등을 수십차례에 걸쳐 방문 호소한 결과 금번 래일하기에 이르렀음.

　　3) 이들 3명은 모두 무국적자로서 여행증명서를 발급받아 일본 대사관(쏘련 모스크바 주재)에서 90일간의 사증을 받은후 하바로스크에서 니이가다까지 항공편으로 81.11.20일 도착해서 현재 언니 문행자 집에 묵고 있음.

　　4) 박형주는 공무원이기 때문에 82.1.8까지는 사할린으로 돌아가야 하지만 그의 처 문이화와 3녀 박미순은 82.4월말까지 일본에 머무

를 예정으로 주일 쏘련 대사관에 허가를 신청중에 있다고함.

　다. 사할린 교포들의 실태

　　1) 박형주는 1943 가을 일본에서 징용으로 끌려간 부모를 따라 사할린에 간후 38년만에 래일하였고 월 급료는 400-500루블의 월급을 받고 있어 생활에는 아무 걱정이 없고 상당한 인테리로서 쏘련어, 일본어, 한국어 등이 매우 유창한 편임.

　　2) 사할린에는 4-5만의 우리 교포가 거주하고 있는데 많은 사람이 무국적 그대로 있어 선거권이나 피선거권은 없고 공직에는 취업할수 있다고함.

　　3) 박형주도 쏘련 국적 취득 신청을 하면 다소 시간은 걸려도 허가될 가능이 많다고 함. 그러나 대부분의 교포 1세들은 언젠가는 자기 고향에 돌아가서 산다는 희망속에 쏘련 국적 취득 신청을 안하고 무국적 상태로 있다고 함.

　　4) 사할린 교포 대부분이 말은 하지 않지만 북괴 김일성 체제에 대하여 매우 비판적인 상태에 있다고 함.

　　5) 박형주는 88년 서울 올림픽 개최 결정등 한국 실정 내용은 비교적 소상하게 알고 있기에 어떻게 그렇게 잘아느냐고 물으니, 사할린 교포 대부분이 한국 남쪽 출신으로 항상 고향을 그리워하고 있으며 고향 소식을 알고저 한국 국제방송을 항상 듣고 있다고 하며, 특히 88년 올림픽의 개최가 서울로 결정됐다는 방송을 듣고 많은 교포들이 눈물을 흘리면서 반가워 했다고 함.

　라. 쏘련 당국의 태도

　　1) 박형주와 가족은 무국적으로 여행증명서를 발급받아 모스크바 주재 일본 대사관까지 가서 사증을 받았으나 쏘련 당국에서도 특별히 까다로운 일이 없이 대하여 주었고 일본 대사관 직원은 매우 친절하게 호의적인 반응으로 대하더라고 함.

　라. 기타

　　1) 박형주는 11월말경 동경에 갔다가 12월초에 다시 오오사카로 와서 다시 만나서 좀더 구체적으로 사할린 거주 교포의 실태, 소련 당국의 태도등에 관하여 자세히 설명하여 주기로 약속이 되어 있음.

　　2) 2차 면담후 상세한 내용을 추후 보고하겠습니다.

　　3) 박형주가 래일할 때 소지하였던 도항증명서 사본을 별첨과 같이

송부하오니 참고하시기 바랍니다.
유첨: 도항증명서와 관계서류 사본 각1부. 끝.[3]

주오오사카 총영사

10. 외무부공문(착신전보)-사할린 교포

외무부
종별 지급
번호 JAW-12255
일시 121501
수신시간 81.12.13. 10:27
발신 주일대사
수신 장관
제목 사할린 교포

　　연: JAW-11497
　　1. 연호 박형주 부처는 딸 및 질녀 국영순과 함께 12.11. 당관을 방문하여 금번 한국정부에서 비용까지 부담하여 동인의 가족들을 도일시켜 상면하게 해준데 대하여 충심으로 감사의 뜻을 표하였음(박형주의 도일 실현 경위등에 관하여는 별도 보고 예정임).
　　2. 한편 동 박형주씨는 사할린에서 동인과 가장 가깝게 지내는 친구인 김덕주(54세)가 친누이 동생을 만나려고 노력하고 있으나 아직 실현되지 못하고 있으므로 이번 박형주의 도일기회에 가능하면 대신 만나보고 그 소식을 전해달라고 요청 받았다고 말하면서 동 김순자씨 부부가 자비로 방일하여 2,3일간이라도 자기와 만날수 있도록 주선하여 주기를 특별히 요청하여왔음
　　3. 김덕주 및 동생에 관한 사항은 다음과 같음
　　　　가. 김덕주는 해방전 만주에서 중학교를 다녔으며 해방후 곧 남한으로 넘어오려 하였으나 38선을 넘지 못하였다함. 그후 1947년 사할린으로 갔다함

---

3) 첨부문서 생략

(본적은 □□□□□)

　　나. 김덕주는 누이동생이 4인(김순자 순덕 순희 순복)이 있는바 이번 박형주가 대신 만나보려는 김순자는 이경호(전 문화방송 부장) 씨와 결혼 유복하게 살고 있다함.

　　김덕주는 사할린에 온후 계속 가족들의 소재를 수소문 하였으나 79년에 겨우 가족소재를 알게되어 서신교환을 하고 있다하며 김순자는 박형주의 서울 친척(국영순)과도 서로 가깝게 지내는 사이라고함

　　다. 이경호 김순자의 현주소: 서울 영등포구 여의도동 1-893, 한양아파트 □□□□□(일정, 아일)

11. 주일대사관 공문–사할린 교포 일본 입국

주일대사관
번호 일본(정)700-835
일시 1981.12.24.
발신 주일대사
수신 장관
참조 아주국장, 영사교민국장
제목 사할린 교포 일본 입국

　　연: JAW-12255
　　대: WJA-11276
　　대호 당관 김석우 정무 과장이 박형주와 면담을 통하여 청취한 내용을 다음 보고합니다.
　　1. 박형주 부부의 일본 일시 귀국 실현 경위
　　　　가. 일본 입국 동기: 일본내 거주 친척(문행자, 국태호 등) 방문 및 한국 거주 가족 상봉 실현
　　　　나. 출국 신청 및 허가 경위 :
　　　　　　(1) 과거 수차에 걸쳐 일본의 가족 방문을 위해 출국 허가 신청하였으나(7년전부터 박형주의 거주지인 사할린의 체호프시(인구 약 7천명)의 공산당 위원회 및 직장 위원회, 그리고 민족 위원회(몽

고 민족)에 신청), 허가되지 않았었음.

(2) 이번 81.2.23. 소련 공산당 제 6차 당대회에 즈음하여 동 대회 준비 위원회에 1월경 2가지의 진정서를 제출하였는바, 첫째는 소련국적 신청이고, 둘째는 일본 거주 친족 방문을 위한 출국 허가 신청이었음.

(3) 상기2가지 진정에 대하여 4월말 소련 당국으로부터 첫번째 국적 관계진정에 대하여는 부결의 통지가 왔고, 2번째 진정에 대하여는 일본에서 보증인이 있고, 일본 측이 입국 허가한다면 소련 당국도 출국 허가할 방침이라는 통보가 왔음.

(4) 이에 따라 일본 거주 친족인 문행자(저 문이화의 형)에 연락(연: 일본(정)700-4121(81.5.22) 첨부 편지)일본 내 수속을 진행케 하였음. 문행자, 미하라 레이 화태재판 실행위 사무국장, 다부지 데쯔야 참의원 의원(민사당)이 외무성(5.21) 및 법무성 관계요로를 방문, 입국을 허가해줄 것을 요청하였음. 7.13. 일본의 외무성, 법무성이 국내절차 완료후 주 쏘련 일본대사관에 입국 허가 조치(도항 증명서 발급)토록 지시하였음.

(5) 한편, 쏘련의 출국 허가를 얻기 위하여 미하라 레이 사무국장이 6.3. 주일쏘련대사관 코마로프스키 참사관(일본17년 근무자, 82.2월경 본국으로 귀환 예정)에게 협력을 요청하였던바, 동 코마로프스키 참사관은 초청자의 거주지를 관할하는 주오사까 쏘련 총영사관에 관계서류를 구비제출토록 하라고 하였음. 작성 제출 서류는 1) 초청장, 2) 재정보증서, 3) 지방자치 단체인 가도마(門真)시장이 동인들을 체제시키겠다는 요지의 보증서, 4) 박형주가 사할린에 가게 된 경위에서 지금에 이르기까지의 "경위설명서"의 4종 이었음.
동 각종구비서류는 모두 일어 및 로시아어로 각각 작성되어야 하며, 과거에는 매우 까다롭게 하였으나, 이번 코마로프스키 참사관에게 요청하였을 때에는, 신청서 작성에 어려움이 있으면 오오사카 소련총영사관 직원에게 연락해 놓을터이니, 찾아가서 부탁하면 도와줄 것이라고 친절하게 답하였고 적극적으로 도와줄 자세를 보였다 함. 이에 따라 오사까 총영사관에 관계서류를 작성 제출하였음.

(6) 11.11. 박형주는 소련 당국으로부터 3개월 출국 허가, 처 문이화

및 딸 박미순은 6개월 출국 허가를 받았음. 동시에 쏘련 당국은 동 가족에게 소련 정부 발행의 무국적 증명서를 발급하였음.

(7) 이와 같은 시기에 모스크바 주재 일본 대사관으로부터 11.24.까지 일본 입국 하라는 도항 증명서가 발급 되었음.

(8) 11.20. 나호트카에서 니이가따로 항공편 일본 입국 하였는바, 동인들은 쏘련 출국시 당국에 400루블의 출국세를 지불하였고, 945루브(306,818엔)을 휴대하였음.

다. 박형주 부부의 일본 입국 실현의 특이점(미하라 사무국장의 분석)

(1) 북괴 국적자를 소련 당국이 무국적으로 인정 출국 허가한 점.(과거 동 부부는 71년 이후 이북 여권으로 이북을 3회 방문한 일이 있음.) 소련 당국은 동인들에게 일본체류시 문제가 생기면 국민과 같이 보호할 것이니 소련대사관으로 들어가라고 하였다함

(2) 지금까지 소련 정부가(특히 중앙 당국)이 사할린 한국인의 어려운 면을 충분히 이해하고 있지 못했는 바, 금번 박형주의 경우 박형주의 진정과 주일 코마로프스키 참사관의 보고가 상호 적절한 시기에 쏘련 중앙 당국의 관심을 모은 것으로 보임.

2. 사할린의 아국 교포의 실태

가. 사할린은 생활 조건이 나쁘다는 이유로 본토보다 20% 임금이 높고, 한국 교포들이 부지런히 일하기 때문에(부인들이 대개 재봉 공장에 취업) 생활 기반이 확고하게 되었음. 대게 자동차를 3가구 당 1대 정도 보유하고 있다 함.

나. 한국에 대해서는 주로 KBS국제 방송을 대부분 청취하고 있기 때문에(이북 방송은 거의 듣지 않음) 한국 사정을 비교적 최근까지 잘 알고 있으며, 또한 한국과의 서신 교환은 2주일 정도 걸리므로 서울 가족들로부터의 서신 및 사진을 쉽게 받아 보고 있음.

다. 2세들은 대륙에 유학을 많이 가며, 소련 여자들과 결혼을 많이 하고 있으며, 일반적으로 임신후 결혼하는 젊은이들이 흔하게 있음.

3. 사할린 교포의 귀환 희망

가. 국적 현황

(1) 사할린 교포는 크게 나누어 소련 국적 취득자, 북괴 국적자, 무국적자로 구분되는바, 실제 순수한 무국적자는 극히 소수임.

(2) 과거 52년부터 소련 국적 받고 싶은자는 받으라 하였으나, 59년까지는 대부분 무국적 상태였음. 59년부터 소련 국적 아니면 이

북 국적을 선택 하도록 권유 받고(그 당시 지방마다 북괴 선전원들이 돌아다녔음), 소련국적이나 이북국적을 많이 취득하였음.

(3) 71년경 북괴측이 여권을 북괴 해외 공민증으로 발급 받도록 권유하면서 많은 사람들이 북괴 해외 공민증 취득을 반대하고 소련 여권 신청하였음. 최근에는 소련 국적을 잘 부여하지 않는데도, 소련 국적을 부여 받을 경우 일본 등 외국 출국이 수월하므로, 소련 국적 취득하려는 경향이 강함. 특히 북괴 국적자의 경우 일본 입국이 불가능하므로 소련 국적 신청자가 많아지고 있음.

(4) 4년전 소련 공산당 대회시 많은 사람들이 소련 국적 신청 청원서 제출하여 대부분 소련 국적 부여 받았다 함. 다만 소련이 이북을 의식하고 있기 때문에 최근에는 신중하게 대처하고 있는바, 지난번 당대회시 소련 국적을 신청하는 청원자가 사할린 지역에서 34명 있었다고 함.(박형주에게 출국 허가 발급하기 위한 사전 조사시 공산당 내부 기관원의 설명이라 함.)

나. 무국적

(1) 무국적의 경우에도 2세의 경우에는 16세의 국적을 선택할 수 있음.

(2) 무국적이라는 이유로 거주 이전에는 사전 허가(특히 대륙으로의 이전에는 1달전 허가)를 얻어야 하나, 좁은 사회이므로 상기 규칙 위반에 대한 규제(벌금)가 그리 엄하지는 않다 함. 기타 사회 생활 일반에서 무국적으로 인한 불편은 느끼지 않음.

(3) 교육상으로 무국적이라 하더라도 커다란 차이는 없으나, 대학 교육중 "의과 대학"에는 진학할 수 없다 함.

다. 귀환 희망

극히 일부 고령자(특히 계속 독신을 유지하는 자) 등이 귀국을 희망하고 있으나, 대부분은 이미 36년 이상이나 그곳에서 결혼, 자녀들이 성장하여, 새생활 기반이 마련되어 있고, 특히 2세들은 사할린을 고향으로 생각하게 되어 버렸기 때문에 일본이나 한국으로 영주 귀환하는 것이 현실적으로 어렵다고 보고 있음. 다만 일시 출국 허가를 받아 친족들을 자유롭게 방문할 수 있게 되기를 희망하고 있음.

4. 귀환 교섭에서의 일본의 역할

가. 박형주의 개인적 의견:

일본은 소극적인 면이 있으므로 한국이 직접 소련과 교섭하는 것이 좋을 것임, 예컨데 핀란드는 소련과 가까우므로 초기 단계에서 핀란드의 힘을 빌리는 것도 좋을 것임.

나. 미하라 레이 국장의 의견:

일본이 박로학씨 등의 항의적인 진전등에 따라 형식상으로는 총리 대신이나 외무 대신도 관심을 표명하고, 쏘련에도 해결을 요구한 것으로 되어 있으나, 실제 적극적인 입장은 아니므로 과히 진전이 없었던 것임. 한국이 소련과 직접 접촉 교섭하는 방안을 신중하게 검토하는 것이 좋겠음.

5. 기타:

가. 동 박형주가 오사까 체류시 주 오사까 총영사관 김 영상 영사가 박형주와 면담, 동인의 출국 경위를 청취하였고, 동인 소지 서류의 사본(제록스)을 떴다고 함.

나. 12.23. 동 가족이 미하라 레이 사무국장의 안내로 동경 관광길에 이께부꾸로 소재 한국문화원을 방문, 큰 감명을 받았고, 다시 12.24. 아침부터 방문 점심을 굶어가면서 한국영화(한국관광, 혈육의정, 춘향전, 문화영화)를 관람하였음. 끝.

주일대사

③ 재사할린 동포 귀환문제, 1982

○ ○ ○

기능명칭: 재사할린 동포 귀환 문제, 1982

분류번호: 791.51

등록번호: 23129

생산과: 일본담당관실

생산연도: 1982-1982

1. 주일대사관 공문-사할린 교포 일본 입국

주일대사관
번호 일본(정)700-13
일시 1982.1.7.
발신 주일대사
수신 외무부장관
참조 아주국장, 영사교민국장
제목 사할린 교포 일본 입국

연: 일본(정)700-835(81.12.24.)

1. 당관 김석우 정무 과장이 82.1.2. 19:00-22:00 오사까에서 박형주 가족 및 김미희(김순자)를 만나 면담한 결과를 다음 보고함.

　　가. 박형주는 이번 일본에 입국하여 한국정부의 깊은 배려로 현여건에서 자기가 희망하는 모든것을 실현하게 되었음에 대해 깊이 감사한다고 말하고, 이번 방일기간중 한국의 참모습에 관해서 자기가 직접 확인한 것은 사할린에 돌아가서도 주위의 동포들에게 적극 설명하겠다고 말하였음.

　　나. 한편, 동 박형주는 자신의 출국허가증이 12.27일 끝나도록 되어 있었는데, 일본에 도착한 후 동창과 친지를 만나기 위해 돌아다니느라고 시간이 부족하게 느껴져, 주오사까 소련 총영사관을 통해 사전에 체제기간 연장 신청을 하였던 바, 수월하게 1.14.까지 연장 받았다고 말하였음. 또한 처 문이화는 82.4까지 체재토록 연장되었다고 함.(당지 미하라 레이 사무국장에게 확인 하였던 바, 소련내에서는 여자들이 45세부터 연금 해당이 되고, 의무적 근로에서 면제되는 바, 처 문이화가 금년 45세가 되므로 장기 연장 허가가 쉬웠다고 함.)

　　다. 동인들은 사할린 귀국후 자신의 자녀 및 처남(문이화의 친동생)이 방일토록 추진하겠다고 말하였음.

2. 연호 보고중 "1" 나. (8) 항의 "나호트카"를 "하바로프스크"로 정정하여 주시기 바람. 끝.

주일대사

2. 외무부 공문(착신전보)-사할린교포 귀환

외무부
번호 JAW-01251
일시 141644
발신 주일대사
수신 장관
제목 사할린교포 귀환

    1. 금 1.14. 당관 김석구 정무과장이 외무성 북동아과 나까모도 과장대리를 방문한 자리에서 금 1.20. 모스크바에서 개최될 일·소 사무레벨협의시 사할린 교포의 귀환문제도 의제중의 하나인것으로 듣고 있다고 말하고 소련측이 귀환 희망교포의 출국에 적극적으로 응하도록촉구해줄것을 요청하였던바, 나까모도 과장대리는 금번 사무레벨회의에는 아주국의 하세가와 참사관도 참석한다고 말하고 동문제에관해서소련측에 출국허가를 촉구할 예정이라고 말하였음.
    2. 이와관련, 나까모도 과장대리는 일외무성내에서는 동문제에 관해 유연한 방법으로 소련에게 요청하는 것이 좋을지, 아니면 국제기구 등에의 호소등 강경방법으로 추진하는 것이 좋을지도 의견이 나뉘어 검토중이라고 말하고, 소련측 태도가 어떻게 변화하고 있는지를 좀더 분석 그 결과에따라 대처해 나가야할것이라고 말하였음.(일정, 아일, 영교)

3. 주일대사관 공문-화태재판

주일대사관
번호 일본(정)700-722
일시 1982.2.1.
발신 주일대사
수신 장관
참조 아주국장
제목 화태재판

화태재판 실행위 뉴스 제39호를 별첨 송부하오니 참고 하시기 바랍니다.
첨부: 실행위 뉴스 제 39호 5부. 끝.

주일대사

3-1. 첨부-실행위 뉴스 39호

1982.2.1. 樺太裁判 実行委員会ニュース
第39号1982年2月1日

裁判日程
第34回口頭弁論2月25日(木)1時~5時
　　　証人　東順伊・厳相憲
　　　　　　　在韓留守家族
東京地裁民事第三部六号法廷(地下鉄霞ヶ関下車)

　　　　　　　　'82迎春　三原　令

　あけましておめでとうございます。裁判で暮れ、裁判で年をとる歳月でありました。
　昨年末、偶然時を同じくして、韓国留守家族とサハリン里帰り家族が来日いたしました。
　これは一重に、弁護団の先生がたと支援のみなさまのお力です。
　空港で40年ぶりで抱き合う、離れ離れの家族たち。ただ、涙涙。置き去りの当事者日本国側が一言もない。しかしそうしたことにさえ無関心が実情である。『『ナチス』を再び蘇らせないと市民裁判の手によってユダヤ人問題にけりをつけた西ドイツは現在、大規模な市民社会の反戦・反核のテコとして生かされている。
　この『樺太裁判』も本来そうした質のものである。取りまく日本人の本質に迫るものである。

　　　　　　　　洛東江　弁護士　久々湊道夫

　洛東江は韓国南部を流れる最も大きな河であり、その流れが非常にゆるやかな

ことで有名である。川口の金海より直線距離にして、一〇〇キロぐらい内陸に入った大邱附近でも、河面は海抜二五メートル程度しかない。日本の河川では考えられないような傾斜であり、なだらかな河の流れである。

昨年、二月の法廷で、在韓留守家族として初めて証人台に立った趙小敬さん、厳相憲さんの村(慶北・達城郡論工面)は、大邱から南西に二〇キロぐらい行った洛東江に面した山村である。一一月の初頭、稲の刈入れが終り、論工面の田ではもみがらを焼く煙がそちこちにたなびいていた。海岸に立って眺める洛東江は、五〇〇メートル以上もあろうかと思われる河巾一杯に多少土砂を含んだような水をたたえていた。私達がみなれている日本の川のように涸れた河原に細く急流がすじをなしているの比べると、静かな湖か大きく淀んだ沼を見る感じであり、近くで河面を見つめても方角にうとい私にはどちらが上流か下流かの区別すらできなかった。

趙さんの生れた村(高霊郡星山面)は洛東江をへだてて対岸にあって、一七才のときこの河を超えて論工面の白氏のところにお嫁に来た。結婚後も河を渡って実家に往復したし、実家の弟はしばしばこの河を超えて嫁に行った姉のところに遊びに来ていた。河を超えるときは必ず渡しの舟頭さんの世話になったそうで、趙さんに実家から婚家までどの位時間がかゝると何回たしかめても、それは舟頭次第だとの答しか得られなかった。

一九四二年旧暦一〇月一六日、趙さんの夫はたまたま遊びに来ていた趙さんの実弟と一緒に、寝ていたところを突然起こされて、サーベルをさげた巡査に着のみ着のまゝで連れ出され、樺太まで連行されて戦後の今日まで帰国出来ないでいる。夫がいつまでも帰れないので、婚家を出された趙さんは、幼い二人の娘をつれてまた洛東江を超えて生れた村まで帰えった。その後染料の行商人となって生計をたてた趙さんは、近隣の村へ大邱へと幾度もこの河を超えたことだろう。

私達が立った河岸はは動乱のとき洛東江防衛線が引かれたところだったそうで、一九五〇年八月から九月にかけて、この河をはさんで何回となく激しい戦闘が行われ、多くの兵士の血が流され、家々はすべて焼け、田畑は砲火に荒された。そのため今でも畑の中から当時の骨が沢山堀り出されるとのことであった。

趙さんとは六年前初めて逢って、今回で二度目であったが、大変苦労された割には物静かな話をする人である。樺太訴訟の原告となっている趙敬奎氏の実姉であり、しかも夫も一緒に強制連行されている。帰還を待ちわびる家族という点では、証人として最適の人であったが、韓国からの証人のトップ・バッターとして、残された家族の苦しみ、悲しみ、帰還の要求を裁判所に強く訴える点では少しおとなしすぎるのではないかと私達弁護団の間では懸念していた。

成田空港に出迎えたとき、なつかしそうに目を細めた笑顔で、少し心細げに手を差し出して来た姿からは、一旦証言台に立ってからのあの激しさは想像を絶するものがあった。一部新聞の報道にもあったように、証言台をたゝき、裁判長やら訊問している私やら通訳をお願した牧師の李大京先生までもにらみつけて、声をふりしぼって「夫や弟を返せ」「返せ」とくりかえし、くりかえし叫び続けたあの激しさ。夫や弟の帰りを待って耐えた四〇年間の長さからして当然の激しさであろうが、「ネーナーラー返して」「ネーナーラー」と繰り返す絶級を聞きながら、しばし間を続ける言葉を失っていた私には、一人趙さんの叫びでなく、あの静かなにん淀んだ洛東江の河底に何十何百年にもわたって沈んでいたものの叫びでもあったかの如くであった。

　　第33回口頭弁論レポート
　　　趙小敬・厳相憲証人　　　　　　　　　　　　鳥居勉

　　十一月二十七日、冷たい雨が降りしきる中を、趙小敬さん、厳相憲さんの二人が、大勢の報道陳のフラッシュを浴びて、東京地裁の法廷へと足を進める。

　　留守家族がはるばる韓国から来日し、証言台に立つというこの日、テレビ・新聞のマスコミ各社が、予想以上に取材に詰めかけ、傍聴席も超満員。開廷前から張りつめる空気が充満していた。

　　訴訟から十九年。いよいよ大詰めを迎えた証人尋問で、夫と弟、あるいは父と奪われた肉親の訴えが、どんな言葉で証言されるのだろう—「戦争責任」に無頓着な日本人が、"戦後は終わった"と豪語し、軍備拡張を急いでいる昨今である。日帝時代の強制連行の事実が、当時を知る韓国人によって明らかにされることは、裁判の証言を超えた歴史的意義があるように思えてならない。しかも証言の場が、あの戦争の最高責任者であったはずの天皇が安穏と暮らす皇居とは至近距離にあることを考え合わせると、なおさら複雑な思いが胸の中に溢れてくるのだった。

　　チマ・チョゴリ姿で証言台に立った趙小敬さんが、宣誓を終え、李大京牧師の流暢な通訳によって証言が一層ひきたつだろうときたいされた矢先、被告・国側からクレームがあった。証人が、出生地をそんなに長く言っていなかった、というのだ。ひとり朝鮮語の心得がある役人がいるらしい。正確に、言ったことを通訳せよ、と注文がつけられた。

　　国家が、いつもそれだけの細かいところまで神経を使っていてくれていれば、

この裁判を起す必要もなかっただろうに――見えすいた牽制が腹立たしい。

十八才の時に、洛東江の流れる慶尚北道達城郡の白家に嫁いだ趙小敬さんは、すでに還暦を迎えている。夫と弟が突然連れ去られてしまったのは二番目の子供がまだお腹の中にいる時だった。

四十年前のその日の模様を趙さんは涙声になりながら、次のように証言する。

朝早く、ニワトリが鳴いていた頃だった。刀をぶらさげた巡査が、いきなり寝室に入ってきて、主人の白東基さんと、遊びにきていた弟の趙敬奎さんを着のみ着のままで連れ去ってしまった。その時は、そんなに長い間遠くへ行ってしまうとは思わなかった。そうと分っていれば、主人を抱き込んで離さなかっただろう。樺太へ連れて行かれたというのは2・3カ月経ってから手紙が届いたので初めて分かった。

趙さんは、当時をふりかえるに従って、激高する感情を抑えきれず、手で証言台をはげしくたたき泣きくずれそうになりながら、「ネーナラ！ネーナラ！夫を返せ！弟を返せ！」と大声で叫び訴えた。

休憩で一息ついた後の証言でも男手を取られ、後継ぎを失ってしまい、母屋には住めなくなってしまった農家の嫁として苦労や、実家の両親の精神的ショックの大きさを強い調子で訴え続けた。そして、「とにかく早く夫を、弟を自分のところに返してくれ！私は、死を覚悟して日本にやってきた。夫と弟に会えると思ってきた。返してくれないのなら、私をここで殺してくれ！」と小さな体からあらんかぎりの声をふりしぼって号泣した。

また、朝鮮戦争の時は、白家も実家も焼けて灰だけになってしまったという。身も心も破壊しつくされてしまった趙さんは、

「苦労した生活を本に書いたら私の背文以上になるだろう。二十才そこそこの若さだったら、苦しさも感じないだろうが……。別れて四十数年、苦しみの生活はとても表現できない。私は韓国には帰らない。とにかく早く、夫を、弟を返してください。それでなかったら殺してくれ！」と繰り返し絶叫、号泣するのだった。

裁判を傍聴していったい人間にとって故郷や肉親、祖国とは何なのだろうと考え込んでしまった。

不幸にして―無責任な言葉では、絶対ごまかしてはならない歴史的、政治的行為を「朝鮮半島の分断」に関して日本政府はとり続けてきた。そして厳密にいえば、その政府を容認し続けてきた日本人ひとりひとりも、加担してきた張本人なのかもしれない。

日本人に生まれた人間は、知らず知らずのうちに「朝鮮人蔑視」の感情を心の片

隅に宿してしまうのであろうか。私自身、いつの頃からか「蔑視」を覚え、いるしか簡単にはぬぐり去れないほどに強固な魂に育っていたことを告白しなければならない。

しかし、中学生の時、初めて歴史的な事実＝強制連行のことを教えられ愕然としたことが、今もありありと思い起こされる。

私にとっては、それが＜朝鮮＞との、そして＜日本＞との最初のぶつかりあいであったのだろうし、出発点であったような気がする。

強制連行のまごうかたなき事実の前に、今再び私は動揺しながら、故郷に思いを馳せているサハリンの人びとのことを(例え全てが強制連行でなかったにせよ)もっともっと直視しなければいけないと痛感してしる。

なお、厳相憲さんの証言は、住所や経歴、家族構成の確認程度で時間がきてしまい、次回引続いて行なわれる。

次回の裁判
2月25日(木)1時～5時
傍聴席を満席にしよう！
(於)東京地裁民事第3部6号法廷

留守家族と13日間を共にして
　　新井佐和子

余りにも刺激の多い十日間でした。紙数の関係でほんの一端しか御紹介出来ないのが残念です。

勿論、つらい悲しい思いばかりでなく、笑いもあり、喜びもありました。それらを通して実に多くのことを学びました。

同行を終えて今思うことは、今まで自分はこの方たちのために、何をして来たのだろう。という疑問です。この方たちの苦難を理解することは到底出来ないまでも、もう一歩だけでも近づく努力を、みながしなかればいけない時が今来ていると痛切に感じます。

≪違っていた名前の字≫

前号ニュースには、趙小慶、厳相坤となっていたが、ほんとうは趙小敬、厳相憲。こちらへ来られて初めて分かった。カラフト問題で調べていると、殆どの人が

名前をいくつも持っていて往生する。戸籍上と通名と更に日本名、又その上サハリンではロシア名だからます／＼もってわからなくなる。

　厳さんの場合は、「幼かったとき、父は私を"相坤"と戸籍名とは違えて呼んでいました。そして手紙にもそう書いてきましたので、父がすぐわかるように、サハリン関係の時は父の呼んだ名を使っています」というのが原因だった。名前ばかりでなく、趙さんは生年月日まで違っている。そのためにビザ申請も手間どり、裁判の調査にもいちいち時間がかかる。人権を無視した直民地時代の政治が、こんな処にも表れている。

　千世帯にも及び家族を探し出して名簿を作られた朴会長の御苦労は実に大変だったとうと思う。

　厳さんに名前の字を訊ねた時、相憲の"憲"を"憲兵"の"憲"と、はっきり日本語の発音で伝われた。自分の父親を連れて行った日本の"憲兵"子供心に焼き付いたその怖しさは、皮肉にも自分の名と共に生きているようだ。

≪厳さんと日本≫

　厳さんは五十四才。十四才の時お父さんを連れて行かれた。小学校は日帝時代の軍国教育で、「君が代」をうたい、「ヒノマルノハタ、バンザイ」と教えられた。来日第一日目の夜、そば屋の天丼を前にして歓迎の意を表すと、お返しに歌って下さったのが日本の軍歌であった。

　ホテルに置いてあった観光ガイドに皇居二重橋の写真があったのをなつかしそうに見ているので、「二重橋、見たいですか」。と訊ねると、笑顔で頷く。都内の観光はたいてい皇居から始まって国会議事堂、靖国神社と続くのがお決りのコース。余り御案内したい所でもないので観光バスを取り止めにしたいのだが、厳さんの意外な御希望に、それでは裁判所へ行く途中、前を通って行きましょう。と雨の中をタクシーで日本橋のホテルから大手町を経て、皇居の御掘端をゆっくり走って見物。

　「厳さん、あれが二重橋です。あの中が皇居。天皇の家です」

　筆談を交えながらの会話で、こちらが"皇居"と書いたら厳さんが"宮城"と書き直す。

　「そも／＼、昔はそう云いました。でもよく覚えていますね。」

　「国民学校の時、"修身"で習いました。」

　「厳さん。日本の天皇が厳さんのお父さんを連れて行ったのではないですか。恨む気持はありませんか？。」

　「いえ……恨んではいません。あの時は戦争だから仕方がなかった。」

　たど／＼しい日本語ながら、その気持が正直なことは、充分読み取れた。

―戦争だから、仕方がなかった―

　その時のことが過ぎたこととして、今更恨むまい。けれども今、現に年老いた父が、極寒の異郷で独り身を守りつゝ帰国を待ちわびている。その父を返してくれさえすれば！

　そんな思いが横顔に表れている。

　厳さんの家の地方は、去年は冷害で凶作、今年は供水のため田畑は全部流され、収穫はゼロだったという。そのような厳しい暮らしの中から経済大国日本に来て、その豊さぜいたくさに批判の目を向けるわけでもなく率直に感嘆し、よいことは何でも吸収しようと熱心に質問しメモを取る。

　法廷で「どうぞ、お願いします。」と深々と頭を下げ、成田を発たれる時には、「感謝しきれない気持ちです。」と涙ぐまれる厳さんを見ていると、こちらは針のむしろに坐らされたような痛みを感じてしまう。

≪言葉≫

　趙さんは全く日本語を解さないが、厳さんは三十六年前まで使わされた日本語で簡単なことは大体通じる。こちらはなさけないことに、「アンニョンハシムニカ」と「カムサハムニダ」ぐらいで全然用をなさない。案内役の大役を仰せつかりながら、モノを覚えるのに最悪な年齢ではどうせ無理なこと、あきらめて、まことに申し訳ない。と最初に謝ってしまった。厳さんには漢字を書けば殆ど通じ合うのでつい、持っていた会話の本もカバンの中に納い込んでしまう。

　それにしても厳さんは、36年間も使わなかった言葉がよく出て来るものと感心してしまう。今の日本の社会科の教科書に、「植民地時代、朝鮮では公用語として日本語が使用されていた」と記されているらしいが、公用語どころか日常でも日本語を強制的に使わされたことが厳さんの日本語でも証明される。

　趙さんの年代では、殆どが学校教育を受けることができなかったし、又女性は家の中に居る風習だったから日本語を強制されることはなかったのだろう。

　私が趙さんの御伴をするに当ってどうしてもこれだけは、と覚えておいた韓国語は、"ファジャンシル"(お手洗い)。あとは、"全く手まねものまねで何とか通じさせようと覚悟を決めた。感情を表すにはなまじの言葉よりも肌と肌で触れ合う方が強い。幸い趙さんは、感受性の強い方だったから、側にいて、手を握りしめているだけで心が伝わってくる。同世代の女同士の悲しみや喜びは、民族を超えて通じ合える。

　しかし、最後に厳さんが「私の日本語が下手で御迷惑をかけました。今度来る時には、もう少し上手になって来ます。」

そう言われた時、言葉のために厳さんを余計に疲れさせてしまって、ほんとうに申し訳なかった。と思った。やはり案内役は言葉の出来る人が勤めるべきであるし、それが礼儀でもある。と感じている。
　≪ネナーラ！（かえして！）ネラーラ！≫
　来日第一日目、滞在中のスケジュールを組もうと、何処か行きたい所は？と訊ねると、「私たちは、裁判に来たのだから、何処へ行きたいとも思わない。連れて行ってくれるなら、サハリンへ連れて行って下さい。」
　この強い意志に接待役の私たちは自分たちの甘さを実に恥ずかしく思った。
　十三日間の滞在中、趙さんの心を占めていたものはサハリンのことだけだった。見たり聞いたりする他のことは、ただ目の前を通りすぎてゆくだけだったようだ。
　一日、上野の動物園を案内したが、そこでも動物を見ては、「動物でさえオスとメスが一緒に暮らせるのに、どうして私はあのように仲良く一緒に暮らせないのか」と、やはり思いをサハリンの夫の上にはせる。
　「日本へ行ったら夫や弟に逢えると思って来た。遭わせてもらえないなら、日本で死んでいきたい。ネナーラ！ネナーラ！」
　法廷での本番を前に何回も行われた打合せ会の折にも、四十年前のその時に戻って目の前に再現されているつらい情景に号泣する。
　この激しい叫びは滞在中何回となく繰返され、その度に側にいる者の胸を痛く刺す。
　四十年間の恨みが一挙に吹き出したものか。それとも四十年間、毎日々々この"ネナーラ"を繰返して生き続けて来たのだろうか。長い間韓国の人の生活に沁みついているという『恨』そのものを目の前にして、そのすさまじさに、ただただ驚くばかりだった。
　男性中心の家族制度の中にあって主を取られ、生きる場を失った女性の「夫を返せ！」という痛烈な叫びは、自分の命を返せ、ということと同じと思う。
　戦争は、女を後々まで苦しめる。他人ごとではない。いつわれ／＼も同じ目に遭わされるか、世界中の女が、夫を息子を"ネナーラ""ネナーラ"と決して叫ぶことのないように、趙さんは自分のことだけでなく、そういう思いも込めて世界に向かって叫び続けることと思う。

　趙さんと厳さん
　吉岡アキ

≪写真≫

趙さんはハンドバックから写真を取り出し、「これは親にかくれて二人だけで撮ったもの、夫の顔も真直には見られなかった若い時のものだよ。」と淋しく笑って手渡してくれました。そこには民族服の晴着をつけた二人が少し離れて写っていました。そしてもう一枚は"夫と仲良しになってしまった弟"が加ったものでした。

幼い娘を抱いて、正装をし、街まで出てきて写真館へいった一日はかなりな田舎で農業をしていた趙さん一家にとっては、とてもたのしいこととして記憶に刻まれた一日だったことでしょう、しかし二人が連れ去られたのは、それから間もなくのことだったと言います。

「別れるために撮ったようなもの」と趙さん。

そしてサハリンから送ってきた原告の趙敬奎少年の写真にぴったり重なり合うものでした。

手紙の往復も間遠にならざるをえないサハリンから、今秋、夫、白さんから写真を同封した手紙が趙さんのところに届きました。

「あなたが日本へいくことは知っている」と言葉少なに書いてあったそうです。その手紙も又、足立の朴魯学会長の所を中継地としてサハリンと韓国を細く細く結んでいる糸に運ばれて趙さんのところに届いたのです。

「私には家がない」と法廷で語った趙さん。この手紙と古い写真を抱いて迎えるお正月はもう何十回になるでしょうか。

≪厳さんの涙≫

いつも感情をおさえ、毅然としていた厳さん。

厳さんたちが東京に着いた翌日は日曜日、朴魯学さんが勤めが休みだからと厳さんたちを自宅に招いて下さることになり、私も同席させていただきました。

「お正月と結婚式が一緒にきたような御馳走だ」と奥さんのおもてなしを心から喜んだ趙さんも、「悲しくて、つらいことが胸いっぱいつまっていて、何も欲しくはない」と、食は進まず、皆を心配させました。

厳さんは初めて会う「樺太帰還在日韓国人会」の人たちと話すことは山ほどある、というようなようすでした。厳さんが隣りに座っていた李義八さんと静かに話していた時でした。二人は涙ぐみ、やがて、涙はその眼から溢れ出ました。

しかし、短い時間が過ぎると厳さんたちは元の静かな語らいに戻っていました。

お二人は何を語っていたのでしょうか。厳さんの涙をみたのはその時だけでした。

≪サハリンに祖父をもつ者≫

厳さんの長男は海軍の尉官だそうです。

「今、遠洋航海に出ています。おとうさん気をつけていってらっしゃい、という電報をジャカルタから打ってきてくれました。」と厳さん。

サハリンに引きたてられていった男を待つ多くの人々。生活を根底から切りくずされた妻、自分の未来を托す者を失った母たちはただただその再開のみを願っている。

そして、その母と苦労を共にした息子の厳さんたちは、母たちに失われた"母と父の人生"を取りもどしてやりたいと切なく願う。

しかし、厳さんたちの息子や娘たちは、そのことの中により多く「日本の本質」を見据えて行くと思う。

日本の要職にある人々が、サハリンの人たちを「何の力もない老人」であり、「切り捨て政策」には、時が味方をしてくれると思っているのであれば、それは大きな誤算ではないか。

"厳さんの息子たち"は確実に韓国社会に育っているのだ。「道義的に日本を許せない」若い力があることに政府当局者は、もっともっと思いをいたして欲しいと切に思う

活動報告

その一

札幌の中村徳三郎さんの努力で「北海道韓国問題キリスト者緊急会議事務局」を取扱い者とする。「樺太残留韓国人の帰還を速かに実現することの請願」署名運動がはじめられました。

―日本政府は、国会では道義的、政治的責任を認める答弁を繰りかえしながら、法廷では法的責任を拒否しつづけています。この態度は日韓両国民の真の友好理解を妨げる行為となっています。

私たちは、日本政府が強制連行に対する法的責任を率直に認め、樺太残留韓国人の故国帰還を一日を早く実現するため手段を講じられるように請願するものであります。

札幌の地から各地へ送り出された請願書は、皆さんの署名で埋められて、心のこもったカンパと共にぞくぞくと事務局に届いて居ります。ありがとうございます。

「東京の方々の活動に連帯する地方の活動がこれからもつづいていく事を願っています」と中村さんからの手紙。

　日々の雑務におわれている事務局としては、札幌からネジをまかれた感じ。近く事務局でも請願用紙を用意することになりました。1枚で10名の署名ができます。協力して下さる方は必要枚数をお知らせください。お送りします。

　なお、中村さんへの連絡は、

〒062　札幌市豊平区豊平四ー一　日本キリスト教会豊平協会

　　　その二

　今回の法廷で証人尋問の通訳という大任をお引受け下さった方は大韓キリスト教会の西新井協会牧師李大京先生です。

　先生は、在日韓国人の権益問題等で幅広く御活動でいらっしゃいますが、このカラフト問題にも早くから関心を持たれ、今回は裁判当日のみでなく、打合せ会、NHKインタビュー、報道記者会見に至るまで前後五日間、全くの御奉仕で御協力下さいました。

　又、万一李先生の御都合がわるくなった時の通訳を、とお願い致しました善隣教会牧師、桜美林大学講師の金潤瑝先生にも度々御足労いただき、急ぎの証拠書類の翻訳に御家族を煩わしていただくなど、心からの御協力をいただきました。御報告を兼ねて、御二方に厚く感謝申し上げます。

　　　その三

　「あんた、あんたはどうして日本へ来たのかね？、同じようにして故国を棄てさせられ、その上に、今までサハリンに残されたままでいる人たちのことをどう思う？、私たちが思ってやらんで、日本の中で誰があの人たちのことを思ってやれる？……。」

　在日のオモニ(母親)たちがまわりの人たちに問いかけながら集めて、寄せてくださった多額のカンパ。

　会員の方のいつに変わらぬ御支援。

　「ニュースで知りました」という方たちからのうれしい御送金。

　そのなかには東京、世田谷区でフランスの家庭料理を習う主婦のグループ「マロニエ」(代表世話人・若林春子さん)の方たちから「三ヶ年のバザーの収益金です」という多額のカンパもあります。

　又、六年前、裁判のはじまったとき、三原事務局長の「今日どうしてもお金がい

るの」という無理な頼みに"ある時払いの催促なし"で用立てて下さった方から、「それはカンパに繰入れだ」といううれしいお申し出を受けました。

　クリスマス近く、サンタクロースは私どものところへもやってきてくれました。

　いずれ会計報告は致しますが多くの方たちに支えられてこそ、在韓の原告の家族を証人として法廷に送ることができたのです。

　本当にありがとうございました。新しく始まるこの一年。裁判は、原告家族の証人尋問第二回から始まります。

　今年も又、変わらぬ御支援をお願いいたします。

　　　その四
　在韓留守家族としてはじめて法廷で証言にたった趙小敬・厳相憲さんは11月21日(土)KAL便でソウル金浦空港から成田へ着きました。

　空港には弁護団の有賀・泉・久々湊先生、「樺太帰還韓国人会」の朴魯学・李義八さん、事務局からは新井さん他が出迎えました。

　趙さんたちは、その前日の夜行で大邸を発った長い旅でした。

　それから裁判の当日までは李先生の通訳による弁護団との打合せが何回も持たれました。

　11月27日(金)裁判の当日は一日中冷たい小雨が降りつづく日でした。

　お二人にはそれぞれ長く会うことのできなかった在日の親戚の人がホテルに訪ねてこられるといううれしいこともありました。

　在日韓国大使館を訪ねて夕刻の趙小母さんの晴れやかだった顔。

　帰国前日の12月2日午後、田淵先生のお力添えで外務省の小倉北東アジア課長に会って、留守家族の実情と帰国実現方を強く要請しました。丁度鈴木第二次内閣の組閣の真最中。外務大臣未定、代る木内アジア局長にも会えなかったのは残念。翌12月3日(木)、KAL便で成田から釜山空港へむけて帰国の途につきました。

　　　その五
　趙さんたちとほぼ同じくした11月20日、サハリンからの訪問客が新潟空港に着きました。

　文幸子さんの妹さん一家の朴亨柱・文李花夫妻と御嬢ちゃんのエフゲーニァちゃん。亡き母金花春さんの墓参と、姉の文幸子さんとの再会のためという旅行目的がかなっての一時帰国でした。

大阪に旅装を解いてからの日々、願いがかなうとは夢にも思ってもいなかった朴さんと現在韓国に住む実姉たちとの対面。

　　サハリンで机を並べて過した旧友たちとの再会の同窓会。

　　サハリンの知人たちから托された"肉親たちへの伝言"

　　肉親たちの安否をたずねる在日のたくさんの訪問客。

　　"母の国韓国のにおい"を求めて訪ね歩いたそちこち。サハリンにいる同胞の分まで見て、感じて、と朴さんたちはどん欲に歩きました。

　　御主人の朴さんは職場の休暇ぎりぎりの1月14日、新潟空港から、多くの人が朴さんの帰りを待つ、サハリンへ発っていきました。

　　人はすべて自国を含むいずれの国をも立ち去る権利、及び自国に帰る権利を有する。

―人権に関する世界宣言―

(후략)

4. 외무부 공문(착신전보)-화태재판 증인 도일

외무부
번호 JAW-02369
일시 151313
발신 주일대사
수신 장관
수신시간 1982.2.15. 16:29
참조(사본) 주 삿보로 총영사(중계필)
제목 화태재판 증인도일

　　대: WJA-0221
　　금 2.15 오전 화태 재판 실행위, 미하라레이, 사무국장이 당관에 연락, 삿보로 테레비가 화태 재류 한국인에 관한 장기 취재 계획을 가지고, 최종적인 준비 단계에 있는바, 약 30 인으로 구성될 취재반이 2.20 경부터 취재활동을 개시할 예정이라고 알려오면서, 삿보로 TV 측은 대호 증인들의 공항 도착 광경부터 촬영할수 있기를 희망하고 있으므로 동증인들이 가능하면 2.20 또는 21 당지에

도착토록 일정을 조정해 주었으면 좋겠다고 알려왔기 보고함.

5. 외무부 공문(착신전보)–사할린교포 귀환문제(3.10 아사히 3면 3단보도)

외무부
번호 JAW-03265
일시 111132
수신시간 82.03.11. 14:51
발신 주일대사
수신 장관
제목 사할린교포 귀환문제(3.10 아사히 3면 3단보도)

　　1. 중공 잔류 고아의 육친찾기 및 귀국 받아들이기 촉진등 +육친찾기의 여행 +이 커다란 반향을 부르고 있는바, 공명당, 국민회의의 후자카와 씨는 9일의 중원예산위에서 일본이 전시중 사할린에 강제연행했던 한국인을 둘러싼 또하나의 +귀국문제+를 다루어 +어떻게든 귀국시키기 바란다+고 호소했음. 이에대해 스즈끼수상은 +쏘련과 기회있을때마다 끈질기게 교섭해서 대처해가고 고자한다+고 약속함. 다나베 총무장관도 +가까운 시일내에 전후 처리문제검토협의회가 열리기때문에 그속에서 어떻게 대처해 갈것인가 검토해 보겠다고 답변했음.
　　2. 후사가와씨에 의하면 전시중 일본이 한반도로부터 강제 연행하여 사할린 의탄광등에서 강제노동시킨 한국인이 지금도 약 4만명 있다고 함. 그러나 일본정부는 그실태를 충분히 파악하고 있지않고, 일본적십자가 과거에 한번 쏘련과 접촉했을때 +일본정부가 받아들인다면 출국시키겠다+라고 했으나 실현되지 않았다고함.
　　3. 이때문에 후사가와씨는 +정부는 우선 조사해야한다. 모두 막연한 생각에 울고 있다. 아직 전후 처리는 끝나있지 않다+고 추궁했음.
　　4. 이에대해 스즈끼수상은 +비참한 상황은 잘알고 있다. 정부로서도 이상황을 방치 해야할것은 아니며, 인도상으로도 어떻게든 하지않으면 않된다고 전향자세를 보였음. 수상은 또한 +쏘련에 실태조사를 요청하고있으나, 소련은 일본국적이 아니기 때문에 일본정부의 발언권은 인정하지 않는다고 매우 유감스런 회답을 하고있다. 지난번 일.쏘간의 사무레벨 협의시에도 제기되었으나, 호의적

인 가능성은 끌어내지 못했다+고 노력하고 있는 사실을 강조했음.

    5. 고위에서 수상은 +쏘련과의 접촉시 기회있을때 마다, 끈질기게 금후도 교섭, 대처해 가고져한다+고 말했음

(일정-아일)

6. 외무부공문(착신전보)-사할린 교포

외무부
번호 JAW-03397
일시 162004
수신시간 82.03.16. 22:57
발신 주일대사
수신 장관
제목 사할린교포

    연: JAW-03265
    대: WJA-03153
    1. 3.16. 당관 김석우 정무과장이 외무성 오구라 북동아과장을 방문한 자리에서 대호 스즈끼 수상 답변과 관련 일정부가 소련측에 사할린 교포의 실태조사를 요청한 사실이 있는지 여부를 문의하였음
    2. 오구라 과장은 지난 1월 모스크바에서의 일쏘 고위 실무협의시 소련측에게 사할린의 한국 교포의 조기 귀환을 촉진토록 요청하였다고 말하고 실태조사 문제는 물론 필요한 일이나 시간이 너무 걸리는 작업이므로 소련측에 요청하지 않았다고 답하고 스즈끼 수상의 국회답변은 언론 보도에 착오가 있지 않는가 생각된다고 말하였음
    3. 한편 오구라 과장은 동건 소련을 통해 귀환교섭을 진행하는 것이 잘 풀려나가지 않는점도 있어 일본 적십자사를 통해 국제 적십자사의 협력을 은밀히 타진중에 있다고 말하고 내부적으로만 참고하기 바란다고 말하였음

7. 주일대사관 공문-화태교포 일시 귀국

주일대사관
번호 일본(정)700-2221
일시 1982.4.8.
발신 주일대사
수신 장관
참조 아주국장
제목 화태교포 일시 귀국

　　　화태재판 실행위 미하라 레이 사무국장은 다부찌 의원(민사당)과 함께 4.2.
주일 소련대사관 Ishenbai A. Abdurazakov 참사관(코마로프스키 참사관 후임,
삿포로 총영사 역임자)을 면담, 화태거주 한국인들의 출국등에 관하여 의견 교
환 하였는 바, 동참사관은 발언내용을 다음과 같이 알려왔기 보고합니다.
　가. 화태거주 한국인을 일본내 연고자들이 일시 방문 형식으로 초청할 경우에
　　　는, 특별하게 어렵게 다루지는 않을 것임. 초청장은 일본어로도 괜찮으며,
　　　이것을 피초청자가 사할린의 지방당국에 제출하고, 출국허가를 요청하면 허
　　　가토록 할것이며, 피초청자가 국가기밀을 다루는 직장(예: 군수공장)이외에
　　　서 근무하는 경우에는 별문제가 없을것임.
　나. 한국에 가족이 있는자들의 경우 한국을 일시 방문하는것은 지금으로서는
　　　불가함. 끝.

주일대사

8. 주일대사관 공문-"화태교포 송환 관계" 외무성 답변서

주일대사관
번호 일본(정)700-2219
일시 1982.4.8.
발신 주일대사
수신 장관

참조 아주국장
제목 "화태교포 송환 관계" 외무성 답변서

　　화태재판 실행위 미하라 국장은 화태교포 송환 문제에 관하여 공명당 구사가와 중원의원의 3.2.자 질의에 대한 외무성의 답변서 사본을 별첨과 같이 전달하여 왔기, 송부하오니 참고 하시기 바랍니다.
　　첨부: 상기 답변서 1부. 끝.

주일대사

8-1. 첨부-답변서

在樺太朝鮮人の帰還問題

一、第二次世界大戦終結直後、南樺太はソ連軍の占領下におかれ、同地域に居住していた日本人及び朝鮮人の引揚げ問題の処理は、連合国の責任の下に遂行されることとなつた。
　　その際、戦前、戦中に南樺太に渡つた朝鮮人に対して引揚げの機会が与えられなかつたが、当時連合国の占領下におかれていた日本政府としてはこの点について関与しうる立場になかつた。
二、一九五二年のサンフランシスコ平和条約によつて朝鮮の我が国からの分離独立が法的に確定し、従来日本国籍を有していた朝鮮半島の出身者は南樺太在住の者も含め日本国籍を喪失した。また日本は同時に同条約により南樺太に対するすべての権利・権原及び請求権を放棄した。
　　従つて、現在日本政府は樺太在住朝鮮人の帰還の実現のために行使しうる法的手段を有しておらず、なしうることは自ずと限定がある。
三、しかしながら、彼らが戦後引揚げの機会が与えられなかつたという過去の経緯に鑑み、政府としては、人道的問題の解決という立場に立つてこれまで度々ソ連側に対し、実情調査を含め好意的配慮を申し入れているが、ソ連側は本問題はソ連と北朝鮮の問題であり、日本と話し合う問題ではないとの立場をとり続けている。
四、一九七五年秋頃、サハリンの帰還希望者が現地当局から日本政府の入国許可さ

えあれば、ソ連側としては出国を許可するという説明を受けたとの情報が伝えられたので、政府は積極的にこれら帰還希望者の帰還の実現をはかるべく入国許可申請を行つた者について入国審査手続を進め四一一名に対し入国許可証を送付した。

　なお、現在までにこのうち三名の帰還が実現している。

四　裁判関係

　　昭和五十年十二月厳寿甲ほか三名より我が国を被告とする行政訴訟(樺太残留者帰還請求事件)が東京地裁に提起され、現在も訴訟係属中である。

(参考)

一、在樺太朝鮮人約四万人(帰還促進団体による)

　(うち北朝鮮籍六五パーセント、ソ連籍二五パーセント、無国籍一〇パーセントと推定)

二、韓国政府提出帰還希望者リスト(昭和四十四年)

　リスト登録者数七、〇〇〇名(うち、一、五〇〇名は日本への引揚げを希望)

三　最近の対ソ申入れ経過

　(一)　四八年十月、田中総理よりプレジネフ書記長へ(田中総理訪ソ時)

　(二)　五十年一月、宮澤外相よりグロムイコ外相へ(宮澤外相訪ソ時)

　(三)　五一年一月、宮澤外相よりグロムイコ外相へ(グロムイコ外相来日時)

　(四)　五二年九月、鴨田外相よりグロムイコ外相へ(第三十二回国連総会出席時)

　(五)　五三年一月、園田外相よりグロムイコ外相へ(園田外相訪ソ時)

　(六)　五三年三月、我が方大使館よりソ連外務省へ

　(我が国が入国を認めんとする者のリストを手交せんとするも先方は受理を拒否)

9. 주일대사관 공문―화태재판 관련 자료

주일대사관

번호　일본(정)700-3770

일시　1982.6.10.

발신　주일대사

수신　장관

참조　아주국장

제목 화태재판 관련 자료

　　　당지 화태재판 실행위(사무국장 미하라 레이)로부터 입수한 관련자료를 별
첨 송부합니다.
　　　첨부: 화태재판 실행위 뉴스 제40호 5부. 끝.

　　　주일대사

9-1. 첨부-화태재판 실행위 뉴스 제40호 5부

　　　樺太裁判実行委員会ニュース
　　　第40号　1982年6月5日

　　　第35回口頭弁論レポート
　　　金貴植・李斗勲証人　西沢公一

　　　4月15日、春の嵐が吹きすさぶ中、50人の支援者が傍聴席をうずめつくして韓国
留守家族の金貴植、李斗勲氏の証言に聞き入った。通訳は金潤璜氏。金貴植さんは
通称余貴礼と言い、一九一八年全羅北道生、17歳の時に小作農の李致明氏に嫁つ
ぎ、長男が一歳の時夫を強制連行された当時家族は夫婦、息子と姑の他、兄弟の子
ども達の面倒も見ていた。社会的にも面長をしていた夫、一家の大黒柱を急に失っ
た家族の苦しみはいか程であったろうか。金さんは年寄りと幼い子どもを抱えて畑
の草取りなどをして生計をたてて、現在も一室に7人家族の生活をしている。
　　　李致明さんが連行されたのは40年11月25日(陰歴)。徴用の話はその前から駐在
所や面事務所からあった。夫は行きたくなかったが国の方針に反対できず、当日朝
食の後、別れのあいさつもできぬ程あわただしく連れて行かれた。近所でも多勢連
行されたがどこに連れて行かれたかも解らなかった。姑が三年間辛抱すれば金を
もって帰ってくるという話をしていた。
　　　連行後何度か手紙が来た。子どものことを心配した手紙であった。姑が亡く
なって電報を打ったら、二・三カ月後に帰るという手紙が来たが、結局その後連絡
が途絶えてしまった。お金は少しづつ3回ほど送ってきた。しかし樺太に行ってい

るということは知らなかった。

　戦後は連絡は全く無くなってしまった。サハリンから帰ってきた人がいるという話を聞いて息子が会いに行って話を聞いてきた。夫が再婚したとの話も聞いた。ソ連人と結婚すると帰れなくなるので韓国人と結婚したとのことである。その後、つれあいが死んで夫も一昨年死んだという事を夫の知人の手紙で知った。

　以上金さんの話は終始控えめなはにかんだような小声での証言であった。連行当日も若妻の身で気ずかしくて奥に引きこんでいた間に連れさられたとのことであるしその他にも度々「恥ずかしくて」と言う言葉が証言の端々に出てきていた。その金さんが夫の死を知った時の心境を尋ねられて立ちあがり、証言台の前の板をたたき折ってしまう程の勢いで42年間の怒り、悲しみをぶちまけた。

　「日本は私達二人の青春を奪ってしまった。一人息子の教育を奪った。私は毎日待っていた。労働で疲れて帰っても夜も寝られなかった。この私達の青春をどうしてくれるのか、補償してくれ、戦争の為に夫を使うだけ使って帰してくれない。裁判なんかいらない。遺骨だけでも返してくれ、返してくれないと韓国にも帰らない42年間の苦しみをどうしてくれるのか、こっぱみじんにしてやりたい。」

　あまりの激しさに裁判長は一時休廷を宣言した。それ以上続けると裁判長としても金さんに何らかの措置を取らなければならなくなるのを避ける為であった。

　金さんの証言は大黒柱を失った家族の苦しみ、夫を失った妻の悲しみをあます所なく伝えているがその他名前や経歴など具体的にソ連からの出国許可や日本の入国許可を得る時の身元確認の難しさを明らかにしている。金さんが二つ名前をもっていることは既に述べたが、夫の李致明氏も戸籍上の名前とは違うとのことである。生年月日も名前も違う人がこれまた生年月日も名前も違う人を頼りに身元を確認することがどれ程困難なことか、しかも身寄りの所在もはっきりせず、読み書きもできずという人が多勢いるのだ。個人の努力だけで帰還を実現するのが不可能に近い理由がここにもある。

　次に李斗勲さんが証言台に立つ。一九三八年慶尚北道生、父親の李徳熙(別名李徳イル)さんは41年弟が生まれてから七日もたっていなかった日。(韓国ではこの期間は家の人以外は産室に入ってはいけない風習がある)母親が産後の肥立ちが悪くまだ床についている時に産室にまで踏みこんだ巡査に連行された。当時祖父は面長をしており地域の青年達を連行されないように逃げさせていた。父親だけが残っていた。どこに連れて行かれたかも解らず、手紙、送金もなかった。父と一諸に徴用された隣村の人からの手紙でサハリンに行ったことがわかった。父の連行後、村に働く若者も居ず、その上凶作で木の皮やひえ、豆かすの残り、ヨモギなどを食べて生

きながらえた。解放まで茶わんにごはんを入れて食べた記憶がない。47年頃満州や日本に行っていたおじさん達が持ってきてやっと生活できるようになった。

　戦後も父との連絡は全く取れなかった。72年にサハリンで死亡したという知らせだけ他の人から受けた。その人はKBS放送で呼びかけたのを聞いてくれて写真を送ってくれた。

　松の木の皮の下にある甘皮をモチにして食べたと貧窮の少年時代を李さんは裁判長を正面に見すえてはっきりした声で淡々と語った。証言はその後中ソ離散家族の会の活動に移る。

　会は70年に大邱で留守家族が10人位集まって発起人となり翌年総会を開いて樺太抑留僑胞帰還促進会として正式に発足した。50数名の家族が集まった。商売をやっている、父を連行された息子たちが中心になっている。一年に一回総会を開き、陳情、文通、家族探し、調査などしている。80年から中国に連行された家族も扱っていることだし、抑留という言葉を使うと印象が悪いのでは、という助言を受けて現在の名称に変更した。10年間に九万件の手紙を扱い、うち、二万件がサハリン関係である。連絡の取れているのは三千百世帯である(80%)。

　最後に李氏は日本人の戦後処理の問題は皆解しており、中国の孤児の一人でもあれだけ大々的に探しだそうとしているのに何故我々だけ放っておかれるのか、と韓国留守家族の苦しみを訴えた。

　李さんは次回の弁論でも引き続き離散家族の会の活動について証言していく。

　79年12月より始まった一連の証人尋問の中で日本政府の責任は既に明らかである。責任があるのであればそれを果す義務がある。法的根拠がないというのであれば作ればよいではないか、サハリンの四万三千人、留守家族50万人の苦しみに頰かむりした法制度は欠陥法制度である。人道的責任はあるが法的責任はないと言うのは詭弁である。全ての法の原点は人道的責任を果す為にあるのではないか。

次回の裁判 6月24日(木) 傍聴席を満席にしよう そしてカンパを是非！！

第34回　口頭弁論レポート
車順伊・厳相憲証人　鳥居　勉

突然の叫びだった。泉弁護人が「最後におっしゃりたいことがあれば──」と促すまでは、しっかりと落ち着いて証言していた車順伊さんが、「ネーナセ！（出せ！）とにかくかえせ！このうっぷんと怒りはどうすることもできない！早く主人をかえせ！」と証言台の板を持ち上げ、激しくたたきつけた。

正に、怒りの爆発だった。

恨みの深さと激しさが、四十年という長い年月おさえていた堰を突きやぶり、噴き出したような怒りのすごさだった。

裁判長も、あまりの勢いと突然のことに当惑しきってしまったのか、しばらく呆然とした面持ちだったが、ついには「とめてください」と制止するように言わざるを得ないほどだった。

****

車順伊さん、数え年七十五才。十六才の時結婚したご主人、厳寿甲さんを、三十四才の時に連れて行かれる。一番下の子供は、まだ一才だった。

一九四二年、陰暦の四月十九日明け方。一人の巡査と白い服を着た男がふいに訪れ、言葉を交す暇もないうちに、厳寿甲さんを着のみ着のままの状態で連行してしまった。

目の見えないお母さんは、「息子を連れていって殺したんだろう殺すために連れていったんだろう」と毎日繰り返して、三年目に亡くなる。

四人の子供を育てる苦労は、本に書けば何冊にもなってしまうし、私が流した涙は、川の涙になるだろう。今だったら犬も食べないような食事の毎日だった──と辛かった生活の模様を話した後、次のように続けた。

「強制連行した日本人に対するうっぷん、そして青春とこの四十年を奪ったうっぷんは、歯でかみちぎっても足りない程です。

主人は今、八十一才です。早くかえして、私と一緒に自分の国の墓に入りたい──そういう気持です。

日本に来て九日目になるが、日本に来たら主人に会えると思っていたのに、今まで会わせてもらえない。とにかく一日も早く主人をかえしてください……。」

感極まった車順伊さんは、ついに冒頭記したような怒りを爆発させるのだった。

****

順序が逆になってしまったが、車さんの証言に先立って、息子さんの厳相憲さ

んが、前回に引き続いて証言台に立った。

　見るからに実直そうな厳さんは、おだやかな口調で、十四才の時連れていかれてしまった父親のことについて語り始めた。

　朝、学校に行こうとする時に、お巡りさんと面書記のような人が押し問答していた。

　お巡りさんは、厳さんの肩をたたいて、早く学校へ行きなさい、と言った。そしてお父さんも、心配しないで学校へ行きなさい、といったので、登校した。が、心配なので早引けして家にもどった。そうすると、お母さんも、おばあさんも、弟・妹たちも泣いていた。お父さんは連行されてしまった直後だった。

　二ヶ月後、手紙がくるまでどこへ連れていかれたかわからなかった。封筒には、樺太豊原市川上村三菱炭鉱と書いてあった。

　約二ヶ月ごとに手紙が届いていたが、「解放」前後から全然こなくなってしまった。

　八年ぐらい前から、再び来はじめた便りの中には、いつも故郷に帰りたいという望郷の気持が、しみじみと受け取ることができた。

　厳相憲さんから出した手紙は、一通もお父さんのもとには届かなかったが、KBSのサハリン向けラジオ放送に出たら、それを聴いたお父さんから手紙がきた。

　証言を終わるにあたって、厳さんは直立不動の姿勢で、裁判長を見つめて語りはじめた。

　「私は今、五十五才になります。父と別れて暮らした年月が四十年になります。

　はるばる日本の裁判所に来ましたが、胸が詰まる思いです。終戦後、四十万の日本人は、全員帰ったのに、なぜ韓国人は残されたのでしょうか。

　裁判長。人道上、日本国が責任をとるべきものはとらなければならないと思います。韓国が弱い国だからといって、見下げてはならないと思います。

　'88年にオリンピックが開かれますが、自分の国を思う同胞たちは、毎年〳〵死んでいってしまいます。日本人が、中国の残留孤児たちを捜していることを知っていますが、とにかく、サハリンにいる四万の同胞を早く帰すよう、裁判長お願いします。

　お話ししたいことは山ほどありますが、それを語るには、明後日までしても足りないでしょう。時間の関係上これで終わらせていただきます。」

　学校で級長をしていたという厳さんは、あくまで礼を正していたが、胸に迫ってくる力強い訴えだった。

＊＊＊＊＊＊＊＊

「ネーナラ！(出せ！かえせ！)」という激しい怒りをたたきつけた叫びが今回も法廷をつんざいた。趙小敬さんの時もそうだった。

　偶然のことではない。ましてや、示し合わせたことではない。四十年という月日の持つ計り知れない重さ。その一日一日にうっ積していった"恨み"の数々が「ネーナラ！」という激しい一語に集約されているのにちがいない。

　まだ三十年も生きていない私に、はたしてハルモニ(おばあさん)たちの抱いてきた"恨"の大きさが、本当に解るだろうかという思いが胸をよぎる。

　裁判官に向って、被告・日本国に向って投げつけられた証人たちの言葉は、おそらく後ろの傍聴席に座っている日本人にも、いや、例えこの法廷の埒外にあったとしても、歴史という動かしがたい過去から逃れられない人間すべてに刻み込まれなければならないだろう。

サハリン裁判支援集会への呼びかけ
超党派による議員立法を！！
──具体的な帰還実現の方法を考える時が来た

とき　　6月20日(日)
ところ 都立勤労福祉会館
　　　　中央区新富一─十三─四十
　　　　☎〇三─五五二─九一三一
　　　　(国電京束駅八重洲口・徒歩20分　地下鉄日比谷線八丁堀・徒歩1分」
一部　PM6時〜7時20分
　　　　映画「忘却の海峡」
二部　PM7時30分〜9時30分
　　　　講演「アジア人の人権とサハリン裁判」
　　　　アジア人権センター事務局行　有吉克彦
裁判報告 弁護団
基調報告 事務局
討論

　　　　　　　(カンパ四百円)

　裁判が始まって7年半になる。論議は出つくし、79年からの証人尋問の中で私達の主張の正しさが証明されてきた。強制連行の実態、サハリン抑留韓国人の望郷の

想い、個人の努力だけによる帰還の難しさ、にも拘らず日本政府が動けば帰還できるという事実、働き手を奪われた留守家族の苦しみが明らかにされた。その間にもナホトカの四人、76年にソ連の出国許可を得てナホトカまで出てきながらも日本の入国許可がまにあわず無念の涙をのんでサハリンに引き返した四人のうち三人までが亡くなったという知らせがあり、今回の証人の金貴植さんや李斗勲さんのように夫、父親が亡くなった人がいる。他にも悲報が届いている。私達の怖れていたことが現実となってきている。連行されたサハリンの韓国人のほとんどが70歳以上になっている。私達は裁判の結果を待っていられない。具体的に帰還実現の方法を考えなければならない。私たちの運動は今まで問題の存在を知ってもらう事に力を入れてきた。連動が始まって10年、一億の人口の中のほんの砂つぶ程ではあるが知られるようになってきた。運動体としても当初あった誤解も解けてきたと思う。今や私達は党派を問わず誰にでも聞いてもらう、話しかけていくという姿勢を一歩進め、党派を問わず支援してくれる人の力を結集して帰還実現の為の具体的方法を作り出していくべきではないだろうか。政府は「法的責任がない」の一点を論拠としている。ならばそれをつきくずす特例法を、今まで国会でこの問題を取り上げてきた民社、社会、自民、公明の議員達を手がかりに超党派による議員立法として成立させることが最も効果的ではないだろうか。政治的思惑がからみ易い困難な道ではある。しかし党利党略を離れて日本の良心を反映すべく議員達に働きかける連動を創り出すことが私連に課せられているのだ。この集会でよりよい道を考えていきたい。

　　李斗勲会長の問いかけ　陳野守正
　　自らをたずねん旅に父母の国踏む孤児多くは年より皺あり(「朝日歌壇」57・3・14)。
　　二月十八日、第二回肉親捜しの旅として「中国孤児」といわれる中国残留日本人が来日し、報道機関は競うように連日大々的に報道して国民的関心を高めた。一方、報道からは欠落されたところで、二月二十五日樺太裁判第34回口頭弁論が東京地裁で開かれた。在韓留守家族の証人として証言台に立った車順伊さん(七十五歳)は、
　　「中国孤児の来日は知っている。夫を早く返してください」
と、陳述をはじめた。
　　翌二十六日、同じ東京地裁で、台湾人元日本兵士の補償訴訟に対し「棄却」の判決が言い渡された。
　　以上三つの事柄は、期せずして戦後処理は終わらないこと、また日本の侵略主

義の犠牲者であることにおいては同質であることを示すものであった。だが、樺太抑留韓国人、元日本兵士の台湾人問題と中国孤児問題とでは、次元を異にし同質とはいい切れないものがあることは今更述べるまでもないことである。

　　＜李斗勲会長の問いかけ＞

　四月十五日の第35回口頭弁論の証人として来日した在韓留守家族の金貴植さんと、中・ソ離散家族会会長李斗勲氏は、証言を終えて四月二十二日帰国された。その前日、川崎市の朴南会氏宅に滞在中のお二人を訪ねた。この席でもひとしきり中国孤児が話題となったが、李会長はおおよそつぎのように話された。

　「中国孤児とサハリン抑留韓国人とではまるで逆になっている。本来なら中国孤児よりも先にサハリンの韓国人を帰国さすべきである。日本人は自分から「満州」に行っだのであり、韓国人のそれとは全く違うのだ。日本人は韓国で行なったことを知らなさすぎる。

　私の母は夫の顔を覚えていない。結婚間もなく両親は無残にも引きさかれた。私が小さい頃毎晩すすり泣きが聞こえてきた。母はふとんをかぶって泣いていたのです。大人になって、母はどんなに淋しく苦しかったかがわかる。これだけいえば他に何も言うことはないでしょう。

　日本国の代表が韓国に来ると韓国人と握手をする。心をきれいにしてから握手をしてほしい。日本人は自分の不利な点はうやむやにしてただ金儲けにやってくる。日本人は自国民のためには金を使い他国民のためには使わない。日本に来て高速道路を通ってみると、周辺の民家のために防音装置がしてある。自国民のためには細かく配慮しながら、どうして日本人の犯した罪のために今も苦悩している韓国人のことを考えてはくれないのだろうか。考えてくれたらとっくに解決していたろう。そればかりか、日本人は今もあの国は貧乏だ、無知だと思う心があるのではないのか。サハリン問題がもし韓国人でなくてヨーロッパ人であったとしたら、すでに解決していたのではないか。

　日本の偉い人が韓国に来て「そうですね、私たちの責任です」といいながら、私が外務大臣をはじめ関係者に手紙を出しても返事一つもらえない、音沙汰なしである。日本人の心底がわからない。また日本人は、人権がどう自由がどうのと語るがその資格があるのだろうか。日本人の心がわからない。腹も立つ。経済も生活水準も高くベトナム難民を助けながら、その前に助けなければならない人を振り向かないでいて一等国のふりをしている。韓国人から、日本人は真に一等国民だといわれる日本人になってほしい。真実の心を持つ日本人になってほしい。

　サハリンの話なら一年、否、十年かかっても語りつくせない。留守家族を訪ね

ると泣かずにおれない深刻な状態である。私は日本人を思うと興奮が高まる一方なので、証言台に立っても心が乱れるのではと二十日くらい眠れなかった。しかし、日本に来て裁判支援の親切な日本人と接して心が落ち着いた。——高木弁護士さんが来韓されて証言に立ってほしいといわれた。私ははじめ会う必要ない、日本に行く必要ないと思っていた。また、敵を知るには敵のことばを知れ、との気持ちで来た。今は皆さんのあたたかい気持ちを知ってそう思った自分が恥ずかしい。証言台に立ち、腹にあった思いを吐き出した今は少しさっぱりした気分で帰国できる、固い気持ちも少し解けました。在日同胞の団結と愛国心の力を知って、下からの同胞の力を強く感じ、日本に来てよかった。」

　日本人に夫を奪われ、誰からの助けもなく、夫の帰国のみに生きる望みを託して耐えている隣国の人々をよそ目に経済成長を遂げてきた日本。また人権、自由を声高に語る日本人。一体、日本とは、日本人とは何なのだろう。日本人は心をきれいにしてほしい。真実な日本人になってほしい。こう語り問いかける李斗勲会長の言葉を、身のすくむ思いで受け止めるのが精一杯であった。

　金貴植さんは終始黙って聞いていた。証言を終えた今の心境を伺うと、

　「夫を返してほしい、それだけです」

との一言が返ってきた。

〈きざまれた太い皺〉

　冒頭の歌によまれた皺の一文字の上に、来日の韓国人も重なる。在韓留守家族の証人、とりわけ老境を迎えた趙小敬・車順伊・金貴植さんたちの額の幾すじもの皺、私にはその皺が最も印象に残った。あの深い太い幾すじもの皺にはどれほどの日本人に対する怨念がきざみ込まれていることであろう。夫を奪われることは家庭を破壊されるばかりか、嫁の座を追われることにもつながっていく——。このことを金貴植さんは証言台で、

　「私は死んだ」

と表現された。

　家庭を青春を粉々に踏みにじった日本人に対する恨みは骨髄に徹すると、証言台でテーブルを蹴倒さんばかりの激しい訴えをされた金貴植さんたちの胸中を理解するには、四十年前に突如夫を奪われた痛恨事はもちろん、その結果、苦しくなるともよくはならないどん底生活に今もあえいでいることを無視しては困難である。

　李会長の問いかけは、「中国孤児より先にサハリン抑留韓国人を帰国さすべきである」と、韓国人になした悔い改めもなく、果たすべき義務も果たさないままに経

済成長を謳歌している日本人への批判とも見られる。しかし、李会長がのべている
ことは、何としても肉親を「早く返してほしい」との心底からの訴えなのである。

車慶泰さんの死
—その他、つもる話—

事務局長　三原　令

（一）

　1982年4月26日、『車慶泰さん』の死去が知らされて来た。私は、とうとうと思い
ながらも誠に残念であった。

　ギョンテさんがまだ元気だった頃、と言っても当時も糖尿病で食事に気を使っ
ていた。

　神戸の繁華街の料理屋さんで、ご馳走をしてくれながら、サハリンの弟さん
"車太燮さん^{チャテーソプ}と会いたいと長い時間語ってくれた。

　1930年代の世界をおそった不況'30年パニックの時代に、ギョンテさんは、朝鮮
半島から京都へ年期奉公に出て来た。

　冬のつめたい鴨川に腰までつかって、友禅染めの色さらしを毎日毎日つとめ
た。休日や余暇は近所の撮影所の斬られ役のアルバイトに精を出した。

　一回斬られていくらなので、何回も斬られたと言う。私の不思儀そうな顔に、
ギョンテさんは、『昔は声出さなかったから、御用！御用！と走る人について走り
廻ればいいのよ。』とオクニ訛りで笑った。戦争が進んで、京都の友禅染めが廃業
になるまで鴨川につかっていた。友禅やめてからはなんでも金になる仕事をやっ
た。ボロ買い。クズ鉄買い。旅館は勿体ないから、列車に泊って日本中を歩き
廻った。旅館は荷物だけを送って貰う宛先に頼んだ。荷物は風呂にも入らず、食事
もしないし、酒も呑まない。大きい駅の旅館とはこうして、荷物のお泊りの契約を
して夢中で働き通した。

　加古川金属をつくって、気がついたら、サハリンの弟を残して五人の男兄弟は
みな死んでしまっていた。『あと一〇年生きたい。生きてサハリンの弟と会いた
い。若い人が羨やましい。』

　涙もろくなったギョンテさんを見るのがつらくて、しばらく訪れないと『あんた
までがワシを見すてたのかァー』と病院から電話が事務所に掛かってくる。『来て
いなぁ……』の声は弱くなっていった。

　ギョンテさんは、見舞う毎に、気が短くなっていた。このようなギョンテさん

の状況を話して、ソ連大使館へ日ソ議連の副会長、田渕哲也議員ともどもに、是非『太變』さんの一時帰国を……の陳情に出かけて、本格的にサハリンへの書類作成にかかったのは、今年の三月末であった。

ギヨンテさんの死の知らせの数日前に来たサハリンからの便りには、『帰国したいばかりに、北朝鮮籍を戦後すぐ取ってしまったので、日本へは行けないものとあきらめてしまっていた。いまは無国籍でいる』と便りがあった。

この手紙も、ギヨンテさんの手に握らせることは出来なかった。——なんとも無念であった。

ギヨンテさんの弟さんの一時帰国のために動いて下さった、多くの方々も同じ思いで、おくやみ電報を打って下さった。これを『空しい』で済ましてよいのであろうか

国立加古川病院の坂道を、サハリンの弟さんに会うためにと、
春浅い日溜りを、付添婦さんに車イスを押させながら、10年生きたいと、気力だけで生きていた『チャーギョンテさん』ごめいふくを祈る

(二)

1月10日、大阪門真市の文幸子さん宅にて、サハリンから一時帰国をしている朴享柱さんを訪ねて見えた、李恢成さんと偶然に出会う、『樺太裁判』について説明をする。——日本人が日本の戦争責任を追求して、日本人の手によつて、サハリン在住の韓国帰還を希望する『朝鮮民族』の委任状によってなされている裁判だと語ると、『自分は誤解をしていた、朝鮮自由法曹協会の出した39ページのパンフレットに依る知識で、今まで樺太裁判を考えていた。しかし、サハリンの人たちを韓国へ帰すことは承服出来ない』と言われたので、『私たち日本人は、北朝鮮、韓国で物を考えているのではない。サハリンへ、戦争で連れていった人間を、『故郷へ帰りたい』と言う人が一人でもいる以上、もとの処へ婦すことこそ当然な処置で、帰りたくないと言う人なちを、韓国に無理に連れて帰す運動ではないと話合った。——何れ、東京でゆっくり話そうと言うことで別れたが、まだ、李恢成さんからは何の通知も来ない。

(三)

3月22日・第七回、内村鑑三先生記念講演会が、岩嶋公先生のお呼びかけで、豊田光の家講堂で開催された。講演会後の夕食会のお席で、政池仁先生・鈴木弥美先

生などの前で、『樺太裁判』についての、現状報告、韓国留守家族証人の来日を説明させて戴いたし、諸先生の今日までのご支援のお礼も申上げることの出来たことを、誠に嬉しく思いました。その折、何よりも嬉しかったことは、一條仁さんが『ご免なさいね』と言って下さったことであった。

世にたつ社会人の男の方から、真面目に深くおわびをされて、私はシドロモドロになってしまったが、私は男の方は立派だと思った

これも前記の39ページが出た頃朝鮮学者として有名な大学教授が

私たちの裁判を、勝共連合に依る運動で、韓国の文鮮明さんのお弟子さんたちによって、韓国政府の援助によってなされている裁判、と発表されたことから始った誤解であった。

友和会のえらい先生方を、そうした連中に利用させられないと、一條さんが、当時のわれわれ実行委にお会い下さった時、こうした運動に馴れないった、素人ばかりで若かった実行委員会は、オカミの聞き込みと取り違えて、一條さんに反撥をしてしまったことである

今、思えば実行委自体が未熟であったせいで、一條さんに悪い点は少しもなかったのに、あやまって戴いて恐れ入ります。あれからもう8年近い歳月が流れた。

つくつぐ運動とは10年経なければものにならないと思い知らされました。一條さん、どうぞ、未熟な『樺太裁判』の、知らずに過す運動体の弱さを、時々、引き締めて下さい。

(四)

札幌、日本キリスト教協議会北光教会の中村徳三郎さんより、横路孝弘議員(社会党)へ、この問題を話してみた。『三原さん、驚きましたネェ横路さんはソ連が帰さないと信じ込んでいましたよ』と、電話の向うの中村さんの声は政治家の無関心ぶりにびっくりしていたようである。

日本YWCA・東京YWCA・湘南YWCAの有志の方々が、神奈川の岩垂壽喜男議員(社会党)、に樺太の韓国人問題を真剣に取上げて欲しいとの話合いがもたれた。こうしたことが突破口となって、横路議員、岩垂議員、大阪の上田卓三議員、鳥取の栂野議員と樺太裁判弁護団の先生方とが話合いを持つことになっている。

昨年末から三次に渡って来日した、韓国留守家族証人趙小慶(61)さん、車順伊(74)さん、金貴植(66)さんの来日と共に、公明党草川昭三議員、自民党今枝敬雄議員、民社党田渕哲也議員、新自由クラブ森田重郎議員と陳情、嘆願を重ねている。

60歳を過ぎ、80歳になった妻が

　"夫をここへ出せ。夫を返えせ。えらい人の弁解や、理屈を聞きに来たのではない。連れていった日本国、返えせないのなら、私たちを夫が生きているうちに、荷札を付けて、サハリンの夫のもとへ送ってくれ。……夫のそばに、日本国よ、棄ててくれ"と泣き叫ぶ姿を黙視出来る日本人はいるであろうか、成田空港に着いた証人たちはその日本の繁栄を見て、リムジンバスの窓に写る"イルボン"(日本)に。『これが夫を神かくしにしてしまった国か』と、口を聞くのも厭になったと言う。

　口だけの日、韓親善ではなく、友□親善を一度でも口にした日本人は、こうした人たちに答えるべきであると思う。

　なおまた、一度でも反戦平和、人間の平等を口にしたことのある日本人は、この人たちの叫びを真剣に聞くべきであろう。

　実行委の新井佐和子さん一人に見送られながら、日本を去っていったこれらの人々、この人々のつける日本人への評価が、真の評価であるように思える。

　裁判は、韓国の証人を、毎回2名出席して戴いています。裁判まで、出国費用、滞在費、たくさんの費用がかかっています。

　大韓婦人会の重なるカンパに救けられ、多くの支援者のお力に頼って今日まで来ております。

　法廷以後は、帰国までを、川崎の朴南会さんとその周囲の方たちによって、韓国証人たちは暖かく帰国までの日を過させていただいています。

　一入でも多くの政治家たちへ、この実情を語って、一日も早い決着をつけてもらいたいものです。

　5月6日、3時、衆議院内閣委員会に於て、樺太の朝鮮人問題を説明する機会を与えられる。各党の根廻しをしておくから、代表する人々によって出席するようにと神奈川の岩垂先生から電話があったと、湘南YWCAから連絡が入る。

　弁護士方と連絡を取ったが、連休あけで、法廷やご出張のくり合せがつかず、三原が内閣委員会へ出席させていただきました。

　内閣委員会に出席した、すべての政党に対して、「樺太裁判」を説明したことは、一九五六年のサハリンからの引揚が開始されてから始めてのことでした。

　軍人恩給、遺族年金、在外財産、補償、シベリヤ抑留者補償を訴える、"戦争被害者"を名乗る日本人たちの参考人に混って

　日本国及び一般日本人の、戦争加害者として、取らねばならぬ責任としての『彼等の帰国』問題を説明させてもらいました。

　私の手許にありました、全国から集っておりました、北海道キリスト教協議会

の作成した署名用紙の署名者二、九八〇名分を持参して内閣委員会へ手渡してきました。

　読んでください(其の一)
　資料が古くなっている。新しい資料を出せ。弁護団事務局からのに要望より100万円の予定で資料作りが始まっています。どうぞ、みなさんのお力で協力をお願いします。高木健一弁護士の目を通された「資料集」は、ばっちりとしたものとしていずれみなさまのお手許に届くことと存じます。
　原後山治弁護士は、高木先生のもとで作られている、「口頭弁論書面」とは別に、裁判当初より集められた多くの資料によって、ノンフィクションのすさまじい、サハリン残留朝鮮人実情をあきらかにして、10年に渡る裁判の貴重な産物として、みなさまに考えてもらう材料としたいと言っていられます。これも、高木弁護士の資科についで検討されていくと存じます。多くの方のご協力を御願い申し上げます。

　読んでください(其の二)
　多くのみなさん。今日までのご支援、本当にありがとうございました。裁判当初、総評、同盟、部落解放同盟位の組織がなければ、このような裁判は無理だ。キューバに咲いた仇花のように、カストロ政椎のように何れ消え去るさ。
　何年持つかなあ……と、革新と言われる人々やマスコミから言われていました裁判が、足かけ8年36回の回を重ねることが出来ましたのは、一重に、弁護団の先生方の暖かいお人柄と慎重な行動の積み重ねのたまものです。
　私たち、実行委員会一同は、こうした先生方と、裁判をご縁にお会い出来たこと、一緒にお仕事が出来たことだけでありがたかったと思っています。
　一年、一年の積み重ねは、それぞれの人々のふと口に洩らす言葉の奥にひそんでいる、組織の思惑、個人の思惑を浮きぼりにさせます。最高学府の大学院でも学べない良い勉強をその折り折りにいたしました。もう一息、みなさんの息切れしないご支援よろしくお願い申し上げます。

　読んで下さい(其の三)
　"戦とは悲しきものよ"　山田ハツエ
　同胞を恋いてはるばる来し人の日本語知らぬ涙の瞳
　帰り得ぬ日本を恋いて泣く人の声今もなお耳をはなれず

戦とはかなしきものよ吾が生れしふるさとさえも奪いてゆきぬ

『ふれっぷ』3号(墓参誌より)

札幌大通公園の活動

内神田のみなさんお元気ですか。先日は三原さんからのお求めにお応えできず残念でした。(※社会党議員へ署名提出するのに上京してくれと頼んだ。)

今日午後一時半から三時半まで大通四丁目で久し振りの街頭署名をやりました。参加者はキリスト者八名でした。STVの映画班が二名取材しにきました。

集った署名は四十五名強、(十名にならない用紙をうめたので正確には不明)カンパは五、九五八円でした。近日中に送ります。横幕を竹竿にはったものを公園の鉄柵にゆわえて紐で張りました。ゼッケンは二人分よりなく残念。ミシンで縫ってくれる坂東キミさんが旅行で間に合はなかったからです。次何には全員着用できるようにします。チラシ千枚は一枚残らず渡してしまったので、同封のものは汚れたやれです。ハンドマイクの原稿を用意したので、北光教会の伝道師、日キの古賀清敬牧師と私の三人でかわりがわりでしゃべりました。終り頃に調子がでてきた程度です。五月晴れの好天気に恵まれ参加者一同満足感を味いました。但し二時間はちょっとキツイから次は一時半でゆこうということに話し合いました。

それから五月十八日北海道韓国問題緊急会議(HECC)主催で学習会「日本帝国主義の植民地政策と日韓の現状」講師は北星男子高校の歴史の先生上杉朋史氏です。会場は北光教会。何人集ってくるでしょうか、HECCは会員七名だけ。北海道キリスト者平和の会と共催で参加者はもっぱらそちらの会員を頼みにしています。

今朝裏の梅がいっせいに咲きました、台所の窓から見える公園の桜も同じです。札幌は今が最高の季節、月寒公園の人出も最高、花見酒に唄う人たちが多くみられます。南半球はこれからが厳寒でしょう。英・アの和平が早くまとまるよう願わずにはいられません。あら、脱線しそうですから今日はこれでやめます。

みなさんのご健康を祈ります。

五月八日、夜、

中村徳三郎

実行委員会の皆様

(후략)

10. 협조문—공산권 거주 교포 모국방문 실현 수속조치

협조문
분류기호 및 문서번호 구동770-76
발신일자 1982.9.11.
발신명의 구주국장
수신 정보문화국장
제목 공산권 거주 교포 모국방문 실현 수속조치

　　대: 정이120.2-175
　1. 대한 적십자사가 국제적십자에 서한을 발송하는 방법에 대하여는 이견이 없
　　　습니다.
　2. 제3국을 통한 외교 경로를 통해 쏘련, 중공측에 협조를 요청하는 방법에 대하
　　　여도 원칙적으로 찬성이나, 다만 많은 나라에 중재를 요청하는 것보다는 1-2
　　　개 국가 또는 기구를 선정하여 교섭을 의뢰하는 것이 보다 효과적일 것으로
　　　사료됩니다. 끝.

11. 협조문—공산권거주 교포 모국방문 실현 후속조치 검토

협조문
분류기호 및 문서번호 정이120.2-175
발신일자 1982.9.8.
발신 정보문화국장
수신 외교안보연구원장, 아주국장, 구주국장, 국제기구조약국장
제목 공산권거주 교포 모국방문 실현 후속조치 검토

　　　대통령각하께서 지난 8.15 광복절 경축사를 통하여 천명하신 "북한을 포함
한 공산권거주 동포들의 자유로운 모국방문 보장"의 후속조치와 관련, 국토통일
원은 별첨 후속조치 검토안에 대한 당부의 의견을 문의하여 왔는바 이를 참조하
시고 아래사항에 대한 귀견을 9.13.한 지급 회신하여 주시기 바랍니다.
　　　　　　　　　　　　　　　　－아래－

1. 국제적십자앞 한적총재 서한발송:

   국제적십자위원회 및 적십자사연맹, 중공 및 쏘련등 공산국가 적십자사
   앞으로 대한적십자사 총재명의 서한을 발송하여

   - 북한을 포함한 공산권거주 동포들의 자유로운 한국방문 보장선언 내
     용과 취지를 설명하고

   - 이들이 대한민국을 자유롭게 방문할수 있도록 인도적 견지에서 가능
     한 협조를 해줄것을 요청함.

2. 외교경로를 통한 협조요청:

   외교경로를 통하여 미국, 일본, 영국, 불란서등 주요 우방국, 아세안제국
   및 주요 비동맹국가들에게 중공 및 소련거주 한국인들이 자유롭게 모국
   을 방문할수 있도록 쏘련이나 중공 당국에 협조해줄 것을 요청하는 동시
   에 유엔등 관련 국제기구 및 기관의 중재를 요청함.

   (외무장관 서한발송 또는 현지 대사가 해당기관 방문)

   첨부: 동 조치 검토(안) 1부. 끝.

정보문화국장

11-1. 첨부-동 조치 검토(안)

공산권 거주교포들의 자유로운 모국방문 보장
선언 실현을 위한 후속조치 검토

1982.9.

국토통일원

1. 목적

   대통령각하께서 1982.8.15 제37주년 광복절 경축사를 통해 선언한 '북한을 포함
   한 공산권거주 동포들의 자유로운 모국방문 보장'과 관련하여 북한 및 공산권
   거주동포들의 자유로운 모국방문 실현을 촉진시키고 실질적인 대한민국의 사회
   개방 노력을 과시하기 위한 구체적 후속조치를 강구, 추진코자 함.

2. 고려할 수 있는 후속조치 사항

가. 당면조치로 고려할 수 있는 사항

1) 국제적십자앞 한적총재 서한발송

적십자국제위원회 및 적십자사연맹, 중공 및 소련등 공산국가 적십자사 앞으로 대한적십자사 총재명의 서한을 발송하여

- 북한을 포함한 공산권 거주동포들의 자유로운 한국방문 보장 선언내용 과 취지를 설명하고

이들이 대한민국을 자유롭게 방문할 수 있도록 인도적 견지에서 가능 한 협조를 해줄것을 요청함.(국내 언론기관에서 동 사실을 확대 보도토 록 조치)

2) 공산권 거주교포에 대한 모국방문 안내방송 실시

KBS 사회교육방송을 통하여 북한 및 공산권 거주교포들의 자유로운 모국 방문 보장선언 내용과 취지를 지속적으로 홍보하면서

- 중공 및 소련등의 거주교포와 국내연고자간의 서신왕래 사례를 소개 (심인방송 강화)하고

- 북한 및 공산권 거주교포의 모국방문 자유화에 관한 구체적 사항은 대한적십자사로 문의할 것을 유도함.(한적주소 및 전화번호 안내)

3) 신원이 확인된 공산권 거주교포 초청

국내거주 연고자와 서신교환을 통하여 이미 신원이 확인된 공산권 거주교 포중 일부를 선정, 연고자 또는 한적이나 KBS 등의 명의로 한국방문 초청 장을 발송함.

* 초청자에 대한 여비 및 체제비 지원 여부 문제 검토

4) 외교 경로를 통한 협조 요청

외교경로를 통하여 미국, 일본, 영국, 불란서등 주요우방국, 아세안제국 및 주요 비동맹 국가들에게 중공 및 소련거주 한국인들이 자유롭게 모국 을 방문할 수 있도록 소련이나 중공 당국에 협조해 줄것을 요청하는 동시 에 유엔등 관련 국제기구 및 기관의 중재를 요청함.(외무장관 서한발송 또는 현지 대사가 해당기관 방문)

5) 전 해외공관에서 공산권 거주교포등에게 입국사증 발급

해외주재 전 아국공관에서 한국방문을 희망하는 공산권 거주 교포들에 대 하여는 입국사증을 자동적으로 발급토록 하는등 거주국 출국 및 한국입국 에 필요한 모든 편의를 제공토록 조치하고 이의 사실을 지속적으로 홍보함.

6) 사업전담기구 확정

북한 및 공산권 거주교포들의 모국방문 사업은 조총련계 동포들의 모국방

문 사업을 담당하고 있는 해외동포 모국방문 추진 위원회에서 추진토록 하되 아래와 같은 업무를 수행함.
  - 북한 및 공산권 거주교포와 국내연고자 간의 심인사업 총괄
  - 방문주선 및 방문시 편의제공(필요한 대상에 따라서는 여비 및 체제비 지원)
  - 제반 홍보업무
  - 기타 모국방문과 관련되는 사항
 나. 발전적 조치로 고려할 수 있는 사항
   1) 공산권 거주 교포 2세의 한국방문 초청
    자유세계에 유학중인 공산권 거주교포 학생 또는 문화 및 스포츠 등의 분야에 활약하고 있는 2세교포를 국내연고자 또는 관련단체에서 초청함.
   2) 국제학술세미나 개최
    저명한 관련 연구기관 또는 대학기관등의 주관으로 한국의 이산가족문제를 주제로한 국제학술 세미나를 오스트리아등 국제적 홍보 효과를 거양할 수 있는 국제도시에서 개최함.
   3) 기타 연구 검토되어야 할 사항
    영주 귀국희망자들의 귀국실현시에 대비한 정착 대책 등

12. 주일대사관 공문-화태재판관계서류 송부

주일대사관
번호 일본(정)700-7467
일시 1982.10.18
발신 주일대사
수신 장관
참조 아주국장
제목 화태재판관계서류 송부

    화태억류 한국인 귀환청구소송 실행위원회가 송부하여온 화태재판 관계 별 첨자료를 참고 바랍니다.
    첨부: 화태재판 실행위 뉴스

공판기록(82.6.24.자). 끝.

주일대사

12-1. 첨부—화태재판 실행위 뉴스

樺太裁判実行委員会ニュース
第41号　1982年9月15日

第36回口頭弁論レポート
李汝宰・李斗勲証人　西沢公一
　今回の弁論は前回に引き続き李斗勲氏一の「中ソ離散家族の会」の活動の証言か
ら始まった。以下は要約である。
　「会」では入会の際にカードに家族の状況などを記入してもらっている。それに
よるとサハリン渡航の形態は95％が強制連行(後述の李汝宰氏の証言でその実態が
明らかになる)残りの5％は家族がはっきり話したがらないのでよく解らないが、自
費で行ったり、女子挺身隊で行ったようである。初期の頃には令状で徴用し、効果
がないと直接連行していった。前回までの証言でも明らかであるが働き手を失った
家族の生活は苦しく、留守家族の70％が生活レベルを「下」(満足に食べられない状
態)25％が「中」5％が「上」としている。年寄り子どもをかかえた妻が再婚するケース
は皆無で、子どもが居ず、現在は親も死んで老齢になって一人で暮らしている人も
多い。崔順姫さんは結婚してすぐ夫が強制連行され再婚せずに帰りを待っていたが
一九八〇年に夫の死を朴魯学氏を通じて知らされると悲しみのあまり行方不明に
なってしまった。夫のことをとても自慢していた人であった。
　サハリンとの文通はほとんど朴魯学氏を通じておこなっている。サハリンに永
住したいという手紙は見たことがない。最近はもう帰還できないのではとの悲観的
な手紙が来るようになった。
　手紙によるとサハリンでの生活レベルは悪くない。自家用車をもっている人も
いる。しかし財産は要らないから帰りたいと書いてくる。本人も家族も帰還して何
年も生きられるものではないということは解っている。願いは一つ、再会したいと
いうことにつきる。老い先が短いということで意志はますます強まっている。家族

達は人権を侵害しているのは日本政府だと思っている。去年も総会で実力行使にでようとしたのを自分が日本も努力しているからとおしとどめた。手紙などから推定するとサハリンで死亡した韓国人は千三百人(会員の家族135人)にのぼる。遺骨だけでも帰してくれと一九八〇年10月赤十字社を通じてソ連に95名の名簿を提出して陳情した。12月にソ連赤十字社より積極的に協力したいがソ連の家族が反対していたり行方不明の人もいて帰せる状況ではないという返事があった。返事をもらえたのはソ連の態度の前進だと思う。

　会では一九七〇年から八二年にかけて国際赤十字社、韓国政府、日本政府などに百九回陳情している。73年9月の国際赤十字社の書面ではソ連政府の態度は日本政府が通過を認めれば韓国への帰還を認めるというものであり、日本政府も積極的であるという感じを受けたが、日本側から受けとった唯一の返答、74年の日本大使からの書面ではサハリンからの出国はソ連政府の決定次第なので交渉中というだけであった。ソ連政府からは遺骨に関しての返答以外は明確な返答を受けとっていない。韓国政府の返答はソ連と国交がないので日本政府と協力して努力するというものであった。私達は日本人を信用できない。責任があるとかないとか言うがどういうことだ。戦争をしなかったと言うのか。家族は一緒に生きる権利があるはずだ。隣の国が困っているのを助けてくれるのが友邦ではないか。何人帰りたいかデーターもつかんでいないし日本政府はやる気を少しも見せていない。担当官を任命して具体的な調査、帰還交渉を始めるべきだ。

　日本人協力者の存在に希望をもっている。韓国の留守家族ももっと積極的に動こうと思っている。過去の責任を問うだけではなく、これからどの様に解決していくかを考えていきたい。

　現在毎月10名位サハリンの韓国人は亡くなっている。早く解決しなければならないのだ。

*

　続いて強制連行に関わった李汝宰氏が証言台に立った。氏の「徴用された家族の怒りは徴用の業務にあたった私達に向けられることを考えると不安」だという気持をのりこえての証言に感謝したい。

*

　李汝宰さんは、一九〇七年忠清南道生まれ、44年に全州府から義勇隊の副中隊長を任命された。前の仕事を止めた所であったので拒否すると自分が徴用される恐れがあったので引き受けた。

　義勇隊は若者を集めて軍隊や労務に志願させ日本の戦争を支援する為にあっ

た。法的根拠があったかどうかは知らない。全州府の労務係から何人出せという通知が来る、自分は病弱な人ばかり出していたので徴用には一人しか合格しなかった。全州府では最初はポスターで募集していたが43年頃から強制的に徴用するようになった。町を若者が歩いていると、住所氏名を聞かれ食料カードをもって出頭するように命ぜられる。出頭すると監視人つき下宿に収容され、一定人数が集まると釜山に送られて身体検査をして徴用された。町のリヤカー引き、靴なおし、物運び屋などが連れていかれた。連れていくのは労務係であり、義勇隊では連行される人の名簿を作り府に提出した。逃げる恐れのある人は帰さないが、恐れのない人は一旦帰して家族に別れをつげさせ、一二年で帰る。食べ物の心配は無いと話した。

徴用を逃れる為には家のどこかに隠れるか、山にこもるか、他の地方の親戚の家に逃げるしかない。徴用する為、夜来て家を探すこともあった。拒否すると「不呈鮮人」となり、食料カードの配給がうけられなかったり監視されたりした。

留守家族の保護制度はなく、働き手を連れて行かれた家族の生活は本当に苦しく、木の皮や芽を食べたりしていた。

未婚の女性は最初は軍需工場などで働かされていたが後では慰安婦として第一線に連れて行かれた。

それでも私達は解放時の日本人の引き揚げに際し、報復しないように努めた。徴用された同胞が帰って来る時も色々な目に会うであろうからという韓国人全体の考え方があったと思う。それなのに40年もたって日本人はサハリンの韓国人をまだ帰さないと思うと本当に腹がたつ、「内鮮一体」を叫び「皇国臣民の誠詞」を強制的に唱えさせて連れて行ったのに……。

李汝宰さんは、当時を思い、今の日本の姿を思う時、この法廷で話したいことは山ほどあるのだろうことは傍聴席にいても感じることができたが、簡潔に質問に答えて終った。

なお李さんは、長年心臓を病っていられるので、御子息がつき添っての来日であった。

前回のニュースで三原事務局長が、在日朝鮮人いの芥川賞受賞作家・李恢成氏と大阪の文幸子さん宅で出会ったことを報告しました。

李恢成氏は文芸誌「群像」(講談社)に本年一月号より"サハリンへの旅"を連載している。その七月号掲載分には、―裁判―の副題がつき、全篇私たちのサハリン裁判のことが書かれている。

氏のこの問題にたいする見方が私たちと異なることは承知している。が、一読した私たちは氏の論理の展開にびっくりした。

　連載そのものが未完である現時点で反論することは氏に対して礼を失すると思う、しかし、私たちの率直な気持を是非とも氏に知ってもらいたいのである。

李恢成さんに言いたいこと。

風戸多紀子

　樺太裁判発足当時には想像もつかなかった二児の母親になって四年。三十?歳の短い人生の中で李恢成氏の名前は三度、強く印象に刻まれている。一度目はやはり、若くして芥川賞を獲得した在日朝鮮人作家李氏の名前。二度目は裁判が発足した直後、氏がサハリン生れであるという事実を知った時。当時思わず「えー！どういう方法で帰ったの」と叫んだものである。現在までも、在サハリン朝鮮人が半島南部(現韓国)の故郷に帰るために、合法的にサハリンから出国できたのは、(一)、日本人妻の同伴者として。(二)、日本に確たる身元引受人がおり彼らが招請した場合(このケースは、戦後から今までに3件のみ)の二つの場合に限られている。その後次第に、李氏の家族が如何にして出国できたのかが判ってはきたが……。

　そして今回三度目の正直で、"群像"七月号「サハリンへの旅・裁判」にぶっかったのだ。そこから、李氏の父上が当時在サハリン朝鮮人の翼賛組織である「協和会」の副会長をされていたことを知った。「あーそうだったのか、それでか！！」要するに氏の家族は、ある特権を利用して、他に術のない在サハリン朝鮮人を置き去りにして、自分達だけが何らかの方法で出国してきたのだ。以上は、個人的な感想であるが、更に、この"群像"に掲載されている文章に対しては、実行委員会としても不快の念を表明しなければならない。

＊　＊　＊

　それは裁判とそれに関連する事柄の記述が、勉強不足と偏見による誤解であるからだ。当にかなつた批判・意見に対してなら反論もあり得るだろう。しかし、このような誤解、しかもそれを公けの文章として世の中に出すことに対しては、氏の作家としての常識を疑うだけである。裁判に関して氏は少しでも事実を知ろうと

したのであろうか？文中「私はかなり以前らこの"樺太裁判"があることを知っていた。(中略)事と次第では、これは私の一族の運命にもかかわってくる問題でもあった。」と述べでおられる。それほどまでに考えておられたなら、何故一度、裁判所の傍聴席へ足を運ばれなかったのか？集会に一度だけでも出席されなかったのか？

　恐らく、氏の周囲でささやかれるくだらぬ噂(例えば、あの裁判にはKCIAや勝共連合が関わっている、等々)を信じ、取るに足らぬものと思われていたのではなかったか？そのように思われていたものを、何故今このような形で取り上げられるのか？一体どのような意図が働いているのか、先ず伺いたいものである。

　更に私達が指摘しておかなければならない二つの誤解がある。一つは訴状に対する認識。「原告等の法的地位は南樺太に連行された当時明らかに日本国籍を有していて、その後サハリンでは如何なる国の国籍も取得していないのだから法律的には日本人である。だから被告国は原告を本邦(日本)に帰国させよ。」という主旨に対する誤解である。しかしこれは氏の言うように、朝鮮人が日本人とされていたあの忌わしい歴史を、一九四五年を境として以前も以後も肯定したわけのものではない。そのような歴史が如何に誤ったものであるか、加害者日本人として今なお改めていかなければならないと思っている。その原点に立ってこそ始まったのがこの裁判である。李氏はこの問題を、当事者間つまりソ連・南北朝鮮間の問題であると述べておられるが、この三国に正常な国交がなく、しかも問題の原因をつくったのが日本であるなら、まず第一に日本が責任を持たなくてはならない。その日本に責任を持たせるために提訴された裁判。朝鮮人のことなど日本の裁判所になじまない、と門前払いを喰わせられないよう、苦心に苦心を重ねて構築された先の訴状。"日本人として連れていったのだから、日本人と同じだけの責任を持て"。つまり"自分達の望む国籍を取得し、行きたい所に行けるようにせよ"というのが主旨である。

　もう一つの誤解は、樺太抑留韓国人会の朴魯学氏に対する言われのない誹謗中傷と、それによって、そのようなリーダーがやっている裁判は信用できないという結論である。李氏は朴氏のことを「この人物は朴正熙政権の出先機関である在日韓国大使館と連絡を取り、時には金大中拉致事件の黒幕を演じたKCIAの金在権公使と秘かに会ったりしながら、在サハリン在住朝鮮人の帰還運動をやってきている。」と述べ、更に朴氏はサハリンでは"虚称英雄"にされている、と人に語らせている。よくも書いたり、と思わずにはいられない。以前から朝鮮問題をやる有志にとって、

朴正煕・KCIA・韓国大使館は三種の神器、踏絵みたいなもので、これらを徹底的に拒否するかそうでないかが運命のわかれ道。徹底的に拒否しない限り、その人物は悪魔の如く言われたものだ。

更に「金在権公使と秘かに会ったりしながら……」の件では吹き出してしまう。一体誰から吹き込まれた知識を、見てきたような事実として書くのか？組織のアジビラならいざ知らず、文芸誌にこのような文章を載せる氏の良識を疑う。

しかし、在サハリン朝鮮人の出身地が多く韓国で、帰国希望の意志がある限り、韓国を全面的に拒否する訳にはいかない。韓国人であり、帰還希望者の意志を達成するため、朴氏が韓国大使館を訪れるのが何故悪いのか？

そして朴氏を"虚称英雄"とあざ笑うに至っては、もう語る言葉もない。私にとって"虚称英雄"という言葉は、在サハリン朝鮮人の朴氏への期待が如何に大きかったかを物語るものと思われる。朴氏自身は一九五八年日本人妻の同伴者としてサハリンを出国してきたものだ。しかし帰国を望みながら、サハリンに置き去りにされた何万人もの仲間。どうして自分達だけが望みを叶えることができるのか、彼らを一日も早く希望する国に帰さなければ。帰還運動がすでに帰還船上で始められたというから、その意志が如何に強烈であったか。李氏にも足立区六月町にある都営住宅を訪れてみることを勧める。何千人もの帰還希望者の手書きの名簿。おびただしい数のサハリンからの手紙。どの文面も帰国を切望し、無言で日本人を告発している。朴氏の地道な活動がなければ、在サハリン朝鮮人の事実も日本の責任も歴史から抹殺されたことだろう。

確かに彼らの活動は現在なお実を結んではいない。裁判が提訴されてからでも七年。当初血判をついて原告になることを望んだ人達が百六十余名。けれども誰一人として希望国に帰国していない。朴氏への過大な期待が、在サハリン朝鮮人の間で逆のものへと変っていくことは容易に想像できる。しかし、何もせずにそれを見ている人が、"虚称英雄"がリーダーとなっている裁判などまやかしだ、とどうして言えようか。

李氏に言いたい。事実を知るためにもう少し謙虚になってもらいたい。下らぬ風聞で物事を判断せず、自分の眼で確かめてから物を言ってもらいたい、と。

サハリンへの旅(6)

『裁判』を読んで

鳥居　勉

　李恢成氏の「サハリンへの旅(6)『裁判』」(群像7月号)は、大きな衝撃だった。

　「樺太裁判」に関心を持つできた人であれば、おそらく誰もが、ただならぬ思いを抱いたにちがいない。私も、可能なかぎり傍聴席に身をおいて、裁判での証言に聴き入り、拙いながらも時には報告文を記してきたひとりとして、この際、率直な気持を述べておきたいと思う。

　私は、李恢成氏の「裁判」批判を読み進むにつれて、敵意をあらわにした表現に我慢ならない思いが胸の中に充満し、激しい憤りの感情が一気に頭に上ってくるのを抑えることができなかった。

　言葉を慎重に選んで書き表わすべき作家が「裁判」をすすめる人たちに対して「正気の沙汰なのであろうか」という一語を投げつけたことに、私の怒りは頂点に達した。

　昨年の暮れ、私は李恢成氏の講演会の折に、束の間ではあったが、「樺太裁判」についての考えを直接たずねる機会を得た。その時にも、李恢成氏は終始「裁判」に対して疑問視している旨述べていた。私は、李恢成氏が、誤解はといて、「裁判」に対しての理解を深めてくれるようにと願いながら精一杯語ったことも記憶している。

　半年を経て、まさかあの李恢成氏が、このような公にする文章の中で、訴状主旨の曲解や歴史認識への非難、贖罪意識のなさを断言してはばからないとは、どうしても納得がいかなかった。

　なるほど「裁判」批判のすぐ後に「市民達は、それこそ贖罪の気持でよかれと思って善意でやっているのはたしかでしょう」と語ってはいる。私も、その「市民」のひとりだと"自負"したい気持だが、しかしそれでは、よこしまな企みを持つ「リーダー」たちに踊らされていることになってしまうのではないか。このように書かれた「市民」が二重にいたたまれない気持にさせられてしまうことに、李恢成氏は気づかなかったのだろうか。

×　　　×　　　×

　私は、日をおいて何度も「サハリンへの旅」を読みかえしてみた。すると意外にも、日本の敗戦後、サハリンに在住する朝鮮人社会の複雑さと、氏の引揚げにまつわる真相に衝撃を全身に受け、感慨に襲われて苦悩する氏の表情が随所に表われていることに気づきはじめた。

　「ほんとうに自由に自分の祖国に往来できる日がくればいいんですがね」と漏ら

したため息にこそ、李恢成氏の重苦しい胸の内を見る思いがする。

　また「朝鮮人という自己の同一性を根本的に懐疑しなくてはならない立場に追い^{アイデンティティ}やられてしまう」という指摘には、私自身鋭い針を突き刺されたような痛みを覚えない訳にはいかなかった。

　確かに、李恢成氏の民族的主体性を最重要視する論は正しく十分理解できるが、それでは、故郷を夢にまで見る年老いた人々の願いを叶えられないばかりか、結果として日本政府の責任逃れを許すことになってしまう現実はどうしたらよいのであろうか。

　私は仮りにこんなことを思う。ひとりの人間が、眼の前に瀕死の状態にある時、いずれ特効薬ができるからといって見すごしている訳にはいかない。多少の副作用があろうと、後遺症が残ろうと、とにかくあらゆる可能な手段を用いて一命をとり止めようと試みることも、また人間に許された一つの方法ではないのか、と。

　問題の根源を探っていけば、第一に日本政府がかつての蛮行を隠ぺいし、現在もその責任を認めようとしないことにある、といっては間違いだろうか。ここで日本政府の認識を改めさせないかぎり、（そのような政府を選び続けている日本人全体の問題でもあると思うのだが）日本が引き起こした数々の行為に対する深い反省も生まれようがなく、事実すら抹殺される方向に進んでしまうだろう。韓国をはじめ、アジアの人々が必死の形相で激しい怒りをたたきつけてきた「教科書検定問題」は、そのことを如実に物語っている。

×　　×　　×

　この夏は、短い夏だったのにも関わらず、頭の中は混乱し、躰は疲れきってしまったような気がする。そんな一夜、なぐさめに酒をのんでいると、朝鮮との関わりが深くなるにつれて、どうしてお互いがこんなにも苦しまなければならないのか――という悲しみに襲われることがある。

　だが、少なくとも「祖国への自由往来」を願う気持は、この問題で胸を痛めている人が共有している思いではないだろうか。

　そして日本政府の責任を追及する一点において、あえて敵対する必要はどこにもないと思えてならないのだが……。

提案します

竹内紀男

一粒百倍運動の提案

　実りの秋も近ずいてまいりました。稲は一代で一粒から約二百粒の子孫を残す、とききます。私たち人間は女性はもとより男性でさえどんな絶倫な人でも各種の条件がそろわない限り、一人で二百人の子供をつくることは不可能でしよう。しかし、心ならどうでしょう。ひとつの心を二百の心に増やせないでしょうか。私はできると思います。そしてそうしなければならない時にきてしまいました。

　樺太で望郷の念にかられている人々はあまりにも待たされ過ぎました。肉親との再会を夢見ながらこの世を旅立つかたがめっきり増えているとききます。裁判もきわめて困難な状況のようです。

　こうした厳しい環境の中で、現状を打開する手立てはあるのだろうか、と私は考えました。そして次のような結論に達しました。

　すなわち一人でも多くの人々に樺太抑留の悲しい事実を知らせ、当問題についてできるだけ多くの人々の判断をあおいだらどうだろうか、と。

　来年は参院選の年でもあります。樺太抑留問題への多くの人々の関心が当問題を政治の場に浮揚させるチャンスになれば、とも考えます。

　このようなわけで私は心あるかたがたに次の提案をします。

　それは、今より一年間のうちに人で百名の署名を集める、ということです。

　稲にはおよびませんが、あなたのひとつの心をあなたと同じ百の心に増殖させて下さい。本会の会員は千三百名です。したがって、一人が百名ずつ署名を集めれば一三万の署名となります。もっともっと多くの署名を得たいのですが、当面の目標としてはこの程度で仕方がないと思います。また選挙における一三万票はそれ程軽いとは思われません。当問題をアピールするにはかなり役立つのではないかと思います。

　是非、私の提案にご賛同を願います。

　以上の竹内さんの提案を当委員会は全面的に支持します。そして、ご賛同なさって下さる方は事務局までお申し出下さい。署名用紙を送ります。

一円玉の効果的な使い方

　最近、五百円硬貨が出回ってきました。私の財布にもやっと一枚だけ舞い込んできました。もっとも翌日の昼食代としてさっさと行ってしまいましたが。

　五百円玉が財布の中で大きな顔をしはじめると、可哀相なのは一円玉。またみじめな思いをしなくてはなりません。財布のご主人様まで差をつけます。邪魔者あつかいにさえされかねません。私は一円玉をながめながら「やせ蛙、負けるな一

茶、ここにあり」の心境になってきました。そこでまたひとつの提案をさせていただきます。

　五百円玉はもとより千円札や一万円札でさえ、金で買えるものしか買えません。世の中には金では買えないものがあります。もうおわかりでしょう。私は、一円玉によって金では買えないものを手に入れましょう、と提案したいのです。

　当委員会の台所も、多くの胃袋を満足させるのにかなり苦労しているようです。

　みなさん、いかがでしょう。みなさんの財布や、引出しの隅に一円玉が泣いてはいませんか。どうか一円玉を大切にしてあげて下さい。そして当委員会まで送ってやりましょう。

　一円玉で、金では買えない大きなものを得ようではありませんか。

　第37回公判
　9月30日
　是非傍聴を！！そして是非カンパを！

　夫は、父は、なぜ還れない！！
　過酷にロケしてその叫びをきいた映画「忘却の海峡」
　フィルム無料貸出しをしています。各地で上映会を企画してください。

(후략)

13. 중소이산가족회 공문-협조 의뢰

중소이산가족회
번호　중소 제328호
일시　1982.10.18
발신　중소이산가족회장 이두훈
수신　외무장관
참조　동북아1과장
제목　협조의뢰

1. 본회에서는 현재 진행중인 사할린억류 한국인 송환 재판에 본회 간부 2명 정도를 비용 자부담으로 재판 과정을 청취하고 우리부모 형제를 위하여 노력하시는 여러분들을 격려하고 일본의 관심있는 여러분들 만나 조속한 송환을 촉구할 예정입니다.

2. 7년여 동안 재판을 하고 있었으나, 가족측에서 참여하지 못하여 안타까웠으나 앞으로 제38차 재판(1982.11.30)부터는 가능한 한 참여코저 하오니 초청장 없이 여권을 발급하여 주시는데, 협조하여 주시기 바랍니다.

3. 본회에서는 5박 6일 정도 일정과 비용 자부담으로 하고 있으며, 뜻있는 재일동포들께서 숙식제공 약속받고 있사오니 가능하오면, 제출서류의 종류를 알려 주시기 바랍니다. 끝.

중소이산가족회장 이두훈

④ 재사할린 동포 귀환문제, 1983. 전2권

○ ○ ○

기능명칭: 재사할린 동포 귀환 문제, 1983. 전2권(V.1, 1-7월)

분류번호: 791.51

등록번호: 23130

생산과: 재외동포영사

생산연도: 1983-1983

1. 기안-자료송부

문서기호 분류기호 아일700-98
시행일자 83.1.14.
기안책임자 박승무, 동북아1과
경유수신참조 주일대사
제목 자료송부

　　사하린 교포관계 자료를 별첨과 같이 송부하니 업무에 참고하시기 바랍니다.
　　첨부: 책자 3부. 끝.

1-1. 첨부-사하린 교포 관계 자료

화태거주교포 귀환문제에 따른 현황

1983. 2.
대한적십자사

1. 교포 현황

1973년 당시

교포수	국적별			귀환희망자수	
	북한	소련	무국적	한국	일본
40,000	24,000 (64%)	10,000 (25%)	6,000 (15%)	5,500	1,500

2. 귀환자 통계

약2,000명

1958년 이전 일소국교정상화직후	1959-1977
1,794명(486세대)	200명(추정)

x 일본 여자와 결혼한 한국인

x 일본인의 일본으로의 귀환은 1953년부터임.

3. 귀국희망자 통계

970세대 3,563명(독신자 383명 포함)

재일화태귀환 한국인회 제공

x 중소 이산가족회에서는 1982년 9월 1,680명으로 발표

4. 대한적십자사의 노력

1956년 5월 icrc 대표 미첼(William II. Mitchel) 일행 내한시 이산가족 재회에 대한 의견 교환

1959년 4월 ICRC 부위원장 쥬노박사 내한시 화태교포 문제 논의. (쥬노 박사: 적십자 계통으로는 어렵고 정치적 해결을 요한다고 말함)

1959년 6월 대한적십자사는 화태교포의 국내연고자들로부터 화태교포 1,820명(1,147건)의 명단 신고 접수.

1960년 8월 ICRC 부위원장 쥬노박사 극동지구 여행중 재 내한(부산에 억류중인 일본어부 시찰차)시 국내연고자 1,000여명이 화태억류 교 포의 귀환을 희망하고 있다고 알림.

1961년 대한적십자사는 화태교포 실태파악을 위하여 ICRC대표를 화태 에 파견해줄것을 요청.

ICRC는 이 문제를 가지고 일.소적십자사와 접촉했으나 별무효과 (일·소 국교 정상화 이전이라 성과가 없었던 것으로 사료됨.)

1967년 10월 재일 화태억류 귀환한국인회(현 화태귀환 한국인회 회장 박노학)로부터 귀환희망자 명부 접수

일본희망	334세대	1,576명
한국희망	1,410 〃	5,348 〃
계	1,744 〃	6,924 〃

1969년 10월 적십자사 연맹 부의장 스티븐슨(William E. Stevenson)씨 내한시 화태교포의 조속한 귀환을 촉구하는 각서를 수교.

1972년 8월 대한적십자사는 화태교포의 문제에 관한 공한을 소련 적십 자사에 발송. (회답 무)

1972년 10월 제89차 적십자사 연맹집행위원회에 참석한 대한적십자사 총재(당시 김용우)가 ICRC위원장 나빌(Naville)씨를 방문하여 화태교 포문제에 협조를 당부.

ICRC의 입장

* ICRC는 이 문제에 관해 계속적인 관심을 갖고 있으며,

* 전체적인 문제의 일시 해결보다는 가능한 한 한두명이라도 송환되는 길을 트는것이 좋고,

* 이에는 한국에 있는 연고가족들의 개별적 요청이 중요함을 강조.

또한 대한적십자사 총재(김용우)는 적십자사연맹 사무차장보 브라디밀·세뮤카(소련인)와 따로 만나 한적과 소적간의 관계개선을 협조해주도록 요청.

한편 동회의시 대한적십자사 대표단의 일원이었던 한적사무총장(김학묵)이 귀로에 일본적십자사 부사장 다나베(田辺繁雄)씨와 만났을때 다나베씨는,

화태교포는 모두 일단 일본으로 송환했다가 한·일간의 협의에 따라 최종정착지를 협의하는 것이 가장 좋은 방법이며 이 문제를 일본 정부에 건의하겠다고 말함.

1972년 10월 대한적십자사는 ICRC의 나빌 위원장에게 한·소적 십자사 간의 관계개선 요망 공한 발송. 아울러 적십자사연맹 사무차장보 세뮤카씨에게도 한·소적십자사간의 관계를 친밀하게 할뜻이 있다는 의견을 공한으로 발송.

1972년 11월 세뮤카씨는 대한적십자사의 뜻을 소련적십자사에 통보 ICRC 나빌 위원장도 한.소적십자사 간의 관계 개선 문제로 제네바 주재 소련대표부와 접촉했음을 통보.

1973년 8월 ICRC의 신임 위원장 로저·갈로팡씨는 소적 50주년 기념식 참석차 모스크바 방문시 소적 대표에게 대한적십자사 대표가 소적을 방문하기 위하여 소련에 입국할 뜻이 있음을 통보한바 소적 위원장으로부터 좋은 생각이라는 답을 들었다고 알려옴.

1973년 10월 제21차 적십자국제회의(이란, 테헤란에서 개최)시 대한적십자사 국제부장(윤여훈)이 소적 국제부장을 만나 화태교포 문제를 거론했으나 소적으로서는 이에 답할수 있는 입장이 아니라는 말을 들음.

1974년 일본정부는 화태교포 귀국희망자 명단(45가구 201명)을 주일한 국대사관에 넘겨주면서 한국이 받아들일 경우 일본정부가 협조하겠다고 함.

대한적십사는 외무부와 보건사회부를 경유하여 동건에 대해 통보

를 받고 이들이 귀환될 경우를 대비해서 도착일부터 10일간의 수용구
호 계획을 수립했었으나 진전 없었음.

1980년 7월 중·소 이산가족회로부터 화태에서 사망한 93구의 유해 본
국 송환 협조 접수(외무부, 보건사회부).

1980년 11월 대한적십자사는 중.소 이산가족회로부터 확실한 명단(93구)
을 제출받아 ICRC에 송부 협조 요망.

1981년 11월 ICRC로부터 회신 접수

사망자 93구중

19명에 대해서는 현지 가족이 송환 반대.

15명에 대해서는 가족은 물론 사망장소도 알 수 없음.

59명은 등록이 되어 있지 않아 확인 불능.

-이상-

KOREANS 2-4

TOKYO, FEB. 4 (UPI)――JAPANESE LAWYERS HAVE STEPPED UP A CAMPAIGN TO BRING HOME ABOUT 43,000 KOREANS STRANDED ON THE SOVIET-HELD SAKHALIN ISLAND SINCE THE END OF WORLD WAR II, THE BAR ASSOCIATION SAID FRIDAY.

THE JAPAN FEDERATION OF BAR ASSOCIATIONS SAID IT HAS SENT A WRITTEN REQUEST TO U.S. PRESIDENT REAGAN, SOVIET PARTY LEADER YURI ANDROPOV, SOUTH KOREAN PRESIDENT CHUN DOO HWAN AND LEADERS OF OTHER PARTIES AROUND THE WORLD FOR HELP IN SOLVING THE PROBLEM.

+WE HAVE BEEN MAKING OUR EFFORTS TO SOLVE THE PROBLEM FOR HUMANITARIAN REASONS AND WE WILL CARRY ON THE CAMPAIGN UNTIL IT IS SOLVED,+ A SPOKESMAN FOR THE FEDERATION SAID.

MOST OF THE KOREANS WERE FORCIBLY TAKEN TO THE SOUTHERN HALF OF SAKHALIN, AN ISLAND OFF THE COAST OF SIBERIA, BY THE JAPANESE MILITARY DURING THE WAR TO ENGAGE, IN HARD LABOR. AT THE TIME THE ISLAND WAS PART OF JAPANESE TERRITORY.

THE KOREANS BECAME STATELESS AT THE END OF THE WAR. MAKING IT DIFFICULT TO BRING THEM HOME, THE SPOKESMAN SAID.

JAPAN'S EFFORTS TO REPATRIATE THE STRANDED KOREANS HAVE
SO FAR FAILED BECAUSE OF DIPLOMATIC BARRIERS.

THE SOVIET UNION HAS NO DIPLOMATIC RELATIONS WITH SOUTH
KOREA, AND IT CLAIMS JAPAN NO LONGER HAS SOVEREIGNTY OVER
THE KOREANS, WHO LOST JAPANESE CITIZENSHIP UPON JAPAN'S
DEFEAT IN WORLD WAR II.

THE QUESTION WAS TAKEN UP IN DISCUSSIONS BETWEEN JAPANESE
PRIME MINISTER YASUHIRO NAKASONE AND SOUTH KOREAN PRESIDENT
CHUN DOO HWAN WHEN NAKASONE VISITED SEOUL LAST MONTH.

MOSCOW HAS DECLINED JAPAN'S OFFER TO BRING THE KOREANS
TO JAPAN AND SEND THEM HOME TO EITHER NORTH OR SOUTH KOREA.

THE SOVIETS ALLOWED ONLY THREE KOREANS TO LEAVE THE
ISLAND BETWEEN 1976 AND 1981, WHILE REFUSING TRAVEL PERMITS
TO THE OTHERS.
UPI 06:05 GMT
=02040606

2. 외무부공문(착신전보)–사하린 교포 문제

외무부
번호 UNW-511
일시 04041935
수신시간 83.04.05. 11:34
발신 주 유엔 대사
수신 장관(국연, 해공)
제목 사하린 교포문제

1. 당지 G.SILLA 사무총장 부대변인이 금일 유엔 NOON BRIEFING에서 밝
힌바에 의하면, 사하린 한국교포 문제와 관련하여 일본법율가협회에서 유엔에
청원서를 보내와서 이를 접수하였다함.

2. SILLS 부대변인에 의하면, 상기 청원서는 COMMISSION ON HUMAN

RIGHTS의 "1503 PROCEDURE"에 따라 진정건이 처리되도록 요청하고 있었으며, 따라서 동절차에 따라 처리되도록 CENTER FOR HUMAN RIGHTS에 이송되었다함.

동절차에 따른 심의 CONFIDENTIAL한것으로 비공개 회의에서 다루어진다고 함.

3. 상기 NOON BRIEFING 내용과 관련, 당지 K.HINDELL BBC특파원은 당관 백낙서 공보관에게 사하린 교포들의 현황에 관하여 문의하여 왔던바, 백공보관은 77년 대한적십자사 간행 DISPERSED FAMILIES OF KOREA의 관련자료에 의거, 사하린 교포문제의 배경 및 현황을 사실위주로 설명해주었음.

4. 상기 진정건 진전사항등 파악 추보위계임.

5. 사하린 교포문제와 관련, 정부의 방침등 관련사항 있으면 통보바람.

3. 외무부공문(발신전보)–사할린 교포

외무부
번호 WJA-960
일시 04121830
발신 장관(국연)
수신 주일대사
제목 사할린 교포

1. 주유엔대사 보고에 의하면, 유엔 사무총장 부대변인은 4.4 Noon Briefing에서 사할린 한국교포 문제와 관련, 일본 변호사연합회로부터 청원서를 접수하였으며 동 청원서는 인권위의 인권관계 서한 처리 절차에 따라 Center for International Social and Humanitarian Affairs에 이송되었다고 밝혔음.
2. 일본 변호사 연합회측을 접촉, 동 청원서 사본 입수 송부바람. 끝.

4. 국제기구조약국 보고사항–사할린 교포 문제

국제기구조약국 보고사항

일시 1983.4.12.

국제연합과

제목 사할린 교포문제

1. 문제의 제기
   - 최근 일본 변호사협회는 사할린 한국 교포 문제와 관련, 유엔 인권위에 청원서를 제출하였으며 지난 4.4. 유엔 대변인은 유엔이 사할린에 억류된 한국인 노동자의 귀국에 협조 노력할 것이라고 언급함.
   - 동연합회는 1983.2.1. 전두환대통령각하 앞으로 아국정부가 사할린 교포의 조속 귀환을 위해 노력하여 줄것을 청원하는 서한을 송부하였으며 아국 정부는 이와 관련된 외교적 노력을 계속할 것이라 회신 조치함.

2. 청원서 처리 전망
   - 83. 8월 유엔 인권소위의 실무반(Working Group) 심의를 거친후 84년도 유엔 인권위에 회부되어 경제사회이사회에 보고될 가능성이 있음.
   (경제사회이사회 보고전까지 비공개 심의 예정)
   - 경사리 보고시 동문제에 대한 국제적 여론을 환기하게 될것으로 보임.
     * (소련 및 일본은 84년도 유엔 인권위 회원국임)

3. 참고사항
   가. 억류현황
     ○ 1937-45년간 일제에 강제 등용된 동포 약 4만 5천명이 현재 사할린 (주로 남부)에 잔류중.
     ○ 이중 약 2,000명이 한국으로 귀국키위해 무국적 상태로 남아 있으나 소련의 출국 금지와 일본의 입국 불허로 계속 억류 상태임. 생활 편의상 북괴 및 소련 국적 취득자 증가 추세임.
   나. 관계국 입장
     1) 한국
       귀환자의 최종 정착지는 귀환자의 의사에 따름.
     2) 일본
       귀환자는 전원 한국에 정착해야 함.
     3) 소련
       공식적으로 사할린에는 귀환 희망 한국인 없다는 태도.
     4) 북한
       북괴적 취득 종용 계속.

다. 귀환 교섭 경과
　　― 1966년부터 일본 정부로 하여금 대소교섭 전개토록 강력요청.
　　― 1975년부터 개별 귀환 추진. 끝.

5. 주일대사관 공문-사하린 교포문제 관련 청원서

주일대사관
번호 일본(정)700-2353
일시 1983.4.14.
발신 주일대사
수신 장관
참조 국제기구조약국장, 아주국장
제목 사하린 교포문제 관련 청원서

　　대: WJA-960
　　대호, 청원서를 입수, 별첨 송부합니다.
　　첨부: 상기 청원서 사본. 끝.

　　주일대사

5-1. 첨부-청원서

JAPAN FEDERATION OF BAR ASSOCIATIONS
1-1. KASUMIGASEKI. 1-CHOME CHIYODA-KU. TOKYO
CABLE ADDRESS BAR FEDERATION
TELEPHONE (580) 9841

To : His Excellency Javier Perez De Cuellar Secretary General of the United
Nations United Nations New York. N.Y. 10017 U.S.A.

Petition for Cooperation in the Homeland Rapatriation of Ethnic Koreans Residing in Sakhalin

Japan Federation of Bar Associations is a non-profit organization established under the Attornys-at-Law Act of Japan (hereinafter referred to as "the Federation") which engages in the activities of supervision and guidance of attorneys and bar associations and protection of fundamental human rights. This petition is made in order to gain your support for the cause described in the "Summary of the Petition" set forth below.

This petition is submitted by the Japan Federation of Bar Association in behalf of certain persons currently resident in the Sakhalin area in the Union of Soviet Socialist Republics in accordance with the procedures set forth in ECOSOC Resolution 1503.

The Federation hereof requests you cooperation in order to realize the hope of certain e□□□ Koreans (hereinafter referred to as "Koreans") now living in the Sakhalin region of the Union of Soviet Socialist Republics (hereinafter referred to as "Soviet Union") be repatriated to their homeland, the Republic of Korea and. in some cases. to Japan.

II. The Basis for the Petition

1. Summary of the Investigation by the Federation

In 1975, the Federation received a request from the Committee of Koreans Resident in Japan for Sakhalin Repatriation (hereinafter referred to as the "Repatriation Committee", Pak No Hak. President) concerning the issue of repatriation of Koreans resident in Sakhalin to their homeland, the southern part of the Korean Peninsula. (now the Republic of Korea). The investigation that followed resulted in the First Investigation Report of July, 1981 (in Japanese, size B5 paper, 107 pages), summarized below.

2. Summary of the First Investigation Report concerning Repatriation of Koreans in Sakhalin

(1) Summary of the Request for Assistance

The summary of the Repatriation Committee's request for assistance addressed to the Federation is set forth below.

At the end of the Second World War there were approximately 43,000 Koreans remaining in Karafuto (now Sakhalin) who had been forcibly relocated as subjects of Japan during the period when Korea was a colony of Japan and were made to work in coal mines and other such projects. The overwhelming majority of these people came from the southern part of the Korean Peninsula (now the Republic of Korea) All of them desired to return to their homeland at the end of the war but they have not had the opportunity to be repatriated to this day. Over the years of living in Sakhalin, many of them have obtained citizenship of eit□ the Soviet Union or the People's democratic Republic of Korea and could not help but give up hope of repatriation. Nevertheless, in 1967 there were approximately 3000 Koreans seeking repatriation.

Despite the various desadvantages in daily life that result, the great majority of the persons seeking repatriation have "maintained" their status as stateless persons under Soviet law. wholeheartedly wanting to return to their homeland, the Republic of Korea, where their parents or wives and children live. In the prime of their youth they were forcibly separated from parents, wives, children, brothers and sisters. They are now approaching old age and are dying off without realizing their dream of return to their homes. Those who commit suicide in despair are not few.

The reason that these people are living in Sakhalin is solely that they were forcibly taken there by the Japanese government. Despite this, the Japanese government refuses to repatriate them to Japan on the ground that they have lost their Japanese citizenship. We cannot accept the attitude of the Japanese government which denies that it bears any responsibility whatever for repatriation even though same government forcibly relocated these people to Sakhalin. We hereby request that your organization find the means to show clearly the responsibility of Japan to repatriate these Koreans from Sakhalin. and to find the means for their earliest possible repatriation.

The results of the investigation conducted by the Federation based on the above claim are as follows:

(2) Details of Remaining Koreans and their Repatriation from Sakhalin

to Japan.

(i) In 1910 Japan annexed Korea as a colony and. in the course of expansion of the Sino-Japanese War to the Pacific War, beginning in 1939. Japan forcibly relocated numbers of Korean people to Sakhalin(during the period of Japanese control. it was known as "Karafuto") and forc☐☐ese people to labor "in coal mine☐ and other such projects.

(ii) Japan was defeated in the Pacific War on August 15, 1945, at which time the Koreans in Sakhalin numbered approximately 43,000. The overwhelming number of them were forcibly brought from the southern part of the Korean Peninsula (now the Republic of Korea) and virtually all of them desired to be repatriated to the Republic of Korea upon Japan's defeat.

(iii) All the ethnic Koreans left behind had Japanese citizenship at the time when Japan was defeated. The Soviet authorities separated these people from the ethnic Japanese and treated the Koreans as stateless persons.

After the founding of the Democratic People's Republic of Korea on September 9, 1948. Soviet authorities and others solicited the resident Koreans to take citizenship of the Soviet Union or of the Democratic People's Republic of Korea. However, Koreans who desired to return to their homeland in the Republic of Korea feared that acquiring citizenship would prevent their repatriation and refused to take citizenship, despite various restrictions on rights involved in daily life resulting from statelessness. Thereafter, the number of stateless persons has decreased over the years and now (1981) it is said that stateless persons constitutes 5% of the present 60,000 resident Koreans in Sakhalin.

(iv) Pursuant to the Provisional U.S.-Soviet Agreement on Evacuation from Soviet Territories of December 19. 1946 and the U.S.-Soviet Agreement on Evacuation from Soviet Territories of December 19. 1946. 292, 590 Japanese were evacuated between December 5. 1946 and July 22. 1949. but no Koreans were permitted to return. After these mass evacuations took place under said U.S.-Soviet Agreement on Evacuation, the Japanese government made additional efforts to secure evacuations, and as a result further group evacuations of Japanese took place between August 1. 1957 and September 23. 1959, but the evacuation of Koreans was not allowed. Only a scant few Koreans related by marriage to Japanese women were allowed to be repatriated with their with their families, in the status of attendants of Japanese women.

In this manner, the 380,000 Japanese that were said to be in Sakhalin at the end of the war were nearly all repatriated, but from among the 43,000 Koreans, only about 2,000, who were husbands of Japanese women and their families, were returned.

(3) The Korean People's Movement for Repatriation and the Response of the Japanese Government

The Koreans who were repatriated together with their Japanese wives formed the Committee of Koreans Resident in Japan for Sakhalin Repatriation (hereinafter referred to as the "Committee of Koreans") immediately upon their return and commenced making appeals to the governments of Japan, the Soviet Union, the Republic of Korea, and such organizations as the Red Cross of Japan, the International Red Cross, the Red Cross of the Soviet Union, and others.

On their part, the Koreans remaining in Sakhalin undertook negotiations there for repatriation with the Soviet officials. However, when these people made requests for repatriation through the Japanese Embassy in the Soviet Union at the end of 1962, the government of Japan responded by refusing issuance of passports for repatriation to them and also denying entry to Japan with the purpose of taking up permanent residence. The stated reason for this refusal was that "Koreans had lost Japanese citizenship as a result of the San Francisco Peace Treaty,"

On the other hand. in January of 1965. officials of the Soviet Union announced to the Koreans in Sakhalin that "if the Japanese government approves entry to Japan, the Soviet Union would approve exit from the Soviet Union." Thereafter, in June of 1966, the Repatriation Committee prepared a roster of 6,924 persons who desired repatriation and presented it to the government of the Republic of Korea. In the same year. that government presented the roster to the government of Japan together with a request for expediated repatriation of the Koreans remaining in Sakhalin. In response to this request, the government of Japan refused repatriation to Japan and stated that "we are prepared to negotiate with the Soviet government concerning only those persons who desire repatriation with the purpose of making the Republic of Korea their ultimate place of residence, and only if the government of the Republic of Korea bears all expenses involved in the repatriation."

As a result of the position taken by the Japanese government, the repatriation of Koreans from Sakhalin was not realized, except for those in marital relation with Japanese.

In 1975 the Japanese government revised its negative attitude toward repatriation and it issued permits to enter Japan under the title "Certificate of passage" (Toko-shomei-sho) to Koreans remaining in Sakhalin. However, such issuance was subject to the following conditions:
concerning persons who desired permanent residence in Japan. permission for entry to Japan was granted only to those who had lived in locations before the war which are presently within Japanese territory, and concerning persons who desired permanent residence in the Republic of Korea, an entry permit issued by that government was required.

Under this policy, the Japanese government commenced issuance of "Certificate of passage" in March of 1976 and by April 9. 1981, 411 persons (35 who desired permanent residence in Japan and 376 who desired permanent residence in the Republic of Korea) received "Certificate of passage" (entry permits to Japan) from the Japanese government. However, from among these persons only three have actually been repatriated (two who desired permanent residence in Japan and one who desired permanent residence in the Republic of Korea). The remainder have not been repatriated because they have been unable to obtain exit permits from the Soviet government.

(4) The Current Status of Exit Permits from the Soviet Government and Repatriation

Since the end of 1962, the Soviet government has responded to requests for repatriation of resident Koreans in Sakhalin by saying that " if the government of Japan issues entry permits, we will grant exit permits."

However, around the time that the Japanese government revised its position denying issuance of entry permits and started to grant "Certificate of passage" in 1975, the Soviet government also changed its position. Despite its earlier-pronouncements, it refused to grant exit permits. The Soviet government began to take the position that "the return of the Koreans is not an issue between Japan and the Soviet Union; it is an issue between Korea and the Soviet Union."

(5) The Right of the Koreans in Sakhalin to Return and the Legal Responsibility of Japan

As a result of Japan's defeat in war and its acceptance of the Potsdam Declaration of August 15. 1945. Japan's control over Korea as a colony was lost. Ever since that day the question of the citizenship of Koreans has remained unresolved.

Based upon Article 2(a) of the San Francisco Peace Treaty which states that "Japan, recognizing the independence of Korea, renounces all right, title and claim to Korea, including the islands of Quelpart, Port Hamilton and Dagelet." Japan takes the position that Korean people lost Japanese citizenship at the time the Treaty came into effect. The Supreme Court of Japan has also given the interpretation that "at the same time that (Japan) recognized Korean independence and renounced sovereignty with respect to the territory which belongs to Korea (territorial sovereignty) it also renounced sovereignty over the people of Korea (personal sovereignty)

However, when one considers that the San Francisco Peace Treaty contains no provision concerning the citizenship of the Korean people and that Korea was not a signatory of the Treaty, doubts arise over such a disposition of the citizenship issue (Koreans were not given any opportunity to make a choice of citizenship. In short, the elimination of Japanese citizenship must be understood to be an act of respect for the right of self-determination of the Korean people and based upon the principle of return to the status quo, in this case a return to the situation before the administration of Korea as a colony by Japan and before the occurrence of the results which flowed from Japan's expans st policy. To the Korean people who remain in Sakhalin, return to the status qo means, above all, return to the land of their home, the Republic of Korea. As for the Korean people who choose neither Soviet citizenship nor the citizenship of the Democratic People's Republic of Korea, because the Republic of Korea does not maintain diplomatic relations with the Soviet Union these people receive no diplomatic protection from any country in regard to repatriation but merely list Japan as their most recent country of citizenship on their personal identifications and are treated as stateless persons. If such Koreans desire to enter Japan for the purpose of returning to Korea (return to the status quo) and require Japanese citizenship for that purpose. it should not be allowed for the government of Japan to declare that they have lost their Japanese citizenship and therefor to deny their right to return because that would be regarded as contrary to the principle of restoration of status quo. In order to legitimatize the principle of restoration of the status quo, in the case of Koreans resident in Sakhalin who desire to return to Japan and who require Japanese citizenship for that purpose, the Japanese government should deem that such persons have not fortfeited their Japanese citizenship to the extent that it is necessary (preservation of citizenship in order to lay the foundation for repatriation to Japan) and the Japanese government should exert its utmost effort in order to repatriate these people. Even assuming that Koreans resident in Sakhalin have lost Japanese citizenship, they have the staturory right to repatriation to Japan by virtue of application to them of Article 2, item 6 of Law No. 125, which grants Koreans whose Japanese citizenship had been terminated by the San Françisco Pease Treaty the right to live in Japan (the right to permanent residency) Article item 6 of this law provides:

"Persons who lost Japanese citizenship according to the Treaty of Peace with Japan on the effective date of the Treaty and who have continually resided in this country from before September 2. 1945 up to the effective date of this law......may continue to reside in this country without possessing the qualifications for residence."

----

* Law concerning Measures of Orders Related to the Ministry of Foreign

Affairs Based on Matters concerning Orders arising pursuant to Acceptance of the Potsdam Declaration, Law No. 126 of April 23. 1952

(Persons possessing the right to permanent residency are universally deemed as possessing the right to repatriation to Japan both under Japanese law and under international law (International Covenant on Civil and Political Rights B Article 12 paragraph 4).)

(6) The Position of Japan on the Issue of Repatriation of Koreans Residing in Sakhalin

As can be seen in the evolution of international antidiscrimination laws such as the World Declaration of Human Rights, the Convention Relating to the Status of Refugees, and the International Covenant on Civil and Political Rights, international society is now caught in a powerful current leading to equal treatment among citizens and non-citizens. Japan, too, is striving to keep pace with the international movement towards equality between citizens and non-citizens as exemplified by its ratification of the International Covenant on Civil and Political Rights in 1979 and the Convention Relating to the Status of Refugees became effective as of January 1. 1982.

However, as is clear from the relative percentages of non-Japanese, the major element to a policy of equality between citizens and non-citizens in Japan is nothing other than postwar resolution of problems remaining from the period of Japanese colonization (of the 770,000 non-citizens living in Japan, Koreans constitute 660,000 about 88% and Chinese make up 50,000 about 6 %)

If an autonomous Japan is to make an appropriate response to the demands of the principle of equality between citizens and non-citizens and as stated in the preamble to the Japanese Constitution, is to " occu py an honored place in international society." more than anyting else, it must strive to carry out its responsibilities which have arisen from the expansionist period of its past. In short, it must strive to eliminate the racial discrimination and prejudice which lie behind the Iabel "citizenship" in regard to Koreans and Chinese living in Japan. The fact that these people presently reside in Japan is due solely to past Japanese control of their homelands as its colonies. It is undeniable that the repatriation of Koreans resident in Sakhalin is a matter left behind by Japanese colonialism. Particularly when we take into consideration the fact that Koreans living in Sakhalin are approaching old age and dying off* with the passing days, their repatriation is a matter that requires urgent resolution. However, the attitude of the Japanese government toward this problem has been extremely negative. The efforts which have been made by it would be regarded as very insufficient.

* Koreans living in Sakhalin have all reached old age, and many, driven by the thought of going home, are dying in despair. As one example. An Tae Sik left the following letter to his son living in Korea before dying in arafuto-konotoro (Castron Square) on September 6. 1980:

"My dear Sok Hoan,

I haven't heard any news for months now and feel so alone. Your father has tried with all his might to go to South Korea and wants above all to see you and your family. But no matter how hard he tries, it is futile. If I had wings I would fly away, but with only these feelings, there is simply frustration.

There is no hope. There is nothing but to die here. Someone will probably write and tell you when I die. There is no one here who can write in Korean Hangul characters.

An Tae Sik

(7) In recognition of the above, the Federation believes that the following measures should be taken in order to realize the repatriation of the Korean people in Sakhalin

(i) distribution of this report to the Ministry of Foreign Affairs, the Ministry of Justice, the Ministry of Health and other government agencies related to this matter and requests for prompt action by the government of Japan to repatriate the Korean people in Sakhalin (including investigation of the circumstances of the people who seek repatriation, communication to the government of the Soviet Union and the Korean people in Sakhalin that Japan will accept these people on an unconditional basis at any time, negotiation with the government of the Soviet Union concerning evacuation of these people, and other actions);

(ii) distribution of this report to all political parties and requests for their efforts in securing the repatriation of the Korean people remaining in Sakhalin; and

(iii) distribution of this report to the Union of Soviet Socialist Republics, the Republic of Korea, the Democratic People's Republic of Korea, and other countries related to the matter as well as the United Nations, the International Red Cross and other international organizations and requests for their efforts and benevolent consideration for the repatriation of the Korean people in Sakhalin.

3. Based upon the results of our investigation for the First Report as set for the above, and reflecting upon the mission of the Japan Federation of Bar Associations to protect fundamental human rights, we hereby request you, the United Nations to take appropriate measures so that the Korean people remaining in Sakhalin may be returned to their homeland as soon as possible.

Sincerely yours,
Japan Federation
of Bar Associations

Tadayoshi Yamamoto
President

6. 국제기구조약국 보고사항–일본 변호사 연합회의 유엔 사무총장앞 청원서 내용

국제기구조약국 보고사항
일시 1983.4.18.
국제연합과

제목 일본 변호사 연합회의 유엔 사무총장앞 청원서 내용

1. 청원 목적: 사할린 거주 한국인의 조속한 귀환.
2. 사할린 거주 한국인 실태조사 결과, 81.7. 동 연합회가 작성한 제1차 보고서 내용 소개
   ○ 제1차보고서 논지:
     사할린 거주 한국인 문제는 일본 책임하에 해결되어야하며 일본 정부에 하기 사항을 촉구하는바임.
     가) 귀환을 희망하는 사할린 거주 한국인 무조건 접수.
     나) 대쏘 송환교섭
     다) 실태조사
3. 대유엔 청원
   사할린 거주 한국인이 조속 귀환할 수 있도록 유엔이 적절히 조치를 취해주기 바람.
   * 동 청원서는 일본 변호사 연합회가 83.2.1. 전대통령각하앞으로 발송한 청원서와 동일한 내용임.

7. 외무부공문(착신전보)—ICR 결과 고위 관계관 면담

외무부
번호 GVW-442
일시 04181250
수신시간 83.04.19. 08:11
발신 주 제네바 대사(공사 정주년)
수신 장관(아일, 국기, 영재, 기정) 사본 주일대사(중계필)
제목 ICR 결과 고위 관계관 면담

   대: JAGV-1
   1. 4.18 당관은 대호 의거 재일 대한부인회(배순회회장) 회장단 3명이 사할린 거주 아국 교포귀환을 위한 진정서를 당지 적십자 국제위(ICRC) 및 세계교회 협의회(WCC)에 제출함과 보도에 협조함.

2. 정주년 공사는 동 회장단을 안내 ICRC 아세아국장 JEAN DE COURTEN 과 면담케 한바, 대표단 진정서를 접수코 동국장의 발언 요지 아래임.

　　가. ICRC는 동사안에 대해 깊은 이해와 관심을 가지고 인도적 입장에서 조용히 해결하려고 노력해온바 있음.

　　나. 자신은 9월경 일본을 방문, 일본 및 소련 적십자등 관계 당국과 접촉, 동문제를 위해 노력할 계획임.

　　다. ICRC는 동문제를 ICRC의 중요사업으로 계속 추진 할것임

　　3. 동 대표단의 홍보 지원 요청받고 현지 연합통신 특파원, TASS 통신, 일본 공동 통신, AFP, REUTER, 등에 협조 요망했음.

　　4. 120명의 재일 대한 부인회 회원들은 한복 차림으로 ICRC 및 WCC 건물 앞에서 애국가와 아리랑 등을 애창하였음.

　　5. 당관은 동 진정서 사본을 당지 유엔 인권 위원회에도 송부 위계임. 끝.

8. 외무부공문(발신전보)-사할린 거주 교포

번호 WGV-309, WJA-1021
일시 04191930
발신 장관(국연)
수신 주 제네바 대사
사본 주일대사
제목 사할린 거주 교포

　　대: GVW-442
1. 대호건은 단순히 재외국민의 귀국에 한정된 문제가 아니라 한·일 관계등도 고려되어야 할 문제로서 본부가 그 대책을 면밀히 검토중에 있음을 참고하고 대호 3항에 언급된 대언론조치 등에 관해서는 본부에 사전 청훈바람.
2. 주유엔 대사 보고에 의하면, 최근 일본 변호사연합회는 '사할린 거주 한국인이 조속 귀환할 수 있도록 유엔이 적절히 조치를 취해주기 바란다'는 내용의 청원서를 유엔에 제출하였으며, 동 청원서는 인권위의 청원서 처리 절차에 따라 Center for Human Rights에 이송되었다하니 참고 바람. 끝.

9. 재일대한부인회 제네바 방문, 화태교포 귀환 청원

재일대한부인회 제네바 방문, 화태교포 귀환 청원

1. 제네바 방문 경위
   ○ 재일대한부인회(회장:배순회)는 평소 화태교포귀환문제에 관심을 표하고 있었음.
   ○ 동 부인회 소속 120명, 4.12-4.25(14일간) 유럽 5개국(이태리, 스위스, 그리스, 불란서, 화란)의 역사, 문화, 복지시설 등 시찰.
   ○ 동 기회에 4.17-4.18 제네바 방문, 화태교포귀환 진정 활동을 벌임.
2. 제네바 방문시 주요 활동(4.18)
   ○ ICRC(국제적십자사) 아세아 국장 JEAN DE COURTEN에 진정서 전달
   ○ WCC(세계교회협회) 국제국장 NINAN KOSHY에 진정서 전달
   ○ 동 부인회 회원(120명) 한복차림으로 ICRC, WCC건물 앞에서 애국가 및 아리랑 합창
   ○ 아사히, 마이니찌, 교포 및 시사 통신 특파원과 특별 인터뷰
   ○ TASS 통신 특파원, 동 부인회 관계 기사 송고
3. 아국 공관 보고
   가. 주일대사관
      ○ 4.12- 동 방문단 관련, 주 제네바 대사에 협조 요청
      ○ 4.20- 일 법무성 반응 보고
   나. 주 제네바 대표부
      ○ 4.18- 동 부인회 간부 면담 사실 및 협조위계 통보
         - 정주년 공사 동 부인회 간부 안내, ICRC 아세아 국장 면담 주선
         - 정주년 공사 동 부인회 간부 안내, WCC 국제국장 면담 주선
      ○ 4.19- 4.18 20:00시 동 회장단 아사히, 마이니찌, 교또 및 시사통신사 특파원과 인터뷰
4. 기타 참고 사항
   ○ 동 부인회 화태 교포 귀환관계 일본내 활동
      - 일본 관계 요로에 진정서(3.18): 총리부, 외무성, 법무성, 후생성
      - 가두 전단 배포(3.18): 동경, 오오사카(1만장)

10. 외무부공문(착신전보)-재일대한부인회에 대한 법무성 반응

외무부
번호 JAW-1797
일시 04201741
수신시간 83.04.21. 01:40
발신 주일 대사
수신 장관(영재, 아일)
제목

  대: WJA-1021, GVW-442, 443
  연: JAW-1680, 일본영725-1546

  1. 법무성 미야자끼 입국 심사 과장은 4.19. 당관 박종기 총영사에게 전화로 서 대호 제네바에 있어서의 재일 대한 부인회의 관계 기관에 대한 진정 활동에 대하여 외신 보도를 통하여 알았다고 전제하고

  가. 동건은 일본 정부가 성의가 없어 재 사하린 한국인 귀환이 이루어지지 않는것이 아니며 일본 정부는 지금까지 동 문제 해결을 위하여 쏘련 당국과 접촉하고 있으나 쏘련이 이에 응하지 않고 있음.

  나. 전술한 사실등을 감안하여 볼때 동 과장의 개인적인 견해로서는 재일 대한 부인회가 동 문제 해결을 위해 특히 외국에서의 취한 진정 내용 등은 쏘련 당국을 설득토록 요망하는 방향으로 했어야 함이 옳았을 것이라고 하면서 DISPLEASURE를 표명했음.

  2. 이에 대하여 박총영사는

  가. 금번 민간 자치 단체인 재일 부인회의 활동 또는 운동에 대하여 아국 정부나 당관은 일체 개입하거나 관여하지도 않고 있으며 일 법무성 측의 의견은 이들이 귀국 후에는 전하겠다고 말하고

  나. 동 부인회의 재사하린 교포 귀환 촉진 운동은 당지에서도 3.10. 일본 정부에 대하여 진정서 등을 전달한바 있는 것으로 안다고 덧붙였음을 참고로 보고함. 끝.

11. 이산가족 문제 유엔제기 방안(안)

이산가족 문제 유엔제기 방안(안)

1983.4.

국제기구조약국

1. 한반도 이산가족 문제
   가. 결의안 제출(주유엔대표부 보고)
      1) 개요
         38차(1983) 유엔총회 제3위 인권문제토의시, 인도주의 정신에 입각하여
         한국의 이산가족문제의 조속 해결 방안을 촉구하는 결의안을 제3세계 친
         한국가들로 하여금 제출토록 함.
      2) 추진방향
         가) 결의안 내용은 정치성향을 완전 배제하고 인도주의 입장에서 이산가
            족 문제를 검토하도록 유도.
         나) 제3위 "경사리 보고"하의 인권문제 토의시(회의 종반) 결의안 제출(제
            3세계 친한국가: 중남미, 아프리카)
      3) 결의안 내용
         가) 한반도의 이산가족 현황을 주지시킴.
         나) 인도주의적 입장에서 이산가족 문제 해결 촉구.
         다) 사무총장에게 이산가족 현황조사 및 보고 주선 역할 위임. (필요시
            조사 소위구성)
         라) 차기 총회에서 이산가족의 교류방안 강구의무화.
      4) 기대효과 및 문제점
         가) 기대효과
            ○ 한반도의 이산가족 현황을 각국에게 인지 시킴. (대 한반도 문제
               인식제고 및 홍보 효과)
            ○ 유엔차원에서의 재검토(유엔사무총장의 역할 활용, 사무국 및 비
               엔나 인권센터등의 조사 연구유치등)
            ○ 인도주의적 접근에 의한 유엔에서의 한국 지지세력 확보, 남북 지
               지세력 분석 및 대비 계기.
         나) 문제점
            인도주의적 접근이나, 토의 과정에서 결국 남·북 문제의 정치화 예
            상(남북한간의 격렬한 논쟁 유발 가능)
      5) 참고사항

가) 제3위 "경사리 보고" 토의시 Cyprus문제

○ 사이프리스측이 정치성을 배제하고 인도주의적 입장의 내용으로 결의한 "Missing persons in Cyprus"을 1975년부터 제의하여 왔음.

○ 동 결의안은 터키측과의 격렬한 정치논쟁을 치른후 표결에 의하여 채택되어 왔음. (금차 3위에서 99:5:18)

○ 81.4.22. Committee on Missing Persons in Cyprus가 설립되어 있으나, 절차상의 문제로 조사 업무를 개시하지 못하고 있음.

나. 진정서 제출

1) 개요

○ 이산가족 및 이산가족 단체로 하여금 유엔 사무총장 및 유엔 사무국 인권 담당국에 이산가족 문제의 조속한 해결방안을 촉구하는 진정서를 제출토록 함.

○ 인권위 및 경제 사회 이사회의 보고를 거쳐 총회에서 동문제의 조속한 해결을 촉구하는 결의안이 채택되는 것을 목표로 추진함.

2) 추진방향

가) 진정서는 정치성향을 완전 배제하고 인도주의 입장에서 이산가족의 기본적 인권이 계속 무시되어온 상황을 지적. (정치적 동기를 내포한 진정서는 접수하지 않음.)

나) 인권소위 위원, 인권위 우방회원국의 협조를 구하되, 정부가 직접 개입하는 인상은 가능한 극소화.

다) 인권위 소위 및 인권위 심의시 이산가족 대표를 파견, 경위 설명 및 로비활동.

3) 진정서 내용

가) 한반도 이산가족 현황 설명

나) 인도주의 입장에서 이산가족 문제 해결 촉구

다) 이산가족 실태조사 및 이산가족의 교류방안 강구 요청

4) 제출시기

제36차 인권위 소위(83.8.15.-9.9.)작업 실무반에서 검토할 수 있도록 83.6.말까지 인권사무국에 접수.

5) 기대효과 및 문제점

○ 가. 4) 5) 항 참조

○ 유엔총회 제3위 결의안 제출방안 보완 가능.

2. 사할린 교포문제

가. 개요

사할린 교포 귀환 운동단체 또는 가족명의로 동 문제의 조속해결을 촉구하는 진정서를 유엔 사무총장 및 인권 사무국에 제출토록 함.

나. 추진 방향

대일관계를 고려, 정치적으로 필요하다고 판단되는 시기에 추진하되 정부의 개입 사실은 노출되지 않도록 유의

다. 진정서 내용

사할린 교포문제는 일본이 역사적 책임을 져야하며 일본의 책임하에 해결되어야 한다는 정부의 기본입장을 반영하도록 작성.

라. 문제점.

○ 인권위가 동문제에 대한 토의를 종결하도록 일본이 영향력을 행사할 가능성이 있음.

○ 제37차 인권위원회(81.2.2.-3.13.)는 동 인권위원회 본 회의에서의 일본 대사의 발언을 감안, 재일교포 문제가 한・일 양국 정부간에 해결할 문제라고 결정하고 동문제에 관한 토의를 종결한 바 있음.

12. 외무부공문(착신전보)-국정자문회의 의장 활동

외무부

종별 지급

번호 GVW-537

일시 05031030

수신시간 83.05.04. 00:51

발신 주 제네바 대사

수신 장관(구이, 국기, 기정)

사본 국정자문회의 사무처장

제목 국정자문회의 의장 활동

5.2 11:00 최규하 의장께서는 국제 적십자사의 A.HAY 총재를 방문(박쌍용 대사, 신두순 비서관, J.DE COURTEIN 아세아국장 배석) 면담하였는바, 그 요지를 다음과 같이 보고함.

1. 최의장은 상호인사 교환후 사하린 거주 한국인 문제에 언급, 이들이 사하린에 거주하게된 경위 및 한·일 양국 정부간에 토의된 결과를 설명한 다음 ICRC가 인도적인 입장에서 사하린 한교의 정확한 실태를 파악하여 줄것을 요청함. HAY 총재는 이문제가 SENSITIVE하다고 전제하고 과거에 한국 적십자사가 사하린 거주 한국인의 유골 인수문제에 관하여 ICRC측과 협의한 일이 있었고 최근에는 재일 대한부인회 의장단 및 회원들이 사하린 한교의 귀국문제에 대하여 진정한 일 등이 있었으므로 금년 9월경 ICRC 관계관을 파일하여 일본 정부측 관계관을 면담할 예정이라고 밝힘. 또한 HAY 총재는 앞으로 필요하다고 판단되면 쏘련측과도 이야기를 할 생각은 있으나, 사하린 한교 문제에 대하여 한국 정부측으로부터는 아직 정식 요청을 받을 일이 없다고 첨언함. 이에대하여 최의장은 사하린 한교 문제가 인도적으로 매우 주요한 문제임을 지적하였음.

2. 이어 최의장은 남·북한간의 이산가족 특히 납북 실종인사 문제 해결을 위해 남·북 적십자사간의 대화 재개의 필요성을 강조하고 ICRC측의 적극적인 주선을 요망함. ICRC 측은 남.북 적십자사간의 직접 대화재개를 위해 81년 가을 마닐라에서의 국제 적십자사 총회시에도 노력하였으나 북한측의 거부적 태도에 봉착한 일이 있었음을 상기하고 북한측은 남.북한 통일이 모든 문제에 우선한다는 입장을 고집하고 있는 것으로 보인다고 첨언함. 이에대하여 최의장은 남·북한간의 이산가족 문제해결은 인도적 문제로서 우선적으로 다루어져야 한다는 것은 COMMON SENSE의 문제라고 지적하고 한국 정부측은 계속 인내심을 가지고 남·북한 적십자간의 대화재개를 위해 노력할 것이므로 ICRC측에서도 계속 주선할 것을 요청한다고 말함.

3. 최의장은 5.2 HAY 총재를 위시한 ICRC 고위 간부들과 오찬을 같이하면서 상호 관심사에 관한 의견 교환을 계속하고 아국에 대한 이들의 이해를 중진함.

4. 전기 1.항 사하린 교포문제에 관하여 우리 정부에서 정식 공문으로 ICRC측에 그 해결을 위한 지원을 요청하는 문제를 적극적으로 검토하실 것을 건의함. 끝.

13. 외무부공문(착신전보)–사하린 교포 귀환문제

외무부
번호 JAW-2107

일시 05141138
수신시간 83.05.14. 14:56
발신 주일대사(일정)
수신 장관(아일)
제목 사하린 교포 귀환문제

연: JAW(F)-00342

연호 사하린 교포 귀환문제 관련 쿠사가와 쇼조 의원(공명)의 질문서 (83.4.23. 제출)에 대한 일 정부 답변서(82.5.13. 각의 결정) 내용을 다음 보고함 (괄호안은 질문내용 요지, 상세 정파편 송부 위계임)

1. (대처방침)

일 정부로서도 인도문제로서 진정으로 동정을 금치 않음. 정부로서도 이문제에 깊은 관심을 갖고 있는바 이들 사하린 잔류 한국인의 귀국 실현에 대해 가능한 한의 것은 하고저 생각하고 있음.

2. (교섭과정)

정부는 거듭해서 쏘련 정부에 대해 귀환 희망자의 실정 조사를 의뢰하는 등의 제의를 행하고 있으며, 69년에 한국정부로부터 제출된 "귀환 희망자 명부"를 69.8. 쏘련 정부에 전달하고 동 명부에 입각하여 출국 희망자의 실태조사 및 출국 희망자의 존재가 확인된 경우의 출국허가의 가능성에 대하여 검토를 요청했음. 그후 73.10. 내각총리 대신 레벨에서, 72.1-78.1. 기간중 5회에 걸쳐 외무대신 레벨에서, 나아가서 사무당국 레벨에서는 10여회에 걸쳐 이문제를 공식, 비공식으로 쏘련측에 대해 제기하고 있음. 최근에는 83.4. 일·쏘 사무레벨 협의에서 일본측으로부터 이 문제를 제기한데 대해 쏘련측은 일본과 협의할 문제가 아니라는 종래의 입장을 되풀이 했음.

3. (일본 적십자사를 통한 교섭경과)

82.2. 일본 적십자사를 통하여 적십자 국제위원회에 본건에 대한 협력을 요청, 그후 적십자 국제위원회로 부터의 조회에 대해 상세한 자료를 제출하고 있음.

4. (총무장관의 전후 처리문제 간담회에서의 문제 검토용의 답변 관련)

가. 82.6.부터 전후 처리문제를 어떻게 생각할것 인가를 검토하기 위해 민간 유식자로 구성되는 전후 처리문제 간담회가 개최되고 있는바 검토의 과정에서 간담회가 구체적으로 어떠한 문제를 다룰것인가는 기본적으로는 간담회에서 결정되어야 할 것이라고 생각함. 82.3.9. 중원 예산위에서의 총리부 총무장관 답변

은 이러한 취지를 표명한 것임.

나. 동 간담회는 현재 소위 은급 결격자 문제, 시베리아 강제 억류자 문제 및 재외재산 문제를 중심으로 관계 각성으로부터 지금까지 강구해온 시책 등에 대하여 청문회를 추진하고 있는 상황임.

5. (입국 신청 및 입국허가 건수, 실제 입국인수)

75년 이후 지금까지 사하린에 잔류하는 한국인중 137세대 438명(그중 한국에 귀환하기 위해 일본을 통과하려고 하는자 123세대 392명, 일본에 정주하려고 하는자 14세대 46명)으로부터 입국허가 신청이 있어 그중 124세대 411명(일본통과 115세대 376명, 일본 정주 9세대 35명)에 대해 그 입국 신청을 허가했으나 그 대부분이 쏘련으로부터 출국을 인정받지 못해 실제로 일본에 입국한자는 그중 3명(일본 통과 1명, 일본정주 2명)에 지나지 않음.

6. (실태조사 추진 및 주무관청)

정부로서는 현재 사하린이 일본의 관할하에 없기 때문에 일본으로서 할수 있는 것에는 한도가 있으나 정부는 외무성을 주무관청으로 하여 종래로부터 쏘련정부에 대해 실태 조사를 행하도록 신청하고 있음은 상기 2항에서 말한바와 같으며 금후로도 인도적 견지에서 이러한 노력을 계속해 가고저 함. 끝.

14. 외무부공문(착신전보)–사할린 교포 관계

외무부
번호 JAW-2532
일시 06141309
수신시간 83.06.14. 16:55
발신 주일대사
수신 장관(아일)
제목 사할린 교포관계

동경 하루미항에 6.10-6.15간 일정으로 쏘련 관광선 1척이 입항하였으며, 쏘련 탑승객 338명이 승선한 동 선박에는 사할린 교포 4명(쏘련적)이 승선하고 있는바 동정을 아래와 같이 보고함.

1. 사할린 교포 4인중 신원이 확인된것은 박수호(목숨수, 호경호 57세, 본적

울산) 및 동부인(박장녀) 2인인 바, 박수호씨는 유즈노 사할린스크 교육대학 교수(경제학 박사)이며 동부인은 사할린 지방신문 문화부과장이라함.

2. 6.11 화태 재판 실행위 미하라 여사와 박씨와 원척관계에 있는 김정례씨(디자인 전공 단기 체류자)가 관광선에 접근 박씨 면회를 신청한바, 박씨는 잠깐 밖에 나와 허락을 받고 나오겠다고 한후 다시 나와 배안으로 들어가자고 하여 미하라 여사와 김정례씨가 배안에서 면담을 가졌음.

3. 박씨는 동 면담에서 사할린 교포가 모두 안정된 생활을 하고 있으며 88 서울 올림픽에 관하여도 잘 알고 있으며 보고 싶어하고 있다고 하고 본국 방문 의사를 탐문한바 본국 방문은 자기가 결정할 사항이 아니며 일본 방문전에 한국인을 안만나겠다는 약속을 하고 왔다고 말하였다함.

4. 동 박씨 부부는 관광선에 2실밖에 없는 특실중 1실을 사용하고 있어 주요 인물로 감지되었다 하며 자신들 관계 내용이 신문에 보도되지 않도록 당부하였다함.

5. 관계 추이 파악 되는대로 추보위계임. 끝

15. 내무부공문-사하린 동포의 실태조사협조에 대한 의견 문의

내무부
번호 행정130-7182
일시 1983.6.2.
발신 내무부장관
수신 수신처 참조
제목 사하린 동포의 실태조사협조에 대한 의견 문의

1. 당부는 83.5.19 대한변호사협회로부터 별첨 내용과 같이 사하린 동포의 실태조사 의뢰를 받은바 있읍니다.

2. 그러나 현단계로는 대한변호사협회의 구체적인 자료 제시가 없으므로, 시군 읍면동을 통한 실태조사가 어려운 실정인바 앞으로 당부의 협조방향 설정에 참고코자 하오니 귀부의 의견을 회시하여 주시기 바랍니다.

첨부: 대한변호사협회 협조공문 사본 1부. 끝.

내무부 장관

수신처: 외무부, 법무부

15-1. 첨부-대한변호사협회 협조공문

대한변호사협회
번호 변협 제442호
일시 83.5.18.
발신 대한변호사협회 협회장 김택현
수신 내무부장관
제목 사하린동포의 실태조사 협조요청

　　주지하시는 바와 같이 광복 37년이 지난 지금까지도 사하린 동포의 귀환문제는 해결을 보지 못하고 있습니다.

　　우리나라는 소련과의 국교가 없어 이문제를 소련과의 교섭으로 해결하지 못하고 있고 이들을 강제 연행한 일본정부는 사하린 동포가 대전후의 "센프란시스코" 조약에 따라 일본국적을 상실하였다는 이유로 정부차원에서의 송환문제에 개입하지 아니하고 있습니다.

　　이와 같은 일본정부의 처사를 부당하게 생각하고 있는 일본인 변호사 17명은 정의감에서 자진하여 1975.12.1. 일본정부를 상대로 동경지방법원에 "원고(사하린동포)들이 본국에 귀국할 수 있는 법적지위에 있음을 확인하라"라는 취지의 소를 제기하고 지금까지 "36차의 변론을 거치기까지 무료로 수행하고 있으며, 이들 변호사들은 일본사회의 냉대와 조총련의 비난속에서 누구의 지원도 받음이 없이 굳굳이 소를 진행시키고 있습니다.

　　한편 이와 같은 활동에 무관심하던 일본 변호사연합회는 1981년부터 사하린 동포 문제를 인권문제로 다루기 시작하여 동 연합회 인권위원회로 하여금 실태를 조사케하여 1981.7.18. 일본변호사연합회의 이름으로 제1차 조사 보고서를 발표하게 되었고 일본 외무성, 법무성, 후생성과 각 정당에 위 보고서를 제출하면서 사하린 잔류동포의 귀환을 위하여 적극노력하여 줄 것을 요청하였을 뿐만 아니라 우리나라와 소련 당국 및 국제연합과 국제적십자사에도 같은 노력을 요청하였습니다.

　뒤늦게나마 우리 대한 변호사협회는 지난해부터 사하린 동포의 귀환문제를 거론하여 특별소위원회를 구성하였고 일본변호사 연합회와 연락을 취하면서 일본에서 진행되고 있는 재판을 지원하는 방법을 강구하고 있고 국내 활동으로 이들 동포들이 강제로 연행된 수를 다소 파악하였읍니다. 그러나 그수는 실제 인원수에 훨씬 미달하고 그나마 연행될때의 실태와 그후의 연고자들의 생활상을 파악할 방도가 없읍니다.

　본 협회는 때마침 1983년도 "법의날"을 기념하는 청와대의 다과회에 참석할 기회가 있어 대통령에게 이들 동포의 귀환을 위하여 정부가 적극 관여하여 줄 것을 간곡히 요청하였고 외무부도 이 문제에 열의를 보이고 있읍니다.

　본 협회는 이 사업을 실현시키기 위하여 여러가지 활동을 구상하여 실천하고 있는바 현실적으로 우선 조사되어야할 사항은 일제시대 이들이 강제로 연행되어 간 실태와 인원 그리고 그들 가족들의 비참한 생활상이며 이러한 조사결과는 일본 동경지방재판소에 계류된 사하린 동포의 귀환을 위한 일본정부상대의 소송에서 증거로 제출할 계획이고 필요하다면 일본정부 또는 인권을 다루는 국제기구에도 제출할 계획입니다.

　본 협회는 이러는 조사를 위하여 그간 4,600여명의 명단을 입수하여 분류하였읍니다. 그러나 강제연행된 실태, 가족들의 생활상, 연고지등 기타 필요한 사항을 실태조사가 어려워 부득이 각 시·읍·면의 협조를 받아야할 설정입니다.

　이에 본 협회는 이러한 조사를 위한 귀부의 협조를 구하고자 하오니 시·읍·면을 통한 조사에 협력하여 주시기 바랍니다.

　참고로 첨언하면 우리 정부는 아직 이들 사하린 동포에 대한 실태조사를 한 바 없다고 하며 근간의 외신에 의하면 일본정부는 소련에 대하여 사하린 한국동포의 실태조사를 요청하였다고 합니다.

대한변호사협회

협회장 김택현

16. 외무부공문—친서 전달

대한민국 외무부

번호 아일700-
일시 1983.6.27.
발신 외무부장관
수신 주 제네바대사
제목 친서 전달

　　대: GVW-537
　　사할린 동포 귀환을 위해 국제적십자사의 협조를 요청하는 본직명의 서한을
국제 적십자사 총재에게 전달하기 바랍니다.
　　첨부: 1. 동서한 1부.
　　　　　2. 관계자료 1부. 끝.

외무부 장관

16-1. 첨부-서한

MINISTRY OF FOREIGN AFFAIRS
REPUBLIC OF KOREA

JUNE 23, 1983

Excellency:

　　Upon learning of your kind concern about those Koreans stranded on
the Sakhalin Island since World War II from His Excellency Mr. Kyu Hah
Choi, Chairman of the Advisory Council on State Affairs, who visited you
on May 2, 1983, I have the honor to express our deep appreciation.

　　I have further the honor to express the wishes of the government of
the Republic of Korea that the International Committee of Red Cross would
continue to exercise its good offices on humanitarian grounds for the early
repatriation of those Koreans in Sakhalin who would like to return to the
Republic of Korea or, in some cases, to Japan. In the meantime, pending
the ultimate repatriation of the Koreans in Sahkalin, your efforts to enable

them to fulfill their ardent desires to visit their relatives either in the Republic of Korea or in Japan would also be greatly appreciated.

I avail myself of this opportunity to convey to Your Excellency the assurances of my highest consideration.

Bum Suk Lee
Minister of Foreign Affairs

His Excellency
Alexandre Hay
President of the International Committee
of the Red Cross
Geneva

16-2. 관계자료

내용(요지)
○ 大沼保昭(오누마) 동경대 법대 조교수 견해
- 사할린 재판은 미해결된 전후 처리문제가 법정 투쟁화한것임.
- 재일 한국인에 대한 민족차별을 국적이라는 법개념으로 정당화함으로써 문제가 발생함.
- 52.4.28. 샌프란시스코 강화조약 발효까지 재일 한국인은 일본 국적자였음. 그런데 그 이후 일본 정부는 일본인 혈통자만을 귀환시킴으로써 한국인은 방치하였음.
- 현대의 국제법 이론에 따르면, 국적이란 참정권, 자국으로 돌아갈 수 있는 권리, 병역의 의무, 교육을 받을 권리 등 기능으로서의 해석이 가능함. 따라서, 현재 사할린 한국인들은 형식상 소련 국적자, 북한 국적자, 무국적자의 3가지로 분류되고 있으나, 그들이 일본 및 한반도로 귀환할수 있는 권리, 즉 기능으로서의 국적은 보유하고 있음. 이것은 21세기의 국제법이 인정하는 점이며, '노테봄' 사건에 관한 국제사법재판소의 판례도 있음.
- 일 정부는 사할린 한국인의 귀환을 위해 관계국의 협조를 강력하게 요청해야 하며 일부의 정치적 선전과는 분리해야 함. (소련은 귀환운동이 반소 운동화할 것을 우려하고 있음.)

- 국제법에서의 주권 관념은 절대적 주권으로부터 기능적 주권으로 변화되고 있음. 따라서, 국적에 대해서도 이러한 국제법 해석의 새로운 변화가 반영되어야 할 것임.
- 금번 사할린 재판이 사할린 한국인의 귀환이 실현될 수 있는 기능적 국적관을 명확히 하는 계기가 되었으면 함.

17. 외무부공문(착신전보)–사하린 교포문제에 관한 장관 친서

외무부
종별 지급
번호 GVW-886
일시 07061730
수신시간 83.07.07. 07:57
발신 주 제네바 대사(3등 윤현섭)
수신 장관(아일, 국기, 구이)
제목 사하린 교포문제에 관한 장관 친서

  대: 아일700-17579
  1. 7.6 09:00 본직은 ICRC의 RICHARD PESTALOZZI 부총재(HAY 총재는 해외여행 일본)을 방문, (DE COURTEN 아세아 국장 배석), 대호 친서를 전달하고 관계사항 설명함.
  2. 동부총재는 HAY 총재가 귀임하는대로 보고하겠다고 말하고 사하린 거주 한국인문제는 소련이 개입되어 있어서 SENSITIVE하고 어려운 문제라고 하면서 그러나 아측의 요청을 감안, 금년 9월중순 ICRC관계관을 일본에 파견하여, 우선적으로 일본정부와 소련정부간의 교섭내용부터 파악하는데 힘쓰겠다고 말함.
  이어 동부총재는 ICRC 관계관의 파일전 9월초에 이문제에 관한 아국정부와 일본정부간의 토의 내용을 자세히 알려줄 것을 요망함.
  3. 본건 ICRC측과 재접촉 위계이니, ICRC측 요망 사항 및 지시사항 하시바람. 끝

18. 외무부공문(착신전보)–사하린 교포귀환 청원

외무부
번호 GVW-947
일시 07221800
수신시간 83.07.23. 10:01
발신 주 제네바 대사(3등 윤현섭)

수신 장관(국연, 아일, 기정)
제목 사하린 교포귀환 청원

    대: 국연 731-18766
    1. 7.22 유엔 인권위 고위 관계관은 비밀 유지를 요청하면서 대호 청원서가 접수되었음을 확인하고 36차 인권 소위에서의 심의를 위한 CONFIDENTIAL LIST에 포함될 것임을 시사함.
    2. 동 관계관은 또한 대호건 심의에 즈음, 일본 변호사 협회측 인사가 제네바에서 기자회견을 갖일 가능성이 있고, 재일 대한 부인회 대표도 내방하게 된다는 이야기를 들었다고 첨언함. 끝

19. 주제네바대표부 공문–ICRC 부총재서한송부

주제네바 대표부
번호 제네(정)730-531
일시 1983.7.26.
발신 주제네바대사
수신 장관
참조 국제기구 조약국장
제목 ICRC 부총재서한송부

    연: GVW-949
    연호 ICRC 부총재의 장관님 앞 서한을 별첨 송부합니다.
    첨부: 표제 서한 1부. 끝.

    주제네바 대사

19–1. 첨부–ICRC 부총재 서한

COMITE INTERNATIONAL DE LA CROIX-ROUGE

Geneva, 20th July 1983

Sir,

In the absence of President Alexandre Hay, I have the honour to acknowledge receipt of your letter of 23 June 1983, in which Your Excellency asks the International Committee of the Red Cross to use its good offices for the repatriation of Koreans living on Sakhaline Island.

This humanitarian problem has until now been the subject of bilateral negotiations between the Japanese and Soviet governments. During a future visit by one of our delegates to Japan, we shall not fail to approach the authorities there in order to investigate the stage reached in these negotiations. The ICRC will then decide what part it could play as an intermediary to help find a solution for this problem, which caused distress for the divided families for so many years.

The Honorable Bum Suk Lee
Minister for Foreign Affairs
Ministry for Foreign Affairs
SEOUL

Please rest assure that we share your concern, and that we shall keep you duly informed of any steps we take.

I have the honour to remain, Sir,

Yours very respectfully
R. Pestalozzi
Vice-President

⑤ 재사할린 동포 귀환문제, 1983. 전2권

○ ○ ○

기능명칭: 재사할린 동포 귀환 문제, 1983. 전2권(V.2, 8-12월)

분류번호: 791.51

등록번호: 23131

생산과: 동북아1과

생산연도: 1983-1983

1. 협조문-민원 처리 의뢰

협조문
분류기호 및 문서번호 감사125.4-142
일시 1983.4.23.
발신 민원사무통제관
수신 아주국장
제목 민원 처리 의뢰

　　　1. 아래와 같은 내용의 민원이 접수되었는바, 이를 별첨과 같이 이송하오니, "민원사무 처리 규정"에 의거 7일이내에 처리, 그 결과를 민원인에게 통보하는 동시에 사본 1부를 감사관실로 송부하여 주시기 바랍니다.
　　　2. 동 민원을 처리함에 있어, 민원인의 입장을 이해하고 처리위주의 형식을 지양하여 완전무결하게 민원을 해소할 수 있도록 만전을 기하여 주시기 바랍니다.
　　　　　　　-아래-

　　가. 민원인:
　　나. 민원내용: 사할린 억류 한국교포 이산가족 재회사업
　첨부: 민원서 1부. 끝.

민원사무통제관

1-1. 첨부-민원서

정부합동민원실
번호 합민125.4-5505
일시 1983.4.18.
발신 정부합동민원실장
수신 외무부장관
참조
제목 민원사안 서류이첩

1983.4.13. 대통령비서실에서 당실로 이관한 별첨 민원사안은 "사할린 억류 한국교포 이산가족 재회사업" 내용으로, 이는 귀(   ) 소관으로 사료되어 이첩하오니 처리하시고 그 결과를 당해 민원인에게 회신하여 주시기 바랍니다. 첨부: 1. 민원서류 1부 끝.

정부합동민원실장

1-1-1. 첨부-민원서류

西紀1982年6月20日

大韓民国
全斗煥大統領閣下

日本国東京都杉並区井草三丁目23-15
サハリン抑留韓国人問題研究所
所長　若狭敬吉

樺太抑留韓国僑胞離散家族再会に関する建議書

　全大統領閣下に対して、樺太抑留韓国人橋胞の肉親再会問題について提案することを光栄に存じます。

　私は幼い頃から樺太で韓国人と共に育ち学んで参った者であります、樺太抑留韓国人は閣下も既に御承知の通り、半世紀以上にわたつて祖国帰還の道を閉ざされ、肉親再会・墓参すらの機会もなく、悲しい日々を強いられています。

　また、樺太抑留韓国人とその家族の苦しみに想いを走らせるとき、30年余にわたる日帝の犯した罪の深さに良心ある1人日本人として、大韓民国国民に対し深く頭を垂れると共に、微力ながらこの15年来私費を投じて、樺太抑留韓国人問題と取り組んでいるものであります。

　かつては事務所を設けて活動を続けておりましたが、私費も尽きて、現在は総合病院の一職員として勤務のかたわら奉仕活動を続けております、私は人間としてこの意義ある奉仕活動を生涯・命ある限り続ける覚悟であります、活動の経緯につきましては、別紙　添付資料を参考として下されば幸甚に存じます、また、韓国の

言論界においても私の活動については詳細に報道された事もあります。

　樺太抑留韓国人は4万5人余、祖国においてはその家族85万人余といわれています、人間の寿命には限界のあるのは世の常であり、高令者は日を追つて世を去つて行きます、このときに望み、樺太抑留韓国人とその家族(祖国)との再会は急務を要します、私はこのような樺太抑留韓国人と祖国の家族との再会を実現させるため、次の事業を提案します、その要旨は、高令者を対象にソ連の客船に乗せて、下関港へ、祖国の家族を乗せた客船を下関港へ招き、互いに船を訪問することをもつて肉親の再会を実現しようとするものであります。

　この人道主義に基いた樺太抑留韓国人の肉親との再会船実現は、極東及び世界平和に大きく貢献するものと確信いたします、何卒、この事業が実現されますよう、閣下の特別の御配慮を御願いいたします。

　なお、この提案はソ連最高会議に対しても同時にするものであります、更に日本政府・日本赤十字社・国際赤十字社にも提案するものであります。

　さらに、この事業を促進させるために、日本国内に特定の財団設立が必要と考えられるのであります。

　以上のような事を執務多忙なる大統領閣下に欠礼とは思いながら、唐突なる提案を申し上げました事、良心ある1人の日本人の心をどうか実現させて下さいますよう、再度お願い申し上げます。

　大韓民国の限りなき繁栄と平和をそして、大統領閣下と御家族様との御健康と光栄が、大韓民国国民と共にありますように祈念しつつ御復信を御待ち致しております。

棒太抑留韓国僑胞離散家族再会に関する建議書(2)

　この建議書はサハリン抑留韓国人が離散させられている家族との再会を実現さすための再会船計画の実行が終局の目的であるが、当該計画の実現には尚相当の日数を要するものと思われます。

　この間において、現在、併設のサハリン残留同胞援護会が実施している、サハリン抑留韓国人日本人妻の一時帰国(里帰り)事業は、サハリン残留同胞援護会々長名による招待状(日本・ソ連両国政府に対し身許引受保証)を、ソ連政府の了解のもとに送りこれら日本人妻と離散家族の再会を実現させて、7年間が経過しすでに数

10名が再会のため来日し、数ヶ月滞在の後再びサハリンの家族のもとへ帰えつて行きます。

　この実績をもとにサハリン抑留韓国人の日本人妻にとどまらず、日本への招待による一時帰国により、肉親との再会の場を韓国人の夫とその家族にまで輪を広げたいと思ひます、それには、先づ在日韓国人を肉親にもつ、サハリン抑留韓国人の中から、来日して肉親との再会を希望し、在日肉親の同意があるもの及び、招待状の条件(身許保証・費用の負担・ソ連への帰国遵守)を備えている場合に限り、サハリン残留同胞援護会々長と在日韓国人肉親の連記連帯署名による、招待状を送りそれによつて、日本において離散家族である、在日韓国人の肉親及び祖国の肉親も来日されて再会が実現されるべく、すでにソ連当局との交渉に入つております。

　上記の当該者費用負担はあくまでも暫定的措置案であり、当該者が費用負担することなく、この事業が日本側の費用負担で遂行するのが当然でありますが、当面出来得ることから行いたいと思い、サハリン抑留韓国人の老人が、せめて健康なうちに離散させられて、3分の1世紀が退きた今肉親との再会は急務であります、是非共再会を実現させて上げたいものと念願するものであります。

　以上述べました事業を推進するに当り、私はあらゆる努力をして参りますが、大韓民国全大統領閣下の御理解と御協力を賜わりたく、お願い申し上げ日帝の犯した罪のつぐないを心とする1人の日本人を御理解下さいますれば誠に幸福に存じます。

西紀1982年6月20日

サハリン抑留韓国人問題研究所
サハリン残留同胞援護会長
若狭敬吉

活動経歴

　1968年9月　日本人の立場から太平洋戦争の戦後処理問題として未解決となっている、サハリン抑留韓国人帰還問題を提起し、更にその促進と実践すべく若狭敬吉

が私費で設立したものであり、1971年8月15日韓国の留守家族によって開催された、樺太抑留同胞帰還促進会の大会に招かれて参席し特別講演を行いました、その会場で多くの留守家族の悲惨な現状に接しました。

　1973年8月田中角栄総理大臣モスクワ訪問により、ブレヂネフ　ソ連共産党書記長とサハリン抑留韓国人問題を交渉するその資料収集のため、サハリン訪問墓参団に加わり現地を視察し、各地で多くの韓国人に接触し、涙ににじむ帰還希望の声を聴きそれをテープに収録して持ち帰つています。

　大平洋戦争のために捨てられた旧日本人のサハリン抑留韓国人の救出に良心ある1人の日本人として、人道的使命感から今行まで活動を続けて来たのであります。

1) 日本政府に対して、国会質問主意書・意見書・要望書等をもつてサハリン抑留韓国人帰還促進を促している。

2) 大韓民国政府及び大韓赤十字社に対して、建議書・要望書等をもつてサハリン抑留韓国人問題と取組んでいる。

3) サハリン・ポスト(東京中央郵便局　私書函1784号)の開設により、サハリンと韓国との書信交信の中継的役割をはたして来たが、国際郵便扱が便利になり所期の目的をはたした。

4) 大韓民国政府に対しては、更に請願書も提出し、多くの関係資料を在日公館を通じて提供している。

5) 日本人妻の韓国人家族ぐるみの帰国手続を指導し、日本政府・大韓民国政府と当該者との仲介的役割をはたしてきた。

6) サハリン抑留韓国人問題に関する啓もう活動として、韓日両国の言論・報道界を通じて、講演・TV・論文発表。

7) ソ連政府及びサハリン州当局に対し、サハリン抑留韓国人の在住保護について要望書提出。

8) サハリン抑留韓国人の所在不明者の調査。

9) サハリン抑留韓国人の依頼による祖国の家族調査。

10) サハリン抑留韓国人の動勢に関する調査。

11) 併設のサハリン残留同胞援護会は、当該者はすべて1945年8月15日の時点において旧樺太在住の日本人を対象とし、日本政府に対する渉外上、また旧日本人としての権利主張上の立場からのもので表裏一体である。

12) サハリン抑留韓国人の日本妻とその家族に対し、肉親再会の一時帰国希望者に招待状(身元保証)を発給。

西紀

1968・10 若狭敬吉は、韓国職業指導協会の要請による韓国に建設機械技術学校設立計画に係わる教材の、建設機械寄贈予定側となる、財団法人日本産業開発青年協会特別技術訓練隊本部長として、韓国側の実態調査のため初めて訪韓した時、サハリン抑留韓国人の留守家族からサハリン抑留同胞の実態を聴き驚く。

1869・2 在日樺太抑留帰還韓国人会の要請により名誉顧問に就任※サハリン抑留韓国人問題研究所　創立

1971・7 サハリンから単身帰還した孫致敬(慶尚北道出身)老人の横浜港上陸時において、内外記者会見の司会をつとめる。

1971・11 訪韓　海外同胞問題研究所を訪問　サハリン抑留韓国人問題について懇談　記者会見

　・12 サハリン抑留韓国人問題について、朴大統領閣下に要望書提出

1972・1 首相官邸に山下内閣官房副長官を訪問　樺太抑留同胞帰還促進会から寄せられた、留守家族の署名嘆願書を手渡たす。

　・3 グアム島より残留兵　横井正一　帰還にからませて、夕刊紙フジ　中川編集局長に依頼し同紙に「サハリンの雪いつとける」の標題でサハリン抑留韓国人の実態を特集記事報道

　・7 田中角栄首班指名国会において、サハリン抑留韓国人問題について国会質問主意書提出

　・8 訪韓　樺太抑留同胞帰還促進会年次大会に招待され参席、特別講演田中角栄首相のメッセージを伝達
　　　・KBSTV　モーニングショーに出演
　　　・KBSラジオ(日本語放送)玄海簾に架ける　対談　外務部訪問

　・9 サハリン抑留韓国人問題研求所の事務所を東京都中央区銀座8－5－4日本鉱業会館内に設置

　・9 民社党東京支部連合会定期大会において、一区選出代議員としてサハリン抑留韓国人帰還促進に関する大会決議文を上程、大会で採択党議として政府に申し入れた。

　・ さきの韓国において開催された留守家族大会で託された要望書(署名入)及び当研究所の意見書提出　首相官邸において山下内閣官房副長官受理

　・11 東亜日報に論文発表

1973・2 韓国弘報協会誌　アジア公論に論文発表

- ・3　東和新聞に論文発表
- ・　　大平外相・水野外務政務次官と懇談
- ・　　訪ソする日赤の木内外事部長と懇談
- ・6　日韓議員懇親会総会において宇野日本代表が研究所提出のサハリン
　　抑留緯国人問題についての要望書上程採択される　。
- ・　　訪韓　外務部　大韓赤十字社に金用雨総裁訪問
- ・　　MBC　TVモーニングショー出演
- ・　　民社党　離党
- ・8　田中角栄首相モスクワ訪問の資料として、サハリン抑留韓国人の実
　　態調査を二階堂内閣官房長官より依頼を受け、北海道サハリン墓参
　　団に加わり現地の各所を視察し、多くの韓国人と接触8m/mフィル
　　ム・現地の声等を収録、8m/mフィルム及び収音テープ共に韓国政
　　府へ提供、8m/mフィルムはMBC　TVで放映された。
- ・9　首相官邸に田中首相・二階堂内閣官房長官を訪問　さきのサハリン
　　訪問について報告
- ・　　首相官邸に田中首相訪ソ勉強会の参考人として招かれる。
- ・10　樺太抑留帰還韓国人会の名誉顧問辞退・サハリン・ポスト(東京中
　　央郵便局　私書函1784号)開設
- ・　　田中首相モスクワより帰国の記者会見で、サハリンの韓国人問題を
　　ブレヂネフ　ソ連共産党書記長と話し合つた事を言明
- ・　　東亜日報紙に四日間連載発表　サハリンの韓国人
- ・　　中央日報紙　サハリンの韓国人「写真報道」
- ・　　訪韓　文化放送の招待によりTVモーニングショーに出演、サハリン
　　訪問で会つた韓国人の留守家族とTVで対談
- ・　　外務部・保社部・大韓赤十字社　訪問
- ・　　アジア公論対談インタビュー
- ・　　ソウル新聞会館において、海外同胞問題研究所主催による　特別講演
　　「サハリンの韓国人の実態」
- ・　　韓国国会議員団と懇談
- ・　　ホテル・ニュージャパンにおいて、内外記者会見
- 1974・1　サハリン残留同胞援護会発足
- ・3　NHK　TV・ラジオ　サハリン・ポストを告知放送、特に札幌中央放
　　送局は再度にわたりラジオで紹介サハリンで取聴出来るように配慮
　　いただく。

- ・4　金永善大使と懇談
- ・　全国樺太連盟機関誌4月～9月　サハリンの韓国人問題を連載
- ・5　アジア公論　若狭敬吉=秋聖七　対談「サハリンの韓国人」を掲載四月号
- ・　訪韓　シナリオ製作参加　映画「サハリンの空と土」上映
- ・　73年8月サハリン訪問のとき帰国希望を訴えていた、日本人妻の夫無国籍者　片文朱一家族7名共帰国指導していたが、ソ連から出国許可ありとの連絡であったが、妻の戸籍の記録と肉親がいないので、首相官邸に二階堂内閣官房長官を訪問　片氏一家の帰国に特別配慮を要請
- ・12　片文朱氏一家7人帰還　同家族全員と共に若狭敬吉　NHK　TVモーニングショーに出演
- 1975・1　サハリン州知事レオノフ氏に対して、サハリン抑留韓国人の在住中生活上の保護と帰国希望者への配慮を要請
- ・3　ソ連訪問　ソ日協会設立10周年記念訪ソ代表団員としてモスクワ訪問、共産党国際部日本課長コワレンコ氏・外務省極東第二部次長オコシニコフ氏・赤十字社トロヤン総裁等と懇談
- ・3　ソウル評論誌　ミスターサハリン若狭敬吉　特集
- ・7　朴大統領閣下に親書を送る
- ・10　首相官邸に井出内閣官房長官を訪問　サハリン抑留韓国人問題について意見書を手渡す。
- ・11　訪韓　KBS・MBCインタービュー
- ・　二ヶ年にわたり帰国指導北朝鮮籍を離脱させた日本妻の夫金進会氏一家8人(孫・含)帰還横浜上陸
- ・　金進会　成田イチ夫妻一家帰還をNHK　TVドキュメンタリー「サハリン・ポスト」報道特別番組として報道
- 1976・1　グロムイコ　ソ連外相の来日に伴ないサハリン抑留韓国人帰還問題に関する要望書を手渡す。
- ・3　成楽玄　杉田竹子夫妻北朝鮮籍離脱後帰還　横浜港上陸(6人家族)
- ・4　南学啓未亡人　高橋幸子北朝鮮籍離脱後帰還横浜港上陸(4人家族)
- ・　朴明学未亡人　牛渡ゆき北朝鮮籍離脱後帰還　横浜港上陸(2人家族)
- ・6　金花春　帰還　横浜港上陸
- 1977・2　私費負担も尽きてサハリン抑留韓国人問題研究所　併設　サハリン残留同胞援護会　事務所閉鎖　事務局を自宅へ移し、事務局員を解雇する。

・4 若狭敬吉　医療法人社団愛成会・京浜学園・京浜調剤薬局・財団法人京浜保健衛生協会・株式会社京浜予防医学研究所・株式会社ホスピア等を含めた京浜メディカル・グループの経営陣に加わる、グループの会長矢作忠政氏の理解のもとに、サハリン抑留韓国人問題に関する活動を続け現在に至る。

・12 訪韓　樺太抑留同胞帰還促進会の招きで、同会の定期大会において特別講演 感謝状拝受

1978・1 ソ日協会クリジャエフサハリン支部長より、サハリン訪問の招待状届く。

・8 訪韓　中小企業経営者・大手商社幹部及び病院関係幹部等で結成した韓国事情視察団　団長として38度分界線を再訪、韓国のおかれている緊迫感をはだで知り、また経済事情・医療事情等を視察

・9 駐日大韓民国大使館の理解を得て、サハリン訪問の申請書駐日ソ連大使館へ提出

・10 サハリン州当局より入域許可書届く

・ 駐日ソ連大使館　サハリン訪問に係る査証発給

・ 待望のサハリンへ日本人で初めての単身訪問出発の前日、階段から転落、10日間死界をさまよう。(頭上骨亀裂)駐日ソ連大使館入国査証の有効期間を12ヶ月に延期許可
　　　　　2ヶ月入院加療をえて静養

1979・3 正常勤務に就く

・6 神奈川県日韓病院交流協会設立準備委員一行を引いて訪韓、保健社会部・白病院党を訪問視察
大韓病院協会と交流

・9 ソ日協会サハリン支部長グリジャエフ氏招待によりサハリン訪問(滞在10日間)単身訪問は日本人で初めての事である、レオノフ　サハリン州知事・グリジャエフ　ソ日協会サハリン支部長(サハリン州労働組合評議会議長・ソ連最高会議代議員)・メジエジエフ　サハリン州出入国管理事務所長・等と懇談、ザハリンに永眠する祖父の墓参、サハリン州各地を視察多くの韓国人と接触実状を聴取、滞在中ホテルへ訪ねて来る韓国人は毎日20人以上もあった、街角・集落・市場・墓地・公園等で多くの現地で肉親のない老人を見かけては現在の心境をたづね歩いた、いづれも祖国と肉親に想いを走せ身上の悲しみに涙なくしては聴けない言葉と姿に、日帝の犯した罪の深

に慰めの言葉も絶句する程であり、望郷の日々を送っている姿に感涙し、今尚握手した老人の手のぬくもりの余韻を感じます、帰国後週間誌「サンデー毎日」にグラビアで=サハリン単身訪問近況報告－サハリンの韓国人=掲載報道。

※ ソ連科学アカデミー極東研究所日本課研究員パチヨンキン氏とサハリンの韓国人問題について意見を交換

1980・4　申珠列氏　夫人平山ツキ(71才)付添人長女　清子　親子に対し、一時帰国の招待状を送付

　・8　上記　親子来日(里帰り)首相官邸に瓦内閣副官房長官を訪ね平山ツキ・清子を同伴里帰りあいさつ、同副長官平山親子にサハリン抑留韓国人の生活状況等聴き懇談、記念品を親子に贈る。

　・9　フジTVアフタヌンショー　上記平山親子と共に出演「サハリンの韓国人を語る」

　・10　日本　本州より初めての旧樺太在住者によるサハリン墓参団を引卒して訪ソ、サハリン滞在中ソ連科学アカデミー極東研究所日本課員AAグラブノフ氏とサハリンの韓国人問題について懇談。

　・11　前記平山ツキ・清子　サハリンへ帰る。

　・12　来日中のソ日協会　サハリン支部長グリジャエフ氏と懇談

　・　来日中のソ日協会副会長クズネツオフ氏(前駐日ソ連大使館参事官)と懇談

1981・4　観光船で来日中の金鐘珠氏(ソ連内のハングル紙レーニンの道　発行所サハリン編集局長)と再会、彼と母親の親族再会の仲介をする(母親・日本人)、サハリン韓国同胞について懇談。

　・5　来日中のソ日協会副会長クズネツオフ氏と懇談

　・6　金伯啓夫人　水原豊子の要請により一時帰国(里帰り)に関する招待状を送付

　・12　来日中のソ連共産党国際部副部長コワレンコ氏夫妻と懇談

1982・1　金伯啓夫人　水原豊子　サハリンよりハバーロフスク経由で新潟空港着

　・4　日ソ円卓東京会議に出席のため来日中のソ連対外文化連絡協議会副議長ヤナエフ氏とサハリン抑留韓国人の祖国家族との再会船実現について提案する

　・5　朴順福氏夫人　水原友子とその留守家族の要請により、一事帰国(里帰り)に関する招待状を送付

- 来日中のソ連共産党国際部副部長コワレンコ氏　ソ日協会副会長クズネッオフ氏等と懇談、サハリン在住韓国人家族再会船を提案。
- 来日中の月間誌「ソビエト帰人」赤　沼編集長(ハルピン学院卒)とサハリン在住韓国婦人問題について懇談
  ※　前記　活動についての資料及びその内容については駐日大韓民国大使館を通じて、提供及び打合せを行つております。

1982・4　観光船で来日中の成点模氏(ソ連内ハングル紙レーニンの道　論説主幹)・サハリン州副知事コルチャーギン氏と恐談、サハリンの韓国人問題について意見交換

◎ サハリン抑留韓国人問題研究所・サハリン残留同胞援護会の事業を円滑に行わせる目的で、「日本サハリン友の会」を設立し、ソ連側に対して友好親善の窓口的役割を果している、「日本サハリン友の会」は旧樺太在住者によって構成され、主たる事業はサハリンの肉親墓参である、またソ連政府関係及び他の団体の交渉・交誼の場合、資格は常に「日本サハリン友の会」会長ととして行動しております。

「日本サハリン友の会」の設立に当っては、駐日大韓民国大使館の理解を得ております。

(중략)

　この建議書は1982年6月20日付をもって、駐日大韓民国大使館を通じて提出したものであります。

　以来数ヶ月を経てをります現在に至ても今だに御回信を頂いて居りません、若しこの提案をいたしました事が貴国に対して失礼がありましたならその点を御指摘頂きたく存じます、またこの提案が貴国にとつて不要のものでありましたならお知らせ頂きたく存じます。

　一介の民間私人が15年間私費をもって、旧日本帝国主義が犯した罪のつぐないをしている者の心情を御理解頂きたく存じます。

　御回信を頂かなければ提出した建議書の意味がありませんので何卒意のあるところをおくみとり下さい、御回信を御待ちしております。

西紀　1983月4月5日

若狭敬吉

2. 주일본대한민국대사관−사할린교포 귀환문제

駐日本大韓民國大使館
번호 JAW(F):00689
일시 8.2. 10:22.
발신 주일대사(일정)
수신 장관(아일)
제목 사하린 교포 귀환문제(83.8.2. 朝刊)

東京1面−サハリン残留朝鮮人問題＿＿ソ連家族対面に前向き

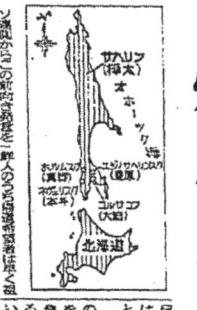

3. 외무부공문(착신전보)-사하린 교포 귀환문제

외무부
번호 JAW-3402
일시 08051154
수신시간 83.08.05. 18:07
발신 주일대사
수신 장관(아일)
제목 사하린 교포 귀환문제

　　대: WJA-2028
　　연: JAW(F)-0689, JAW-3351
　　1. 8.4 오후 당관 이기주 공사는 쿠사까와 쇼오조오 의원을 방문 연호 보도내용의 사실관계를 확인한바 동인의 발언 요지를 다음 보고함.
　　가. 사하린 방문경위
　　1) 평소 사하린 재주 한국인의 가족들이 찾아와 생존시에 귀환시켜 줄것을 간절히 요청하고 있어 본인도 일본인의 한사람으로서 반성한다는 생각에서 적극 귀환 운동을 전개하고 있음. 작년 및 금년의 예산위에서 총리앞으로 3회의 대 정부 질문서를 제출한바 있고 -일 정부는 가능한 한의 노력을 하고 있다-는 답변을 받고 있으나, 실제로 일·쏘간 각종 회담시에 일측이 쏘측에 제의하여도 쏘측은 양국간 교섭사항이 아니라고 냉담한 반응을 보이고 있음.
　　2) 이러한 상황을 감안 사하린을 직접 가서 당국자 및 잔류 한국인들을 만나고저 하는 의도에서 일·쏘 우호 친선 협회가 매년 1회 주최하는 사하린 성묘단을 위한 -북해도민의 배-에 동승하고저 신청 하였던바, 비자가 발급되었음. 비자 발급시 쏘련 대사관원이 사하린 방문목적을 질문해서 사하린의 역사를 공부하고저 한다고 답변했음.
　　나. 사하린 방문시 협의내용
　　1) 7.28-29 양일간 사하린 공산당 위원회 피요토르 이와보빗치 토로치야코프 제1서기 및 아나토리 치모페이위치 쿠지인 제3서기를 면담했음.
　　2) 7.28 트포치야코프 제1서기 면담시 사하린 잔류 한국인 문제를 거론하였던바, 동 서기는 한국인들이 많이 찾아와서 호소하고 있어 이산가족의 문제는 잘 알고 있다고 말하였음.
　　3) 이어 7.29 쿠지인 제3서기(섭외담당)를 면담한바, 동 서기는 본건에 대하

여 충분히 동정 및 이해한다고 말함. 이에대해 일본에서 가족과 면회 시킬것을 제의한바, 동 서기는 무슨 자격으로 왔느냐고 문의하여 개인자격으로 왔으나, 오기전에 외무성과도 사전 협의 했을 뿐 아니라, 적십자, 가족 및 관련 변호사등과도 충분히 이야기한바 있다고 말했음. 동 서기는 일본내에 책임있는 조직이 있는지 및 비용 부담 여부에 대해 문의한바, 비용은 초청자측 부담으로 하면 될것이고 책임있는 조직에 대하여는 염려할바가 없으니, 쏘련적의 한국인에 대하여 우선 금년내에 10세대 정도를 방일 시킬것을 제의한바, 이에대해 동 서기는 이해를 표시하였음. 또한 무국적 한국인에 대해 거론한바, 동 서기는 검토는 하겠으나, 시간이 걸리는 문제라는 반응을 보였음.

다. 금후대책

1) 사하린은 특별 행정구로서 단기 해외여행 허가는 어느정도 자치 권한으로 가능한 것으로 파악되었음.

2) 다만 해외 여행지에서의 도망, 망명 또는 반쏘 활동을 하면 곤란하므로 우선 지위가 높고 신원이 확실한 쏘련적 한국인들을 먼저 추진하고, 이후 단계적으로 폭을 넓혀가는 것이 좋겠다고 생각됨.

3) 따라서 외무성등과 긴밀히 협의해 가면서 관계 조직을 통하여 리스트를 작성한 후 가능한한 빠른 시일내에 서한을 낼 생각임.

라. 기타

1) 체류기간 동안 한국인들을 여러명 만나 보았는바, 그들의 생활수준은 상하의 차가 있으며, 대부분의 한국인들은 넉넉치 못한 생활을 하고 있는 것 같이 보였음. 다만 망향심은 절절한 것으로, 일례를 들면 동생이 일본의 이바라끼 현에 살고 있으니 어떻게 해서든지 일본에 가게 해주면 무슨 사례라도 하겠다는 장거리 전화를 호텔에서 받은 적도 있었음. 또한 자신이 투숙하는 호텔로 한국인들이 많이 찾아오는 것 같으나, 관계당국이 접근치 못하도록 감시하는듯 했음.

2) 생활수준과 사회적 지위가 높은 북한적 소속의 한국인들이라도 그들이 이북에 갔다오면 대부분 북한적을 버리고 쏘련적을 신청하는 사례가 허다 하다는 것을 확인 했음(이들은 쏘련적을 획득하기까지는 무국적 상태로 있음)

2. 당관 관찰 및 건의

가. 쏘련 정부의 소수 민주정책 및 상술 쿠사까와 의원이 발언 내용등에 비추어 사하린 교포의 귀국 내지 일본에의 귀환 정착 문제는 당분간 불가능한 것으로 보임.

나. 따라서 현시점에서는 한국 또는 일본에 가족을 갖고 있는 사할린 교포들

을 방일시켜, 가족끼리 일본에서 대면 시키는 방향으로 추진하는 것만이 가능할 것 같음.

다. 그 경우에도 쏘련측은 무국적 한국인이나, 사회적 지위가 낮은 쏘련적 한국인에 대하여는 귀국 거부, 망명등 가능성을 고려, 일본에의 여행을 허가치 않을 것으로 보임에 비추어, 일본에서의 가족 상봉이 추진된다 하더라도 쏘련 적을 가진 사회적 지위나 생활수준이 높은 일부 소수의 한국인에만 한정시킬 것임.

라. 이 공사가 전술 쿠사가와 의원에 대한 쏘련측의 발언내용이 쏘련 중앙 당국의 승인하에 행하여진 것으로 보는가 문의한데 대하여 동 의원은 그점은 확실치 않으며, 다만 사할린 지방당국이 쏘련 국민(쏘련적 한국인 포함)의 해외 여행을 허가하고 있으므로 재량권에 의하여 지위가 높은 쏘련적 한국인에 대하 여는 가족 대면을 위한 일본여행을 허가할 수 있을 것이라고 판단한다고 말한점 에 비추어 과연 앞으로 쏘련 당국이 동 의원이 판단대로 가족대면을 위한 일본 여행을 쉽사리 허가할 것인지 의문임.

마. 따라서 우리 정부로서는 상술한바를 고려하여 우선 사할린 교포와 가족 과의 일본에서의 상보를 실현 시키는것을 당면 과제로 하여, 일본정부의 적절한 협조와 조치를 요청하는것이 좋을 것임. 끝.

4. 외무부공문(착신전보)-사할린 교포 문제

외무부
종별 지급
번호 JAW-3411
일시 08051653
수신시간 83.08.06. 10:12
발신 주일대사
수신 장관(아일)
제목 사할린 교포문제

연: JAW(F)-00703
연호와 관련, 북동아과 관계관을 접촉, 외무성의 사할린 교포관계 동향을

탐문한바를 아래와 같이 보고함.

　　1. 8.5 각 조간의 사할린관계 기사는 8.4 외무사무차관이 기자 간담에서 언급한 내용에 기초한 것으로 차관은 인도상의 문제이므로 사정을 충분히 검토하여 그 실현에 최대한 노력하겠다라는 취지로 발언한바 있음.

　　2. 차관의 발언 취지는 사할린 거주 한국인 문제에 관한 일 정부의 종래부터의 방침을 밝힌 것이며 보도된바와 같이 본격적으로 대응책 검토에 들어갔다고 시사한 내용등은 지나친 표현이었다고 봄.

　　3. 쿠사까와 의원의 발언 내용에 의하면 한국 출신 쏘련적 인사의 방일에 사할린 쏘련 당국이 이해를 표하였다는 것인바, 이는 법적으로 쏘련인의 방일에 불과한 것이며, 일측이 종래부터 보다 관심을 가지고 있던 무국적 또는 북한적 인사의 방일에 관하여 쏘련 당국이 별다른 반응을 보이지 않은점에 비추어 이문제는 당분간 시간을 두고 정관할 필요가 있다고 봄. 끝.

5. 면담요록

면담요록

1. 일시: 1983년 8월 14일(일요일) 19:00시~　　시
2. 장소: 롯데호텔(2210)
3. 면담자: 아측: 장관(아주국장, 동북아 1과장)
　　　　　 일측: 구사가와쇼조 의원(마에다 대사, 야나이 공사)
4. 내용:

　구사가와 의원:

　　- 83.7.26.부터 1주간 일·쏘 우호 협회의 성묘단 부단장 자격으로 사할린을 방문, 사할린 특별 행정구 인민위 제1서기, 제3서기를 예방한 자리에서, 사할린 한국인 이산가족들의 귀환이 당분간 실현 곤란한점을 감안, 일본내에서 이산가족을 재회시키는 방안을 제의, 소련측의 긍정적 반응을 얻었음.

　　- 쏘련측이 우려하는 경비부담, 신분보증 등을 위해서는 기존의 민간 조직을 중심으로 초당파적 조직으로 구성, 대처할 생각을 피력함. 우선 금년내에 10세대의 재회를 실현시키기로 쏘련측의 동의를 얻었으며, 앞으로 명단등을 마련, 추진키로 함.

　　- 구사가와 의원측이 무국적도 포함 가능한가를 문의한데 대해 쏘련측은 이는

시간을 요한다는 부정적 반응이었음.

장관:

– 이러한 인도적 문제를 해결하기 위해 노력하는 일본 정치가가 있음에 경의를 표함.

– 상기 일본내 재회추진계획관련, 쏘련측이 사람들을 밖으로 보낼 경우 다시 돌아가지않을 것을 우려하고 있음을 감안, 한국에서 사할린에 이산가족을 보내 수일간이라도 재회할수 있도록 하는 방안도 병행 제의해보도록 요청함.

– 아울러, 과거 남·북한 적십자회의시의 경험에 비추어, 이산가족 문제 해결의 단계 및 과거 실례를 설명함.

– 또한, 일 정부의 입장관련, 구사가와 의원이 추진하고 있는 계획을 일본정부 차원에서도 지원 노력하겠다는 취지를 외상회의시 일 외무대신이 밝힌다면, 한·일 관계 있어서 과거를 잊고 새로운 시대를 구축해 나가려는 구체적 예로서 크게 평가될 것임을 시사함.

6. 외무부공문(발신전보)–일변협 대표단 유엔 인권의 파견

발신전보
번호 WJA-2158
일시 08121920
발신 장관(아일)
수신 주일대사
제목 일변협 대표단 유엔 인권의 파견

8.11.자 교오또 통신에 의하면 사할린 거주 한국인 송환문제 유엔 인권위 진정건 관련, 일본 변호사 협회는 8.21. 제네바 소재 유엔 인권위에 대표를 파견, 협조를 요청할 것이라고 하는바, 동 대표단 구성, 일정 및 활동 계획등을 파악, 보고 바람. 끝.

7. 외무부공문(착신전보)-사할린 관계

발신전보
번호 JAW-3584
일시 06131430
수신시간 83.08.14. 06:32
발신 주일대사
수신 장관(아일)
제목 사할린 관계

대: WJA-2158

대호와 관련, 당관에서 금 8.13. 금번 제네바에 출장하는 하라고 야마지(언덕언, 뒤후, 묏산, 다수릴치) 변호사를 접촉한바 동인의 발언요지 아래와 같이 보고함.

1. 금번 제네바 방문 목적은 일본 변호사 연합회 대표자격으로 사할린 잔류 무국적 구한국인의 고국 귀환을 촉구코자, 현재 개회중인 유엔 인권위 소위원회 공개 토의에 참석하는 것임

2. 대표단은 하라고 변호사 1인(아들 1인 동행)이며 활동계획은 주로 공개 토의에서 발언 자격이 있는 NGO중의 하나인 WCC와 협조, 인권위에서 귀환촉진 결의안이 나오도록 노력하고자 하는 것임

3. 금번 회의에 임하는 기본적 입장은 사할린 한국인 귀환문제를 순수히 인도적인 문제로 강조하여 일본인의 입장에서 추진코자 하는 것이며, 쏘련을 공격하는 내용이나 한국측과의 협조 사실등은 쏘련을 자극할 가능성이 있으므로 전략상 이점은 한국측이 양해하여 주기바람.

4. 금번 제네바 회의 참석시에는 한국 대구에서 있을 이산가족 대회 관계 사진등 가급적 많은 자료를 입수, 휴대할 예정이며, 현지에서 교도 통신 및 아사히 신문등과 협조체제가 마련되어 있고, 외신 기자회견도 예정되어 있음.

5. 8.21. 동경 출발, 8.22-9.3간 스위스 체재 예정이며, 8.24-9.3간 HOTEL EPSOM(RUE DE RICHEMONT 전화 318-604)에 체류예정임.

8. 외무부공문(착신전보)-제36차 인권소위(4)

외무부
종별 지급
번호 GVW-1032
일시 08111600
수신시간 8.08.12. 08:22
발신 주 제네바 대사(3등 윤현섭)
수신 장관(국연, 구이, 기정)
제목 제36차 인권소위(4)

　　연: 재네정 730-596
　　1. 8.10 본직은 유엔 인권사무국 고위 관계관과 접촉하는 한편, W.G. ON COMMUNICATIONS의 MASUD위원을 관저 만찬에 초청, 면담한 기회에 하기 사항을 탐문함.
　　가. W.G. ON COMMUNICATIONS 작업은 8.10 일단 끝내고 8.12 안으로 작업결과 보고서를 작성, 인권소위에 제출함.
　　나. 아국 관련 사항 진정서(9건)는 연호 첨부(3)외에는 W.G.에서 전부 기각됨.
　　다. 연호 첨부(3) 진정서는 인권소위에 보고될 것인바, 인권위원들이 문제시한 내용은 SON YU-HYEONG, PARK KI-RAE에 대한 사형집행 가능성 및 재소자에 대한 "정화교육"을 포함한 재소자의 처우임(동 진정서 본문 참조)
　　라. 사하린 거주 한국인에 관한 진정서 및 북한 정치범 수용에 관한 진정서는 W.G에서 기각됨.
　　2. MASUD위원은 앞으로 아국 대표가 인권소위에서 발언시 지난 1년간의 인권 개선 실적을 강조하면서 상기 문제시된 사항에 대하여 간략히 설명한 후 아국이 유엔 회원국이 아니지만 유엔 인권위에 협조해온 사실을 지적하는것이 유익할 것이라고 조언함.
　　3. 인권소위 의제 6항 관련 본직의 발언 요지는 추후 건의 위계임.
　　4. SON YU-HYEONG 및 PARK KI-RAE에 대한 현황을 당관에 통보바람.
　　5. 본직은 82년도 인권소위 의장을 역임한 CHOWDHURY(방글라데쉬)를 8.11관저 만찬에 초청 예정임. 끝

9. 외무부공문(착신전보)–제36차 인권소위(7)

외무부
번호 GVW-1050
일시 08161700
수신시간 8.08.17. 14:11
발신 주 제네바 대사(3등 윤현섭)
수신 장관(국연, 기정)
제목 제36차 인권소위(7)

　　대: WGV-700
　　1. 8.16. 유엔 인권위 사무국 고위 관계관으로부터 탐문한 내용 아래 보고함.
　　가. 북한 정치범 수용소에 관한 수건의 진정서는 그 내용이 대체로 유사하고 구체성이 약하며 정치성 있는 것으로 보여지기 때문에 W.G에서 거론하지 못하였다고 함.
　　나. 사하린 거주 한국인에 대한 진정서는 W.G위원들의 관심을 끌지 못하였으며 SOFINSKY위원을 의식하여 동 진정서에 대한 도의를 적극적으로 거론한 위원이 없었다 함. 그러나 동 관계관은 8.20경 일본 변호사 연합회 관계관이 당지에 도착, 사하린 거주 한국인 문제가 인권소위 공개 회의에서 거론되도록 로빙할 가능성이 없지 않다고 밝힘.
　　2. 사하린 교민문제 진전사항 추보위계임. 끝

10. 국가안전기획부 공문–일본 중의원 "쿠사가와 쇼오죠" 방한관계

국가안전기획부
번호 국일400-2241
일시 1983.8.17.
발신 국가안전기획부장
수신 외무부장관
참조 아주국장
제목 일본 중의원 "쿠사가와 쇼오죠" 방한관계

83.8.14 대구 소재 "중쏘 이산가족회"(회장: 이두훈)초청으로 동회 주최 대회에 참석차 방한한 "쿠사가와"의원의 체한동정 및 본명이 직접 언급한 사하린 거주 한국인의 일본내 상면 계획과 관련한 사항을 첨부와 같이 통보하오니 한·일 외상 및 각료회담에 대비한 아측활동에 참고하시기 바랍니다.

첨부: 관련사항 1건. 끝.

10-1. 첨부-일본 중의원 "쿠사가와" 체한 동향

일본 중의원 "쿠사가와" 체한동향

1. 83.8.15 대구소재 "중쏘 이산가족회"(회장: 이두훈) 주최 "사하린 억류동포 귀환 촉진운동 결의대회"에 참석차 8.14 방한한 "쿠사가와 쇼오조"(공명당 소속 중의원)의 체한동향은 다음과 같음.

2. 내용

   가. 대회 참석동향

      1) 8.15 13:50 대구 중구 대신동 소재 대성예식장에서 개최된 대회에서 "구사가와" 의원은 격려사를 통해

         ○ 현재 사하린 거주 한국인등은 눈물을 흘리며, 상봉을 기다리다가 지쳐, 세상을 떠난 사람도 많음.

         ○ 이와 같은 비참한 모습을 보고 그들을 귀환 시키는것이 자신의 의무라고 생각했음.

         ○ 7.25부터 일주일간 사하린을 방문, 공산당 제1서기와 면담, 한국인 귀환문제를 협의하였으며, 쏘련 섭외 담당자는 자신의 제의를 거부하지않고 협조 노력하겠다고 답변.

         ○ 가족 상봉은 일본에서만 하고, 방문여비와 보증문제는 일본에서 주선하도록 노력하겠다고 언급.

      2) 동 결의대회는 회장 이두문의 인사, 내빈인사(대한 변호사 협회 유택향, 이치호 민정당 의원), 대통령 각하, 국제 적십자사, 일본 수상, 쏘련 안드로프 제1서기에게 보내는 진정서 채택, 유엔 사무총장에게 보내는 탄원서 채택의 순으로 진행됨.

   나. 당부의 직접 접촉 및 전화로 확인한 내용

1) 접촉시 "쿠사가와" 의원 언급요지
   O 재 사하린 아국동포의 실상
      - 사하린 거주한국인은 전쟁의 원인으로 4-5만명이 있으며, 생활은 각양각색.
      - 전반적으로 민족차별을 받는것 같지는 않았음.
   O 일본에서 가족 상면 조치의 가능여부
      - 쏘련측의 양해, 일 법무성의 협력만 있으면 가능.
      - 금년내 10세대정도 상봉할 수 있도록 주선할 계획임.
   O 사하린 거주 한국인 문제와 관련 아국의 협력할 분야 여부 및 문제점 유무.
      - 정부차원보다 민간차원에서 추진함이 바람직
        (일본 거주 한국인 친척 또는 친지가 사하린 교포의 초청 형태)
      - 사하린 교포가 출국전 휴가 획득, 출국일정등 조건을 포함한 초청자가 부담할 비용(1인당 60만엥) 조달이 문제임.
      - 쏘련도 전쟁 희생자가 2천만명이나 되어 이산가족의 고뇌를 잘알고 있어, 적극 협조할 것으로 보임.
2) 전화 문의시 언급 요지
   O 사하린 방문시 만난 쏘련관리 언급내용
      - 가족상면을 위한 일본축국 대상자는 쏘련인(쏘련국적의 한국인)을 의미하고, 일본 지역이외 이행금지, 왕복 항공료 및 체일경비 초청자 부담, 이행기간 2-3주간 조건을 제시함.
   O 사하린 교포의 일본여행 비용 부담문제
      - 일정부는 쏘련인의 여비부담 초청은 내정간섭으로 해석되기 때문에 비용 부담을 기피하고 있음.
      - 그러나 초청자 부담이면 무관하다고 함.
      - 1인당 초청비용은 일화 60만엥 정도로서 이행능력자의 2-3개월 보수에 해당.
   O 사하린 교포의 귀환 열망
      - 1세대 무조건 희망.
      - 2-3세대는 무관심.
   O 한국 및 일본내 귀환 운동단체 활동에 관하여
      - 한일 양국내 단체를 관장할 조직의 단일화가 긴요함.
      - 이상적인 중계조직은 양국가의 적십자사로서, 우선적으로 상

면대상자 명부의 작성, 이행 교섭관계를 단일화할 수 있도록 활동 요망.

- ○ "쿠사가와" 의원의 활동에 대한 일본측 동향
  - ─ 일본정부에서는 대응책에 고심중이며, 현재로서는 극히 소극적이나 한일 외상 및 각료회담때 협력 요구시 주요할 것으로 전망.
  - ─ 일본 적십자사는 정부지원 및 관심 사항이면, 적극적으로 활동할 자세.
  - ─ 일본 여당측은 "하다노" 법상이 관심을 갖고 있는 인물로서 동명 활용 필요.
  - ─ 민단 조직 및 재일 부인회등이 중심이 되어 민간기구 설치고려 요망.
- ○ "쿠사가와"의원이 제시한 대책
  - ─ 금번 한일외상 및 각료 회담시 일본정부에 동 문제의 적극 관심표시와 협조 당부 필요.
  - ─ 한국정부의 관심 및 지원표시 경우 일본정부도 어쩔수 없이 움직임을 표시할 것임.
- ○ "쿠사가와" 의원의 종합의견
  - ─ 동 문제를 처리 관장하는 단일화된 민간 조직체의 설치가 요구되며,
  - ─ 일본 적십자사는 행정적인 중계역할을 하는 형식을 취하고,
  - ─ 일본정부의 배후지원 문제는 아국정부의 자극 여하에 달려있다는 의견을 제시.
  - ─ 우선 자담 능력자 10명 정도 일본초청 주선.

3. 당부의 의견
  - ○ "쿠사가와"의원이 제시한 "민간단체 단일화"는 바람직한 제안으로 평가되며,
  - ○ 한일 양국정부에서는 동 단체를 지도, 문제점 해소와 지원방안 모색에 노력하는 것이 좋을 것으로 사료됨.

4. 조치
  한일 외상 및 각료회담에 대비, 참고 자료로 활용토록 동 내용을 외무부에 통보.

11. 외무부공문(착신전보)-36차 인권소위(10)

외무부
번호 GVW-1076
일시 08221930
수신시간 83.08.23. 09:35
발신 주 제네바 대사(박상기 사무관)
수신 장관(국연, 아일, 구이, 기정)
제목 36차 인권소위(10)

　　대: WGV-716, 719
　　연: GVW-1066
　　1. 가. 8.22 10:00 속개된 표제 회의는 의제 6항 토의를 계속함. 벽두에 WHITAKER위원은 필립핀의 아퀴노씨 저격 사건에 언급, 소위가 동인의 유족에 대하여 억던 조치를 취할 필요가 있다고 발언하였으며, CAREY 위원이 이를 찬송함.
　　　　나. 이어 소위 위원들은 캄푸차, 아프카니스탄, 필립핀, 남아프리카, 스리랑카, 칠레, 과테말라, 수리남, 쿠바, 알젠틴, 등의 인권 사항을 거론함.
　　　　다. MEDIR대리위원(파키스탄) 및 MASUD 위원은 여타 위원들이 스리랑카 사태와 관련, 제안한 특별 보고관의 파견 문제에 대하여 반대의 견해를 밝힘.
　　2. CAREY위원은 김대중의 석방에 대하여 긍정적으로 발언함.
　　3. 가. 정부 옵서버의 첫번째로 발언한 본직은 연호로 보고한 내용을 약간 조정하여 지난 1년간 아국의 착실한 인권 진전 사항을 긍정적으로 설명하고 소위 위원들의 정당한 인정 희망을 표명함.
　　　　나. 본직의 발언후 의장은 송위 위원들이 본직의 발언을 주의깊게 청취하였다고 말함. (본직은 8.22 회의 벽두 의장에게 본직 발언 내용을 설명하고 본직 발언후 긍정적인 공개 논평을 요청한바 있음)
　　　　다. 본직 발언시 반한인사 최기환 및 북괴 대표부 요원 1명이 방청함.
　　4. 가. "INTERNATIONAL LEAGUE FOR HUMAN RIGHTS"의 위임을 받아 발언한 일본 변호사 연합회의 SANJI HARAGO변호사(동 변호사 보좌관이 영어로 발언)는 사할린 거주 한국인 문제의 배경을 간략히 설명후 사할린 거주 한국인 문제와 관련 하기 6개항 결의안 채택을 요청함. (발언 TEXT는 별전 보고)
　　　　1) 일본 정부는 사할린 거주 한국인이 일본국 시민권을 상실하지 않

았음을 인정할것.

    2) 동 한국인은 일본 귀환 권리를 갖고 있음.

    3) 일 정부는 이들에게 일본국 여권을 발급할 것.

    4) 일 정부는 쏘련 정부에 이들의 일본 귀환 허가를 요청할 것.

    5) 잠정 조치로 일·쏘 양국 정부는 이들의 일시 방일을 허용할 것.

    6) 일 정부는 사할린 거주 한국인 한국거주 친척 및 가족의 방일 초청을 위한 법적, 재정적 기타 필요 조치를 취할것.

    나. 이보다 앞서 INTERNATIONAL FEDERATION OF WOMEN IN LEGAL CAREERS 대표도 사할린 거주 한국인 문제를 거론하고 다체로 상기 6개항 조치의 필요를 주장함.

    다. 일본 대표는 하오 속개된 회의에서 답변권을 행사, 재 사할린 한국인 문제의 배경 및 대쏘 교섭 경위를 설명하고 일본 정부는 인도적 견지에서 이들의 귀환 성취를 위해 계속 노력할 것이라고 말함. (발언문 TEXT는 별전 보고)

    라. SOFINSKY위원은 이에 대하여 발언하지 않음.

    마. HARAGO 변호사에 의하면 동 변호사 및 보좌관은 9월초까지 체류하면서 인권소위 위원들과 접촉, 상기 6개항 결의안 채택을 위해 노력할 것이라고 함.

    8.22 동 변호사는 일본 기자단 및 아국 특파원과도 접촉함.

  5. 8.22 하오 표제 회의는 의제 6에 관한 토의를 SAKER위원의 발언을 끝으로 종결하고, 의제 13토의를 시작함. 의장은 의제 6에 관하여 다수 소위 위원과 정부 옵서버 대표 14, NGO 대표 15 및 1개의 민족 해방 단체가 발언하였다고 말함. 끝

12. 외무부공문(착신전보)-36차 인권소위(11)

외무부
번호 GVW-1077
일시 08221930
수신시간 83.08.23. 08:36
발신 주 제네바 대사(박상기 사무관)

수신 장관(국연, 아일, 기정)
제목 36차 인권소위(11)

　　　연 GVW-1076
　　　연호 재 사할린 한국인 문제관련, 8.22. 일본 변호사 연합회 HARAGO 변호
사의 발언(별전1) 및 일본 대표의 발언문 TEXT는 (별전2) 각각 별첨과 같음.
끝

별첨1

　　　RESOLUTION PROPOSAL TO THE UNITED NATIONS COMMISSION
ON HUMAN RIGHTS DURING WORLD WAR Ⅱ, JAPAN FORCIBLY TOOK
APPROXIMATERY 43,000 KOREANS TO SAKHALIN FROM THE SOUTHERN
PART OF THE KOREAN PENINSULA, NOW □□□REPUBLIC OF KOREA.
　　　AFTER THE WAR, ALL JAPANESE ON SAKHALIN WERE ALLOWED TO
RETURN TO JAPAN, BUT ONLY 2,300 KOREANS WHO HAD JAPANESE
WIVES WERE ALLOWED TO LEAVE SAKHALIN. WITH THE EXCEPTION
OF ONLY THREE PERSONS, THE REST OF THE KOREANS WERE DENIED
REPATRIATION, LARGELY DUE TO JAPANESE DISCRIMINATION AGAINST
ETHNIC KOREANS.
　　　TODAY THERE ARE MORE THAN 3,500 KOREANS ON SAKHALIN
DESPERATELY DESIRING REPATRIATION.
　　　THE FACT THAT TODAY, THIRTY EIGHT YEARS AFTER THE WAR,
THEY CANNOT RETURN TO SOUTH KOREA OR JAPAN, IS AGAINST THE
PRINCIPLES OF ARTICLE 12:4 OF THE UN INTERNATIONAL COVENANT
ON CIVIL AND POLITICAL RIGHTS : "NO ONE SHALL BE ARBITRARILY
DEPRIVED OF THE RIGHT TO ENTER HIS OWN COUNTRY".
　　　FROM A HUMANITARIAN POINT OF VIEW, WE CANNOT PERMIT LEAVING
THEM STRANDED THERE AGING AND DYING, UNABLE TO REPATRIATE
TO THEIR HOMELAND.
　　　ACCORDINGLY, WE REQUEST THAT THE INTERNATIONAL COMMISSION
FOR HUMAN RIGHTS MAKE A RESOLUTION AS FOLLOWS, AND THAT

THEY WILL TAKE APPROPRIATE MEASURES ACCORDING TO THAT RESOLUTION.

IN ORDER TO GAIN REPATRIATION WE REQUEST THAT:

1. THE GOVERNMENT OF JAPAN SHOULD ACKNOWLEDGE THAT THE ETHNIC KOREANS IN SAKHALIN HAVE NOT LOST THEIR JAPANESE CITIZENSHIP, AND HAVE THE RIGHTS OF THAT CITIZENSHIP.

2. REGARDLESS OF THE PRESENT STATUS OF NATIONALITY OF THE KOREANS IN SAKHALIN, THEY HAVE THE RIGHT TO REPATRIATE TO JAPAN.

3. THE GOVERNMENT OF JAPAN SHOULD ISSUE THEM PASSPORTS AS JAPANESE.

4. THE GOVERNMENT OF JAPAN SHOULD REQUEST THAT THE GOVERNMENT OF THE USSR PERMIT THEIR REPATRIATION TO JAPAN.

5. ASA PROVISIONAL MEASURE, UNTIL THE ABOVE IS REALIZED, THE GOVERNMENTS OF JAPAN AND THE USSR SHOULD PERMIT THEIR TEMPORARY VISIT TO JAPAN.

6. THE GOVERNMENT OF JAPAN SHOULD TAKE LEGAL, FINANCIAL, AND ALL OTHER NECESSARY MEASURES TO FACILITATE THE SAKHALIN VISITORS TO INVITE THEIR RELATIVES AND FAMILIES FROM THE REPUBLIC OF KOREA TO JAPAN.

별첨2

THANK YOU MADAM CHAIRPERSON.

WITH REGARD TO THE REPARTRIATION OF KOREANS STILL RESIDING ON SAKHALIN, THE GOVERNMENT OF JAPAN HAS ALWAYS HADA STRONG INTEREST IN THIS PROBLEM, TREATING IT ASA HUMANITARIAN ISSUE.

AFTER THE END OF WORLD WAR II, THOSE KOREANS, WHO HAD GONE TO SOUTHERN SAKHALIN BEFORE OR DURING THE WAR WERE NOT GIVEN THE OPPORTUNITY OF LEAVING THERE.

WITH THE ENTRY INTO FORCE OF THE SAN FRANCISCO PEACE

TREATY IN 1952, KOREA'S SEPARATION FROM AND INDEPENDENCE OF JAPAN WAS LEGALLY ESTABLISHED. UNDER THE TERMS OF THE TREATY, KOREANS RESIDING IN JAPAN, INCLUDING THOSE RESIDENT ON SAKHALIN, WHO HAD COME FROM THE KOREAN PENINSULA AND HAS HITHERTO POSSESSED JAPANESE NATIONALITY, LOST THEIR JAPANESE NATIONALITY. AND JAPAN RENOUNCED ALL RIGHTS, TITLE AND CLAIM TO SOUTHERN SAKHALIN IN ACCORDANCE WITH THE SAID TREATY. SO, THE GOVERNMENT OF JAPAN CEASED TO POSSESS ANY LEGAL MEANS THAT IT MIGHT EXERCISE IN ORDER TO OBTAIN THE REPATRIATION OF KOREANS RESIDING ON SAKHALIN. THE JAPANESE GOVERNMENT'S ABILITY TO ACT IN THIS MATTER IS, THEREFORE, EXTREMELY LIMITED.

HOWEVER, THE GOVERNMENT OF JAPAN, IN VIEW OF THE HISTORICAL CIRCUMSTANCES, INCLUDING THE FACT THAT THE KOREANS RESIDENT ON SAKHALIN HAD NOT BEEN GIVEN THE OPPORTUNITY OF REPATRIATION AFTER WORLD WAR II, TAKES THE POSITION THAT THE MATTER IS TO BE DEALT WITH ASA HUMNITARIAN PROBLEM. THEREFORE THE JAPANESE GOVERNMENT HAS REQUESTED THE GOVERNMENT OF THE SOVIET UNION TO GIVE FAVORABLE CONSIDERATION TO APPLICATIONS FOR REPATRIATION OF THOSE KOREANS AT EVERY OPPORTUNITY AVAILABLE. SO FAR, THE JAPANESE VOVERNMENT HAS TAKEN UP THIS MATTER : FORMALLY OR INFORMALLY, WITH THE GOVERNMENT OF THE SOVIET UNION MORE THAN FIFTEEN TIMES, INCLUDING FIVE TIMES AT MINISTERIAL LEVEL.

HOWEVER, THE GOVERNMENT OF THE SOVIET UNION MAINTAINS ITS FIXED POSITION THAT, SINCE THESE PEOPLE ARE NOT JAPANESE NATIONALS, THIS MATTER CANNOT APPROPRIATELY BE DISCUSSED BETWEEN JAPAN AND SOVIET UNION.

IN ADDITION TO THE ABOVE, THE GOVERNMENT OF JAPAN REQUESTED ASSISTANCE ON THIS MATTER FROM THE INTERNATIONAL COMMITTEE OF THE RED CROSS THROUGH THE JAPANESE RED CROSS SOCIETY IN 1982.

THE GOVERNMENT OF JAPAN WILL CONTINUE TO MAKE THE

GREATEST POSSIBLE EFFORTS TO ATTAIN THEIR REPATRIATION FROMA
HUMANITARIAN POINT OF VIEW. THANK YOU MADAM CHAIRPERSON.

13. 외무부공문(착신전보)-36차 인권소위(13)

외무부
번호 GVW-1095
일시 08251940
수신시간 83.08.26. 08:56
발신 주 제네바 대사(3등 윤현섭)
수신 장관(국연, 아일, 기정)
제목 36차 인권소위(13)

　　1. 8.24 본직은 일본 변호사 연합회의 HARAGO변호사와 면담한바, 동인은
가. 일본 정부는 사하린 거주 한국인에게 일본여권을 발급할 것.
　　나. 이들의 일본 방문을 허용할 것을 내용으로하는 결의안을 준비하고 있으
며, 8.29까지 동 결의안을 제출할 소위 위원을 확보하는데 주력할것이라고 하면
서, 동 확보가 가능할지 아직 확실치 않다고 말함. 이어 동인은 일본 출국전
아베 외상을 방문 사하린 거주 한국인문제 해결을 위한 일정부의 성의있는 조치
를 촉구하였으며, 동 외상은 주쏘 일본대사관에 지시하였다고 밝힘.
　　2. 본직은 HARAGO변호사를 8.31 오찬에 초청함.
　　3. 8.24 하오 SOFINSKY 위원은 답변권을 행사, 사하린에는 일본인이 없으
므로 일본측이 발언할 자격이 없다고 지적하고 사하린에서 한국인들은 잘살고
있다는 취지로 발언함.
　　4. 8.25의제 9와 관련, INTERNATIONAL HUMAN RIGHTS LAW GROUP
대표는 각국의 소수민족에 대한 차별대우에 관하여 발언하는 과정에 일본정부
당국의 재일 한국인에 대한 차별대우 (강제퇴거 및 지문채취) 언급하는 한편,
서준식 형제가 형기 만료인데도 석방되지 않은채 보안 감호 처분을 받고 있다고
말하고 PREVENTIVE DETENTION에 대한 소위의 연구를 촉구함.
　　5. 본직은 8.26 상황을 보아 답변권을 행사 관련사항을 설명위계임. 끝

14. 외무부공문(착신전보)-제36차 인권소위(15)

외무부
번호 GVW-1111
일시 08291700
수신시간 83.08.30. 08:15
발신 주 제네바 대사(3등 윤현섭)
수신 장관(국연, 아일, 기정)
제목 제36차 인권소위(15)

　　　1. 8.29 표제 회의는 의제 9토의를 계속함. 일본 대표는 재일 교포에 대한 차별대우 문제 언급, 재일 한국인이 한·일간의 법적 지위 협정에 따라 참정권 외에는 일본인과 거의 동등한 대우를 받고 있다는 취지로 말함.
　　　2. 이어 표제 회의는 의제 8(진정서)을 비공개로 토의 개시함. 아국관련 사항은 8.30 또는 8.31 처리될 가능성이 있음.
　　　3. 한편 사하린 거주 한국인 문제관련 CAREY 위원은 일·쏘 양국 정부는 2차 대전이래 사하린에서 거주해온 한국인에게 친척과의 재회를 위한 일시 방일을 허용할것을 요구하는 내용의 결의안을 준비하고있음. 끝.

15. 외무부공문(착신전보)-제36차 인권소위(17)

외무부
번호 GVW-1131
일시 08311650
수신시간 83.09.01. 09:56
발신 주 제네바 대사(3등 윤현섭)
수신 장관(국연, 아일, 기정)
제목 제36차 인권소위(17)

　　　연: GVW-1111
　　　1. 8.30 CAREY위원은 사하린 거주 한국인 문제에 관련 본문이 다음과 같은

결정 문안을 소위에 제출함.(이는 일본 대표등의 견해로 인하여 연호를 대폭 수정한 내용임)

"ITEM 6

THE SUB-COMISSION DECIDED TO REQUEST THE SPECIAL RAPPORTEUR REFERRED TO IN SUB-COMMISSION RESOLUTION 1982/23 TO REVIEW ANY INFORMATION AVAILABLE TO HIM RELATING TO THE STATEMENT MADE BY THE REPRESENTATIVE OF THE INTERNATIONAL LEAGUE FOR HUMAN RIGHTS AT THE — TH MEETING OF THE SUB-COMMISSION OF 22 AUGUST 1983."

2. 8.31 본직은 HARAGO 변호사 및 일본 교도 통신 특파원등을 오찬에 초청한 자리에서 동 변호사를 격려하는 한편, 동 특파원의 HARAGO변호사에 대한 협조에 사의를 표함. HARAGO변호사는 당초 예정보다 귀국을 연기하고 금명간 WCC 및 LRCS를 방문, 사하린 거주 한국인 문제에 관하여 협의할 예정이라고 함. 동 특파원은 HARAGO변호사의 인권소위에서의 발언 내용 및 관계 기사가 일본 신문에 크게 보도(마이니찌 신문은 사설 게재)되었다고 말하면서 한·일 외상회담 및 한·일 각료회담 개최와 거의 때를 같이 하였다고 말함.

3. 상기 결정 문안의 처리 진전 사항 추보 위계임. 끝.

16. 외무부공문(착신전보)–사하린 한국인 관계 기사 보도

외무부
번호 UNW-1546
일시 09141830
수신시간 83.09.15. 09:21
발신 주유엔 대사
수신 장관(국연, 아일, 구동, 해공)
제목 사하린 한국인 관계 기사 보도

9.14.자 뉴욕 타임스지(A 26면)는 국제인권 연맹(INT'L LEAGUE FOR HUMAN RIGHTS)의 사무총장(EXECUTIVE DIRECTOR)인 FELICE D. GAER 가 기고한 'KOREANS ON SAKHALIN ISLAND: CAUGHT BETWEEN TWO

GOVERNMENTS' 제하 사하린 거주 한국인에 관한 기고문을 게재한바 요지 아래와 같음. (기사 전문 파편 송부)

    — KAL기 비극에 관심이 집중되고 있으나, 사하린 거주 한국인의 비극은 잘 알려지지 않고 있음

    — 사하린 한국인들은 소련과 일본 정부 정책때문에 2차 대전이래 동 지역을 떠나지 못하고 있음

    — 이들 희생자의 문제 해결은 전략적으로 취약한 동 지역의 신뢰, 선린관계 회복에 중요한 인도적 조치가 될것임

    — 제2차 세계 대전시 일본에 의해 징용된 43,000명 한국인중 일본인 처가 있는 2,300명만이 출국 허가되고, 나머지는 주로 일본 정부의 한국인에 대한 차별때문에 송환되지 못함.

    — 소련은 남한을 승인치 않고있기 때문에 직접 송환 고려를 거부하고있음

    — 자국으로의 귀환의 권리는 '민권 및 정치권에 관한 국제협약' 12조에 규정된 것으로 인권보호의 마지막 수단임

    — 사하린 한국인의 남한 또는 일본으로의 귀환 불능은 일본과 소련이 공동 가입한 상기 조약에 위배됨

    — 일본이 사하린거주 한국인이 일본 시민권을 잃지 않았으며, 어떤 경우등 일본으로 돌아올 권리가 있다고 인정만 한다면, 일본은 이들에 대한 출국 허가를 소련에 공식 요구할 수 있음

    — 소련내 폴란드, 희랍, 일본, 독일, 유태인의 예와 같이 사하린내 한국인도 일본으로 출국 허용되어야 함

    — 현재로서는 일본 정부만이 송환을 촉진시킬수 있으며 모스크바는 국제적 책임을 인정, 사하린 거주 한국인의 출국을 제한없이 허용해야할 것임.

17. 외무부공문(착신전보)—ICRC 아세아 국장 접촉

외무부
번호 GVW-1550
일시 11231800
수신시간 83.11.24. 13:27
발신 주 제네바 대사

수신 장관(국기, 기정)
제목 ICRC 아세아 국장 접촉

　　11.23 정주년공사는 ICRC아세아국장 COURTEN과 오찬한바, 동인 발언요
지 아래임.
　　1. 당지 북한대표부 신현림 공사는 최근 자신을 방문하여 남·북한 이산가족
문제협의를 위한 적십자간의 접촉 및 재사하린 한국인문제는 민족내부 문제이
므로 국제적십자사 또는 여타 국제기구가 개입해서는 안된다고 강조함. (이에대
해 동 국장은 ICRC의 전통적 입장을 설명대응함)
　　2. 버마참사 사건에 유감을 표시하며, 최근 북한의 여사한 태도로 인하여
ICRC이 남북한 적십자간의 접촉 노력은 당분간 진전이 있을것으로는 기대하기
어려움.
　　3. 개인적인 희망임을 전제, 구체적시기는 알수 없으나 한국과 중공 적십자
간 접촉이 이루어질 가능성을 기대함.
　　4. 사하린 한국인 문제에 대해서는 일본측이 쏘련측과 우선 접촉토록하여
동 결과를 기초로 ICRC의 구체적 교섭지침을 수립할 예정임.
　　5. 자신은 12.5 인도네시아로 향발, 12.11-13간 일본체류기간중 외무성 및 적십
자 관계관을 접촉, 사하린 거주 한국인문제를 협의후 12.14 서울도착 예정임.
　　6. 각별한 보안유지를 전제, 4주전 버마에서 ETHNIC GROUP인 KAREN이
버마에서 근무중이던 불란서 기술자부부를 납치한 사건이 있었는바, ICRC는 불
란서측의 협조 요청을 받고 KAREN측과 직접 접촉, 순수 인도적입장에서 노력
을 전개한 결과 조만간 긍정적인 결실이 있을것으로 전망함.
　　(대사 박쌍용-국장)

18. 주일대사관 공문─화태교포의 일본입국 문제[1]

주일대사관
번호 일본(영)725-1147
일시 1983.12.8.

---

 1) 본문 중 명단은 임의 생략

발신 주일대사
수신 장관
참조 아주국장, 영사교민국장
제목 화태교포의 일본입국 문제

1. 화태귀환 재일한국인의(회장: 박노학)측은 화태교포의 일본입국을 다음과 같이 추진하고 있음을 보고합니다.

   가. 공명당 "쿠사가와" 의원은 83.7.25.-7.31.간 사하린을 방문, 화태특별구 "삐요도루 이와노빗치" 제1서기 와 면담, 화태교포들이 일본에 입국하여 한국의 연고자를 일본에서 상봉하는 문제를 협의하였는 바, 동 제1서기 는 화태교포중 무국적자는 곤란하나, 쏘련 국적자에 대하여는 일본에서 한국연고자의 상봉을 용인하겠다고 하였다고 함.
   (사회당 "오까다" 의원도 83년 8월에 사하린을 방문, 상기 사실을 재확인 하였다고함)

   나. 화태귀환 재일한국인회측은 상기 취지에 따라 "아세아에 대한 전후 책임을 생각하는 회"(대표: 오오누마 동경대학 조교수)와도 협의, 사하린 교포(쏘련 국적자) 중 가족상황 및 재정 능력등을 고려, 하기 5명을 선발, 일본인 명의로 별첨 (1)과 같이 초청장을 발송하였던바, 하기 5명중 김상호는 별첨(2)와 같이 한달내로 출국허가를 받아 일본에서 동생 김재호를 상봉할 수 있을 것이라고 하였음.

2. 사하린 교포는 지금까지 관광 또는 북해도 사회당본부 초청(권희덕)등으로 방일한바는 있으나, 상기와 같이 화태귀환 재일한인회측에서 직접 선발, 초청장을 발송한 경우는 최초임을 아울러 보고합니다.

－하기－

주일대사

18-1. 첨부-초청장

노학 선생님 안녕하오십니까, 김상호올시다 선생님의 보내주신 이유서 반가이 잘바다습니다 바든 직시 수속을 하얐으며 수속이 바로 되얐읍니다 오날까지 마

지막 수속을 다해 보내니 잘바다 주며 한달내로 될것이라 하며 이후로노는 집애
서 기다리라꼬 하며 출국 허가까지 다해 준다꼬 합니다 선생님 참으로 감사합니
다 이후 증명서를 받는대로 직시 알려더리겠읍니다 그리오며 사진을 보내읍니
다 척수가 점학한지 모르겠읍니다 그리고 저애 처 년 월 일 성명

Лащенкина Ольга Станиславовна
рождения 15 июня 1922 года

상호는 저는 1920년 5월 9일 입니다
고국 애동생에게 몃자 긔록해 보내오니 부처주옵소서

김상호 올림

동생 재호 바다보아보아라
수개월 전애 너가 보내준 편지 잘 바다 보았으며 인하 회답을 못하고 지금까지
너젓노라 집안니 아무탈엄시 잘있난지 이곳 형도 아무탈 업시 잘 있이니 걱정하
지 마라 그리고 항상 너의들를 만나보지 못해 건심을 하다가 수년 전애 귀국
수속을 하다가 것내바로 되지 안코 말아서며 도로혀 마암만 살날 하얏으며 그러
나 또다시 수속을 하는것슨 너도 잘알겠지 언득애 너의들을 만나 볼 히망이있어
니 그리알고 기다리고 있어라 할말은 만타만은 형제 상봉시애 하기로 하자 거름
잘있어라.
경남 밀량군 상남면 기산리 동생 김재호애게
싸하린 고르노자위드스크 울돌스도고오 1번애 형 김상호 보냄

G-7-5 번호1768

申請書
下記の件について貴殿にお願いします。私、日本の主婦である堀江和子はソベ
エト市民を下記の条件で

金相浩

ソ連邦、サハリン州、市、ゴルノザウオドスク街、トルストゴー1

日本に招待いたします。
　1. 日本滞在に関する全費用は招待者負担です。
　2. 日本滞在期間、招待される人の都合に合せて上記条件で日本を訪問する

許可を与えて下さるよう心からお願いします。

1983、10、24　　堀江和子
日本東京都足立区六月2-29-5-501[2]

19. 협조문-ICRC 아세아국장 차관면담요록 송부

협조문
분류기호 및 문서번호 국기 736.81-3364
발신일자 1983.12.20.
발신 국제기구조약국장
수신 아주국장, 정보문화국장
제목 ICRC 아세아국장 차관면담요록 송부

　　　연: 국기736.81-325(83.11.30.)
　　　대: 아일 700-647(83.12.8.) 및 정이120.2-269(83.12.5.)
　　83.12.15. de Courten ICRC 아세아국장의 외무차관 예방시 면담요록을 별첨 송부합니다.
　　첨부: 상기 면담요록 사본 1부. 끝.

　　국제기구조약국장

19-1. 첨부-면담요록

면담요록
1. 일시: 1983년 12월 15일(목요일) 15:00시~15:30시
2. 장소: 외무부 차관실

---

　2) 이하 생략

3. 면담자: 외무부 차관 노재원

　　　국제적십자위원회 아세아 국장 Jean de Courten

　　　배석: 외무부 국제기구 과장 안종구

　　　　　대한적십자사 섭외부장 전유윤

4. 내용:

　　차관: 방한을 진심으로 환영함.

　　Courten: 81년 방한에 이어 두번째로 한국을 방문하게 된 것을 기쁘게 생각함. 최근 아세아 정국은 혼미를 거듭하고 있음. "칼"기 격추사건, 랑군 암살폭발 사건등 대형 사건이 발생, 이범석 장관등 국제적십자 위원회와 절친하였던 인사들이 타계한 것을 유감스럽게 생각하며 심심한 조의를 표하는 바임. 아울러 이 기회를 빌어 한국의 국제적십자 위원회에 대한 재정적 기여에 대해 감사의 뜻을 전하는 바임.

　　차관: 국제적십자 위원회는 국제적인 문제해결을 정치적인 각도에서가 아니라 인도적 차원에서 해결해 나아가고 있으며 그 인도적인 접근방법으로 인하여 많은 국제적인 문제를 효과적으로 해결하는데 크게 기여하여 왔다는 의미에서 우리는 국제적십자 위원회의 현장 목적 실현을 위한 노력을 적극 성원하는 바임.

　　Courten: 그간 국제적십자위원회는 사할린 교포송환문제, 남북 적십자회담의 재개문제를 위요하여 거중 조정역을 담당하여 왔으나 성공에 이르지는 못하였음. 한편 남북한 이산가족 재결합 문제도 현실적이고 실용적(pragmatic) 인 접근으로 해결의 실마리를 찾아야 할것임. 국제적십자 위원회를 통한 서신교환, 이산가족간 상호방문 등 단계적인 조치들이 실현된다면 이산가족 재결합이라는 궁극적 목표 달성을 위한 계기가 마련되는 것임. 그러나 북한은 남북통일이 선행되어야 한다는 입장을 고집하고 있음. 국제적십자위원회는 북한에게 정치문제의 선논의는 바람직하지 못하다라는 입장을 설명한 바 있음.

　　차관: 인도적 관점에 입각한 문제에의 접근이 정치상황으로 인해 난관에 봉착하고 있음. 그러나 국제적십자 위원회는 서신교환, 상호방문등 전술한 현실적, 비정치적 방안을 인내를 가지고 계속 추진함으로써 소기의 성과를 거양할수 있다고 확신함. 비정치적 방안의 실현은 향후 정치문제 해결을 위한 분위기를 조성할 것. 또한 "사할린"교포 문제의 해결을 위하여도 국제적십자 위원회는 소련 적십자사와 긴밀한 협조를 함이 소망스럽다고 생각함.

　　Courten: 동감하는 바임. 본인은 방한에 앞서 일본을 방문하였는 바, 일본·소

련간의 외교협상이 좌초되고 있는 현실을 감안할때 본건문제는 국제적십자
위원회와 소련 적십자사간의 수준에서 해결책이 모색되어야한다는 점을 인
식하였음. 본인이 귀임하면 그러한 요지의 해결방안을 총재에게 건의코자
함. 국제적십자 위원회는 오는 1월부터 6월간 소련 적십자사와 "아프간" 문
제등 현안해결을 위해 협상의 기회를 갖게 되어 있음. 동 현안이 만족스럽게
타결된다면 같은 맥락에서 "사할린" 교포 송환 문제가 거론될 수 있을 것으
로 예상됨.

차관: 좋은 생각임. 일본의 개입 없이 국제 적십자사가 소련 적십자사와 직접
접촉함으로써 구체적인 합의를 도출할 수 있을 것임.

Courten: 마지막으로 이 기회에 국제적십자 위원회는 적십자 협약의 테두리내
에서 규정되고 있는 보호활동(protection activities)에 관한 "메모랜덤" 및
위원회 대표자에 의한 구치소 방문에 관한 규정을 수교코자 함. 상기 "메모
랜덤"은 순수히 동 보호활동에 관한 법률적 측면(legal aspects)을 수록한
것으로서 귀국이 이를 검토, 의견이 있으면 주제네바 한국 대표부 관계관으
로 하여금 당위원회와 의견 교환의 기회를 갖도록 적절한 처리를 요망하는
바임. 상기 "메모랜덤"은 한국뿐만 아니라 기타의 군소국가(mini countries)
들에게 보호 활동에 관한 법률적 측면을 알리자는데 그 목적이 있음.

차관: 검토하여 의견이 있으면 주제네바대표부로 하여금 귀 위원회와 접촉토록
하겠음. 다만 이 기회에 부연하고 싶은 것은 국제 기구에 의한 보호활동,
억류자 방문등의 인도적 개념이 왕왕 일부 정치적 동기를 갖고 있는 부류에
의해 왜곡되는 경향이 있다는 것임. 또한 특정국가의 문화배경, 전통등을
고려하지 않은채 인도개념을 기계적으로 투영시켜 단순한 복역수를 "정치
범"으로 규정하는 예도 있음. 한국의 복역수는 모두 적법절차(due process
of law)를 거쳤으며 행형법에 의하여 평등한 수감상태와 처우를 받고 있음.

Courten: 설명에 감사함. 국제적십자 위원회는 순수한 보호활동으로서의 구치
소 방문등을 예상하고 있는것이며 어느 경우에도 국내문제에 간섭하는 듯한
인상을 주어서는 않된다는 것을 행동 규범으로 하고 있음.

차관: 방한을 거듭 환영함. 체한중 유익한 일정을 보내기 바람.

⑥ 재사할린 동포 귀환문제, 1984.

○ ○ ○

기능명칭: 재사할린 동포 귀환 문제, 1984

분류번호: 791.51

등록번호: 23125

생산과: 동북아1과/동구과

생산연도: 1983-1983

1. 외무부 공문(착신전보)-ICRC 간부접촉

외무부
번호 GVW-53
일시 01171850
수신시간 84.01.18. 09:34.
발신 주 제네바 대사
수신 장관(국기, 아일, 기정)
제목 ICRC 간부접촉

　　대: 국기736.81-2452
　　1. 1.17 본직은 ICRC의 DE COURTEN 아세아국장을 오찬에 초청, 면담하였는 바, 동 국장은 지난 12월 방한시 외무부차관을 비롯하여 아국정부 고위관계란 및 한적총재 등과의 면담내용을 본직에게 설명함.
　　2. 동 국장은 ICRC 가 사하린거주 한국인중 무국적자로 알려진 약5퍼센트에 해당하는 한국인의 가족재회 실현을 우선적 사업으로 생각하고 있으며, 정치문제 아닌 인도적 문제로 취급하여 쏘련 적십자사 측의 협조를 확보하는 분위기를 조성 중에 있다고 밝힘. 이에 동 국장은 금년 4월 핀랜드에서 개최되는 세계적십자사회의시 가능하면 쏘련대표들과 접촉을 해볼것이라고첨언함.
　　3. DE COURTEN 국장은 금년 2월말 서울에서 한적이 주관하는 평화에 관한 쎄미나에 ICRC 관계관 파견을 고려하고 있으나 아직은 결정된바 없다고 말함.
　　4. 동 국장은 아측에 전달한 대호 재소자 시찰등에 관한 메모랜덤 사본을 본직에게 수교하였으므로 본직은 재소자 처우에 관한 관계법규 내용을 설명함.
　　(대사 박쌍용-국장)

2. 외무부 공문(착신전보)-한국 관계기사 보고(각하 국정 연설)

외무부
번호 NGW-28
일시 01181700

수신시간 84.01.18. 14:40.
발신 주 나고야 총영사
수신 장관(정문 아일 영재 해공)
제목 한국 관계기사 보고(각하 국정 연설)

　　대: AM-14,17
　　연: NGW-26
　　쥬니찌 신문 1.18. 다음 보도함.
　　1. 각하 시정연설 상세 보도
　　2. 연호 보고와 관련 주재국 외무성은 이산가족 재회를 위해 사할린 교포의
일본 다항 수속 등 제반 편의를 적극적으로 도모할 계획이라고 17일 저녁 외무
성 수뇌가 밝힘.

3. 외무부 공문(착신전보)–사하린 동포귀환

외무부
번호 JAW-242
일시 01192043
수신시간 84.01.19. 23:24.
발신 주일 대사대리
수신 장관(아일, 영재, 사본: 최경록 대사)
제목 사하린 동포귀환

　　연: JAW-180
　　1. 금 19일 당관 양세훈 참사관은 공명당의 구사가와 쇼오지 의원을 방문,
표제관련 동의원의 노력에 사의를 표하고, 그간의 진전 상황을 문의한바, 동의
원은 작년 10월 권희덕씨에게 자신 명의의 방일초청장을 발송하였으며, 이에
대해 권씨가 얼마전에 동의원에게 보낸 편지에서 날짜는 명시하지 않았으나 날
씨가 따뜻해지면 방일하겠다는 뜻을 알려 왔다고 말하였음.
　　2. 동의원은 1회에 10-20명씩 대량으로 초청하면, 그중에는 정말로 한국에
돌아가고 싶어하는 사람의 망명케이스가 발생하는 것을 우려하는 쏘련 정부를

자극할수도 있으므로 우선 쏘련정부가 안심할 수 있는, 신분이 확실한 한두명씩 초청하는 형식으로 이 운동을 추진해 나갈 방침임을 밝혔음.

3. 또한 동의원은 사하린 거주 한국인의 귀환 또는 가족재회 운동을 효과적으로 추진하기 위하여 현재 이 운동을 추진하고 있는 여러 사람 또는 조직을 통합한 민간 중심정보 교환 및 이산가족 교류센터 같은 조직을 새로 만들어 서신교환의 원활을 기하고 상호교류의 접합역할을 하는 것도 바람직하나 이러한 조직에 과연 누가 참여하느냐가 관건이라고 말하고 우선 자신이 중심이 되어 이러한 센터를 설치 운영할 용의가 있음을 표명하였음.

4. 동의원은 전기 권희덕씨 CASE가 더욱 구체화 되거나 센터 설치문제에 관한 구상이 좀더 명확해지는 단계에서 당관에 재차 협조를 요청하겠다고 말하였음.

5. 이상에 비추어 금반 동의원이 추진중인 귀환 운동과 관련, 새로운 진전이 있는 것은 아니나, 동의원이 이 문제에 열의를 가지고 있으므로 동의원의 교류센터 설립구상에 이해를 표시하고, 금후 계속 협조하는 자세를 유지하고자함. (공사-국장)

4. 외무부 발신전보–사할린교포 방일

외무부
번호 WJA-291
일시 02031630
발신 장관(아일)
수신 주일
제목 사할린교포 방일

귀지발 공동통신에 의하면, 2.2. 쏘련 공산당 국제국 부국장 "이반코발렌코" 는 일본 자민당 국제국장 "히라이즈미 와따루" 와의 면담시, 사할린 거주 한국인이 희망하면 방일이 가능할것이라고 표명했다는바, 사실관계 확인 보고 바람. 끝.

5. 외무부 공문(착신전보)—쏘 공산당 중앙위 대표단 방일

외무부
번호 JAW-486
일시 02042129
수신시간 84.02.04. 23:19.
발신 주일대사
수신 장관(아일, 구동)
제목 쏘 공산당 중앙위 대표단 방일

　　대: WJA-291
　　대호, 코바렌코 쏘 공산당 국제국 차장과 히라이즈미 자민당 국제국장의 회담(2.2)에서 거론된 사하린 교포 귀환 관계 부분에 관하여 동 회담에 배석했던 자민당 국제국 직원으직부터 확인한바를 다음 보고함.
　　1. 회담 내용
　　- 히라이즈미: 사하린의 구 일본적 한국인 무국적자가 일본에 오고싶어 하는데, 이들을 일본에 보내주기 바람.
　　- 코바렌코: 사하린에 무국적자가 있다는 말을 들은 적이 있으나, 이들이 일본 출국 신청을 했다는 말은 들은바 없음.
　　- 히라이즈미: 일본 출국을 정식 신청하면 박해가 있을 것을 두려워하기 때문임.
　　- 코발렌코: 정식 신청을 받은바 없음. 아마도 쏘련이 가장 안전한 나라로 생각하기 때문에 신청이 없는 것임
　　- 히라이즈미: 동건은 인도상의 문제 이므로 귀국해서 잘 조사해 주기 바람.
　　2. 동 자민당 국제국 직원에 의하면, 코바렌코는 정식 신청이 없다는 점만을 되풀이할뿐 방일 허가 여부에 대해서는 언급을 회피 하였다함. (공사-국장)

6. 중소이산가족회 공문—주 대한민국 일본국 대사관 면담

중소이산가족회
번호 중소 제388호

일시 1984.2.6.
발신 중소이산가족회 회장
수신 외무부 동북아 1과
제목 주 대한민국 일본국 대사관 면담

주대한민국 일본국대사관 면담

1984.1.31. 오후 3:00 - 5:20

중소이산가족회

* 질문사항
문제1. 사할린 동포 송환에 대한 귀 정부의 구체적인 방안
　　　답) 일본수상, 소련서기장, 외무대신회합 등 5차례 실무자(국, 과장) 회의
　　　　　와 10여차례 적십자 차원에서 수차 접촉 또는 사할린 한국인 문제회
　　　　　담 등 일본정부는 뚜렷한 목적을 가지고 소련에 대하여 송환교섭중
　　　　　이며 과거 소련 정부에서 "일본정부와 관계없고 한국과의 문제다" 라
　　　　　고 했으나 요 근래에 와서는 소련정부에서도 관심을 가지고 임하고
　　　　　있다. 83년 2월 일본 외상이 아세아, 오세아니아 담당 책임자에게 사
　　　　　할린 한국인 송환요청, 草川昭三의원 사할린 방문후에도 도꾜, 모스
　　　　　크바에 협조 요청했으며 83년 12월 국제 적십자사 아세아, 오세아니
　　　　　아 담당자가 일본 정부에 질문해온적이 있으며 일본 정부는 적극 노
　　　　　력하겠으며 앞으로 자주만나 좋은 의견 주길 바란다.
　　　본회의 의견: 맹목적으로 몇차례의 면담이나 만남은 본 건 해결에 큰 성
　　　　　과를 거둘수 없으며 시간만 끌 뿐이다. 일본 정부 차원에서 조사단을
　　　　　결성하여 현지에 가 소련관계관과 같이 사할린 억류 한국인의 실태
　　　　　파악과 문제점을 상호 협의하여 과거 일본인 송환때와 같은 열의로
　　　　　임하면 어렵지 않다고 본다.
　　　문제2. 잔유가족에 대한 보상
　　　답) 2차대전시 부상자 원폭문제, 모든 보상문제는 개인적인 보상문제는
　　　　　없었으나 1965년 한일국교시 6억불(무상3억, 유상3억)로 일괄 보상
　　　　　이 끝난 것으로 일본 정부는 말 할 수 있다. 개인적인 생각이지만

생존자의 송환문제가 우선이며 보상 문제는 그후로 미루는 것이 좋겠다.

본회의 의견: 잔유가족 보상문제에 있어 일본정부에서 1965년 한일 정상회담 때 무상 3억, 유상 3억불로 보상이 끝난 것으로 말한 것은 언어도단이다. 전쟁의 목적으로 강제 연행하였으면 원상복귀 해야 함은 너무나 당연한 것으로 국제법으로나 도의적으로나 인도주의적인 원칙으로 보아도 당연한 것인데 돈으로 해결했다고 주장하는 것은 상식 밖의 일이며 지극히 부당한 처사라고 할 수 있다. 그러므로 우리 정부에서는 이런 부당한 처사를 일본 정부에 항의하고 의의를 제기해야 한다고 본다.

그러하지 못하면 우리정부에서는 1965년 당시 사할린 동포를 돈을 받고 인신매매한 것으로 오인 받을 것이다. 1982년 4월과 6월에 본회 회장 (이두훈), 일본의 정부 담당자(북동아 수석 사무관 中本考) 일본 자민당 중의원(今枝敬雄), 민사당 참의원 (田渕哲也)등 많은 정치인과 작가 교수 들을 만난적이 있으나 보상문제에 대하여는 일본정부의 전후 처리를 위하여서라도 마땅하며 1965년 한일 국교 정상화때 보상했다는데 대하여는 관련시키고 싶지 않다고 했으며 현 일본 정부의 주장에 대하여 문제가 있음을 말하고 있으니 우리 정부에서도 이 문제만은 일본정부에 의의를 제출 재검토되어야 된다고 본다.

문제3. 지난 83년 5월 15일 아당의원 질의에서 소련정부에 한국인 실태조사를 의뢰했다고 했었는데 그 진전 상황은,

답) 아직까지 공식적인 답변은 없었다. 지금까지 소련정부에 요청하고 있다.

본회의 의견: 요청만으로는 진전이 없을뿐더러 기대도 할 수 없으니 1항의 내용대로 정부차원에서 사할린 한국인 송환을 위한 전문위원회를 구성 적극추진만이 길이다.

문제4. 사할린 억류 한국인 일본서 상봉 일본정부차원에서 실시할 용의는 없는가.

답) 딱한 사정 듣고 보니 일본정부에서 적극 일해야겠다는 생각이다. 이 문제는 일본정부에 건의하겠다.

본회의 의견: 일본정부가 사할린 억류 한국인이나 그 가족을 위하여 성의를 보일때라고 생각되며 지극히 당연한 전후처리 문제의 책임과 의무를 다하는 일이라고 할 수 있으며 우리정부에서도 적극 지원해야 할것으로 믿고 있다.

* 건의사항(일본정부)

1. 사할린 억류 한국인은 전적으로 일본책임이며 일본이 해결해야 한다.

2. 우방이니 이웃이니 아무리 이야기 하지만 사할린 문제가 해결되지 않으면 진정한 우방이 될 수 없다는 것을 인식하여 이웃의 아픔이 나의 아픔이라고 생각하고 적극적인 자세로 임해주기 바란다.

3. 지금추진중인 사할린 한국인 일본서의 만남은 모든 비용을 가족이 책임지야 하며 소련국적 취득자에 한하고 있다.

   앞으로 이런 문제는 일본정부차원에서 비용과 초청 등을 일본정부의 책임으로 추진하여주기 바란다. 가족을 만나고 싶은 심정은 모두가 같을 것이다. 그러므로 국적이 다르다는 이유와 비용이 없이 못만나는 것은 비인도적이다.

   일본이 전후처리를 생각하고 있다면 이 일이 우선적인 책임이라고 본다.

4. 국내가족 특히 지금도 손수 일해야 의·식·주 가 해결되고 있는 많은 분들이 있다. 이분들의 얼마남지 않은 여생이라도 편히 지낼수있도록 일본 정부가 아량을 배풀어 과거 2차전쟁시 일본이 지은죄를 속죄하는 의미에서도 도울수 있는 방법을 연구하여 주기 바란다.

5. 사망자 유해도 고국에 돌아올수 있도록 협조를 바란다.

6. 지금까지의 대화단절로 인하여 불편한 관계였었다. 앞으로자주 만나서 의견교환과 사할린에 억류된 부모형제 구출에 대하여 의견교환이 필요하다. 자주 대화있기를 바란다.

이상 6가지를 건의하였으며 답변자 마시다 참사관은 전적동감의 뜻을 밝히며 일본정부에 보고하여 시간이 걸리더라도 답하여 줄것을 약속하였으며 앞으로 가족들과 자주 만나고 싶다고 했다.

이로서 2시간 15간의 토론과 의견교환을 마쳤다.

7. 외무부공문(착신전보)—국회 질의 답변

외무부

번호 JAW-743

일시 02211514

수신시간 84.02.21. 16:03
발신 주일대사
수신 장관(아일)
제목 국회 질의 답변

연: JAW-242

2.21 중원예산 위원회에서 있었던 쿠사가와 쇼오죠 (공명) 의원의 사할린 동포 귀환 문제에 관한 질의 및 수상 및 외상의 답변내용 (전문)은 다음과 같음.

질문: 사할린 거주 한국인의 귀환또는 이산가족 재회를 촉진하기 위해서는 민간이 중심이되어 실태조사를 위한 정보 교환 센터 같은 것을 세울 필요가 있다고 봄. 정부는 재사할린 한국인 귀환 및 가족 재회를 위해 어떻게 협조할 것인가

답변: 아베

이문제는 작고한 한국의 이범석 외무장관과도 이야기한바 있음. 정부로서는 이산가족의 재회가 이루어 진다는 것은 귀환 문제 해결에 일보 전진이라고보나, 종래 쏘련의 융통성 없는 태도에 변화가 없는한 쏘련과의 동 문제에 관한 대화는 기대 하기 어려움. 과거 쏘련과의 협의 경위도 있었으므로, 이의 해결을 위해 외교적 노력을 해나가는 일방, 적십자사의 협력도 얻을 예정임.

나까소네 수상

재사할린 한국인 문제에 대해서는 본인도 가슴 아프게 생각하고 있음. 정부는 최선을 다하고 있으나 쏘련과의 벽이 있어 현재 곤란한 실정이나, 계속 모든 노력을 다해나갈 것임. 끝. (공사-국장)

8. 면담요록

면담요록
1. 일시: 1984년 3월 9일 (금요일) 16:00시 ~ 17:00시
2. 장소: 아주국장실
3. 면담자: 김재춘 아주국장
　　　　　이두훈 중·쏘 이산가족 회장, 김호영 중·쏘 이산가족회이사장
　　　　　김동련 어머니회 회장

4. 배석자: 김석우 동북아 1과장
　　　　　박석환 사무관

5. 내용:

　　국장:

　　　　- 사할린 교포 귀환 별다른 성과 없어 유감
　　　　- 대한항공기 사건으로 더욱 어려워졌음.
　　　　- 장관실에서의 이야기를 듣고 깨닫는바가 많았음.

　　회장:

　　　　- 각하의 관심표명, 외무부의 지원으로 이산가족회가 활기를 띠고 있는바, 감사함.
　　　　- 진정한 선린이 되기 위해 우리 시대에서 송환이 이루어져야함.
　　　　- 이산가족 도일 경비 및 사무실 확장 등 정부지원 시급

　　이사장:

　　　　- 이산가족의 노후 보장이 절실함.
　　　　- 순수 민간 차원의 운동으로 전개하는 것이 바람직한 바, 정부는 측면 지원을 계속해주기 바람.

　　국장:

　　　　- 원호 복지 사업도 제5공화국에 들어와서 과거에 비해 많이 좋아지고 있음.
　　　　- 정부는 사할린 교포의 조속 귀환을 위해 최선을 다할 것임.

9. 재쏘 한인 현황

재쏘 한인 현황

(84.3.27 동구과)

1. 현황 및 분포

　가. 현황: 389,000명 (79년 통계)

　　　(한국인 55.4%, 러시아어 47.7% 기타 2.2% 사용, 재쏘 외국 민족중 3위로 다수)

　나. 분포: 우즈벡, 러시아, 카작스탄 공화국에 92%거주

공화국명	70년통계		79년계	
	한인수	%	한인수	비고
○ 우즈벡 공화국	147,538	41%		
– 타세멘트주	73,349			
– 타시멘트시	18,186			
○ 러시아공화국	101,369	28%		러시아공화국중
– 사할린주	35,396		추계 약	최다거주 (러시아
– 하바롭스크주	19,249		6만명	어동화율 낮은편)
– 연해주	9,003			
– 캄차카주	2,484			
○ 카작스탄공화국	81,518	23%		
○ 기타공화국	27,002	8%		
합계	357,507		389,000	

10. 외무부공문(착신전보)–ICRC 관계관 면담

외무부
번호 GVW-436
일시 04052000
수신시간 84.04.05. 09:35
발신 주 제네바 대사
수신 장관(국가, 정이, 기정)
제목 ICRC 관계관 면담

    대: WGV-292, AO-23, AM-101
    1. 4.5 본직은 대호 지시에 따라 ICRC의 J.DE COURTEN 아세아국장을 방문, 최은희, 신상옥 양인의 피납 관련사항을 상세히 설명하고, 동 양인의 송환이 이루어지도록 ICRC의 협조를 요청함. 동 국장은 한적총재의 전보를 금 4.5 아침 보았다고 말하고 HAY 총재에게 보고할것이나, 사견이라고 전제하면서 언론에 공개된 동 피납 사건을 ICRC가 다루기에는 어려울것으로 본다고 말하고 ICRC 는 남북한 관련 다른 현안문제 해결에 주력하고 싶다고 말함.

2. 이어 국장은 HAY 총재가 IPU 총회에 참석중인 손성필 북괴 대표단장과 가능하면 수일내에 접촉, 앞서 아국이 누차 요청한 이산가족 문제해결을 위해 북괴측의 성의를 촉구할 예정이라고 밝힘.

3. DE COURTEN 국장은 또한 HAY 총재가 내주부터 당지에서 개최되는 LRCS 집행이사회 회의에 참석하는 쏘련 적십자사 총재와 면담할 계획임을 밝히고 그 기회에 사하린 거주 한국인의 귀환문제를 거론할 것이라고 말함.

4. 본직의 요청에 따라 동 국장은 상기 2,3항 결과를 본직에게 통보해줄 것이라고 답함.

5. 본직은 동 국장에게 소위 3자회담안 및 남북한 올림픽 단일팀 구성문제 관련, 경위 및 아국의 입장을 상세히 설명한바, 동국장은 동국장은 관심을 갖고 언론 보도내용을 받아보고 있다고 말함. 끝.

　　(대사 박쌍용-차관)

11. 외무부 공문(착신전보)―ICRC 관계관 면담

외무부
관리번호 84-696
번호 GVW-491
일시 04161900
수신시간 84.04.17. 13:15.
발신 주 제네바 대사
수신 장관

　　연: GVW-436
　　1. 4.16. ICRC의 J.DE COURTEN 아세아국장은 본직을 방문, 요지 다음과같이 제보함.
　　가. 4.11 HAY 총재는 ICRC 본부에서 VALERI BALTYSKI 쏘련 적십자총재 (CHAIRMAN OF THE EXECUTIVE COMMITTEE OF THE ALLIANCE OF RED CROSS AND RED CRESCENT SOCIETIES OF THE USSR)와 상호 관심사들에 관하여 면담한 기회에 사하린 거주 한국인의 친족 재회문제를 거론함.
　　나. 이에 대하여 BALTYSKI 총재는 쏘련의 관계당국이 동문제에 관하여 사

실 관계를 알아보고 있다고 밝히고 그 결과를 추후 HAY 총재에게 통보해 줄 것이라고 말함.

2. DE COURTEN 국장은 사하린 거주 한국인증 친족 재회 희망자는 약 300인으로 추정된다고 전망하고 우선 쏘련 측이 명단을 작성하는 일부터 시작되어야 할 것이라고 답한 후 쏘련 측 협조에 큰 기대를 걸기 어려우나 명단이 ICRC 측에 입수된다면 큰 진전이 될 것이라고 조심스럽게 말함. (상기 추정인원에 대한 본직의 질문에 동국장은 83년 겨울 방일 시 관계관들과 면담한 결과라고 시사함)

3. 동 국장은 본건 보안유지를 본직에게 요청함. 끝.

(대사 박쌍용-국장)

12. 中·蘇 離散家族會 動向

84.8.9.

中·蘇 離散家族會 動向

1. 現況
   ○ 同會 會長 李斗勳은
     사하린抑留僑胞 送還 및 對日補償問題와 關聯, 本事業推進이 不振한것은
     △ 우리 政府의 積極性 缺如와 日本政府의 無誠意
     △ 政府가 主導해야 할 國家的 事業임에도 政府의 支援이 未洽
     한데 있다는 會員들의 不滿이 높아가고 있어 會員撫摩와 함께 本事業 不振에 對한 打開策 으로
   ○ 大統領閣下의 올가을 日本國 公式訪問時 閣下께서 日本政府로 하여금 사하린 僑胞問題를 積極推進토록 促求해 주실 것을 直接 建議 드리고자 閣下面談을 書面 申請하겠다면서
   ○ 一部 會員中에는, 이번 定期總會時 韓·日政府 當局에 關心促求를 爲해 集團 抗議하자고 主張 하고 있으나 本名은
     大統領閣下 面談推進을 들어, 會員들의 反撥을 撫摩, 總會를 無事히 치를 計劃이라고 言動하고 있는데

○ 政府當局의 積極的인 支援이 없을 境遇, 來10月頃 會員들이 孝道觀光 機會를 利用, 外務部 및 駐韓日本 大使舘 앞에서 集團示威 하겠다는 一部 强硬 主張이 抬頭되고 있어 主務當局의 醇化등 事前 對策檢討가 要望됨

2. 運營實態
   ○ 會員: 3,600 餘名 推算(加入會員 約1,000名)
   ○ 經常費: 年間 600 餘萬원 所要
      △ 收入 450 萬원(政府支援 300 萬원, 會費 90 萬원, 贊助金 60 萬원 等)
      △ 不足額 150 萬원(會長 李斗勳 私費充當)

3. 主要行事豫定
   ○ 사하린僑胞 심포지움
      △ 日時·場所: 84 . 8.12~13 兩日間 日本東京
      △ 主催: 「戰後를 생각하는 會」(日本人團體)
         ※ 8.10 17:15 會長 李斗勳外 11名 出國豫定
   ○ 第15次 定期總會 開催
      △ 日時·場所: 84.8.15 13:00 大邱市民會舘
      △ 參席人員 : 韓·日 關係人士 70名, 會員等 1,000名[1]

13. 외무부 공문(착신전보)–사하린 교포 귀환에관한 국제심포지움

외무부
번호 JAW-3866
일시 08141715
수신시간 84.08.14. 20:54.
발신 주일대사(일영)
수신 장관(아일, 영재)
제목 사하린 교포 귀환에관한 국제심포지움

　　연: 일본(영)725-2956,6601
　　1. 연호로 보고한바있는 사하린 교포 귀환에 관한 국제심포지움이 예정대로

---

1) 이하, 이두진의 신상(개인정보)는 생략

8.12-13간 당지에서 개최되어 한국의 유가족대표, 변호사, 일본인학자 및 변호사 등250여명이 참석하였음. 한국측에서는 서울대 배재식교수 대한변호사협회 사하린교포귀환 추진위원장 함정호 변호사, 이두훈 중·쏘이산가족회 회장, 박노학 사하린귀환 재일한국인 회장이 참석, 주제 발표 및 의견 교환을 가졌음.

2. 배재식 교수는 +사하린 잔류한국인의 법적지위와 본질+이라는 주제의 보고에서 쏘련의 대일 강화조약에 사하린지역의 일본영토권 포기를 규정하였을뿐 주민의 국적변경은 하등의 언급이 없는 이상 사할린교포를 일단 일본에 복귀시켜 국적과 거주지를 선택할 수 있도록 기본적 자유와 권리를 보장하지 않으면 않될 것이라고 주장하였으며, 동경대학 오누마도모아끼교수는 사하린 잔류 한국인 문제는 일본의 전후 처리와 식민지 지배의 사후책임문제이며, 또한 일본의 아시아인 멸시 정신에 입각하여 미해결 문제로 남겨둔체 전쟁을 끝마쳤다고 말함으로서 일본 사회의식을 비판하였음.

3. 함정호 변호사와 일본 변호사연합회 인권위원회 사하린잔류 한국인 문제 사건위원장 모모오시게아끼 변호사는 각각 사하린 교포귀환을 위한 한·일 쌍방 변호사회측의 그간 활동사항을 보고하였음. 또한 박노학 사하린 귀환 재일한국인 회장은 현재 사하린교포의 귀환 희망자수는 775세대 3,150명에 달하고 있다고 말하였음.

4. 동 심포지움은 참석자 일동 명의로 일본정부에 사하린교포 송환 문제의 해결을 촉구하는 요지의 호소문을 채택하고 폐회하였음. 관련자료 추후 송부하겠음. (공사 이기주-국장)

14. 외무부 공문(착신전보)-여권발급협조

외무부
번호 JAW-4187
일시 08271927
수신시간 84.08.27. 23:35.
발신 주일대사(일영)
수신 장관(영이, 아일, 영재)
제목 여권발급협조

1. 당관 초청장 확인번호 6023및 6024(84.8.24)와 관련임
2. 동건은 일본 중의원의원 쿠사가와 쇼조가 사하린교포 권희덕부부를 동경에초청하고 동인들의 한국내가족 권희학, 김명기 및 공준비를 동경에초청, 가족재회를 실현코저하는 것이며 권희득부부는 84.8.31. 니이가다 도착한다 함
3. 상기 피초청자가 여권발급 신청이 있는경우 협조바람
4. 주한 일본대사관에도 동인들의 비자를 빨리 발급하도록 요청하였다함
5. 참고사항
 — 피초청자 권희학은 사하린교포 권희덕의 동생이며 김명기는 권희득의 처남관계임
6. 동건 관련내용 8.28 발송 정파편 보고함(공사 이기주—국장)

15. 외무부 공문(발신전보)–사하린 교포 일본 일시 입국

외무부
번호 WJA-2986
일시 08301200
발신 장관(아일)
수신 주일 대사
제목 사하린 교포 일본 일시 입국

대: JAW-4187
1. 사하린 교포 귀환문제와 관련, 본부는 사할린 교포 영주귀환과 동시 일시 가족 상봉을 병행추진하고 있는바, 동업무 추진에 참고코자 하니, 84.8.31. 일본에 도착하는 사할린 교포 권 희덕 부부와 면담, 아래 사항 상세 보고 바람.
　가. 사할린 교포 실태(귀환 희망자 실태 포함)
　나. 일시 출국 실현까지의 경위
　다. 쏘련 당국의 태도
　라. 출국 절차
　마. 출국 허가 기간
　바. 기타 참고 사항
2. 대호, 김 명기 및 권 희학 양인의 여권 발급상황을 여권과에 확인한 결과,

양인은 작 8.29. 아침 여권 발급 신청에 대하여 문의하고, 필요서류를 구비하여 다시 오겠다고 귀가하였으며, 여권과에서는 적극 협조할 방침이라 함을 참고로 첨언함. 끝. (아주국장 김재춘)

16. 초청장

招請状

金 明起殿

1933年3月15日生れ

本箱　大韓民国　江原道江陵市玉川洞32-18

現住所　大韓民国　ソウル特別市江東区芳夷洞117-18

　金明起殿殿、私は、サハリンより日本を訪問する貴殿の姉であるキム・サンキーと貴殿の再会実現のため、1984年8月30日より60日間、貴殿および貴殿の妻である公俊□(1942年12月10日生れ)を日本にお招きします。

日本国衆議院議員

草川 昭三

17. 외무부공문(착신전보)—사할린교포 일본 일시귀국(1/3)

외무부
번호 JAW-5156
일시 10121502
수신시간 84.10.12. 16:40.
발신 주일대사(일영)
수신 장관(아일)
제목 사할린교포 일본 일시귀국

대: WJA-2986

연: JAW-4626

작 10.11 일본 일시귀국중인 사할린 교포 권희덕씨 부부를 만찬에 초대 대호 1항에 관하여 다음과같이 파악하였음.

1. 사할린 교포 실태

- 사할린에 거주중인 한국인수는 공식 집계된바 없으나 사할린 전체 인구 65만명중 점유율이 6.5프로로 알려저 있으므로 42,500명으로 추산됨.

- 귀환을 희망하는 사람이 상당수 있기는 하나 그 숫자가 얼마가될지는 알 수 없음. (자신이 귀환 희망자수를 약 5,000명 정도라고 말한것으로 최근 한국 내 신문이 보도하였으나 사실이 아님)

- 교포들은 비교적 부유한 생활을 영위하고 있음. 꽃등 원예작물을 재배하여 매년 3월초 국제 부녀절에 판매하여 많은 소득을 올리는 교포가 있음.

- 쏘련 정부당국에서 쏘련국적 취득(공민권 취득)을 개방함으로서 대부분의 교포가 쏘련국적을 갖게 되었으며 정부기관 취업등 모든면에서 내국인과 차별을 받지 않고 있음. 공직에도 많이 진출휴고 있음.

- 쏘련 정부의 외국 민족의 자국민 동화정책으로 말미암아 제2세에 대한 한국어 교육시설이 전무하므로 조국에 애착을 가지는 세대는 1세대(50-60세)에 그칠것으로 예상됨.

2. 일시출국 실현까지의 경위

- 권희덕씨는 2년전 일본사회당 북해도지구 위원장의 초청으로 일본에 일시귀국, 국내가족과 상봉한 사실이 있으며 83.7. 하순 구사가와 쇼죠의원이 사하린을 방문했을 때 통역을 맡아 동의원과 인연을 맺게 되었음.

- 구사가와 의원 귀국후 보내온 초청장(84년중 어느시기라도 일본귀국 초청)에 의거 84.4.초 출국신청을 한 결과 2개월만에 여권이 발급되었음.

3. 쏘련당국의 태도

- 쏘련정부는 전술한 외국민족의 자국민 동화정책의 일환으로 쏘련내에 민족문제는 없다는 태도를 보이고 있으므로 어느 외국 정부기관이나 국제기관이 인도적인 동기로서 이산가족 재회를 거론하는 것을 반대하고 있음.

- 한국과는 국교가 없으므로 국교가 있는일본인으로부터 초청이 있을시는 일본까지만 출국을 허가한다는 태도이며 일본에서 국내가족과 만나는 것은 반대하지 않고 있음.

4. 출국절차

- 출국신청 구비서류로는 초청장, 거주확인서, 재직증명서, 소속 직장장 및

노조위원장의 추천서, 청원서임.

　　－ 초청장내용은 일본내 초청자가 체일중의 모든 경비와 신변을 보장한다는 내용이어야 함. 출국시 여비지참은 일단 일화 2,100엥 상당으로 한정함. (단 왕복항공료는 쏘련 화폐로 구입 가능)

　　5. 출국 허가기간- 일본 입국비자 유효기간 (60일)에 따라 유동적임.

　　6. 참고사항

　　－ 여비지참 허용액인 일당 일화 2,100엥으로는 실제소요액(일화 10,000엥 정도 필요) 충당이 불가능하므로 국내 친척이나 일본인의 여비 지원이 필요함.

　　－ 현재 자신이외에도 구사가와 의원의 주선으로 일본에 일시 귀국코저하는 교포가 10여명 있지만 여비문제로 도중 출국을 단념하는 교포도 있음.

　　－ 사할린 지역에서도 아국의 방송이 청취가능하여 많은 교포들이 아국의 경제발전상등을 잘 알고 있으며 88서울올림픽에 쏘련이 참가할지 여부에 관심을 가지고 있다함.

　　－ 또한 권희덕 부부에게 아국의 평화 통일정책 및 남북대화의 필요성을 강조하고 북한의 호전적 적화 통일정책등을 설명하였는바, 그들은 북한이 쏘련과는 다른 극좌적인 공산체제를 유지하고 있으며 특히 김일성 부자의 세습에대하여 쏘련의 인정을 받지못하고 있는것으로 알고 있었음.

　　(김일성의 지난 쏘련방문시 공동성명이 없었던것도 상기 이유에 의한것이라고 생각하고 있었음.)

　　(공사 이기주-국장)

18. 협조문－면담자료 요청

협조문
분류기호 및 문서번호 국연731-394
발신일자 1984.10.17.
발신 국제기구조약국장
수신 아주국장, 정보문화국장
제목 면담자료 요청

　　1. 대한적십자사 총재의 초청으로 84.10.26-10.30간 방한 예정인 Maurice

Aubert 국제적십자위원회(ICRC) 수석 부총재는 84.10.29.(월) 장관님을 예방할 예정입니다.

　　2. 동 예방시 남북적십자회담, 중공 홍십자와의 관계향상 및 사할린교포 송환 문제등의 관심사가 논의될 예정인바, 귀국 소관사안의 현황 및 언급 요망사항에 관한 자료를 10.24.(수) 한 당국으로 송부하여 주시기 바랍니다.

첨부: 대한적십자사 공문 사본 1부. 끝.[2]

국제기구조약국장

19. 면담요록

면담요록

　1. 일시: 1984년 10월 29일(월요일) 10:15시~10:45시

　2. 장소: 외무부장관실

　3. 면담자: Dr. Maurice Aubert ICRC 부총재

　　배석자: － 신기복 국제기구조약국장

　　　　　　 － Jean de Courten ICRC 아세아국장

　　　　　　 － 조철화 한적 사무총장

　　　　　　 － 전유윤 한적 섭외부장

　4. 내용:

　　1. 대 ICRC 기여금 증액 문제

　　　부총재: 한국정부 및 한적과 ICRC 간의 원활한 협조관계 만족하며 그간 한국정부의 적극적 기여에 ICRC 총재를 대신하여 사의를 표명함.

　　　　　ICRC의 계속적인 활동범위 확대로 예산이 부족한 형편인 바, 현재 9만불의 기여금을 가능하다면 13만불 수준으로 증액하여 주시기 바람.

　　　장관: ICRC의 재정형편을 이해함. 내년도 예산안은 이미 확정되어 국회에 상정되어 있기 때문에 내년도 기여금 증액은 현 단계에서는 곤란하나 86년도 예산 책정시 호의적으로 검토, 반영하도록 노력하겠음.

　　2. 남북적십자회담 재개 및 북측의 수재물자 인수문제

---

2) 대한적십자사 공문 사본은 생략

장관: 그간 남북적십자회담 재개를 위해 ICRC 가 노력해준데 대해 감사하며, 지난번 아국의 홍수피해시에 ICRC의 지원을 사양한 것은 자력으로 충분히 극복할 수 있었기 때문임.

아측은 이산가족 재회 문제 협의를 위한 남북적십자회담 재개를 북측에 제의한 바, 순수한 인도적 견지에서 북측이 수락할 것을 희망함.

부총재: ICRC는 남북적십자회담 재개를 위해 그간 가능한 노력을 다해 왔으며 순수한 인도적 입장에서 앞으로도 계속 노력할 것을 약속함.

아세아국장: 82.6. 북한을 방문한 바 있고 가까운 시일내에 방북할 예정인바, 동건 실현을 위해 가능한 노력을 다하겠음.

3. 한적·중공홍십자 관계 개선 문제

장관: 대부분 만주지방 거주하고 있는 중공거주 교포와 국내 가족간의 상호 방문을 위해 한적측이 중공 홍십자와의 직접접촉을 시도하고 있으나 상금 중공측으로부터 반응이 없는것으로 알고 있음. de Courten 국장께서 방한후 중공방문예정인 것으로 알고 있는데 이산가족 재회를 위한 아측의 순수한 인도적 노력의 뜻을 중공측에 전달해 주시기 바람.

아세아국장: ICRC 는 1979년 이래 중공 홍십자측과 관계 향상을 위해 노력하고 있음. 한적측의 뜻을 중공측에 전달하겠으며 이는 단계적으로 추진하여야 할 것으로 생각됨.

4. 사할린 동포 귀환 문제

아세아국장: 사할린 거주 한국인 귀환문제와 관련, 일본정부 및 일적을 통해 시도하여 왔으나 쏘련측의 태도에 다소 실망을 금치못함. 쏘련은 동건이 일·쏘련간 교섭사항이 아니라는 태도인바, 앞으로 한적 → ICRC →쏘련 적십자사의 경로를 통해 순수한 인도적 차원에서 계속 추진해 나가겠음.

장관: 동건은 지속적인 노력이 필요한 사항으로서 우선 생사확인, 소재파악을 추진하여 단계적으로 추진해 나가는 것이 바람직함.

5. ICRC 관계관의 복역수 방문 문제

아세아국장: 83.12. 방한하여 노재원 외무차관 면담시 거론한 바 있는 복역수 방문 문제와 관련, ICRC는 현재 필리핀, 인도네시아, 말레이지아의 복역수를 방문하고 있는바, 동 복역수 방문은 인권 문제와는 전혀 무관한 것으로써 순수히 복역수들의 복역 조건, 환경, 상태를 조사, 개선하기 위한 것인바, 거번 방한시 이에 관한 Memorandum을

수교한 바 있으니 이를 검토, 주 제네바대표를 통해 이에 관한 의견교환이 가능토록 선처해 주시기 바람.

　　장관: 검토후 적절한 조치를 취하도록 하겠음.

6. 대 필리핀 난민구호 문제

　　아세아국장: 현재 ICRC 가 추진중인 대 필리핀 난민구호 기금 모금과 관련, 한적측의 기여에 감사하며 한국정부의 호의적 고려를 요청함. (동 구호 계획서 수교)

7. ICRC 와의 제반협조관계

　　장관: 거번 폴리사리오 아국선원 석방문제와 관련, ICRC 가 적극 협조해 준데 감사하며, 앞으로 이런 문제가 재발되기를 희망하지는 않으나 전세계에 많은 아국선원이 나가 있는 만큼 앞으로도 이런 문제가 발생할 경우, 적극적 협조를 요망함.

　　아세아국장: 이러한 문제는 일종의 ICRC 특권에 해당하는 사항으로 특히 공식 관계가 없는 측과의 문제해결에는 언제든 협조하겠음.

20. "쏘련의 한인사회" 세미나 발표 논문 요지

"쏘련의 한인사회" 세미나 발표 논문 요지

1. 일시: 11.28(수) 10:00-11:00
2. 장소: 플라자호텔(오키드홀)
3. 발표자: 미국하와이 대학교 서대숙교수
4. 주제: 쏘련의 한국인
5. 주최: 한국 국제 문화 협회
6. 요지

　가. 제1기 (1863-1945)

　　1) 재정러시아하의 한국 이민 상황

　　　○ 노령으로의 최초 이민은 1863년인 바, 당시 한국인이 주 호수는 13호임. 이때부터 양국간에 국교수립한 1884년까지 약 20년동안 한국 이주민은 10,000여명 정도에 달함.

　　　○ 한·로 조약 (1884) 체결시까지 한국인 이주는 법적으로 보장된

것이 아니고, 자연적으로 시작된 것이나, 러시아에서도 그 지방 개척을 위해 이민을 장려함. 한국정부는 유이민 방지를 위해 노력하였으나, 1869-70년의 대흉작으로 많은 한국인들이 만주와 노령으로 이민감.

○ 1905년 흑룡강 총독 P.F. Unterberger는 한국 이민을 통제하는 정책을 시행함. (재쏘 한국인들은 타민족과 동화하지 않고, 한국어만 사용하고, 한국인들끼리만 집단 거주하기 때문)

○ 한일 합병후 이주민의 증가로 러시아 혁명 완료시에는 노령에 약 20만의 한국인 거주

2) 러시아 혁명 당시 한국인의 활동

○ 러시아 혁명 당시 백군 멘세비키에 가담한 한국군인은 약 1,200명, 홍군 블 세비키에 1,500명, 체코군에 400명, 구 제정 러시아군이 해산함으로써 제대한 한국군인은 3,000여명이됨.

3) 쏘련 정권하의 한국인의 강제 이주

○ 1917-1923년간 극동 쏘련 지방의 한국인은 12만명이상이었고, 1920년대에는 쏘당국의 이민 금지 조치에도 불구, 매년 1,000명 이상 쏘련으로 이주, 1926년경 블라디보스톡지역 인구의 1/4이 한국인임. Posiet 근처에도 한국인촌이 수십개나 되어 한국민족구 형성

○ 1924년경 한국인들이 연해주를 떠나 시베리아를 거쳐 중앙 아시아로 이주하기 시작한 바, 이때 중앙아시아 카자흐스탄에는 한국인 집단농장이 형성됨(당시는 자의적인 이주임)

○ 1930년대에 들어서서 일본 군국주의자들이 만주 점령, 1937년 중국 본토 침략하게 되자, 한인들은 중앙 아시아로 강제 이주됨.

○ 동 강제이주는 일본침략에 대비, 쏘련 국경방비를 위해 유대인, 중국인 또는 한국인들을 자국인으로 교체하려는 것이 주된 목적임. (강제 이주한인은 18만 명선)

→ 강제 이주에 대한 논의

- Stalin의 국내정치하 Anti - Piatakov Campaign의 일환이라는 설
- 1937.4.23.자 프라브다지 기사(연해주의 한국인을 일본 간첩으로 공격)에 연유한다는 설

○ 강제 이주후 1945년까지, 이주 한인들은 중앙아시아의 우즈벡공

화국과 카지흐공화국에 정착

나. 제2기 (1945 - 현재)

1) 중앙아시아 한인의 북한 정권하에서의 활동상(1945-55)

○ 쏘련 출신 한인들은 북한 내부에 뚜렷한 조직적 기반을 형성한 것은 아니고, 우수한 인재들도 아니었고, 또한 여의치 않으면 귀쏘한다는 것을 항상 염두에 두고 있었으므로 두각을 나타낼수 없었음.

○ 북한 정권 수립 초기에는 쏘련 출신 한인들에게 유리했으나, 한국 전쟁시 쏘련 불참, 중공군의 북한 주둔(1958년까지), 중·쏘 분쟁시 북한의 중공편향으로 말미암아 점차 입장 불리해짐.

○ 김일성이 권력기반의 확립을 위해 쏘련 출신 한인들을 비방하기 시작하자 대부분 숙청되거나 귀쏘함. 이런 관계로 현 북한정권과 재쏘 한인 관계는 좋치 않음.

2) 중앙아시아 한인 현황

○ 재쏘 한인중 90% 이상이 우즈벡 공화국과 카자흐 공화국에 거주 (1979년 현재 재쏘 한인 총수 389,000명)

○ 중앙아시아 거주한국인의 특색(쏘 인류학자 Djarylgasinova 견해)
  - 한국전통의 보존
  - 쏘련문화와 언어 습득 및 동화
  - 중앙아시아 타민족의 문화흡수

○ 기타
  • 우즈벡 및 카자흐 공화국, 다수의 협동 농장이 특징적임. 쏘련 전국적으로 유명한 모범 협동농장이 한국 협동농장인 Politotdel 협동농장(지배인 황만금)임
  • 한국어 신문 발간(레닌기치, 레닌의 길로)

3) 사할린 한인 현황

○ 1940년경 일본 정부에 의해 강제 징용 당하여 사할린에 정착, 1946년 미·쏘 협정 체결로 인본인은 거의 전부 귀국했으나, 한국인들은 일본 국적 미보유로 귀국 불능(현재 약 4만명 거주)

○ 사할린 한인들, 북한 공산정권 수립후 대부분 북한(65%) 및 쏘련(25%) 국적 취득하고, 나머지 소수(10%)는 무국적자로 송환 기대[3]

---

3) 이하 "쏘련의 한인사회" 세미나 발표 논문 요지는 생략

제3부

원폭피해자 구호 문제

해방이후 재일한인 외교문서 해제집

┃제8권┃(1980~1984)

1980년부터 1985년에 생산된 총 6개의 문서철은 한국인 원폭피해자들의 오랜 염원의 하나였던 도일치료와 관련된 문서를 주로 다루고 있다. 이 글에서는 우선, 원폭피해자 구호문제가 이러한 단계에 이르게 되기까지의 과정을 간략히 개관한 후, 연도별로 살펴보기로 하겠다.

한국인 원폭피해자문제가 한일간의 외교 사안으로 부상하기 시작한 것은 1960년대 후반부터이다. 피폭 후 원폭 후유증이라는 사실조차 자각하지 못한 채 각종 질환과 생활고에 시달렸고, 사회적 무관심과 고립, 인간다운 삶은 물론 기본적인 생존권을 위협받아온 원폭피해자가 스스로 구제를 호소하는 목소리를 내기 시작했기 때문이다. 구제 활동의 중심에는 1967년 7월 10일, 사단법인 인가를 받은 〈한국인원폭피해자협회〉가 있었다. 이러한 국내 사정과는 달리 일본에서는 1957년 3월 31일에는 원폭의료법이, 1968년 5월 20일에는 원폭특별조치법이 제정되어 피폭자 구제 조치가 이루어지고 있었다. 이로 인해 원폭병 치료를 목적으로 일본으로의 밀입국이 시도되는 사건마저 발생했다. 1968년 10월에는 손귀달이, 1970년 12월에는 손진두가 밀입국이 발각되어 일본당국에 체포되면서 일본 사회에서도 한국인 피폭자문제에 관심을 보이기 시작했다. 그러나 한국인 원폭피해자문제를 둘러싼 양국 정부의 태도는 1965년 청구권협정을 통해 이미 해결된 사안이라는 것이 기본 입장이었다. 일본은 정부차원의 책임 의무는 없다는 태도였고, 우리 정부도 적극적인 교섭을 통해 문제를 해결하기보다 민간차원의 구호 활동을 보좌하는 역할에 머물렀다.

한일 양 정부의 미온적인 태도 속에 뚜렷한 성과를 거두지 못한 1960년대와는 달리 1970년대에는 〈한국인원폭피해자협회〉의 신영수 회장의 적극적인 대외활동과 손진두의 수첩재판의 승소 결과로 새로운 국면에 접어들게 된다. 1970년 8월, 일본의 원폭희생자 위령제 집행위원으로 초청된 신영수 회장은 위령제 참석 후 한국인 피폭자의 실상을 전하고 구호를 호소했다. 1972년 3차 도일 때는 한일 양 정부의 주도적인 문제해결을 촉구하고 박정희 대통령과 다나카(田中) 총리에게 각각 진정서와 요망서를 제출했다. 그러나 청와대로 제출한 진정서는 보건사회부를 거쳐 대한적십자사로 이송되었고, 대한적십자사로부터는 일본과의 국교 정상화 이후는 해당 문제를 다루지 않는다는 답변이 돌아왔을 뿐이었다. 우리 정부의 미온적인 태도는 달라지지 않았던 것이다. 이에 반해 일본 측에서는 국회에서 한국인 원폭피해자 문제가 논의되었고(1972년 8월 8일에 개최된 제69회 국회 중의원 사회노동위원회 회의), 10월 8일, 오오히라(大平) 외상이 취임 축하 석상에서 "한국인 피해자만이 아니라 외국인 피해자 전체를 구제하기 위해 정부는 특별입법 조치를 취할 필요가 있다"[1]는

---

1) 「外国人被爆者全体を 特別立法で救済 市民の会に外相、必要を表明」『朝日新聞』 1972.10.09,

발언을 하기도 했다. 이후 일본 정부는 원폭피해자의 피해보상 권리는 청구권협정에서 소멸되었다는 입장을 고수하면서, 한국 정부가 먼저 요청을 한다면 인도적 견지에서의 구제 의사는 있다는 사실을 주일대사를 통해 전한다. 1973년 2월 21일, 한국인 원폭피해자 치료센터 건립을 위한 양국 실무자 회합이 이루어지기는 했으나, 큰 진전 없이 답보 상태가 계속된다.

1978년 3월 30일, 손진두의 수첩재판이 최종 승소 판결이 나면서 원폭피해자 구호 문제는 급물살을 탄 듯 보였으나, 우리 정부는 여전히 구호를 위한 구체적인 계획안을 제시하지 못하고 있었다. 우리 정부에서는 4월 11일에 외무부의 요청으로 첫 실무자 회의를 했고, 이듬해인 1979년 1월 18일에 두 번째 실무자 회의를 개최한다. 지금까지 우리 정부는 일본 정부와 마찬가지로 원폭피해자의 배상문제는 청구권협정으로 완결된 것으로 받아들이고 있었으나, 이 두 번째 회의에서는 우리 정부의 자세에 변화를 보였다. 즉, 청구권협정 당시 일본 정부는 정확한 실태조사를 하지 않았고, 한국인 피폭자와 사망자 명단이 없는 상태로 이루어진 것이므로 한국인 원폭피해자는 청구권협정에 근거한 민간청구권 적용 대상에서 제외되었다는 해석을 제시하는 등 적극적인 자세를 취하고 있다. 그러나 양 정부 간의 입장 차이는 좁혀지지 않는 가운데, 이러한 국면을 타개하기 위해 나선 것은 양국의 정치인들이었다. 5월 8일, 일본의 자유민주당 정무조사회와 한국의 민주공화당 정책위원회가 정책간담회를 가졌고, 이들이 합의한 내용은 한국 의사의 일본 파견 훈련, 일본 의사의 한국 파견, 재한 원폭피폭자의 도일치료를 골자로 하는 것이었다. 양국이 합의서를 교환하고 도일치료가 개시되는 것은 1980년에 접어들고서이다.

1980년

문서철『한국인 원폭피해자 구호, 1980』은 보건사회부가 일본 후생성과 원폭피해자의 도일치료 실시에 관한 구체적인 합의를 끌어내고, 본격적인 도일치료에 앞서 시범적으로 환자 10명을 치료하게 되는 과정을 담고 있다.

1980년 1월 22일자 주일대사 발신 문서는, 원폭 환자 10명을 도일치료시키기 위한 준비 단계로 환자 선별과 실무 협의를 위해 관계관(후생성 공중위생국, 히로시마 원폭병원, 히로시마현청)을 파한할 예정임을 알리고 보건사회부의 의향을 묻고 있다. 외무부는 보건사회부와 논의한 후, 28일자 문서로 주일대사에서 교섭지침을 지시한다. 교섭 내용은 도일치료, 한국 의사 방일 연수 경비, 의료 기재자 지원에 대한 구체적인 입장 외에도 금후에도 구호사업이 지속될 수 있도록 한국과의 협의를 이어

문서철『한국인 원폭피해자 구호 1972-73』, pp.105

나간다는 내용을 문서화한다는 조건을 내걸고 있다. 이에 대해 외무성과 교섭한 결과를 보고하는 주일대사 발신 2월 2일자 문서에 따르면, 교섭지침 네 번째 사항이었던 문서화 문제에 대해 일본 측은 우리 정부의 입장과는 달리 한국에 대한 기술협력의 범위 내에서 3개 사업에 한정하여 협력한다는 점과 일본국 현행 법령 내에서 시행한다는 기본 입장을 문서화할 필요성을 제기하고 있다.[2] 예정대로 2월 26일부터 이틀에 걸쳐 서울에서 실무 협의가 진행되었고, 이때 치료 대상자 10명이 선정되었으며, 양측의 검토가 끝나는 대로 합의서를 교환하기로 했다. 이후에는 도일치료를 위한 양국의 합의서 작성과 관련된 문서가 생산되고 있다. 그러나 양국이 최종적인 합의를 끌어내는 데는 7개월 이상의 시간이 소요되었고, 그러는 사이 치료가 시급한 환자들의 기다림도 길어졌다.

1980년 10월 8일자로 양국이 교환한 합의서는 아래와 같다.

1. 도일치료 대상자는 별첨 명부에 있는 10명으로 한다.
2. 도일치료 대상자는 후생성이 미리 지정한 의료기관에 입원하는 것으로 한다.
3. 도일치료 대상자에 대하여는 원자폭탄 피폭자의 의료 등에 관한 법률(1957년, 법률 제41호)에 의거하여 도일 후 즉시 피폭자 건강수첩을 교부한다.
4. 도일치료자의 입원 기간은 2개월 이내를 원칙으로 하되 담당 의사가 치료상 필요하다고 인정하는 경우에는 후생성의 동의를 얻어 연장할 수 있다. 단, 입원 기간은 최장 6개월간으로 한다.
5. 입원 의료기관의 장이 도일치료자의 퇴원 결정을 하려고 할 때는 미리 후생성의 허가를 득하여야 하며, 후생성은 퇴원 결정사항(퇴원 및 귀국 일시)을 퇴원 10일 전까지 주일한국대사관에 통보한다.
6. 도일치료자에 대한 귀국 수속 및 안내는 주일한국대사관이 담당한다.
7. 도일치료자를 치료한 의료기관의 장은, 그 진찰 기록과 퇴원 후의 진료 지침 소견서를 해당 환자, 또는 한국 정부에 교부한다.
  (1) 대한민국 정부는 도일치료 환자의 왕복여비를 부담한다.
  (2) 일본국 정부는 원자폭탄 피폭자의 의료 등에 관한 법률 및 원자폭탄 피폭자에 대한 특별조치에 관한 법률(1968년, 법률 제53호)의 규정에 의하여 도일치료자의 입원 치료 기간 중의 의료 급부 및 건강관리수당, 특별수당 등 각종 수당을 지급한다.
9. 도일치료자에 대한 체일 중의 신원보증은 주일한국대사관이 이를 담당한다.

---

2) 문서철 『한국인 원폭피해자구호, 1980』, p.12

10. 후생성 및 보건사회부 간에 본 합의서를 교환하고, 후생성은 조속히 도일 일정 과 입원 의료기관 등을 명시한 공한을 보건사회부에 송부하고, 보건사회부는 동 공한에 의하여 도일 조치를 취하기로 한다.
11. 금후의 도일치료에 대하여는 금회의 도일치료 실시 경과를 보면서 조속히 협 의하고, 이를 추진하는데 노력할 것을 약속한다.[3]

합의서 교환 후 11월 17일에 10명(모두 경상남도 합천 거주)의 환자가 일본으로 향했고, 18일에 히로시마 원폭병원에 입원 치료를 받게 된다.

한편, 합의서 교환 후 환자 도일을 위한 절차가 진행되는 가운데, 10월 7일자 외무 부 발신 문서에서는 한·일 의사 교환 사업도 추진할 수 있도록 보건사회부에 의견 을 묻고 있고, 10월 24일자 문서를 통해서는 일본 측의 협력이 도일치료에서 그치는 일이 없도록 한국 의사 도일 연수와 일본 전문의 파한 진료 문제도 추진할 수 있도록 주일대사에게 교섭 진행을 요청하고 있다. 그리고 10월 30일자 문서에서는 도일치료 와 관련하여 일본 언론에 발표할 내용으로 원폭피해자 구호사업 중에서 우선적으로 실시되는 것이고, 기타 구호사업에 관해서도 양국 간의 협의가 진행 중이라는 점을 분명히 해 줄 것을 후생성에 요청하도록 지시하고 있다. 또한, 우리 측 언론에도 "재한 원폭피해자 구호를 위하여 그동안 한·일간에 원폭환자 도일치료, 아국 의사 도일 연수, 일본 의사 파한 진료, 원폭병원 건립 등의 사업이 협의되어 왔"고, "상기 사업 중 우선 실시 용이한 사업인 중환자 도일치료 사업이 금번에 실현되게 된 것"이 며, "아국 의사 도일 연수 및 일본 의사 파한 진료 사업에 관하여는 한·일간 교섭이 진행 중"이라는 점과 원폭병원 건립과 관련해서는 현재까지 일본 측은 본 사업에는 협력할 수 없다는 태도를 보이고 있으나, 우리 정부는 계속해서 협의해 나갈 것임을 전하도록 보건사회부에 지시하고 있는 정황이 포착된다.[4]

그 밖에 1980년도에는 9월 30일에 〈핵병기 금지 평화건설 국민회의〉 사무국장이 주일대사관을 방문하여 11월 10일에서 19일까지 부산에서 개최 예정인 원폭자료전 소식과 이때 피폭자 구원을 위한 사절단과 의사단, 아울러 전시회 취재를 위한 기자 파견을 예정하고 있어 협조를 요청함으로써 생산된 문서가 확인된다. 이에 대한 보 건사회부가 10월 25일자 전언통신문 형태로 제시한 의견은 "민간 사절단 및 의사단 방한에 대하여는 그 목적과 활동 내용 등이 명시되어 있지 않아 당부로서는 구체적 인 의견을 회시할 수 없"으나, 그들이 "순수한 의료봉사를 위한 것이라면 그 범위

---

3) 문서철 『한국인 원폭피해자 구호 1980』, pp.137-139
4) 상계서, pp.179-180

내에서 활동을 허용하여도 무방할 것으로 사료되나 재한 원폭피해자 실태와 구호현황 등을 왜곡하거나 과장하여 보도하는 일이 없도록 조치하는 것이 바람직"하다는 것이다.5) 이러한 내용을 주일대사에게 전달하는 27일자 문서에는 "원폭자료전의 한국 내 개최 자체가 홍보적 측면에서 별로 도움이 되지 않을 것이며, 동 전시회 취재를 위한 공동통신 기자의 파한은 공동통신 특파원이 현재 체한 중에 있으므로 필요 없을 것"6)이라는 문화공보부의 의견이 추가되어 있고, "방한하는 인사는 순수한 의료봉사활동만 하도록 조치"하라는 지시를 내리고 있다.

1981년

문서철『한국인 원폭피해자 구호, 1981』은 전년도에 시험적으로 10명의 환자에 대한 치료를 마치고, 본격적으로 도일치료 사업을 추진하기 위한 합의서 작성과 교환, 그리고 합의서에 따라 19명의 환자가 도일치료를 받게 된 과정을 담고 있다.

전년도 11월 18일부터 히로시마 원폭병원에서 치료를 받고 있던 환자의 일부가 1월 31일부터 순차적으로 귀국하게 될 것이라는 통보를 받자, 보건사회부는 1월 22일자 문서로 도일치료를 이어갈 수 있도록 일본 측과 협의해 달라는 문서를 외무부로 발송한다. 주일대사는 2월 3일자 문서로 후생국 담당관을 만나 제2차 도일치료 실현을 요청하고, 금년도 추진계획을 문의한 결과, 양국 관계 당국 간의 평가를 거쳐 금후의 추진 방향을 논의하고 5월 말경에 협의하자는 반응이었음을 전하고 있다.7)

4월 30일, 재일거류민단 중앙본부는「정부에 대한 청원 및 건의, 요망 사항」을 영사관을 통해 우리 정부에 제출하고 있다. 여기에는 ①국정 참여와 ②재일 청년학생 수감자에 대한 특별 사면을 청원하고 있고, ①조총련이 "적화공작 전선기지"로 삼고 지역 관리에 주력하고 있는 쓰시마(対馬)와 오키나와(沖縄)에 민단 측이 회관을 건립하여 관리할 수 있도록 우리 정부에 건축비 지원 요청, ②거류민단 공로자들을 공기업과 공공기관에 참여시켜 그들의 노후를 보장받을 수 있도록 조치, ③추진 중인 '81 고베 포트피어 박람회 참관단 초청사업에 대한 정부 차원의 배려를 건의하고 있다. 그리고 요망 사항으로서는 ①일본 연안에서 조난한 한국 선박에 대한 정부 차원의 구제 대책과 ②일본에서 치료받고 있는 원폭피해자에 대한 지원을 들고 있다.8) 원폭피해자 구호문제와 관련된 내용만을 보자면, 민단 측이 요망하고 있는 것은 재일 피폭자에 대한 우리 정부의 지원이다. 이러한 요청에 대해 우리 정부는 "국

---

5) 문서철『한국인 원폭피해자 구호 1980』, p.163
6) 상게서, p.185
7) 문서철『한국인 원폭피해자 구호 1981』, p.22
8) 상게서, pp.54-57

내에 있는 피폭자 구호 현황과의 균형 등을 고려, 점차 검토"[9]해 나갈 것이라는 답변을 하고 있다.

6월 12일, 나가사키시(長崎市)에서 처음으로 원폭피해자 보고서를 작성해서 발표했다. 6월 15일자 주후쿠오카 총영사 발신 문서에는 피폭 당시 나가사키현 거주 아국인은 59,573명, 이 중 피폭자는 12,000~13,000명(1,400~2,000명은 사망)이고, 확인된 피폭자 수는 2,261명(이 중 347명은 사망)이며, 외국인 피폭자에게 교부된 피폭자 건강수첩은 1981년 5월 말 현재 178건으로 발표한 사실과 함께 관련 자료를 송부하고 있다.[10] 7월 14일자 주일대사의 보고에는 히로시마에서도 1982년 8월 발행을 목표로 "한국 조선인의 피폭 백서" 작성을 결정했다는 소식을 전하고 있다. 즉, 도일치료가 본격화하기에 앞서 피폭지인 히로시마와 나가사키에서 정확한 실태조사에 착수한 사실을 알 수 있다.

한편, 도일치료에 관해서는 7월 말에서야 구체적인 협의가 시작되고 있다. 8월 11일자 문서로 보건사회부는 "당초 협의한 대로 연간 50명씩 5년간에 걸쳐 계속 실시할 수 있도록 협의"해 줄 것을 외무부에 요청한다. 이러한 요청에 대해 일본 측은 병원 수용 능력 등을 고려하여 2~3회로 나누어서 실시하고 치료 기간과 조건 등 기본적인 사항은 1980년 10월 8일에 교환한 합의서 내용과 동일한 선에서 추진하고자 함을 밝혀온다.[11]

11월 18일부터 21일에 걸쳐 실무 협의를 위한 일본 측 관계관이 방한했고, 1981년도에는 19명이 히로시마와 나가사키의 원폭병원에서 치료받는 것으로 최종 결정되었다. 12월 20일에 한국을 떠나 21일에 각각 지정된 병원에 입원하고, 1982년에 2차례에 걸쳐 나머지 30명을 도일치료시킨다는 계획으로 추진되었다. 1981년 12월 1일자로 작성되어 교환한 합의서[12]는 10명의 환자에 대한 시범적인 시행을 위해 작성된 합의서와 비교해 보았을 때, 대상자를 10명으로 규정된 사항이 삭제되고, 금후 5년간 효력을 가진다는 항목의 추가 외에는 큰 변화는 없는 것으로 확인된다.

그 밖에 한국인 피폭자 구원 활동 공로자에 대한 보건사회부 장관 명의의 감사패 수여와 한국 피폭자 구원기금 설립 관계자의 방한 관련 문서 등이 생산되고 있다. 먼저, 「감사패 수여」라는 제목으로 생산된 문서를 보면, 주 시모노세키 총영사의 건의로 〈핵금 평화건설 히로시마 현민회〉의 상임고문 에비스자키 모토나리(戎崎始成)씨에 대한 감사패 수여가 결정되었고, 9월 16일 서울에서 수여식이 이루어졌음을

---

9) 문서철 『한국인 원폭피해자 구호 1981』, p.59
10) 상계서, p.64
11) 상계서, p.131
12) 상계서, pp.202-204

알 수 있다. 관련 문서에 첨부되어 있는 에비스자키 씨의 이력서에는 1968년부터 시작된 한국인 피폭자 구원활동 내용이 연도별로 기술되어 있다. 그 활동 내용을 표로 정리하면 아래와 같다.[13)]

연도	구원 활동 내용
1968	7월, 핵금 히로시마 전국 집회에서 한국 피폭자 구원 활동의 필요성을 제기
	10월, 핵금히로시마현민회의, 거류민단 히로시마현 본부, 히로시마 지방동맹 등 18개 단체에 의한 〈한국 피폭자 구원 일한협의회〉를 발족
	〈한국원폭피해자원호협회〉에 구원금 100만 엔을 송부
1969	손귀달, 엄분련, 박복순 등이 원폭치료를 위해 도일했을 때 자금 모금 활동 전개
	1969년부터 1971년에 걸쳐 원호협회에 자활촌 건설을 위한 용지를 확보하고, 멍석 짜는 기계를 송부
1970	8월, 원호협회 신영수 회장을 초청하여 한국 피폭자의 실정을 듣고, 구원대책 요청을 받음
	1968년부터 3년간에 걸쳐 원폭증 전문의사단을 파견하기로 결정
1971	6월, 진료 의사단 파견 인가를 위해 주일대사관, 주시모노세키영사관 등에 협력 요청 및 한국 정부, 의사 협회, 구호협회와 절충
	히로시마동맹, 핵금히로시마현민회의, 거류민단 등의 단체에 의한 재한 피폭자 진료의사단 파견 준비위원회를 결성
	한국 내에 피폭자 진료센터 설치의 필요성을 확인
	제1차 의사단을 9월 20일부터 10월 10일까지 파견, 서울, 부산, 합천에서 진료
1972	6월, 진료센터 건설 준비를 위해 핵금히로시마현민회의 대표 2명이 방한하여, 관계 단체와 절충하고 합천에 진료센터를 건설할 방향임을 확인
	합천보건소 정창생 소장을 6월부터 4개월간 히로시마대학에 초빙유학
	8월, 피폭 2세 4명을 초빙하여 핵금 전국 집회에 출석
	제2차 의사단을 10월에 파견하여, 서울, 부산, 합천에서 진료
1973	4월, 진료센터 건설 현지 시찰단 13명을 현지에 파견
	6월, 진료센터 건설을 위해 히로시마현민회의를 히로시마현지사, 시장, 그 외 각종 단체를 망라하여 결성

---

13) 문서철『한국인 원폭피해자 구호, 1981』, pp.127-129

	8월, 진료센터 건설 조인을 핵금회의, 경상남도 등과 함
	전국적으로 자금 모금을 실시, 의료기구 구입과 기구 조립 및 설치를 위한 기술단을 파견
	12월, 진료센터 낙성식 거행, 제3차 진료의사단 파견
1974	8월, 진료센터 운영 등에 관해 보건사회부, 경상남도 등과 각서를 체결. 이것에 근거하여 피폭자 실태조사를 시작
	11월, 제4차 진료의사단 파견
1975	11월, 제5차 진료의사단 파견, 마산도립병원에서 「원폭 후 장애」에 대해 특별강연회 개최. 진료센터 증개축 요청을 받아, 경상남도지사와 각서 체결
1976	7월 진료센터 기공식, 10월에 낙성식을 거행하여 현재의 건물이 됨. 기생흡충증 치료연구를 위해 7월부터 1977년 3월까지 합천보건소 정창생 소장을 히로시마대학이 초빙 유학
1977	11월, 제6차 진료의사단 파견, 임상검사지도를 함
1978	1977년 12월부터 착수한 「재한피폭자 실태조사 보고서」를 4월에 완성, 일본과 한국은 물론 세계 각국으로 송부
1979	6월, 제7차 진료의사단 파견
1980	1월, 경상남도 신윤철 보건과장을 초빙하여, 일본의 피폭자 대책 실정을 시찰하고 한국피폭자 대책에 대해 협의
	신윤철 보건과장의 방일을 기해 한국에서 원폭자료전 개최 기운이 고조되어 3월, 7월, 10월에 대표자가 방한하여 관계 단체와 절충
	11월 10일에서 17일까지 8일간 부산시 국제회관에서 관계 단체의 협력으로 원폭자료전을 개최, 입장자 수는 약 8,410명. 세계평화건설, 핵무기 금지, 피폭자 구호의 국제연대 고조
그 외	제1차 진료의사단 파견 이후 매년 상당량의 의료품을 기증하고, 필요에 따라 각종 의료기구를 제공
	히로시마는 물론 매년 일본 각지에서 피폭자 위문 사절단을 파견

한국 피폭자 구원기금과 관련해서는, 1981년 9월 20일, 한국인 피폭자의 치료를 목적으로 하는 원폭병원을 "일본국민의 이름으로 기증하기 위해" 발족한 〈한국 피폭자·전상자 구원기금〉 설립 준비 사무국으로부터 방한 의사를 밝혀옴으로써 이와 관련된 문서가 생산되고 있다. 주후쿠오카 총영사관에서 11월 17일자로 발송한 문서에는 해당 사무국이 한국에 원폭치료병원을 설립하기 위해 1980년 11월에 한국을

방문하여, 한국인 정해성 씨 소유의 서울 성동구 소재 1만 평 대지를 제공받기로 하고, 병원 건립비 약 60억 엔을 모금으로 충당하고자 추진 중이라는 사실과 당시 보건사회부 차관과도 협의한 바가 있으며, 본격적인 추진을 위해 사무국 대표가 한국을 재방문 계획과 보건사회부와의 면담을 요청하고 있다.[14] 이후 12월 22일에 보건사회부 의정국장과 23일에는 보건사회부 장관과 면담 일정이 잡힌 것으로 보이지만, 면담 내용을 기록한 문서는 찾아볼 수 없다.

1982년

한일 양국은 매년 50명의 환자를 도일치료하는 것으로 합의했으나, 양국 간의 합의서 교환이 이루어진 시점은 1981년 12월 1일이었고, 이 해에 도일한 환자 수는 19명에 그쳤다. 이로 인해 1982년에는 1981년도분 도일치료가 5월과 8월에 이루어졌고, 1982년도분 도일치료는 10월에 시작되었다.

문서철 『한국인 원폭피해자 구호, 1982』는 환자의 도일과 퇴원 및 귀국과 관련된 내용이 대부분을 차지하고 있는 가운데, 주일대사 발신의 3월 30일자 문서에는 도일치료 환자들이 "치료 목적 이외에 시내 관광 및 SHOPPING 등에 지나치게 관심을 표명하고 있으며, 일신상 사유를 들어 임의 퇴원 등을 수시 요구"하고 있어, "동 사업의 기본 목적에 배치되어 사업 추진에 지장을 초래할 우려가 있을 뿐만 아니라 일측에 대한 이메지를 손상시키는 행위"[15]이므로 도일하기 전에 관계 당국의 철저한 교육을 요청하고 있다.

그리고 4월 8일자 주일대사 발신 문서에는 1981년 12월 23일에 보건사회부 장관과 면담을 가진 바 있는 〈한국 피폭자·전상자 구원기금〉 설립 준비 사무국 국장이 주일대사관을 방문하여 병원설립 자금을 모금하기 위해서는 한국 측이 용지를 제공하겠다는 뜻을 문서로 표명해 줄 것을 요청한 사실을 전하고 있다. 이에 외무부는 4월 13일자 문서를 통해 원폭병원 건립은 일본 정부를 상대로 교섭해온 사안이었기 때문에 민간단체가 추진한다면 정부 차원의 교섭을 재검토할 필요가 있다고 판단하고, 보건사회부에 의견을 묻고 있다. 이어서 6월 1일자 주일대사 발신 문서에서는 〈한국 피폭자·전상자 구원기금〉과 관련하여 히로시마와 나가사키에서 피폭한 한국인 전상 병자와 피폭자를 위해 한국 내에 병원을 건설하자는 운동이 확대되고 있다는 소식을 전하고 있다. 구체적으로는 한일의원연맹의 국회의원을 비롯한 정계 인사, 학계, 문화인 160명이 발기인으로 활동을 시작했으며, 50억 엔 모금을 목표로

---

14) 문서철 『한국인 원폭피해자 구호 1981』, pp.171-172
15) 문서철 『한국인 원폭피해자 구호 1982』, p.19

한 기금 설립을 후생성에 신청할 예정이며 서울과 부산에 각 200개의 침상을 갖춘 종합병원을 건설한 후에는 한국 측에 운영을 위임한다는 것이다.16)

1983년

1983년도에는 1982년도 도일치료 대상자로 선발된 환자의 도일치료와 관련된 문서가 생산되고 있고, 환자 도일 시기와 도일 항공편, 대상자 명단, 인솔자, 일본에서의 숙박지와 차량 알선 등 구체적인 사항과 관련된 내용, 환자의 퇴원과 귀국 관련 문서, 그리고 1984년도 도일치료 대상자 선발 관련된 문서가 주를 이루고 있다. 1983년에는 4월 23일에 25명, 6월 27일에 25명, 10월 11일에 19명이 일본으로 향했다.

그리고 이 해에는 한국인 원폭피해자 구호에 공헌한 4명의 인사에 대한 감사패 수여가 이루어지고 있다. 히로시마현 민단의 한국인 원폭특별대책 위원회 위원장 강문희 씨, 종교법인 선린회 교주 리키히사 류세키(力久隆積) 씨, 〈한국의 원폭피해자를 구원하는 시민의 모임〉 회장 마쓰이 요시코(松井義子) 씨에게 보건사회부 장관의 감사패를, 국무총리상은 한국인 피폭자의 진료와 치료에 진력한 의사 가와무라 도라타로(河村虎太郎) 씨에게 수여하고 있다.

1984년

1984년부터 1986년까지 생산된 문서는 1년 단위로 분류하지 않고 1984-85, 1985-86과 같은 식으로 정리되어 있는데, 이것은 예를 들어 문서철『한국인 원폭피해자 구호, 1984-85』의 경우, 1984년도 도일치료 대상자의 치료가 이듬해까지 이어졌고 해당연도의 대상자의 치료가 완료되는 시점까지 생산된 문서를 함께 정리하고 있기 때문이다. 문서철『한국인 원폭피해자 구호, 1985-86』의 경우도 마찬가지이다.

1984년에는 1985년도 도일치료 대상자 선발과 관련된 문서와 이를 위한 일본 측 심사단 방한과 관련된 문서로 시작되고 있고, 문서철에 특히 '공란'이 많은 것이 특징이다. 11월 26일자 주일대사 발신 문서에는 후생성이 제공한 원폭환자 치료에 관한 보고서와 1985년도 계획서를 송부하는 것으로 되어 있으나, 해당 자료는 문서철에 남아 있지 않다. 1984년에는 1985년도 도일치료 계획으로 3월 26일(1차), 5월 28일(2차), 7월 30일(3차), 총 세 차례에 걸쳐 진행한다는 것에 문서 생산은 멈추고 있다.

1985년

문서철『한국인 원폭피해자 구호, 1984-85』에 수록된 1985년도 생산 문서는 보건

---

16) 문서철『한국인 원폭피해자 구호 1982』, pp.109-110

사회부가 전년도에 수립한 계획대로 시기별로 환자를 도일시키는 과정에서 생산된 문서가 대부분을 차지하고 있다.

한편, 문서철『한국인 원폭피해자 구호, 1984-85』를 통해서는 도일치료가 시작되면서 해당 사업에 적극적으로 협조하면서 정부를 상대로 한 활동을 멈추었던 〈한국원폭피해자협회〉의 활동이 재개되고 있음을 알 수 있다. 1985년도 첫 생산 문서는 외무부가 주한대사관의 서기관과 1월 8일에 진행된 면담 요록이다. 요록에 따르면, 1984년 12월 21일에 외무성을 찾은 〈한국원폭피해자협회〉 신영수 회장이 우리 정부는 1985년도 도일치료 대상자 100명 중, 정부의 예산 부족으로 60명밖에 도일시킬 수 없다고 하니 나머지 40명에 대해 일본 측이 왕복여비를 부담해 줄 것을 요청한 사실을 알 수 있다.17) 그러나 문서철에 수록된 외교문서만으로는 신영수 회장이 언급한 대상자 100명이라는 인원수가 무엇에 근거한 것인지는 알기 어렵다.

그리고 6월 10일, 〈한국원폭피해자협회〉는 ①전국 7곳에 한국 피폭자를 위한 복지센터 건립, ②한국 피폭자의 한국 내 치료비 부담, ③도일치료사업 연장 및 계속, ④한국 피폭자의 실태조사에 필요한 경비 부담, ⑤피폭 2세, 3세에 대한 건강진단 시행과 그 경비 부담, 총 5가지 사항을 일본 정부에 요구하는 요망서를 제출했다.18) 또한 8월 6일에 피폭 40주년을 맞이하여 성명서를 발표, 9월 26일에는 내각 총리대신, 외무대신, 후생대신에게 요망서를 제출하고 있다. 한국 피폭자에 대한 구호가 도일치료 사업에만 머무르고 있고, 근본적인 구호대책이 미흡한 가운데, 다시금 목소리를 내기 시작했고, 이러한 협회 측의 활동에 대한 반향은 문서철『재한 원폭피해자 도일치료 실시에 관한 합의서 연장 검토, 1985-86』에 수록된 1985년도 생산 문서를 통해 확인할 수 있다.

그 외에 한국인 원폭피해자 구호 활동에 기여한 인사에 대한 감사패 수여와 관련된 문서도 확인된다. 대상자는 니혼테레비(日本TV) 부사장이자 민간 TV 방송 30개사가 참가하는 자선단체인 '24시간 TV 위원회'의 위원장을 맡고 있는 우지이에 세이치로(氏家齊一郎) 씨이다. 5월 10일자 주일대사 발신 전문에 따르면 우지이에 씨는 1980년부터 도일치료를 시작하고 있으나, 도일이 불가능한 환자가 한국 내에서 치료를 받을 수 있도록 하기 위해 모금운동을 실시하여, 1983년 이후 두 차례에 걸쳐 총 600만 엔을 모금하여 10명의 환자를 국내에서 치료받도록 지원했고, 1985년 현재도 지원사업을 계속할 예정이라고 한다.19)

---

17) 문서철『한국인 원폭피해자 구호, 1984-85』, p.63
18) 상게서, pp.98-100. 문서철에는 협회가 6월 10일에 발행한『한국 피폭자들의 현황』이라는 제목의 책자가 전면 수록되어 있다.
19) 상게서, p.98

이상으로 1980년 11월에 시험적으로 10명의 도일치료를 시작한 후, 5년간의 도일치료에 합의한 양국 정부의 합의서 교환(1981.12.01.)부터 합의가 종료되는 1986년 11월 30일까지 총 354명의 한국인 원폭피해자가 도일치료를 받았다.[20]

▌관련 문서 ▌

① 한국인 원폭피해자 구호, 1980

② 한국인 원폭피해자 구호, 1981

③ 한국인 원폭피해자 구호, 1982

④ 한국인 원폭피해자 구호, 1983

⑤ 한국인 원폭피해자 구호, 1984

⑥ 한국인 원폭피해자 구호, 1984-5

---

20) 354명이라는 도일치료자 수는 1988년 8월 17일에 작성된 「재한 피폭자 문제」란 제목으로 작성된 자료에 의한 것이다(문서철 『한국인 원폭피해자 지원, 1988』, p.220). 그러나 합의가 만료되는 시점까지 도일치료를 받은 환자 수에 대한 정확한 통계자료는 확인할 수 없다. 문서철마다, 그리고 자료 작성자에 따라 총인원이 상이하다. 문서철 『한국인 원폭피해자 지원, 1988』에서 2월 12일자 주일대사 발신 문서에서는 289명으로 기재되어 있고(p.30), 같은 해 2월에 외무부가 작성한 「원폭환자 문제」에는 349명으로 보고되고 있으며(문서철 『한국인 원폭피해자 지원, 1988』, p.49), 역시 같은 해 8월 17일에 작성된 「재한 피폭자 문제」란 제목으로 작성된 자료에는 354명으로 기재되어 있다(문서철 『한국인 원폭피해자 지원, 1988』, p.220). 따라서 정확한 도일치료자 수는 확인할 필요가 있으나, 1980년부터 1985년까지 도일치료 관련 문서철을 통해 필자가 파악한 내용을 토대로 정리해 보면 1980년도에 10명, 1981년도 29명, 1982년도에 55명, 1983년도에 124명, 1984년도에 212명, 1985년도에 58명이다.

① 한국인 원폭피해자 구호, 1980

○ ○ ○

기능명칭: 한국인 원폭피해자 구호, 1980

분류번호: 722.6

등록번호: 17686(14207)

생산과: 일본담당관실

생산연도: 1980-1980

롤번호: 2010-14

파일번호: 07

프레임 번호: 0001-0195

1. 외무부 공문(착신전보)—원폭 피해자

외무부
번호 JAW-01293
일시 211555
발신 주일대사
수신 장관
제목 원폭 피해자

대: WJA-12191
연: JAW-12359
1. 80.1.21 후생성측은 아국원폭환자 10명정도를 시험 CASE로 도일 치료시키기 위한 실무 협의차 관계관 3명을 내2월 중순경에 약3박4일 정도로 파한시키고저 한다고 하고 아국 보사부측의 사정이 어떤지 알려줄 것을 요망하여 왔으니 아측 사정 또는 의견회시 바람.
2. 실무협의 대상은 환자의 인선문제 및 도일치료와 관련된 구체적인 사무 절차 등이 될것이라고 하며 현재 파한 내정중인 인사는 아래와 같다함.
후생성 공중위생국 기획과 "다바다" 사무관, 히로시마 원폭병원 "구라모도" 부원장, 히로시마현 "이와다" 원폭 대책과장.
(일정-아일)

2. 외무부 공문—원폭피해자 구호

외무부
번호 아일700-
일시 1980.1.22.
발신 외무부장관
수신 보건사회부장관
참조 의정국장
제목 원폭피해자 구호

1. 귀부 의이1424-6372(79.12.10)의 관련 사항입니다.

2. '80.1.21. 일본 후생성은 관계관 파한과 관련, 주일대사관을 통해 아래 사항에 대해 아측의 의향 타진을 하여 왔는 바, 검토하시고 당부에 귀견을 회신하여 주시기 바랍니다.

－아래－

1. 파한시기: 80.2. 중순경(3박 4일 예정)

2. 협의사항: 도일치료 환자인선(피폭자10명 정도) 및 구체적인 사무절차

3. 파한자: 후생성 공중위생국 기획과 "다바다" 사무관

히로시마 원폭 병원 "구라모도"부원장

히로시마현청 "이와다" 원폭 대책과장

외무부장관

3. 외무부 공문(착신전보)－원폭피해자 구호

외무부
종별 지급
번호 JAW-01386
일시 242029
발신 주일대사
수신 장관
제목 원폭피해자 구호

연 1) JAW -10260 (70.10.11)

2) JAW -01293(80.1.21)

1. 80.1.23. 외무성의 마따노 북동아과장은 당관 이재춘정무과장에게 원폭 피해자구호문제에 관한 연호1)의 일측입장에 대한 한국측의 견해를 알려줄것을 요망하면서 본건 원칙문제에 관하여 양국 외무당국간의 결론이 안난상태에서 연호2)와같이 후생성관계관을 파한한다는것은 부자연스럽다고 말했음.

2. 연호)1)에대한 본부 입장 회시바람. (일정 아일)

4. 외무부 공문(발신전보)-원폭 피해자 구호

외무부
지급 종별
번호 WJA-01288
일시 291135
발신 장관
수신 주일대사
제목 원폭 피해자 구호

대: JAW-01386, 010260(79.10)
연: WJA-09375
대호 건에 관해 아래 아측 지침에 따라 교섭하고 결과보고바람.
1. 한국의사 방일 연수 경비
   일측이 경비를 월4,000불 미만이라 하고 있는 바, 동 경비의 정확한 액수
   및 구체적인 내역(연구활동 비, 체재비, 숙식비등 포함여부)등을 타진하고,
   아측 최종 결정인 월1,500불 이상의 체제비 및 연구활동비가 충분히 지급되
   는 선에서 타결토록 함.
2. 환자 도일 치료
   일측은 도일 치료시 치료비(입원비 포함)만을 부담한다하나, 연호 보사부의
   정국장 방일시 일측이 착일이후 이일시까지의 경비를 부담한다고 합의된바
   있음을 지적하고 체재비 및 의료수당(일본 환자에 준하여 1인당 월5만엥 정
   도)을 일체 일측에서 부담토록함.
3. 의료 기자재 지원
   원폭병의 특수성을 감안, 의사 파한시 50만엥정도의 기자재 휴대에 국한하
   지말고, 원폭병 치료의 궁극적 목적을 달성키 위해 전문 진료용 장비를 필요
   에 따라 제한없이 지원토록 요청함.
4. 문서화 문제
   일측은 원폭 구호 대책을 상기3개사업으로 종결시키려 함으로 판단되는 바,
   우선 실시용이한 사업부터 구체적 시행 방안을 추진하면서 기타 아측에 제
   시한 구호사업도 가능한 실현될 수 있도록 양국 간의 협의를 계속한다는 단
   서를 추가한다면 문서화에 이의없음.
   (아일-보사)

5. 보건사회부 공문-원폭피해자구호

보건사회부
번호 의이1424-1096
일시 1980.1.29.
발신 보건사회부장관
수신 외무부장관
참조 아주국장
제목 원폭피해자구호

    1. 귀부 아일700-2477('80.1.22)와 관련입니다.
    2. 원폭피해자의 도일치료환자인선 및 구체적인 사무절차협의를 위하여 일측의 관계관의 파한에 관한 의견문의에 대하여 당부로서는 이견이 없으며, 이에 따라 제반준비를 할것임을 알려드립니다. 끝.

보건사회부장관

6. 외무부 공문(착신전보)-원폭 피해자 구호

외무부
번호 JAW-02013
일시 011604
수신시간 80.2.2. 10:05
발신 주일대사
수신 장관
제목 원폭 피해자 구호

  대: WJA-01288, 01328
  연: JAW-1026
1. 80.1.31. 오후 당관 이재춘 정무과장은 외무성으로 "마따노" 북동아 과장을 방문, 대호 지침에 따라 교섭한바, 일측은 한국측 견해에 대하여 내부에서 한번

더 검토하여 회답하겠다고 전제한후, 아래와 같이 COMMENT함.

가. 한국의사 방일 연수 경비

일측의 월지급 액수 및 구체적인 내역을 확인하여 알려주겠음.

나. 환자 도일 치료

일측이 치료비(입원비 포함) 이외에 착일이후 이일시까지의 체재비 및 의료수당까지 부담하는 것은 어렵지 않을까 생각됨.

일측이 체재비와 의료 수당까지 부담하는 것으로 보사부와 후생성 사무당국간에 합의 되었다는 이야기는 초문임.

다. 의료 기자재 지원

일본 의사의 파한시 50만엥 정도의 기자재 밖에 휴대하지 못하는 것은 일본의 관계 법령상 제한이 있기 때문이므로, 50만엥을 초과하는 기자재 지원은 어렵지 않을까 생각됨.

라. 문서화 문제

일측으로서는 본건 협력을

1) 일본의 대한 기술협력의 범위내에서, 그리고 일본국의 현행 법령의 범위내에 시행한다는 점과

2) 구체적으로는 3개 사업에 한정하여 협력한다는 원칙을 어떤 형태로던 문서화 할필요를 느끼고 있음. 이와 같은 원칙 문제가 분명히 되지 않는한 실시 용이한 것부터 추진하는 것이 곤란하지 않을까 생각됨.

청구권 문제는 이미 한일 청구권협정으로 해결되었으므로 일본 정부가 한국에 있는 원폭 피해자에게 보상하여야 할 법적 의무가 없고 따라서 한국인 원폭 피해자 구호는 한국 정부가 국내 후생 복지 문제로서 생각해야 할문제이며, 한편 일본도 원폭 피해국이므로 한국에 대하여 책임을 져야한다고는 생각치 않는다는 것이 일본정부의 기본 입장이므로 외무성내에서는 당초 이와같은 기본 입장까지 문서화를 필요가 있지 않겠느냐는 의견도 있었으나, 한국측 입장도 존중하여 상기 두가지 POINT만 문서화 하는것으로 입장을 정한 배경이 있었음. 문서화에 어려운 면이 있는것은 사실이지만 그간 구체적으로 협의가 진행된 본건 사업이 문서화 문제로 실시가 늦어지는것은 바람직하지 않다고 생각되므로, 문서 내용등 상호 적절히 절충하는 방법이 없겠는지 양측이 한번더 머리를 짜내봄이 좋겠음.

2. 일측은 이어 외무성으로서는 본건 검토를 서둘러 내주중에라도 검토 결과를 알려 주겠다고 말하고, 대호(JAW-01328) 후생성관계관의 파한에 언급, 현지 시찰을 위한것이라면 의미가 있겠지만, 한국 보사부측과 본건에 관한 구체적인

실무 협의를 목적으로하는 것이라면 원칙 문제 타결이전에는 실익이 없을것이라는 견해를 표명하고 후생성 측에도 외무성의 견해를 알려 두었다고 부연함. (일정-아일, 보사부)

7. 외무부 공문(착신전보)—원폭 피해자 구호 문제 언론보도1

외무부
번호 JAW-02467
일시 221555
수신시간 2.22. 16:40
발신 주일대사
수신 장관
제목 원폭 피해자 구호 문제 언론보도1

80.2.22. 마이니찌 신문은 아래 요지 보도함.
　　1. 노로 후생상은 2.21.중원 사회 노동 위원회에서 한국인 원폭 피해자의 방일 치료에 관하여 "이미 한국정부에 받아들일 것을 전하였는바, 곧 제1진이 방일한다"고 밝혔음.
　　2. 이는 사회당의 모리이 츄우료 의원의 질문에 답변한 것으로, 노로 후생상은 "한국 피폭자의 정부간 인수는 거의 양국 정부 간의 협의로 결정되어 인수와 체제기간 등의 합의를 보기 위해 가까운 시일에 담당관등을 한국에 파견한다"고 말하였음. 이로써 2만명이라고 하는 한국 피폭자는 일본에서의 치료의 길이 정식으로 열리게 되었음.
　　3. 일 후생성은 2.25.에 히로시마 원폭 병원의 이시다 내과 부장과 후생성, 히로시마 현의 담당자를 한국에 파견, 한국 보건 사회부와 세부에 관하여 협의하게 되며, 후생성의 계획으로는 제1진으로서 3월에 10인 전후를 받아들여 동 변원에서 2,3개월간 치료를할 예정으로 있음.
　　4. 피폭자의 원호를 목적으로한 원폭 의료법과 피폭자 특별 조치법은 국적에 관계없이 적응되기 때문에 방일하는 한국 피폭자에게는 피폭자 수첩이 교부되며, 치료비는 전액 공비 부담하게 됨. (일정-아일)

8. 在韓原爆被害 渡日治療実施에 関한 合議書(案)

在韓原爆被害 渡日治療実施에 関한 合議書(案)

大韓民国保健社會部와 日本国 厚生省은 大韓民国内에 居住하는 原爆被害者 救護事業事을 推進함에 있어 優先 在韓原爆被害者 渡日治療를 実施하기 爲하여 다음과 같이 合議한다.

다음

1. 渡日治療 対象春는 別添名單의 10名으로 한다.

2. 渡日治療実施 日程은 다음과 같이 暫定的으로 定하되, 可及的 早速히 推進한다.

　① 日本政府는 第1項의 渡日治療対象者 10名에 대한 招請狀을 1980年 3月中에 保健社會部에 送付한다. 但, 招請狀에는 該当被爆者의 入院豫定医療機關名, 滯日中 一切의 經費의 日本政府負擔, 治療期間中 医療手当支給等 事項을 明記한다.

　② 韓国政府는 同年 3月中에 該当被爆者를 渡日措置한다.

　③ 1980年 4月中에 1次 渡日治療事業의 施行上의 問題點을 檢討하고, 2次渡日治療事業実施 方案을 協議한다.

　④ 同年7月乃至 8月中에 2次渡日治療事業을 実施하되. 人員数는 40~50名 으로 한다.

3. 渡日治療의 細部施行節次는 다음과 같이 한다.

　① 渡日治療対象者는 保健社會部 職員이 引率하여 福岡 또는 下関海 空港 待合室에서 到着 当日 日本厚生省 職員에게 引継한다.

　② 厚生省은 渡日治療対象者가 日本에 到着한 当日로 全員入院指置하고 被爆者健康手帖을 交付한다.

　③ 渡日被爆者의 入院期間은 最長 1年으로 하되 外来로 転換可能時는 退院 歸國措置키로 한다. 다만, 外来轉換可能의 경우라도 韓国内에서는 治療가 不可能한 特殊治療(機械 또는 技術)를 要할시는 繼續入院治療한다.

　④ 入院医療機關의 長은 渡日 被爆者의 退院決定을 하고자 할 때에는 미리 厚生省의 許可를 받아야 하며, 厚生省은 退院決定事実(退院 및 歸国日時)을 韓国政府에 通報한다.

　⑤ 渡日被爆者에 대한 歸国手續 및 案内는 日本国 厚生省이 担当한다.

　⑥ 被爆者를 治療한 医療機關의 長은 그 診療記録과 退院後의 診療指針 所見書를 当該 患者 또는 韓国政府에 交付한다.

4. 渡日治療에 所要되는 経費는 다음과 같이 両国이 分担하기로 한다.
　① 大韓民国은 渡日被爆者의 往復航空料(또는 船舶料)를 負担한다.
　② 日本国은 渡日被爆者의 着日時부터 離日時까지의 一切의 経費를 負担한다.
　③ 日本国은 渡日被爆者의 入院治療期間中 毎月 50,000円의 医療手当을 繼續하여 支給한다.

9. 원폭 피해자 도일치료 합의서

원폭 피해자 도일치료 합의서

아측안	일측안	최종 합의
1. 치료자수(10명) 예비후보 2명 선발	동의	―
2. ―초청장 발부, ―체제중 경비 일측 부담	―초청장 발급 안함. ―일본 국내법, 원폭 2법에 의거, 의료비 및 특별수당 지급 (체제 경비 부담 안함)	일측안에 동의 〃
3. '80.3월부터 도일치료 실시	보사부와 후생성간의 합의서 교환후 실시	일측안에 동의
4. '80.7-8.경에 2차 도일치료 사업실시	제2차 도일치료사업은 제1차 실시 결과를 검토한후 적당한 시기에 협의	〃
5. 도일치료자는 도착지에서 후생성직원에게 인계	지정 의료기관에 입원시키며, 교통비등은 부담 안함.	보사부직원 인솔하에 도착즉시입원조치 ―부산-후꾸오까(항공편) ―후꾸오까-히로시마 　(열차편: 보사부부담)
6. 일본 도착 당일 전원 입원조치	동의	―
7. ―환자입원기간 최장 1년	―2개월을 원칙으로 함	일측안에 동의

−외래전환 가능시는 귀국조치	−단, 담당의사가 입원 연장 필요성이 있을시는 후생성동의를 얻은 후 연장가능 (최장6개월)	
8. 환자 퇴원결정시 병원장은 후생성허가를 받은 후 한국정부에 통보	관할 아국 공관이 담당	일측안에 동의
9. 도일환자 귀국 수속 및 안내는 후생성이 담당	관할 아국 공관이 담당	−주일민간단체가 담당 토록 협의중(보사부 안)
		−외무부안(주일민간단체가 담당하되 필요할 시는 아국공관이 협조)
10. 환자 치료기록 및 진료지침서를 환자 및 아국정부에 교부	동의	−
11. 도일환자 왕복항공료는 아측이 부담	〃	-
12. −도일환자 체일시 일체 경비 일측이 부담	일본 국내법 원폭2법에 의거	일측안에 동의
−환자 의료수당50,000 엥은 일측이 지급	의료비 및 특별수당 지급, 체제중 경비는 일측이 부담안함.	
13. 체일중 환자의 신원 보증	관할 아국 공관이 보증	외무부안(보사부장관의 요청에 따라 아국공관이 보증)

10. 보건사회부 공문−원폭피해자 도일치료

보건사회부

번호 의이1425-4273

일시 1980.4.4.
발신 보건사회부 장관
수신 의무부장관
참조 일본담당관
제목 원폭피해자 도일치료

　　　1. 귀부 아일700-10418('80.3.19)와 관련입니다.
　　　2. 원폭피해자 도일치료와 관련하여 일본 후생성간에 별첨(안)과 같이 "재한
원폭피해자 도일치료실시에 관한 합의서"를 교환코자 하는바, 귀부 관련사항이
있어 협조를 요청하오니, 협조 가능 여부를 회시하여 주시기 바랍니다.
　　　　　가. 도일치료자의 치료후 귀국수속 및 안내는 주일한국대사관이 담당한다.
도일치료자의 귀국수속 및 안내는 재일민간단체인 한국거류민단 히로시마 지방
본부(의장 "강문희")및 원폭 피해자 대책 특별위원회(위원장 강문희)가 담당하
도록 합의되었으나, 민간단체는 합의 당사자가 될수 없어 합의서 상에는 주일한
국대사관이 담당하는 것으로 하고자 합니다.
　　　　　나. 도일치료자에 대한 체일중의 신원보증은 주일한국대사관이 담당한다.
첨부: 재한원폭피해자 도일치료실시에 관한 합의서(안)1부.[1] 끝.

　　보건사회부장관

11. 주고오베총영사관 공문—성금전달

주고오베총영사관
번호 코총영709
일시 80.5.20.
발신 주고오베 총영사
수신 장관
참조 영사교민국장
제목 성금전달

---
　1) 첨부 문서 생략

당관 관내의 일본인 우익단체 "구쓰노기까이(楠會)"에서 한국인 원폭피해자에 대한 성금을 아래 내용과 같이 전달하여 왔는 바, 이를 별첨과 같이 송금하오니 적의 조치하여 주시기 바랍니다.

　　－아래－

　　모금단체명: 구쓰노기까이(楠會)(우익정치 결사단체)

　　모금단체주소: 아까시시 오꾸보쬬 오꾸보 739-5(明石市 大久保守 大窪 739-5)

　　모금금액: 50만엔

　　모금단체대표자: 회장 마쓰다(松田達)

　　성금전달일자: 80.4.23.(월요일)

　　송금수표번호: 068-MTS -401606

　　송금월일: 80.5.20.

별첨: 의뢰서1부.[2) 끝.

주고오베 총영사

12. 주일대사관 공문－원폭 환자 도일 치료

주일대사관

번호 일본(정)700-2528

일시 1980.5.15.

발신 주일대사

수신 장관

참조 아주국장

제목 원폭 환자 도일치료

　　연: JAW-02202

　　1. 80.5.15. 후생성 측은 표제건에 관하여 보건 사화부 측이 작성 송부한 "재한 원폭 피해자 도일 치료 실시에 관한 합의서(안)" 에 대하여 별첨과 같이 수정하고자함을 당관에 알리고, 이를 보사부측에 전해 줄것을 요망 하였기 보고 합

---

　2) 첨부－영수증 생략

니다.

　　2. 상기 합의서 안에는 피폭자 도일 치료를 위한 수속 절차 등에 당관이 관여하는 것으로 되어 있는 바, 지난2월 서울에서 열린 보사부와 후생성 간의 실무 협의 결과와 아울러 본건 처리와 관계되는 당관의 금후 처리 지침에 관하여도 지시하여 주시기 바랍니다.

첨부: 동 합의서수정안. 끝.

주일대사

12-1. 첨부−후생성 서한

翻譯文

謹啓

　　陽春佳節に当り貴殿の益々御健勝の程慶賀してやみません。

お送り下さいました在韓原爆被害者渡日治療実施に関する合議書(案)に対して1980年3月7日付の貴殿の御意向有難う御座いました。

其の中渡日治療患者の医療手当等に関する事項だけ除外して殆ど貴殿の意見に従つて合議書(草案)を別添の如く再作成同封致しますから御検討なさつた後出来るだけ早く草案内容のように合議して下さいますようお願い致します。

そして渡日治療の医療手当等に関しては先程石田内科部長かたが来韓した時月2万円程度の健康管理手当と疾病の種類及びその程度によつて審査決定する特別手当を支給することが出来ると言いましたが別添草案には治療費と健康管理及び特別手当を支給するとだけ明記しましたから御協力下さいますようお願い致します。

同封する合議書草案内容に貴殿が同意する場合同合議書草案内容の如く又は若干の文句修正をして合議書2部を作成し署名捺印して我が国の外務部を通じでお送り下さればこちらも署名捺印後その1部を即時お送り致します。

終りに貴殿の無窮なる発展を祈願し本件原爆被害者渡日治療事業がこれ以上遅滞されぬようお願いして止みません。

添付：　在日原爆被害者渡日治療に関する合議書(草案)　1部

1980年4月22日

保健社会部医政局　医政2課長

黄弘錫

日本厚生省公衆衛生局　企劃課長

三井速雄　殿

12-1-1. 첨부-합의서 수정안

在韓原爆被爆者渡日治療実施に関する合意書(案)

大韓民国　保健社会部と　日本国厚生省は、大韓民国内に居住する在韓原爆被爆者さしあたり試験的に実施する渡日治療の実施のため、次の如く合意する。

記

1. 渡日治療対象者は、別記名簿にある10名とする。

2. 渡日治療対象者は、厚生省が予め指定する医療機関に入院するものとする。

3. 渡日治療対象者に対しては、原子爆弾被爆者の医療等に関する法律(昭和32年法律第41号)に基づき、渡日後直ちに被爆者健康手帖を交付する。

4. 渡日治療者の入院期間は、2ヶ月以内を原則とし、担当医師が治療上必要と認定する場合には、厚生省の同意を得て延長することが出来る。ただし、入院期間は最長6ヶ月間とする。

5. 入院医療機関の長が渡日治療者の退院決定をしょうとする時には、予め厚生省の許可を得ねばならないし、厚生省は退院決定事項(退院及び帰国日時)を退院10日前までに、駐日韓国大使館に通報する。

6. 渡日治療者に対する帰国手続及び案内は、駐日韓国大使館が担当する。

7. 渡日被爆者を治療した医療機関の長は、その診療記録と退院後の診療指針所見書を当該患者又は韓国政府に交付する。

8. 渡日治療に所要する経費は、両国政府が次の如く分担する。

    (1) 大韓民国政府は渡日治療患者の往復旅費を負担する。

    (2) 日本国政府は原子爆弾被爆者の医療等に関する法律及び原子爆弾被爆者に対する特別措置に関する法律(昭和43年法律第273号)の規定に基づき、渡日治療者の入院治療期間中の医療の給付及び健康管理手当、特別

手当等各種手当等各種手当を支給する。

9. 渡日治療者に対する滞日中の身元保証は、駐日韓国大使館がこれを担当する。

10. 厚生省及び保健社会部との間で本合意書を交換し、厚生省は速やかに受入、日程　入院医療機関等を明記した公翰を保健社会部に送付し、保健社会部は同公翰に基づいて渡日措置を取ることとする。

11. 今後の渡日治療については、今回の渡日治療の実施経過を見つつ速やかに協議し、その推進に努めることを約束する。

添付：渡日治療対象者名簿　1部[3]

1980年　　月　　日

大韓民国保健社会部　医政局長　　張慶植

日本国厚生省公衆衛生局長　　大谷　藤郎

13. 보건사회부 공문—원폭환자 도일치료

보건사회부

번호 의이1424-6637

일시 1980.5.27.

발신 보건사회부장관

수신 외무부장관

참조 아주국장

제목 원폭환자 도일치료

　　1. 아일700-19566('80.5.23)와 관련입니다.

　　2. 원폭환자 도일치료에 관한 실무협의결과를 다음과 같이 통보합니다.

　　　　가. '80.2.26-2.27까지 2일간 양측 실무자간에 도일치료 대상자선발 및 실무협의를 개최함 (별첨 1)

---

3) 치료대상자 명단 생략

나. '80.3.7 후생성에서 원폭환자 도일치료실시에 관한 합의서(안) 내용에 대한 의견을 제시함 (별첨 2)

다. '80.4.22 원폭환자 도일치료 실시에 관한 합의서(안)을 후생성으로 송부함(별첨:3)

라. '80.5.15 후생성 에서 위 합의서(안)에 대한 수정안을 제시함.

첨부 : 1.피폭자도일치료 대상자 선발 및 실무협의결과보고서 사본 1부

    2. 재한원폭 피해자 도일치료실시에 관한 합의서작성에 관한 후생성서한사본 1부.

    3. 당부의 재한원폭 피해자 도일치료실시에 관한 합의서(안) 사본 1부

    4. 후생성의 재한원폭 피해자 도일치료실시에 관한 합의서 수정안 및 서한사본. 1부. 끝.

보건사회부장관

13-1. 별첨-피폭자 도일치료대상자 선발 및 실무협의 결과보고

(별첨1)

被爆者 渡日治療對象者 選拔
및 實務協議 結果報告

醫政 2 課

被爆者 渡日治療対象者 選拔및 實務協議結果報告

1. 協議日程

   ○ 2月 25日: 日側 關係者 3人 来韓

   ○ 2月 26日~27日: 陜川 診療所에 出張, 患者審査및 渡日節次等 協議

   ○ 2月 28日: 日側 關係者 離韓

2. 両側 実務者 名單

日側	我側
○ 厚生省 公衆衛生局 企劃課 特別措置 係長	○ 醫政2課長
○ 広島県被爆者対策 課長	○ 原爆協会長
○ 広島原爆病院 内科 部長	○ 国立医療院 内科科長

3. 対象者選抜
   ○ 予備 選抜된 患者 25名을 共同審査 하여 渡日治療対象者 12名(予備 2名包含) 選定함 (名單別添)
   ○ 選定基準
   ○ 失明, 身体機能一部의 마비, 火傷으로 因한 흉터, 子宮癌 等 病症勢가 뚜렷하고, 治療効果를 크게 볼 수 있는 疾病
   ○ 可及的 年令이 낮아, 암으로 活動 年限이 많은 者

4. 渡日治療節次
   ① 被爆者 健康手帖 交付申請
      対象者 12名에 처하여 日側이 提示한 所定의 申請書를 早速히 作成. 日側에 送付함 (原爆協会長이 취합하여 広島県, 被爆音 対策課長에게 送付)
   ② 広島県은 이에 의거 被爆者 健康手帖을 準備하고 厚生省에 報告함
   ③ 厚生省은 我側의 要求事項(患者引渡場所, 治療期間, 医療手当 支給等)을 檢討하여, 早速히 日側 意見을 提示함
   ④ 當部는 日側 意見을 檢討하여, 合議書 草案을 送付함
   ⑤ 3. 4項의 実務協議를 거친후 両国 外務部를 通하여 合議書를 交換함
   ⑥ 合議書 交換 即時 當部는 厚生省에 対象者 12名의 渡日 治療를 要請함
   ⑦ 厚生省은 이에 의거 招請状을 보내되. 広島病院의 入院 能力을 考慮하여, 5~6 名씩 2次에 걸쳐 渡日 治療키로 함
      (1次: 3月末 , 2次: 4月中)

5. 渡日治療 方案에 대한 両側 意見対比

	我側	日側	調整案 提示
患者引渡 場所	到着地 海, 空港待合室	病院	患者・輸送用申輌(마이크로버스/1台) 提供 또는 在日民間 團體에서 病院까지 案内

患着의 歸国 手續및 搭乗時 까지의 案内	日本厚生省責任下 에 施行	駐日韓国大使館	在日民間團體(核 禁会等)에서 担当 토록 措置
治療期間	最長1年	2月을 原則으로 하되 6月까지 延長可能	3月을 原則으로하되 12月까지 延長可能
医療手当	1人当 每月 5万円	○ 日本国内法에 의거支給(1人当 月 2万円정도의 健康 手当 支給은 可能) ○ 医療手当等의 追加支給은 疾病의 種類, 程度등을 審 査하여 決定됨	日本国内法에 規定 된 各種 手当의 最 大限 支給方案講究 (※対象者 12名中 2~3名은 厚生省 認 定疾病에 該当하므 로 最高 7万~8万円 까지 支給 可能함)

6. 80年度 渡日治療事業의 追加実施
   ① 80年 5月末까지 1次 渡日治療事業의 問題点 檢討및 事業施行方案에 關한 協
      議 完了
   ② 年内에 40~50名 渡日治療実施

在韓原爆被害者 渡日治療実施에 関한 合議書(案)

大韓民国保健社會部와 日本国厚生省은 大韓民国 內에 居住하는 原爆被害者 救護事
業을 推進함에 있어 優先 在韓原爆被害者 渡日治療를 実施하기 爲하여 다음과 같이
合議한다.

다음

1. 渡日治療 対象者는 別添名單의 10名으로 한다.
2. 渡日 治療実施 日程은 다음과 같이 暫定的으로 定하되, 可及的 早速히 推進한다.
   ① 日本政府는 第1項의 渡日治療対象者 10名에 대한 招請狀을 1980年 3月中에
      保健社會部에 送付한다. 但, 招請狀에는 該当被爆香의 入院豫定 医療機關名,
      滯日中 一切의 經費의 日本政府負擔 治療期間中 医療手当支給等 事項을 明記
      한다.
   ② 韓国政府는 同年3月中에 該当被爆者를 渡日指置한다.

③ 1980年 4月中에 1次渡日 治療事業의 施行上의 問題点을 檢討하고, 2次渡日 治療事業実施 方案을 協議한다.

④ 同年 7月 乃至 8月中에 2次渡日 治療事業을 実施하되, 人員数는 40~50%으로 한다.

3. 渡日治療의 細部施行節次는 다음과 같이 한다.

① 渡日治療 対象者는 保健社會部 職員이 引率하여 福岡 또는 下關 海空港 待合室에서 到着 当日 日本厚生省職員에게 引繼한다.

② 厚生省은 渡日治療対象者가 日本에 到着한 当日로 全員 入院指置하고, 被爆者 健康手帖을 交付한다.

③ 渡日 被爆者의 入院期間은 最長 1年으로 하되 外來로 轉換 可能時는 退院 歸国 指置키로 한다. 다만, 外来轉換可能의 경우라도 韓国内에서는 治療가 不可能한 特殊治療(機械 또는 技術)를 要할시는 繼續 入院 治療한다.

④ 入院医療機關의 長은 渡日 被爆者의 退院決定을 하고자 할 때에는 미리 厚生省의 許可를 받아야 하며, 厚生省은 退院決定事實(退院 및 歸国日時)을 韓国 政府에 通報한다.

⑤ 渡日被爆者에 대한 歸国手續 및 案内는 日本国 厚生省이 担当한다.

⑥ 被爆者를 治療한 医療機関의 長은 그 診療記録과 退院後의 診療指針 所見書를 当該患者 또는 韓国 政府에 交付한다.

4. 渡日 治療에 所要되는 經費는 다음과 같이 兩国이 分担하기로한다.

① 大韓民国은 渡日被爆者의 往復航空料(또는 船舶料)를 負担한다.

② 日本国는 渡日被爆者의 着日時부터 離日時까지의 一切의 経費를 負担한다.

③ 日本国은 渡日被爆者의 入院治療期間中 毎月50,000円의 医療手当을 繼續하여 支給한다.

13-2. 별첨-재한원폭 피해자 도일치료실시에 관한 합의서작성에 관한 후생성서한사본

(별첨2)

拝啓　陽春の候貴台には益々御清祥のこととお慶び申し上げます。

先般の石田内科部長等の訪韓の折は、お世話になり有難うございました。その際提案された「在韓原爆被害者渡日治療実施に関する合意書(案)」に対する厚生省の

意見は次のとおりですので、取急ぎご連絡致します。

1について

　　　先般選定した12名(うち2名については、貴国で実施する検査結果をまつて決定する)を渡日治療対象者とすることは差し支えない。

2―①について

　　　招請状を送ることは考えていない。

　　　渡日治療患者については、原爆二法(原爆被爆者の医療等に関する法律及び原爆被爆者に対する特別措置に関する法律)を適用することとし、両法律に基づき医療費及び特別手当等を支給するが、滞在中の経費についてこれら以外に日本政府は負担する考えはない。

2―②について

　　　貴保健社会部と厚生省との間で合意書を取り交し、受入れ体制が整い次第実施する。

2―③及び④について

　　　第二次渡日治療の実施時期等については、第一次渡日治療の実施状況を見ながら、適当な時期に協議したい。

3―①について

　　　渡日治療対象者は、予め指定する医療機関(広島原爆病院を考えている)に入院するものとし、渡日後の交通費等は、日本政府は負担しない。

3―②について

　　　差し支えない。

3―③について

　　　渡日被爆者の入院期間については、2月以内を原則とし、担当医師が治療上必要と認める場合には、厚生省の同意を得て延長することができることとする。ただし、この場合6月を限度とする。

3―④について

　　　在日韓国大使館に通報することとしたい。

3―⑤について

　　　渡日被爆者に対する帰国手続等は、在日韓国大使館が担当する。

3―⑥について

　　　差し支えない。

4―①について

　　　特に意見はない。

4―②及び③について

　　2―①について述べた意見のとおりである。

　以上ですが、滞在期間中の身元保証人については、在日韓国大使館が適当では
ないかと思いますので、ご検討下さい。

　貴台の御発展をお祈り申し上げます。

敬具

昭和55年3月7日

厚生省公衆衛生局企画課長

三井速雄

韓国保健社会部医政二課長

黄弘錫　殿

13-3. 별첨―당부의 재한원폭 피해자 도일치료실시에 관한 합의서(안)

(별첨3)

在韓原爆被害者渡日治療実施に関する合議書(案)

　大韓民国　保健社会部と　日本国厚生省は大韓民国内に居住する原爆被害者　救護
事業を推進するに当り　さしあたり　在韓原爆被害者　渡日治療を実施する為　次の如
く合議する。

記

1. 第一次渡日治療対象者は　別記名簿にある10名とす。
2. 渡日治療対象者は　保健社会部職員が　引率して指定された医療機関にて　日
　本国厚生省職員に引渡す。
3. 厚生省は　渡日治療対象者を　引き受け　即時　入院措置すると同時に　被爆者
　健康手帖を交付する。
4. 渡日治療者の入院期間は　2ヶ月を原則とするも　担当医師が必要だと　認定す
　る場合には　厚生省の同意を得て　6ヶ月間延長することが出来る。
5. 入院医療機関の長が　渡日治療者の退院決定を　しようとする時には　あらか

じめ　厚生省の許可を得ねばならないし、厚生省は退院決定事項(退院及び帰国日時)を退院10日前まで　駐日韓国大使館に通報する。

6. 渡日治療者に対する　帰国手続及び案内は　駐日韓国大使館が担当する。

7. 渡日彼爆者を治療した　医療機関の長は　その診療記録と退院後の診療指針所見書を　当該患者　又は　韓国政府に交付する。

8. 疲日治療に所要する経費は　両国政府が　次の如く分担する。

(1)大韓民国政府は渡日治療患者の往復旅費を負担する。

(2)日本国政府は　渡日治療者の　入院治療期間中の病院治療費と　原爆2法(原爆被爆者の医療等に関する法律　及び　被害者に対する特別措置に関する法律)に定た　健康管理手当　並びに　特別手当を支給する。

9. 渡日治療者に対する滞日中の身元保証は　駐日韓国大使館が　これを担当する。

10. 日本厚生省は　本合議書交換と同時　第一項の渡日治療対象者に対する　渡日日程　入院医療機関等を明記した招請公翰を　保健社会部に　送付し　保健社会部は　同公翰に基づいて　渡日措置を取ることとする。

11. 2次度日治療事業は　第一次渡日治療事業の実施経過を見て協議するが　出来るたけ早く協議することを約束する。

添付：1次渡日治療対象者名簿　　　1部　　終

1980年　　月　　日

大韓民国保健社会部　医政局長　張慶植

日本国厚生省公衆衛生局長

13-4. 별첨. 후생성의 재한원폭 피해자 도일치료실시에 관한 합의서 수정안 및 서한사본

(별첨4)

拝啓　風薫る五月貴殿には愈々御清勝のこととお慶び申し上げます。さて、1980年4月22日付でお送り頂きました合意書(案)につきましては、早速検討致しましたが、同入案のとおり若干の文句の修正をさせて頂きました。修正後の案につきまして、貴殿の書翰にありましたように、在日韓国大使館　李在春政務課長にお持ちしたと

ころ、未だ本国からこの件について指示が届いていないので、早速に本国に照会したいとの御返事でした。従つて、今後の取り運びについては、李 在春政課長からの連絡を待つて進める予定ですが、念のため同案の写を貴殿にお送り申し上げます。よろしくお取り計い願います。最後に、貴殿の一層の御発展をお祈り申し上げます。

敬具

1980年5月15日

厚生省公衆衛生局企画課長
三井速雄

保健社会部医政局医政二課長
黄弘錫　殿[4]

14. 외무부 공문(착신전보)–재일 한국인 피폭자(언론보도)

외무부
번호 JAW-08135
일시 061155
수신시간 80.08.06. 14:28
발신 주일대사
수신 장관
제목 재일 한국인 피폭자(언론보도)

　　1. 80.8.6. 아사히신문은 조선인 피해실태를 자신의 손으로 밝히고 일본의 국가보상을 요구하기 위하여 히로시마 나가사끼 야마구찌현의 피폭자 약 70명이 8.5. 히로시마 시내에서 처음으로 재일조선인 피폭자 전국집회를 개최하고서 재일조선인 피폭자연락협의회를 결성하였다고 3면 2단 보도함

　　2. 동 집회에서는 또한 히로시마 시로부터 건립을 거부 당하고있는 조선인 원폭피폭자 위령비를 내년 8월까지 실현할수있도록 운동을 추진할것을 결정하고 한국으로부터 핵병기 철거 김대중의 즉시석방 재일조선인 피폭자에 대한 차

---

4) 이하(합의서(안)) 생략

별없는 일본의 처우를 요구하는 결의문을 채택하였음
(일정-아일)

15. 각서 교환 형식에 따른 문제점

각서 교환 형식에 따른 문제점

1) 합의내용이 원폭 피해자 구호에 관한 한·일간 양해사항 전반에 관한 것이 아님.
   (* 한·일간 의사 교환, 병원건립등)
2) 각서교환하는 경우 상당한 기간이 걸릴것임.
   - 후생성, 자민당측 독촉
   - 보사부 금년 예산(도일환자 여비 1,300만원) 불용 가능성
   ※ 결과: 일본담당관과 조약국장면담 설득하여 조약국장 협조Sign 받고 80.8.8 아일700-17780으로 합의서 주일대사에게 송부. (각서교환형식은 택하지 않게됨)

16. 주일대사관 공문-원폭 자료전

주일대사관
번호 일본(영)725-5137
일시 1980.9.30.
발신 주일대사
수신 장관
참조 영사교민국장, 아주국장
제목 원폭 자료전

　　1. 당지 "핵병기 금지 평화건설 국민회의"의 "이찌끼 가즈끼" 사무국장(현 전일본 노동총동맹 정치국장)은 80.9.30. 당관을 방문, 별첨과 같이 오는

11.10.-19.간 부산에서 원폭 자료전을 갖게 되었으며 이와 동시에 피폭자 구원을 위한 사절단 및 의사단을 파견케 되었다고 설명하면서 협조를 요청하여 왔읍니다.

2. 동 국장은 또한 금번 전시회가 한국에서 개최된다는데 대하여 일본 언론계에서 지대한 관심을 갖고 있는바 공동통신등에서 동전시회 취재를 위해 기자 파견을 희망하고 있다고 설명하면서 이에 대하여도 아울러 협조하여 줄것을 요청하여 왔읍니다.

3. 상기와 관련 지시사항이 있으면 지시하여 주시기 바랍니다.
첨부: 원폭 자료전 안내서 1부. 끝.[5]

주일대사

17. 보건사회부 공문-재한원폭피해자 도일치료실시에 관한 합의서 송부

보건사회부
번호 의이1424-13389
일시 1980.10.8.
발신 보건사회부장관
수신 외무부장관
참조 일본담당관
제목 재한원폭피해자 도일치료실시에 관한 합의서 송부

1. 번호 일본(정)700-5078('80.9.29)의 관련입니다.
2. 재한원폭 피해자 도일치료실시에 관한 합의서 합의일자 기록 및 날인을 하여 별첨과 같이 송부합니다.
3. 동 합의서에 의한 환자도일시기를 11월중순으로 하는데 대하여 찬동하고 도일에 필요한 여권발급신청등을 추진하고자 하니, 협조하여 주시기 바랍니다.
첨부: 합의서2통.[6] 끝.

보건사회부장관

---

5) 원폭 자료전 안내서 생략
6) 합의서 원본 생략(18 문서에 수록)

18. 기안-원폭환자 도일치료 합의서 송부

분류기호 문서번호 아일700-
시행일자 1980.10.10.
기안책임자 김상근, 일본담당관실
협조 조약국장, 영사교민국장
경유수신참조 주일대사
제목 원폭환자 도일치료 합의서 송부

　　　대: 번호 일본(정)700-5078
　1. '80.8.29 일본측 서명이 끝난 대호 합의서상에 아측절차(보건사회부 의정국장
　　　서명날인, 일자기록)를 마치었으므로, 일측 보관용 합의서 원본 2부를 별첨
　　　송부합니다.
　2. 귀관은 동 합의서 10항에 따라 후생성측 공한(도일일정, 입원 의료기관 명시)
　　　이 조속 아측에 송부되도록 후생성에 요청하여 주시기 바랍니다.
　3. 도일치료 대상환자 10명은 11월중순 도일을 목표로 출국준비중임을 첨언합
　　　니다.
　　　첨부: 동 합의서2부. 끝.

18-1. 첨부-합의서

　　　　재한 원폭 피해자 도일 치료 실시에 관한 합의서

　　　　재한 원폭 피해자 도일 치료 실시에 관한 합의서

　　대한민국 보건 사회부와 일본국 후생성은 대한민국내에 거주하는 원폭 피폭자에
대하여 우선 시험적으로 실시하는 도일 치료 실시를 위하여 다음과 같이 합의한다.

　　　　　　　　　－다음－
　1. 도일 치료 대상자는 별첨 명부에 있는 10명으로 한다.
　2. 도일 치료 대상자는 후생성이 미리 지정한 의료기관에 입원하는 것으로 한다.

3. 도일 치료 대상자에 대하여는 원자폭탄 피폭자의 의료 등에 관한 법율(소화 32년, 법률 제41호)에 의거하여 도일 후 즉시 피폭자 건강 수첩을 교부 한다.

4 . 도일 치료자의 입원 기간은 2 개월 이내를 원칙으로 하되 담당 의사가 치료상 필요 하다고 인정하는 경우에는 후생성의 동의를 얻어 연장할수 있다. 단, 입원 기간은 최장 6개월간으로 한다.

5. 입원 의료 기관의 장이 도일 치료 자의 퇴원 결정을 하려고 할때는 미리 후생 성의 허가를 득하여야 하며, 후생성은 퇴원 결정 사항(퇴원 및 귀국 일시)을 퇴원 10일전 까지 주일 한국 대사관에 통보 한다.

6. 도일 치료자에 대한 귀국 수속 및 안내는 주일 한국대사관이 담당한다.

7. 도일 치료자를 치료한 의료 기관의 장은, 그 진찰기록과 퇴원후의 진료지침소 견서를 해당 환자, 또는 한국 정부에 교부한다.

8. 도일 치료에 소요되는 경비는 양국 정부가 다음과 같이 분담한다.
   (1) 대한민국 정부는 도일 치료 환자의 왕복 여비를 부담한다.
   (2) 일본국 정부는 원자폭탄 피폭자의 의료등에 관한 법률 및 원자 폭탄 피폭 자에 대한 특별 조치에 관한 법률(소화43년, 법률 제53호)의 규정에 의하 여 도일 치료자의 입원 치료 기간중의 의료급부 및 건강 관리 수당, 특별 수당등 각종 수당을 지급한다.

9. 도일 치료자에 대한 체일중의 신원 보증은 주일 한국대사관이 이를 담당한다.

10. 후생성 및 보건 사회부간에 본 합의서를 교환하고, 후생성은 조속히 도일 일정과 입원 의료 기관등을 명시한 공한을 보건 사회부에 송부하고, 보건 사회부는 등 공한에 의하여 도일 조치를 취하기로 한다.

11. 금후의 도일치료에 대하여는 금회의 도일 치료 실시 경과를 보면서 조속히 협의하고, 이를 추진 하는대 노력할 것을 약속 한다.

첨부: 도일 치료 대상자 명부 1부.

1980년 10월8일

대한민국
보건사회부의정국

일본국
후생성공중위생국

국장 장경식

국장 오오따니 후지오

(이하 생략-도일치료 대상자 명부, 합의서(일문))

19. 기안—원폭 자료전 개최

분류기호 문서번호 교일725-
시행일자 80.10.11.
기안책임자 김홍락, 교민1과
경유수신참조 보건사회부장관, 문화공보부장관
제목 원폭 자료전 개최

　　1. 주일대사 보고에 의하면, 일본 "핵병기 금지 평화건설 국민회의"의 "이찌끼 가즈끼" 사무국장(현 전일본 노동총동맹 정치국장)은 별첨과 같이 11.10-19간 부산에서 원폭자료전을 갖게 되었으며 이와 동시에 피폭자 구원을 위한 사절단 및 의사단을 파견케 되었다고 설명하면서 협조를 요청하여 왔다고 합니다.
　　2. 동 국장은 또한 금번 전시회가 한국에서 개최된다는데 대하여 일본 언론계에서 지대한 관심을 갖고 있다는 바, 공동통신 등에서 동 전시회 취재를 위한 기자 파견을 희망하고 있다고 설명하면서 이에 대하여도 아울러 협조하여 줄것을 요청하여 왔다고 합니다.
　　3. 동 원폭자료전 지원과 관련, 귀부의 의견을 문의하오니 조속 회시하여 주시기 바랍니다.

　　　　　　　　　　　　　　　　　　도광부 보도과 신대균氏
　　　　　　　　　　　　　　　　　　보사부 외정2과 주창림氏
　　첨부: 원폭 자료전 안내서 1부. 끝.

20. 주일대사관 공문—원폭 자료전

주일대사관
번호 일본(영)725-5137
일시 1980.9.30.
발신 주일대사
수신 장관
참조 영사교민국장, 아주국장
제목 원폭 자료전

1. 당지 "핵병기 금지 평화건설 국민회의"의 "이찌끼 가즈끼" 사무국장(현 전일본 노동총동맹 정치국장)은 80.9.30. 당관을 방문, 별첨과 같이 오는 11.10-19.간 부산에서 원폭 자료전을 갖게 되었으며 이와 동시에 피폭자 구원을 위한 사절단 및 의사단을 파견케 되었다고 설명하면서 협조를 요청하여 왔읍니다.

2. 동 국장은 또한 금번 전시회가 한국에서 개최된다는데 대하여 일본 언론계에서 지대한 관심을 갖고 있는바 공동통신등에서 동전시회 취재를 위해 기자 파견을 희망하고 있다고 설명하면서 이에 대하여도 아울러 협조하여 줄것을 요청하여 왔읍니다.

3. 상기와 관련 지시사항이 있으면 지시하여 주시기 바랍니다.

첨부: 원폭 자료전 안내서 1부[7]. 끝.

주일대사

21. 보건사회부 공문—원폭 자료전 개최

보건사회부
번호 의이1424-14321
일시 1980.10.25.
발신 보건사회부장관
수신 외무부장관
제목 원폭자료전 개최

    1. 관련
       가. 교일725-40444('80.10.11)
       나. 의이1424-13922('80.10.16)
  2. 원폭자료전 개최와 관련한 일본민간사절단(使節困) 및 의사단(医師用)의 방한에 대하여는 그목적과 활동내용등이 명시되어 있지않아 당부로서는 구체적인 의견을 회시할 수 없습니다.

---

7) 원폭 자료전 안내서 생략

3. 다만 위 사절단 및 의사단의 방한이 순수한 의료봉사를 위한것이라면 그 범위내에서 활동을 허용하여도 무방할것으로 사료되나, 재한 원폭피해자실태와 구호현황등을 왜곡하거나 과장하여 보도하는 일이 없도록 조치하는 것이 바람직한 것으로 사료됩니다. 끝.

보건사회부 장관

22. 기안-원폭 피해자 구호

분류기호 문서번호 아일700-
시행일자 1980.10.24.
기안책임자 김상근, 일본담당관실
경유수신참조 주일대사
제목 원폭 피해자 구호

대: JAW-02013('80.2.1)
JAW-08333('80.8.12)

1. 제1차 도일치료 원폭환자 10명이 11.17 출국예정이며, 본부는 이와함께 그동안 한·일간에 협의가 계속되어온 기타 원폭피해자 구호사업도 적극 추진하여 결실을 맺고자 합니다.

2. 이에 본부는 한·일간 원폭전문의 교환사업중 아국의사 도일연수 사업만이라도 조속 추진하여줄 것을 보사부에 요청하였던 바, 보사부측은 아래와 같은 기본 전제조건이 해결되면 동 사업을 추진하고자 한다고 하면서 일본측과의 교섭을 통한 해결을 요청하여 왔습니다.

－아래－

가. 한국의사 도일 연수시 대우
   특부분야 연수란 점과 중견의사가 연수생으로 파견될 것이라는 점을 감안, 1인당 월간 $1,500.－ 이상의 체재비가 지급되어야 하고, 연구활동비를 별도 실비 지급하여야 함.

나. 일본전문의 파한 진료
   피폭자 진료문제의 근본적 해결을 위해서는 원폭병원 건립이 필요하며,

이것이 불가하다면 전문의 파한시 원폭 환자 전문 진료용 장비만이라도 제한없이 지원되어야함.

3. 상기를 참고, 귀관은 아래 지침에 따라 일본측과 교섭하고 결과를 보고하여 주시기 바랍니다.

　가. 도일의사 대우

　　대호에 의하면, 도일의사에 대한 일측 지급 경비는 월간 체재비가 $1,005.—, 6개월간 연구활동비가 $351.—에 불과한바, 아국 중견의사의 월평균수입(약 200만원)등을 감안하여 볼때 이러한 대우로는 의사파견이 극히 곤란한바, 일본 중견의사의 대우에는 못미치더라도 최소한 월간 $1,500.—의 체재비와 그 외 충분한 실비 연구활동비가 지급되어야할 것임.

　나. 일본 전문의 파한 진료

　　일측은 일본의사 파한시 50만엥 정도의 기자재밖에 휴대하지 못할것이라 하나, 치료의 실효를 거두기 위하여는 국내병원이 갖고 있지 않은 원폭관계 전문진료장비라면 그 가격에 제한이 없이 휴대, 반입되어야할 것임.

23. 전언통신문—원폭환자 도일 관련보도

전언통신문
번호 아일700-43600
일시 1980.10.30.
발신 외무부장관
수신 보건사회부장관
제목 원폭환자 도일 관련보도

1. 의이1424-822와 관련입니다.
2. 원폭환자 도일에 관한 아측 언론보도문제와 관련, 발표는 귀부에서 환자도일이 임박한 시기에 행함이 좋을 것으로 사료됩니다.
3. 다만 발표내용은 기대감을 크게하여 국민을 오도하는 일이 없도록 사실에 근거해야할 것이며, 특히 원폭병원 건립문제는 일측이 협력을 거부하고 있는 것이 현실이므로 발표문 중에는 다음과 같은 내용이 포함되는것이 좋을 것으

로 사료됨.

—다음—

가. 재한 원폭피해자 구호를 위하여 그동안 한·일간에 원폭 환자 도일치료, 아국의사 도일연수, 일본의사 파한진료, 원폭병원 건립등의 사업이 협의되어 왔음.

나. 상기 사업중 우선 실시용이한 사업인 중환자 도일치료사업이 금번에 실현되게된것임.

다. 아국의사 도일 연수 및 일본의사 파한 진료 사업에 관하여는 한·일간 교섭이 진행중임.

라. 일본측은 원폭병원 건립에는 협력할 수 없음을 밝히고 있음. 그러나 아측은 동 사업도 실현되도록 한·일간 협의를 계속해나갈 방침임. 끝.

송화자: 일본담당관실 김상근 사무관
수화자: 의정2과 안상우
일시: 1980.11.1. 12:15

② 한국인 원폭피해자 구호, 1981

○ ○ ○

기능명칭: 한국인 원폭피해자 구호, 1981

분류번호: 722.6JA, 1981

등록번호: 17687

생산과: 동북아1과

생산연도: 1981

1. 외무부 공문(착신전보)-원폭확자 도일치료

외무부
번호 JAW-11468
일시 191117
수신시간 1980.11.19. 13:29
발신 주일대사
수신 장관
참조(사본) 주후꾸오까, 시모노세끼 총영사
제목 원폭환자 도일치료

　　대: WJA-10416
　　1. 대호 원폭환자10명은 80.11.18 오전 10시 히로시마 원폭 병원에서 원폭 수첩
을 발급받고 예정대로 입원 하였음.
　　2. 병원측은 곧 환자들의 병상에 따라 정밀 검사를 행하여 입원 필요기간을 결
정 아측에 통보 할것이라고함.
　　3. 입원중의 긴급연락사항이나 퇴원 수속은 히로시마 민단 지방본부를 통하여
당관에 연락토록 조치하였음.
　　(일정-아일)

2. 외무부 공문(착신전보)-원폭환자 도일치료

외무부
번호 JAW-01457
일시 231534
수신시간 81.1.23. 17:29
발신 주일대사
수신 장관
제목 원폭환자 도일치료

　　연: JAW-01377, 01335

후생성은 재한 원폭환자 도일치료실시에관한 합의서에따라 동성 공중위생국 기
도 기획과장명의 서한으로 연호 원폭환자의 퇴원예정자를 통보하여 왔는바 동
서한은 파편 송부위계임
(일정-아일)

3. 보건사회부 공문—원폭피해자 도일치료

보건사회부
번호 의이1424-964
일시 1981.1.22.
발신 보건사회부 장관
수신 외무부장관 일본담당관
제목 원폭피해자 도일치료

　　1. JAW-01335(191700)와 관련입니다.
　　2. 도일치료중인 원폭피해자10명중 6명을 1.31및 2.15에 각각 퇴원 귀국조
치코자 하는데 대하여, 당부로서는 의견이 없음을 회신 합니다.
　　3. 아울러 금번 경험에 따라서 금후의 원폭피해자 도일치료를 계속하여 실시
할 수 있도록 일측과 조속히 협의조치 하여 주시기 바랍니다.
　　　　　　　　　　　　　　　　　　　　　　　　　　　　　　　　　끝.

보건사회부 장관

4. 외무부 공문(착신전보)—원폭환자 도일 치료

외무부
번호 JAW-02059
일시 031813
수신시간 81.02.04. 0□:36

발신 주일대사
수신 장관
제목 원폭환자 도일치료

대: WJA-01274
당관 임성준 2등서기관은 81.2.3. 하오 후생국 고지마 과장보좌에게 연락 재
한 원폭환자의 제2차 도일치료가 실현되도록 요청하고 일측의 금년도 추진계획
을 문의하였던바 일측은 금번의 원폭환자의 도일치료는 시험적인 케이스였던
만큼 일본측으로서는 양국 정부의 관계당국간에 이에 관한 평가를 거쳐 앞으로
의 추진방향을 의논하는것이 좋을것으로 생각한다고 말하면서 통상국회가 끝나
는 5월하순경 한국측과 협의하겠다는 반응임을 보고함(일정 아일)

5. 협조문–재일 원폭 피해자 관련 답변 자료 요청

협조문
분류기호 및 문서번호 교일725-17
발신일자 81.4.28.
발신명의 영사교민국장
수신 아주국장
제목 재일 원폭 피해자 관련 답변 자료 요청

재일거류민단 중앙본부는 정부에 대한 건의·요청사항을 별첨과 같이 청원
하여 왔는 바, 동 요망사항중 원폭피해자 구제와 관련한 귀국 소관 답변자료를
조속 작성, 4·30한 제출하여 주시기 바랍니다.
첨부: 민단 중앙본부 건의서1부. 끝.

5-1. 첨부–민단 중앙본부 건의서

政府에 대한 請願

및 建議, 要望事項

在日本大韓民国居留民団中央本部

머리말

第5共和国의 알찬 出帆과 발맞추어 在日居留民団은 지난 3月, 第39期 第31回 定期中央委員会를 開催하고 새憲法에 在外国民保護条項이 新設됨에 따르는 새로운 時点에 서서, 祖国과 함께 새時代 새歷史 創造를 위한 힘찬 前進을 다짐하였으며, 앞으로 本団이 組織的使命을 다할수 있도록 다음 事項에 関하여 政府에 請願 및 建議, 要望키로 決議하였으므로 本 在日居留民団은 中央委員会의 決議에 따라 다음과 같이 仰請하오니 善処하여 주시기 바라나이다.

1. 請願事項
    가. 国政参与에 関하여

在日韓国人은 그 어느나라에 居住하는 海外同胞와는 달리 在日国民으로서 確固한 意識과 矜持를 지니고, 우리 政府가 樹立되기 前부터 치열한 反共斗争속에서 꾸준히 祖國 大韓民国과 運命을 같이 해왔으며 本 居留民団은 在日同胞의 唯一한 指導団体로서 또는 各界各層을 網羅 한 包括団体로서 在日同胞指導에 힘써 왔읍니다. 앞으로 本団은 새 憲法에 在外國民保護条項이 新設되었음에 따라, 떳떳한 나라의 保護아래, 政府와 表裏一体가 되어 国益과 自体의 繁栄을 위하여 한층더 힘 써 가야 하겠읍 니다.

35年間에 절친 反共斗争의 経緯와 国威宣揚에 이바지 해온 적지않은 実績을 参酌하시어, 70万在留同胞의 権益 을 確保해가기 위한 意思를 代弁하고 祖国에 反映할수 있게끔, 国政参与의 길을 마련해 주시기를 在留同胞의総 意를 담아 請願합니다.

    나. 在日青年学生収監者赦免에 関하여

在日同胞青年学生収監者에 대하여, 이들 収監者들은 지금 真心으로 悔改하고 있으며, 그들의 家族들이 本国 및 本団에 대하여 忠誠을 다할것을 再다짐하고 있으므로 그 들의 将来와 在日家族의 衷情에 配慮해주시며 1979年度収監者中 10名이 特別赦免되고 1名이 減刑되었는바, 本団組織의 朝総連傘下同胞를 包摂해가는 事業과 日本言論界에 미치고 있는 影響이 컸었음에 勘案해 주시어 早速한 特赦措置가 있으시기를 再三請願합니다.

2. 建議事項

　가. 朝総連은 오래前부터 対馬島 및 沖縄를 赤化工作의 前線基地로 策定하고, 유달리 注力하고 있읍니다.

　　그들의 凶計를 崩鎖하기 爲하여 該当特殊地区에 그들에 못지않은 会館을 建立하고, 그곳에 要員이 常駐할수 있게, 措置해 주시기 建議하오며 会館建立에 際하여, 土地購入은 本団이 負担하되, 建築費를 政府에서 負担해주시도록 仰望합니다.

　나. 本居留民団이 現今과 같은 組織体로 成長되어온 것은 나라의 커다란 뒷받침과 아울러 아무런 保障도, 報酬도 없이, 다만 愛國愛族의 一念에서 青春을 바쳐, 朝総連과의 熾烈한 斗争으로 国家의 威信과 組織을 지켜온 本団草創期의 組織功労者들에 힘입었음을 否認할수 없읍니다.

　　이제, 이러한 本団功労者들을 国公営企業体 및 機関에 参与시켜서 그老后를 살펴 保障해주는 措置가 있기를 渴望하며, 玆에 建議합니다.

　다. '81 神戸포―트퍼어 博覧会参観団招請事業은, 韓美項上会談 및 韓日関係의 修復 等의 外交成果와 第5共和国의 出帆에 즈음한 内外同胞의 志気高揚이 原因하여, 招請希望이 所定한 招請目標数를 훨씬 능가하고 있으므로, 이事業의 推進目的과 趣旨에 비추어, 成功裡에 成就될수 있도록, 配慮해 주시기 仰望합니다.

3. 要望事項

　가. 日本沿岸에서, 韓国籍船舶이 遭難했을 때에 이를 救助하기 為한 居留民의 負担이 크므로, 政府当局의. 強力한 救済対策이 要望됩니다.

　나. 日本에서 治療를 받고있는 原爆被爆者에 대한 支援은 本団만으로서는 未尽하기 때문에 政府의 保障措置가 要望됩니다.

6. 협조문—재일국민 피폭자 치료지원문제

협조문
분류기호 및 문서번호 아일700-94
발신일자 1981.4.30.
발신명의 아주국장
수신 영사교민국장

제목 재일국민 피폭자 치료지원문제

　　대: 교일 725-117

　　대호 원폭피해자 구호와 관련한 당국 소관 답변자료를 별첨 송부 합니다.

　　첨부: 상기 자료1부. 끝.

6-1. 첨부-답변 자료

재일국민 피폭자 치료 지원문제

- 약 3만명으로 추정되는한국인 원폭 피해자중 재일한국인 피폭자(약7천명)는
  일본 국내법에 의하여 일본인 피폭자와 동일한 구호를 받고 있는 것으로 알
  고 있는바, 정부로서는 재일 국민의 권익보호 문제의 일환으로서 일본정부와
  협의해 나가고자 함.
- 재일국민 피폭자 치료를 위한 민단에 대한 정부의 예산 지원 문제는 국내에
  있는 피폭자 구호 현황과의 균형등을 고려 점차 검토해 나가도록 할것임.

7. 외무부 공문(착신전보)-아국인 원폭피해자 보고

외무부

번호 FUW-0607

일시 151535

수신시간 81.6.15. 14:04

발신 주후쿠오카 총영사

수신 장관

참조(사본) 주일대사

제목 아국인 원폭피해자 보고

　　1. 6.12일 나가사끼 시청은 원폭 피해자 보고서를 최초로 작성 발표 하였는바,

동 보고서에 의하면 아국인 피해자수는 다음과같음.

    가. 당시 나가사끼현내 거주 아국인 59,573명(시내 거주자수불명)

    나. 추정 피폭자 12,000-13,000명(이중 1,400-2,000명 사망)

    다. 확인된 피폭자수 2,261명(이중 347명사망)

2. 나가사끼 시에서 외국인 피폭자에게 교부한 피폭자 건강수첩은 금년 5월말 현재 178건이라함.

3. 관계자료는 파편 송부하겠음(교일,아일)

8. 보건사회부 공문—원폭피해자 도일치료 실시에 따른 협조의뢰

보건사회부
번호 의이1425-9089
일시 1981.6.20.
발신 보건사회부장관
수신 외무부장관
참조 아주국장
제목 원폭피해자 도일치료 실시에 따른 협조의뢰

    1. "재활원폭피해자 도일치료 실시에 관한 합의서(80.10.8)와 관련입니다.

    2. 원폭피해자에 대한 1차 도일치료사업은 귀부의 적극적인 협조에 힘입어 예정대로 시행되었읍니다.

    3. 당부에서는 본사업의 필요성을 감안하여 81년도에도 이를 계속 추진코자 일본측과 실무사항을 협의코자 하오니 조속한 시일내에 본 협의가 이루어질수 있도록 조치하여 주시기 바랍니다.

        가. 실무협의사항

            ○ 도일치료대상자 선발문제

            ○ 도일치료 대상자수

            ○ 도일치료절차

            ○ 기타 도일치료에 따른 시기, 조건 및 한국의사 도일연수 문제

첨부: 원폭피해자 도일치료실시에 관한 합의서(사본) 1부.[1] 끝.

---

1) 합의서 생략

보건사회부장관

9. 주후쿠오카총영사관 공문—아국인 원폭 피해자 관계자료 송부

주후쿠오카총영사관
번호 후쿠오카 제1094호
일시 1981.6.25.
발신 주후쿠오카 총영사
수신 장관.
참조 영사교민국장.
제목 아국인 원폭 피해자 관계자료 송부.

　　연: FUW-0607(81.6.15).
　　연호, 나가사끼 시청은 아국인 원폭 피해자 보고서를 최초로 작성 발표하였
는바, 동 관계 기사를 별첨과 같이 송부 합니다.
　　첨부: 아국인 원폭 피해자에 대한 관계 자료 1부. 끝.

주후쿠오카총영사

9-1. 첨부—아국인 원폭 피해자에 대한 관계 자료[2]

　　朝鮮人の被爆

　　昭和16年(1941)の太平洋開戦時は、240万人とふくれあがつた軍隊は、昭和
19年2月末には398万人になっていた。この数字は男子総人口の10%、男子労働
人口の17%に相当した。さらに昭和20年8月には719万人の大量な人力を非生産
的な軍事力に投入したのであるから、生産労働力の確保と補充が深刻な問題と
なつた。朝鮮人労働者も労働力確保の供給源として重要性を増していつた。こ

---

　2) 초두에 있는 '西日本新聞(1981.6.13) 朝鮮人被爆実態明らかに__長崎が初報告書'와 '西日本新聞
(1981.6.14) 朝鮮人被爆者掘り起こせ'는 지면 관계상 생략하였다.

のため大量の朝鮮人が日本の炭鉱や生産工場へと送りこまれていつた。

　[表1]は韓国併合条約公布以降の在日朝鮮人人口の推移を示したものである。それによると、在日朝鮮人人口は戦時中急増し、第二世界大戦末には全国で約236万に膨張している。

　昭和19年末の長崎県下の朝鮮人は59、573人である。昭和20年における全国在日朝鮮人の前年比増加率(22%)から試算すると、原爆投下時には、長崎県下に約70、000人の朝鮮人が居住していたのではなからうか。

　しかし、これらの在住朝鮮人のうち長崎市内の居住者数については公的資料が乏しく、また昭和15年朝鮮人の氏名を日本名に改める「創氏改名」の実施もあつて、いつたい原爆投下時長崎の被爆地域内に何人が居住し、何人が死亡したか、その把握はきわめて困難である。

　[表1]在日朝鮮人人口の推移

年別	全国	増加数	長崎県
1911(明治44年)	2,527人	2,298 人	
15(大正4年)	3,989	1,462	
20(9)	30,175	26,186	
23(12)	80,617	50,442	
24(13)	120,238	39,621	
30(昭和5年)	298,091	177,853	
31(6)	318,212	20,121	
35(10)	625,678	307,466	7,229
38(13)	799,865	174,187	8,852
39(14)	961,591	161,726	11,343
40(15)	1,190444	228,853	18144
41(16)	1,469,230	278,786	22,408
42(17)	1,625,054	155,824	34,515
43(18)	1,882,456	257,402	?
44(19)	1,936,843	54,387	59,573
45(20)	2,365,263	438,420	?
1945. 12月	980,635		?
46(21)	647,006		
47(22)	598,507		

(内務省警保局資料)

[表2]、[表3]、[表4]は、それぞれ韓国原爆被爆者援護協会、長崎統合科学大学鎌田定夫教授、長崎市ルーテル教会岡正治牧師が発表したものである。

[表2]

地名	総被害者教	死亡者数	帰国者数	日本残留者数
長崎	20,000人	10,000人	8,000人	2,000人

[表3]

地名	総被害者教	死亡者数	帰国者数	日本残留者数
長崎	10,000~14,000人	3,000~4,000人	8,000人	2,000人

[表4]

地名	総被害者教	死亡者数
長崎		

当時、長崎に入つてくる朝鮮人は、軍需工場であつた三菱造船所、三菱兵器製作所、三菱製鋼所、川南工業株式会社の自由労務者、微用工として動員されたのがおもなものであつた。

別紙朝鮮人被爆者一覧表は、公的資料、刊行物、証言等から抽出したもので2,261人が確認される。

以下、長崎市および近楼町村に存在したおもな飯場、宿舎と人員について推定をしてみよう。

① 三菱造船所関係

　　徴用工として木鉢寮に2、400~2、500人福田寮に1、150~1、250人が収容され、西泊地区には3棟の飯場があり、200人の朝鮮人が岩永、山本、豊田という朝鮮人の飯場頭のもとで土木工事に従事していた。

　　きた福田小浦地区には、海岸埋立工事の土工として大倉組(現大成建設株式会社)のもと1,000人(自由労務者700人、募集による者300人)の労務者が便役されていた。

② 三菱兵器製作所、三菱製鋼所関係

　　爆心地以北には6か所の飯場があり、いづれも三菱兵器製作所の施設の拡充、工場疎開のための土木工事に3、000人の朝鮮人が就労していた

　　また大橋の北側に三菱製鋼所金剛寮があり、当初100人程度が収容されていたが、原爆投下時には50人に減少していた。

③ 川南工業株式会社

市の南部の大字竿の浦(現在の末石町)には霧島寮という444人(当初496人)を收容した朝鮮人宿舎があり、神の島・小瀬戸地区には、上村、神山、島山、西尾、田中、荒井その他10以上の飯場があり、2、000人の朝鮮人労務者が紙の島と小瀬戸の間の海面埋立工事に従事していた。

④　昭和町地区関係
　　この地区には、西浦上水源池えん堤築造工事のため、60人の朝鮮人が居住していた。

⑤　その他
　　朝鮮人登録索引法(昭和22年9月調査、長崎市市民課保管)によれば、1,036人が登録されている。これは早期寄留者が大部分とみてよいのではなからうか。
　　また長崎刑務所浦上刑務支所で爆死した15人、誠孝院遺骨接収名簿に記載された154の死亡者が確認されている。
　　さらに前述のほか、別紙朝鮮人被爆者一覧表によれは、爆心地以南に191人の市内居住者が確認される
　　証言の一つに朝鮮人女子学生300人が一瞬にして爆死したとあるが、300人という多数の人を收容する施設の存在を現在まで確認することができず信ひよう性が薄いと考えられる。
　以上に三菱兵器製作所関係の家族、外国人としての未登録者等を推定し加算すれば、原爆投下時長崎市およびその周辺町村には12、000～13、000人がいたといえよう。

　次にその死亡者数を推測すれば次のとおりである。
①　長崎市およびその周辺町村にある飯場、宿舎のうち、最も被害の大きかつたのは、その分布状況からみて、爆心地から以北に散在していた三菱兵器製作所関係の飯場である。
　　長崎市原爆被災復元調査事業報告書による0.5～2.5kmの範囲内の死亡率(昭和20年12月末)37%に、爆心地から以北の居住者数3、500人と假定すれば死亡者数は約1、300人となろ。
　　これに公的資料、刊行物並びに証言等で死亡が確認される者102人(金剛寮40人、長崎刑務□所浦上刑務支所15人、福田小浦地区9人)を加えると最低1、400人の朝鮮人が死亡したものとみられる。
②　また、別紙朝鮮人被爆者一覧表を基礎に次の方法で試算してみよう。

[基礎数]

イ．2,261人…………一覧表合計人員

ロ．　347人…………　〃　死亡者数

＝12,000～13,000人…………居住者総人員

[算式]

13000人×347人/2,261人(死亡率0．153)＝1,989人≒2,000人

以上を総括すれば長崎における朝鮮人被爆者は、約12,000～13,000人で死亡者数は約1、400～2、000人と推定される。

別表1　朝鮮人に関する証言一見表

番号	所在地	証言者 文献名	証言内容	人員
1	木鉢寮	姜性一	造船所の裏手には木鉢熱と呼ばれる収容施設があり、平壌付近の北朝鮮の連行者約3,000人～4,000人がいた。 昭和49年4月21日付毎日新聞より	2400～ 2,500人
		朴玟奎	三菱徴用工3,000余人は木鉢寮に収容サレていた。 「長崎の証言」第10集より	
		金丸平歳	昭和19年10月29日間崎副所長と吉岡勤労部長に呼ばれて木鉢寮長に命ぜられて11月1日赴任しました。ここは朝鮮出身者ばかり集めた寮です。2,400人からの寮生でした。 寮生は真面目なものも多かつたが、馴れない異郷の土地にきて生活、収監、教育の差もあり、何れも22・23才の若者のこととて逃亡、窃盗、賭博を平気でやる者もいた。殊に逃亡者が毎日のように出るのに手を焼いた。20年7月26日寮生松山□錠大波止爆死、20年7月29日寮生1名負傷、1名行方不明 「□堤前後」第2・3巻より	
		池田半治	当時私は労務次長の職にありました。 前年8月(昭和19年)に朝鮮から集めた労務者約2,500人の徴用期限が1か年ということでそのときちようと満期になります。 しかし一方戦局は益々苛烈を極め到底期	

		限どおり帰鮮させる状況ではありません。厚生省、県当局、半島人連盟など各方面の協力を得てなんとかもう1年延期の工作をしていましたが、仲々容易に彼等は納得せず不穏な空気がみなぎり、ひと騒ぎ起りそうな気配でした。 「原県前後」芽1巻より	
	田口近三郎	本鉢寮食堂賄をやっていた。木鉢寮は従業員社宅2棟、朝鮮人宿舎8棟、食堂1旨、ボイラー室等からなり、周囲は木の柵で囲人であった。職員は各棟に舎監1名、指導員(日本語がわからないので通訳を兼ねる)1名～2名、食堂賄方に男10名、女10名であつた。	
2	福田寮	満賀睦夫	「三菱造船史」続編によれば3,650人の朝鮮人が使役されていることが記載されている。前記木鉢寮の収容者数を差引くと、1,150～1,250人がどこかに収容されていたことになる。なお福田寮には81人(一部の班)の収容者名簿を有志家から人手しており、朝鮮人の居住は下記実である。ちなみに1,150～1,250人からの多人数を収容する施設を他にみないので、おそらく福田寮に収容されていたとみるべきではなからろか。	1,150～1,250人
3	西泊地区	金海鐘具	昭和17年微用を受け自分の村ては70人ばかりだつた。釜山、下関、長崎と運ばれ、三菱造船所太田尾工場で働らくようになつた。仲間は市内の飯場に散つていつた。飯場は2棟？あり、自分の部屋には15・6人いた。組によつて仕事場所、部屋も違つており、部屋同志の交流はあまりなかつた。一つの飯場は四部屋あり一部屋は組頭の裁族がいた。	1,200人
		原野ユリ	現在木下三郎氏が住んでいるところ一帯が朝鮮人飯場で河川に沿つた一角に2・3棟達つていたと思う。岩永、山本、豊田という親方(朝鮮人)がいて三菱造船所関係の土木工事、トンネル工事、旧西泊中学校庭の破壊工事に従事する。高財陳地の下段に2,3軒あり夫婦ものが住んでいた。	

			米軍撮影の航空写真によれば4棟がみられる	
4	福田小浦地区	飛松回松	福田小浦には30棟ぐらいの飯場があり、昭和18・19・20年の最盛期には約1,000人の朝鮮人がいた。700人は自由労務者で300人は❨❩といつて募集によつて日本に来た者である。飽の浦下工場、小浦地区埋立工事に従事していた。この朝鮮人労務者のうち120〜130人はには□町工場に行つていた。原爆により死亡したのは9人と記憶している。	1,000人 原爆死 9人
		出口文治	現在の長崎電業株式会社がある一帯に朝鮮人の飯場があつた。朝鮮人がたくさんいたという表現で、棟数、人員の概数等証言は得られなかつた。山手の崖をくづし埋立工事(海岸)に従事していた。	
5	大橋地区	柴ユミ	大橋町1番地電鉄寮の隣りに飯場があり、多数の朝鮮人が護国神社建設の造成工事、三菱兵器製作所の土木工事に従事していたらしいが、その人数を確認すろに至らなかつた。	個々の地域毎の人員は、はつきりした証言が、得られず不詳1974年日朝合同の九州地方朝鮮人強制連行真相調査団の実態調査結果の発表によれば三菱兵器製作所関係の朝鮮人労務者は3000人という。ほぼ間違いのないところではないだろうか3,000人
6	照円寺付近	深松惠蔵	照円寺の下、鉄道線路と三菱兵器製作所の間(現日産プリンス・親和銀行付近)に飯場があり三菱兵器製作所の土木工事に従事していた。人数は100人位だつた。	
7	西北郷地区	森田増右衛門	森山集落の鉄道の沿線近くに5・6棟の朝鮮人労務者の飯場があり、その数は30人くらいおつた。三菱兵器製作所のトンネル工場をくつさくするためである	
8	東北郷西側地区	被災地復元団	三菱兵器製作所トンネル工場西側には間組、西松組の飯場が数棟図示されているが、証言者が得られず人員不明	
9	東北郷東側地区	千今洛	原爆が落ちた頃、私は爆発地から2キロほど離れた住吉の飯場て働いていた。今の外語短大の付近で十軒ほどの部屋が2例になつて何十件かあつた。飯場といつても今でいえばブタ小屋みたいなもんで、ただ板ぶきの屋根があつて、ムシロやカマスを切り開いたのをぶらさけてそこに住	

			んでいた。一軒一飯場で30人ぐらい、それが何十軒か集つていた。	
10	三菱兵器製作所半地下工場地区	藤井兼松	昭和20年当時三菱兵器製作所の半地下工場建設を請負い、約200人の朝鮮人を使役していた。	
		尹 成相	当時妻と2人の子ども、弟を入れて5人、大橋というところに住んでいた。土木現場は半地下工場建設のためで286人いた。この工事を始めるために集められたという。家族4人は死亡した。	
11	金剛寮	橋本信夫	橋本氏は当時三菱製剛所勤労課の職員であつた。 朝鮮まで微用に行つて105～106人を連れてきた。途中て逃げられ、長崎に帰着後を逃げられて、原爆が投下されたときは50人位残つていただらうか 金剛寮の建物は同会社社史(□□)によれば 工員宿舎 73.5坪 3棟 食堂 63.7坪 1棟 便所 14.7坪 2棟 22年7月三菱製鋼所勤労課調によれば 朝鮮人微用工員ハ死亡不明ナルモ約4名死亡セルモノト推定サル との記録がある	50人 原爆死 40人
12	昭和町地区	米原益次郎	西浦上水源池は昭和16年9月起工し、昭和20年2月にダムの一部を残して完成を見た。その間朝鮮人を使役してトンネル工事(水道)をしていた。工事が盛んな頃は90人位の朝鮮人を使役していたが、20年8月頃には人夫は40人位であつた。原爆当時は鳴滝から片渕に通ずる水道管トンネルに直角に横穴防空壕をくつさくしており、原爆の被害は受けなかつた。 川□勇造氏宅の裏側には、吉田組、田中組の朝鮮人飯場3棟があり40～50人おり、西浦上水源池えん堤工事に従事していた。この工事は20年2月には一応完成しており、20年8日には20人位しかおらなかつた全員爆死ときいている。	60人 原爆死 20人

13	神ノ島・小瀬戸地区	黄応人	昭和18年9月郷里の青年たち200人を引率して、報国隊として再び日本に渡りました。わたくしたちの飯場は小瀬戸にありましたが、全隊員は4つの班に分散して入れられ宜寧省出身者は第3班に入れられていた。 わたくしは受け持ちのひと組の名簿を3通つくり、食糧営団と会社・組に提出した。問題はその人数だつた。わたくしは実際の人員116人に水増し、166人にした。 一般労務者30人その家族36人、報国隊員50人、それに逃亡者を含めて50人とした幽霊人夫が組の生活を助けてくれるはづだつた	多分に人員の水増しが行われた形跡があり、一つの飯場で300人は多いのではないかと思われる。 この地区の朝鮮人は2,000人とみるのが妥当ではなからうか 2,000人
		朴玫奎	小瀬戸と神ノ島の間を埋め立てろ川南の仕事に従事、そのころは上村組の配下で、小瀬戸のほか神ノ島にも飯場があり神山、島山、西尾、田中、中村、荒井その他10以上ありました。各飯場には組頭がいて200〜300人集つており、そのほかにもあちこちから人夫を連れてきた寄合世帯で、全部で2,000〜3,000人の朝鮮人が動員されていた。	
14	霧島寮	宮川美之	長崎市大字竿ノ浦1470番の5には、川南工業株式会社に徴用を受けた朝鮮人の宿舎霧島寮があつた。これは篤志家の寄贈による手帳によつて判明したもので、そうれによれば444人(徴用解除、軍役、死亡を除く)が収容されていた。	444人
	小計			10,404人
	朝鮮人被爆者一覧表			2,261人
	合計			12,665人

朝鮮人被爆者一覧表(公的資料、刊行物、証言等から抽出した被爆者)

	生存者	死亡者	合計
朝鮮人登録索引簿	1,036人	0人	1,036人
霧島寮	444	0	444
被爆健康手帖交付申請書	225	8	233
誠孝院遺骨接収名簿	0	154	154
川棚海軍病院志者名簿	15	0	15
大村国立病院患者退院日誌	13	3	16
川棚諫早分院退院名簿	10	3	13
福田寮	80	0	80
原爆弾被爆者実態調査票	8	2	10
被災世帯基礎調査票	25	12	37
戸籍受付名簿	19	80	99
屍体検視名簿	0	69	69
長崎刑務所浦上刑務支所	0	15	15
□羅山戦友会「戦友」	8	0	8
福田村引継書	7	0	7
図書「長崎の証言」	11	0	11
図書「アイ・ムルダルラ」	7	0	7
図書「ナガサキの被爆者」	1	1	2
中村医院カルテ	2	0	2
新聞報道	2	0	2
□村戦災者収容者名簿	1	0	1
合計	1914	347	2,261

死亡者数347人のうち爆心地以内に住居を有する者47人
「被爆者」とは現在の市行政区域の居住者をさす

10. 외무부 공문(착신전보)-한국 조선인의 피폭 백서(7.13. 마이니찌 보도)

외무부

번호 JAW-07303
일시 131821
수신시간 81.07.14. 10:10
발신 주일대사
수신 장관
제목 한국 조선인의 피폭 백서(7.13. 마이니찌 보도)

　　1. 히로시마의 학자 문화인들로 구성된 원폭문제 히로시마 종합 연구회(대표 쇼노나오미 여학원 대교수)는 상금 파악되지 않고 있는 한국 조선인의 피폭자의 실태에 관한 백서 작성을 결정 8월부터 편집작업에 착수함
　　현재까지의 자료 및 연구성과에 피폭자의 증언을 첨가 집대성 하려는것으로 내년 8월의 히로시마 원폭 기념일전에 완성시키려함
　　2. 한국 조선인은 히로시마에서 약 5만인이 피폭 약 3만명이 사망 나가사끼에서는 약 3만명이 피폭 1-2만명이 사망했다고함.
　　그러나 원폭에 의해 가족 파괴가 일어난후 전후 많은사람이 모국에 돌아갔으며 그후 남북분열등으로 실태는 전연알수 없고 일본에 살고있는 피폭자는 4-5천명이고 한국 거주하는자는 1만명 이상으로 생활 상태는 거의 모르고 있음
　　(일정 아일)

11. 외무부 공문(착신전보)–원폭환자 도일치료 및 의사파일

외무부
번호 JAW-07464
일시 211713
수신시간 81.07.21. 18:43
발신 주일대사
수신 장관
제목 원폭환자 도일치료 및 의사파일

　　대: 아일700-16060
　　1. 금 7.21. 오후 당관 조중표 서기관은 후생성 공중 위생국 기획과 나까니시

과장보좌를 방문 대호 일측의 추진계획 및 입장등에 관하여 타진한바를 아래보고함.

　　가. 일측은 금년의 경우도 제1차 원폭환자 도일치료시와 동일선상에서 추진코자하며 작년 수준 이상의 증원은 어려울것으로 생각된다함

　　나. 따라서 한국측이 동도일치료사업을 계속하고 싶다는 취지 및 도일인원 치료희망병원 (나가사끼 히로시마), 치료기간 조건등에대한 계략적인 입장을 문서로 일측에 요청하면 후생성은 이를 기초로 대장성및 외무성과 협의한후 양국간 실무협의를 거쳐 추진코자한다함.

　　2. 아국의사도일연수문제는 외무성측과 협의 추보위계임

　　(일정 아일)

12. 보건사회부 공문—원폭피해자 도일치료

보건사회부
번호 의이1425-12003
일시 1981.8.11.
발신 보건사회부 장관
수신 외무부장관
제목 원폭피해자도일치료

　　1. 아일700-30393(81.8.6)와 관련입니다.

　　2. 원폭피해자 구호를 위하여 다음과 같이 당부견해를 통보하니 도일치료사업이 계속 실시되도록 일측과 조속히 협의하여 주시기 바랍니다.

　　가. 도일인원: 가능하면 당초협의한 바대로 년간 50명씩을 5년간에 걸쳐 계속 실시할수있도록 협의를 추진해보고 불가능한다면 일측의 입장에 따라 도일치료가 가능한 인원만이라도 조속히 도일치료가 추진될수 있도록 협의하여 주기 바랍니다.

　　나. 치료희망병원: 히로시마 원폭병원

　　다. 치료기간: 2개월-6개월간

　　라. 조건: 왕복여비는 한국측이 부담하되 체재비 및 치료비등은 일측이 부담. 끝.

보건사회부장관

13. 외무부 공문(착신전보)-감사패 수여

외무부
번호 SIW-0901
일시 021610
수신시간 81.09.02. 17:48
발신 주 시모노세키총영사
수신 장관
제목 감사패 수여

　　　연: 시총영130-574(81.7.8.)
　　　1. 연호 +에비스자끼 모또나리+는 보사부장관의 감사패 수령차 81.9.15. 서울도착(숙소: 뉴서울호텔) 9.16. 10:00경 보사부를 방문하겠다 함.
　　　2. 동인 방한시 민단 히로시마현 +강문회+ 의장(한국인 원폭 피해자 대책위원장)이 동행한다 함을 첨언함.
　　　(아일-보사부)
　　CFM: SIW-0901 921610

14. 기안-친한인사에 대한 감사패 수여

분류기호 문서번호 아일700-
시행일자 1981.4.20.
기안책임자 오영환 일본담당관실
경유수신참조 보건사회부장관
제목 친한인사에 대한 감사패 수여

　　　1. 주 시모노세끼 총영사는 핵금 평화건설 히로시마 현민회 상임 고문이며, 전

일본 노동조합 히로시마 지방회 회장인 에비스자끼 모또나리(戎崎始成)씨에 대하여 귀장관 명의의 감사패가 수여가 될 수 있도록 조치하여 줄것을 건의하여 왔읍니다.

2. 주 시모노세끼 총영사 보고에 의하면 동인은 1968.7. 핵금 히로시마 전국집회에서 재한국 원폭피해자 구호활동의 필요성을 제기하여 동년 10월 민단 히로시마 지방 본부등 18개 단체에 의하여 한국 피폭자 구호 일·한 협의회를 발촉케한 이래 한국인 원폭환자에 대한 구호활동을 위한 진료단 파견, 합천 의료센터 신축등 각종 사업추진에 핵심적인 역할을 하여 왔으며, 민단 히로시마 지방 본부 사업에도 적극 협조해온 친한인사라 합니다.

3. 이에 따라 동인의 그간의 업적과 노고를 치하하고 앞으로의 활동을 격려키 위하여, 주 시모노세끼 영사 건의대로 동인에 대해 귀장관 명의의 감사패를 수여하는 것이 좋을 것으로 사료되오니 적의 조치하시기 바라며, 그 결과를 통보하여 주시기 바랍니다.

　　　　첨부: 1. 주시모노세끼 총영사 건의 1부.
　　　　　　　 2. 공적조서 1부.
　　　　　　　 3. 이력서1부. 끝.

14-1. 첨부-주시모노세키총영사관 공문-주재국 인사에 대한 감사패 수여 건의

주시모노세키총영사관
번호 시총영725-342
일시 1981.4.13.
발신 시모노세키 총영사
수신 장관
참조 아주국장
제목 주재국 인사에 대한 감사패 수여 건의

　　1. 하기인은 "핵금평화건설 히로시마현민회" 상임고문 및 "전일본노동조합 히로시마지방회" 회장으로서 1968년 이래 한국인 "원폭 피해자" 구호활동에 헌신하여 왔을뿐 아니라, 민단 히로시마 지방본부 사업에도 적극 협조하는 친한인사 입니다.

－아래－

가. 성명: 에비스자끼 모또나리(戎崎始成)

나. 생년월일: 1922.11.5.

다. 본적: 일본국 야마구찌현 오오지마군 도와쬬 오오아자 오끼야무로
　　지마 780

라. 주소: 일본국 히로시마현 사에끼군 이쯔까이찌쬬 라꾸라꾸엔 6-5-12

마. 직업: 전일본노동총연맹 히로시마 지방 동맹회장

바. 학력: 히로시마현립 하쯔까이찌 공업고등학교 졸업

　2. 특히 동인은 1968년 7월 "핵금 히로시마 전국집회"에서 재한국 원폭피해자 구호 활동의 필요성을 제기하여 동년 10월 민단 히로시마 지방본부등 18개 단체에 의하여 한국피폭자 구호일한 협의회를 발족케 한 이래 한국인 "원폭환자"에 대한 원호활동을 위한 진료단 파견, 합천의료센터 신축등 각종 사업 추진에 핵심적인 역할을 하여 왔습니다.

　3. 따라서 그간의 동인의 업적과 노고에 대한 치하와 앞으로의 활동을 격려키 위하여 보건사회부장관 명의외 감사패가 수여될수 있도록 조치하여 주시길 건의하오니 적의 조치하여 주시기 바랍니다.

첨부: 1. 이력서 1매.

　　 2. 한국인 원폭환자 구호활동 개요1부.[3] 끝.

주시모노세키총영사

14-1-1. 첨부-한국인 원폭 구호 활동 개요

韓国被爆者救援活動の概要

1968年7月、核禁広島全国集会において韓国被爆者救援活動の必要性を提起
1968年

● 10月、核禁広島県民会議、居留民団広島県本部、広島地方同盟など18団体による「韓国被爆者救援日韓協議会」を発足

---

3) 이력서는 편집 과정에서 생략하였다.

- 韓国原爆被害者援護協会へ救援金100万円を送付

1969年

- 孫基達、厳紛連、林福順などが治療のため来日、資金カンパ活動を展開
- '69年、'70年、'71年にわたり援護協会に対して、自活村建設のための用地を確保するとともに、むしろあみ機を送付

1970年

- 8月、援護協会辛泳洙会長を招請し、韓国被爆者の実情、救援対策について要請を受ける
- '68年から3カ年にわたる経緯から、原爆症専門医師団を派遣する方向を決定

1971年

- 6月、診療医師団派遣認可のため駐日大使館、駐下関領事館などへの協力要請ならびに韓国政府、医師協会、援護協会と折衝
- 広島同盟、核禁広島県民会議、居留民団などの諸団体による在韓被爆者診療医師団派遣準備委員会を結成
- 韓国内に被爆者診療センター設置の必要性を確認
- 第1次医師団を9月20日から10月10日まで派遣し、ソウル、釜山、陝川で診療

1972年

- 6月、診療センター建設準備のため核禁広島県民会議代表2名が訪韓し、関係団体と折衝し陝川へ診療センターを建設する方向を確認
- 鄭昌生陝川保健所長を6月から4カ月間広島大学へ招聘留学
- 8月、被爆二世4名を招聘し、核禁全国集会へ出席
- 第2次医師団を10月に派遣し、ソウル、釜山、陝川で診療

1973年

- 4月、診療センター建設現地視察団13名を現地へ派遣
- 6月、診療センター建設広島県民会議を広島県知事、県下各市長、その他各種諸団体を網羅して結成
- 8月、診療センター建設の調印を核禁会議、慶尚南道ほかと行う
- 全国的に資金カンパを行うとともに医療器具の搬入、据付のため技術団を派遣
- 12月、診療センターの落成式を挙行
- 12月、第3次診療医師団を派遣

1974年

- 8月、診療センター運営などについて保健社会部、慶尚南道などと覚書を締結。これにもとずき鄭基璋氏を中心に被爆者実態調査をはじめる

- 11月、第4次診療医師団を派遣

1975年
- 11月、第5次診療医師団を派遣するとともに、馬山道立病院において「原爆後障害」について特別講演会を開催
- 11月、診療センターの増改築の要請を受け、慶尚南道知事と覚書を締結

1976年
- 7月起工式、10月落成　現在の建物となる
- 寄生吸虫症治療研究のため7月から1977年3月まで、鄭昌生所長を広島大学へ招聘留学

1977年
- 11月、第6次医師団派遣として臨床検査指導を行う

1978年
- 1977年12月から着手した「在韓被爆者実態調査レポートを4月に完成し、日本、韓国はもとより世界外国へ送付

1979年
- 6月、第7次診療医師団を派遣

1980年
- 1月、慶尚南道申充澈保健課長を招聘し、日本における被爆者対策の実情視察を行うとともに、韓国被爆者対策について打合せる
- 申充澈保健課長の訪日を機に韓国内において「原爆資料展」開催の機運が高まり、3月、7月、10月に代表者が訪韓し関係諸団体と折衝
- 原爆資料展
  11月10日〜17日の8日間釜山市国際会館において、関係諸団体の協力により盛大に開催し、入場者の合計は、約8410名にのぼり、世界平和建設、核兵器禁止、被爆者援護の国際連帯を高めた
- 11月、第8次診療医師団を派遣

その他
- 第1次診療医師団派遣以来、毎年相当の医薬品を寄贈
- 必要により各種医療機器
- 広島はもとより、毎年日本各地から被爆者慰問使節団を派遣

15. 외무부 공문(착신전보)-원폭환자 도일치료

외무부
종별 지급
번호 JAW-09479
일시 191316
수신시간 81.09.19. 15:13
발신 주일대사
수신 장관
제목 원폭 환자 도일치료

　　대: WJA-08189
　　연: JAW-07464
　　1. 금9.19 당관 조중표 서기관은 후생성 공중 위생국 기획과 나까니시 과장 보좌를 방문, 대호 아측입장에 따라 재차 협의하였던바, 일측은 아래와 같이 입장을 밝혔기 보고함
　　가. 도일 치료인원: 한국측 요청대로 50명을 받아들이는 것은 어려운점이 있으나, 후생성으로서는 가능한 최대한 노력을 하겠으며, 병원수용 능력등에 비추어 2-3 회로 나누어 도일치료시키는 방향으로 추진코저함
　　나. 치료병원: 나가사끼 피폭자는 나가사끼 병원에, 히로시마 피폭자는 히로시마 병원에 입원시키고자함
　　다. 치료기간및 조건: 작년과 동일한 선에서 추진하고저함
　　라. 합의문서: 양국보사부-후생성 국장간 합의서를 외교루트를 통하여 작성코자함
　　마. 일측 관계관 파한: 합의서 작성전에 일측에서 원폭병원 부원장급을 후생성 관계관과 함께 파한시켜, 아측 작성 도일 치료희망환자 명부에 따라 동환자들의 원폭과의 직접관련성 여부, 피폭 장소(히로시마, 나가사끼) 및 현재의 증상 등을 종합 첵크하여 도일치료 입원을 협의코자함
　　2. 기본적으로 일측은 80.1.0.18 합의서와 동일한 선(인원제외)에 아측이 이의가 없다면 빠른시일내로 동 계획을 추진코자한다 하는바 상기 관련 아측입장 회시바람
　　(일정-아일)

16. 기안-원폭환자 도일치료

분류기호 문서번호 아일700-
시행일자 81.10.30.
기안책임자 박승무 일본담당관실
경유수신참조 보건사회부장관
제목 원폭환자 도일치료

      대: 의이1424-14626

      연: 아일 800-38999

    주일대사관 관계관이 후생성측에 원폭환자 도일치료에 대하여 문의 하였던 바, 일측은 방한시기(11.18-11.21)및 파견자 4명이 연호대로 결정 되었으며, 방한중의 임무는 다음과 같다고 하니 참고하시기 바랍니다.

1. 후생성 기도기획과장과 보사부 카운터 파트간의 합의서 작성 사전 협의
2. 한국측 작성환자 명부에 따른 피폭자 여부 체크
3. 도일치료 받어야 할지 여부에 대한 의학적 판단 끝.

17. 주후쿠오카총영사관 공문-재단법인 한국피폭자 전상자 구원 기금 설립준비 사무국 세화인 방한

주후쿠오카총영사관
번호 후쿠오카(영)제1894호
일시 1981.11.17.
발신 주후쿠오카 총영사
수신 장관
참조: 아주국장・영사교민국장
제목 재단법인 한국피폭자 전상자 구원 기금 설립 사무국 세확인 방한

    1. 2차 대전말기 나가사끼 및 히로시마에서 피폭되어 귀국한 아국인은 약 26,400명(일본측 자료 23,000명)으로 그중 9,362명이 사단법인 한국 원폭 피해자 협회에 등록되어 있다고 합니다. 현재까지 국내에서는 경남 합천군 소재 진

료소에서 치료받고 있으며, 일본에서는 작년부터 히로시마병원에서 년간 10명이 치료를 받고 있고, 또한 나가사끼에서는 현재까지 5명이 치료받았으며 동시에 원폭 피해자 병원이 83년 완성되면 년간 약 30명 정도 치료받게될것으로 보입니다.

2. 피해자수에 비하여 치료율이 너무 미진하므로 일본내에서 관심있는 인사(발기인 명단참고, 계속 발기인 수락회답을 대기중인자가 다수 있다함)로 구성될 재단법인 한국피폭자, 전상자 구원기금 설립준비 당국은 아국에 원폭치료병원을 설립코저 작년11월 아국인 정해성씨 소유 서울특별시 성동구 중곡동 소재 대지 1만평을 제공받기로 하고 병원 건립비 약 60억엔을 일본 민간에서 모금키로 추진중에 있다고 합니다. 계획하고 있는 병원은 침대500개로 그중 1/3을 원폭피해자 무료치료에 충당하고저 하고 있는것 같습니다.

3. 동 설립준비 사무국대표 세화인 고미야마노보루씨(1967년 교오또에 한국인희생자 위령탑 건립자) 및 동준비 사무국장 하라미노루씨는 작11월 아국을 방문하여 당시 보사부차관과 협의한바 있다고하며, 오는 11.25경 이후 년말 내 양씨가 방한하여 사업추진 계획을 당국에 설명코저 한다고 하오니 별첨자료를 참고하여 면담 가능일시 및 방문선을 늦어도 11.27까지 회보해 주시기 바랍니다.
첨부: 관계서류 사본 각1매. 끝.

주후쿠오카총영사

18. 기안-원폭환자 도일치료

분류기호 문서번호 아일700-
시행일자 81.11.30.
기안책임자 박승무 동북아1과
제목 원폭환자도일치료

대: 병원1424-16941
연: 아일700-41085

1. 81.11.26. 일 후생성이 주일대사관측에 알려온바에 의하면, 일측은 최근의 관계관 방한 결과를 기초로 검토한 결과, 금년 12월 중순(12.10-14.)에 히로

시마 원폭병원에 13명, 나가사끼 원폭병원에 6명 계 19명의 한국인 피폭환자를 도일치료 시키기로 결정 하였다 하며, 일측의 준비 관계상 아측 도일치료 대상 환자들의 일본(후꾸오카 공항) 도착 예정일을 지급 알려줄것을 요청하여 왔다고 하는바, 이를 회보하여 주시기 바랍니다.

2. 일측은 내년도에는 2차(4월 하순및 8월 하순)에 걸쳐 30명의 한국인 피폭환자를 도일치료 시키도록 비공식 검토중이라 하나 본건은 내년도에 들어가 재교섭을 필요로 한다고 하는바 이에 대하여도 귀견을 회보하여 주시기 바랍니다.

3. 일측 관계관 방한시작성한 합의서는 동합의서가 일측에서 도착하는데로 송부 위계입니다. 끝.

19. 협조문—여권 발급 협조

협조문
분류기호 및 문서번호 아일700-415
발신일자 81.12.9.
발신명의 아주국장
수신 영사교민국장
제목 여권 발급 협조

원폭피해자 도일치료에 관한 한·일간 합의에 따라 12.20. 19명의 원폭환자가 도일하여 일본 나가사끼 병원 및 히로시마 병원에서 치료를 받을 예정인바, 동환자 19명 및 인솔자 4명에 대한 여권발급 및 출국수속에 협조하여 주시기 바랍니다.
첨부: 1. 원폭환자 도일치료에 관한 보사부 공문사본 1부.
       2. 원폭환자 명단 1부. (인솔 동행자 포함). 끝.

19-1. 첨부—보사부 공문

보건사회부

번호 병원1424-18514

일시 1981.12.9.

발신 보건사회부장관

수신 외무부장관

제목 재한원폭피폭자 도일 치료실시에 관한 합의서 송부

  1. 아일700-45039('81.12.4)와 관련입니다.

  2. 재한 원폭 피폭자 도일치료 실시에 관한 합의서를 별첨과 같이 서명 날인
하여 송부하니 당부 작성본 2부중 1부에는 일본국후생성이 서명날인후 재송부
토록 조치하여 주시기 바랍니다.

 첨부: 1. 재한원폭피폭자 도일치료실시에 관한 합의서(일본정부작성본) 1부.

    2. 재한원폭피폭자 도일치료실시에 관련 합의서(당부작성본) 2부. 끝.

보건사회부장관

19-1-1. 첨부-재한원폭피폭자 도일치료실시에 관련 합의서(당부작성본)

在韓原爆被爆者渡日治療実施에関한合意書

在韓原爆被爆者渡日治療実施에関한合意書

  大韓民国保健社会部와 日本国厚生省은 大韓民国内에 居住하는 原爆被爆者의 渡
日治療実施를 爲하여 다음과 같이 合意한다.

다음

1. 渡日治療対象者는 厚生省이 指定하는 医療機関에 入院토록 한다.

2. 渡日治療対象者에 対하여는 原子爆弾被爆者의 医療等에 関한 法律(昭和32年法律
 第41号)에 依拠하여 渡日後 即時 被爆者健康手帖을 交付한다.

3. 渡日治療者의 入院期間은 2個月 以内를 原則으로 하되 担当医師가 治療上 必要하
 다고 認定하는 境遇에는 厚生省의 同意를 얻어 延長할 수 있다. 但 入院期間은
 最長 6個月間으로 한다.

4. 入院医療機関의 長이 渡日治療者를 退院시키고자 할 때에는 미리 厚生省의 許可를 받아야 하며 厚生省은 退院決定事項(退院 및 帰国日時)을 退院 10日前까지 駐日韓国大使館에 通報한다.

5. 渡日治療者에 대한 帰国手続 및 案内는 駐日韓国大使館이 担当한다

6. 渡日被爆考를 治療한 医療機関의 長은 그 診療記録과 退院後의 診療指針所見書를 当該患者 또는 大韓民国政府에 交付한다.

7. 渡日治療에 所要되는 経費는 両国政府가 다음과 같이 分担한다.
   (1) 大韓民国政府는 渡日治療者의 往復旅費를 負担한다.
   (2) 日本国政府는 原子爆弾被爆者의 医療等에 関한 法律 및 原子爆弾被爆者에 対한 特別措置에 関한 法律(昭和43年法律第53号)의 規定에 依하여 渡日治療者의 入院治療期間中의 医療 給付 및 健康管理手当, 特別手当等 各種手当을 支給한다.

8. 渡日治療者에 대한 滞日中의 身元保証은 駐日韓国大使館이 担当한다.

9. 渡日治療対象者 및 渡日治療時期에 関하여는 保健社会部의 要請에 依하여 相互 協議하여 決定한다.

10. 이 合意書는 1981 年12月1日부터 効力을 発生하며, 5年間 効力을 가진다.

1981年 12月 1日
日本国厚生省公衆衛生局長 大谷藤郎
大韓民国保健社会部医政局長 李 晟雨

20. 보건사회부 공문—한국피폭자 구원 기금 설립 관계자방한

보건사회부
번호 병원1424-19080
일시 1981.12.18.
발신 보건사회부장관
수신 외무부장관
제목 한국피폭자 구원 기금 설립 관계자방한

   1. 아일700-46304('81.12.15)와 관련입니다.

2. 한국 피폭자 구원기금 설립관계자("고미야마 노보루" 및 "하라 미노루")의 방한에 따른 면담 가능자는 당부의정국장이 될 것이나, 현재 해외 여행중으로서 1981.12.20. 귀국 예정이므로 면담 가능 시간을 확정할 수 있는 실정입니다. 그러나, 가능한 1981.12.23. 중으로 면담할 수 있도록 주선하고자 하니 양지 하시기 바랍니다. 끝.

보건사회부장관

③ 한국인 원폭피해자 구호, 1982

○ ○ ○

기능명칭: 한국인 원폭피해자 구호, 1982

분류번호: 722.6JA, 1982

등록번호: 17684

생산과: 동북아1과

생산연도: 1982

1. 보건사회부 공문—재한 원폭 피촉자 도일치료

보건사회부
번호 1422-3225
일시 1982.2.25.
참조 아주국장
발신 보건사회부 장관
수신 외무부 장관
제목 재한 원폭 피폭자 도일치료

　　　1. 관련: 재한원폭 피폭자 도일치료실시에 관한 합의서('81.12.1)
　　　　　　　　아일700-435886('81.11.30)호
　　　　　　　　병원1424-1□439('81.12.8)호
　　　2. 귀부의 적극적인 협조에 힘입어 재한 원폭피폭자 도일치료사업이 원활히
추진되고 있습니다.
　　　3. 이에 당부는 '81년도 도일치료 대상환자 49명중 일본측 사정으로 도일치
료치 못한 잔여 30명의 도일치료와 '82년도 도일치료 대상자 선발등에 관한 양
국간의 실무사항협의가 조속히 이루어지기를 바라오니 필요한 조치를 취하여
주시기 바랍니다.
　　　　　가. 실무협의사항
　　　　　　　1) '81년도 잔여 30명에 대한 도일치료시기 및 절차 등
　　　　　　　2) '82년도 도일치료 대상자수 및 선발문제
　　　　　　　3) 기타 도일치료에 따른 제한사항. 끝.

보건사회부 장관

2. 외무부 공문(착신전보)—원폭환자 도일치료

외무부
번호 JAW-03691
일시 291748

수신시간 82.03.29. 22:32
발신 주일대사
수신 장관
제목 원폭 환자 도일 치료

　　대: WJA-0344
　　1. 금 3.29. 당관 조중표 서기관은 후생성 공중 위생국 기획과 우까이 의료계장을 방문, 81년도 도일치료 대상 환자중 나머지 30명에 대한 도일치료를 4월 하순경 실현시켜 줄것을 요청하였던바 일측은 현재 히로시마 및 나가사끼 병원의 수용태세를 확인중이며 일단 5월중에 30명의 범위내에서 도일치료시키도록 검토중인바 상부의 결재를 얻는대로 연락해주겠다고말하였음
　　2. 일측은 상기치료 대상 30명의 피폭지(히로시마 나가사끼)를 구분 통보해 줄것을 요청하였는바 본건 회시바람
　　3. 82년도 도일치료 계획에 대하여는 예산 성립후 회계연도가 시작되는대로 별도 협의키로하였음
　　(일정 아일)

3. 외무부 공문(착신전보)—원폭환자 도일치료

외무부
번호 JAW-03705
일시 301305
수신시간 82.03.30. 15:24
발신 주일대사
수신 장관
제목 +원폭환자 도일치료

　　연: JAW-03691
　　1. 연호 자리에서 일 후생성측은 전회 19명의 도일치료 기간중 히로시마 민단본부는 각종 연락, 시내 관광안내등 호의적 배려를 하였으나, 나가사끼 민단본부는 비협조적이었다는 나가사끼 병원환자들의 불평이 있었음을 전해왔음.

2. 상기와 관련, 당관 판단으로는 환자들이 치료목적 이외에 시내관광 및 SHOPPING등에 지나치게 관심을 표명하고 있으며, 일신상 사유를 들어 임의 퇴원등을 수시 요구하고 있는바, 이와 같은 잡음이 계속 되면 동사업의 기본 목적에 배치되어 사업추진에 지장을 초래할 우려가 있을뿐만 아니라 일측에 대한 이메지를 손상시키는 행위이므로 앞으로는 환자들이 재일중 일사불란한 행동을 하도록 도일 이전에 관계당국이 철저한 교육을 시킬것을 건의함.
(일정-아일)

4. 기안-원폭환자 명단

분류기호 문서번호 아일700-
시행일자 82.4.8.
기안책임자 박승무 동북아1과
경유수신참조 주일대사
제목 원폭환자 명단

대: JAW-03691
81년도 도일치료 대상 원폭환자중 나머지 29명(1명은 최종 선발시 탈락)의 피폭지별 명단을 별첨과 같이 송부합니다.
첨부: 명단 1부.[1] 끝.

5. 기안-원폭병원 설립

분류기호 문서번호 아일700-
시행일자 82.4.13.
기안책임자 박승무 동북아1과
경유수신참조 보건사회부 장관

---

1) 명단은 원본 누락

제목 원폭병원 설립

1. 주일대사의 별첨보고에 의하면, "한국피폭자 전상자 구원기금" 설립준비 사무국 관계자는 동단체가 한국내에 원폭병원(병상 500개, 500억엥 소요) 설립 계획을 추진하고 있는것과 관련, 보사부측이 동병원 설립에따른 용지를 제공한다는 의사를 문서로 표명해 줄것을 주일 대사관을 통해 보사부에 곧 청원코저 하니 선처하여 달라고 하였는 바, 이에 대한 귀부의 입장을 회보하여 주시기 바랍니다.

2. 원폭병원 건립은 국내의 원폭피해자 구호대책의 일환으로 그간 우리정부가 일측에 대하여 정부 차원에서 협력해 줄것을 교섭해온 사업임에 비추어, 전기 1항의일본 민단단체의 원폭 병원 설립 계획 및 추진될 경우 정부차원의 교섭은 근본적으로 재검토되어야 할것으로 사료되는바, 이에 관한 귀견도 아울러 회보하여 주시기 바랍니다.

첨부: 주일대사관 공문사본 1부. 끝.

5-1. 첨부—주일대사관 공문—한국 피폭자 · 전상자 구원 기금

주일대사관
번호 일본(정)700-2123
일시 1982.4.5.
발신 주일대사
수신 장관
참조 아주국장
제목 "한국 피폭자 · 전상자 구원 기금"

1. 금 4.5. 오후 "한국 피폭자 · 전상자 구원 기금"(재단법인) 설립 준비 사무국 하라 미노루 국장이 당관을 방문, 다음과 같이 말하였기 보고합니다.

가. 상기 기금 설립준비 참여 인사들은 그동안 원폭피해자 도일치료를 위해 측면 지원하여 왔으나, 본격적으로 한국내의 원폭 피해자 및 전상자를 치료키 위해 병상 500개 정도의 병원(500억엔 소요)을 한국내에 설립하는 것이 좋을 것으로 생각되어, 후생성측과 협의한 결과, 민간차원에 추

진하는것이 좋겠다는 의견이어서, 이를 위해 정·재계의 모금을 통해 재단법인을 만들 예정임.

　나. 81.12.23. 천명기 보사부장관과 면담시, 동인들이 상기 병원 설립취지를 설명하였던 바, 천 장관은 이를 긍정적으로 받아들이고, 병원설립 용지를 제공할 뜻을 표하였음.

　다. 일 후생성은 상기 단체의 등록을 받기 위해서는, 한국측이 용지를 제공하겠다는 의사를 문서로 제출하여 줄것을 요청하고 있음.

　라. 3.15. 상기 준비위의 고미야마 노보루, 하라 미노루 양인이 방한하여 보사부 이성우 의정국장과 면담한 결과, 한국보사부측은 동 설립준비위측이 외교경로(주일 한국대사관)를 거쳐, 그러한 상황을 보고토록 하면, 그에따라 문서를 내겠다고 말하였음.

　마. 이에 따라 동설립준비위측은 보사부측의 의견대로, 동건 경위등을 문서로 작성, 곧 당관에 제출하고저 하니 선처바람.

2. 상기 하라사무국장이 금일 참고로 제출한 안내설류를 별첨 송부하오니 참고하시고, 이에대한 아측 입장을 알려주시기 바랍니다.

　첨부: 상기 안내서류 1부. 끝.

주일대사

5-1-1. 첨부-안내서류

財団法人「韓国被爆者・戦傷者救援基金」設立準備事務局

事務局長　原稔

東京本部事務所　東京都八王子市打越町一三一二の二五五
　　　　　　　　電話(〇四に六)三五一八四五一□
九州支部事務所　福岡市南区野間四丁目一一三五
　　　　　　　　グリーンマンション二〇一
　　　　　　　　電話(〇九二)五五一一六〇六四

韓国被爆者・戦傷者に愛の手を

　大東亜戦争で韓半島から微用、労務等で日本へ動員＝総数・七三三・一六四名
＝され、広島、長崎で原爆の被災を受けて帰國した人は、日本厚生省の調査で二万
三千人(韓國側資科で二万六千四百人)に及んでおります。

　あれから三十七年、社団法人韓國原爆被害者協会に登録されている患者だけで
も九千三百六十二人(昭和五十五年現在)に及び重症患者は二千九百七十人の多きに
達し、重症患者の死亡率は六十九％もあり、六千九百三十人が満足な治療も受けず
に亡くなっています。

　我国では広島、長崎に原爆病院が設立され、被爆者は無料で治療を受けていま
すが、韓国の被爆者はかつての同胞でありながら日蔭者扱いされているのが現状で
あります。

　一方、さきの大戦に参加した軍人、軍属は三十余万人中、二万二千百八十二人
(日本厚生省調べ)が戦病死しており、生き残って帰国した戦傷者も被爆者と同様な
扱いで呻吟しつつ老齢化の現状です。

　アメリカや北欧諸国からは幾つかの病院を早くより韓国に贈っておりますが、
数千年来古代から特に深い因縁のある日本國民からの"愛の標識"である完備した病
院はまだ贈られてはおりません。

　日本国民の薄情を恨みつつ、年々老齢化してゐる被爆者、戦傷者のために無料
で治療する病院の建設を急務としております。今こそ日本国民の善意の結晶である
病院を贈りものとすることこそ、両国民族の真の対話を生むことになると信じま
す。

　病院建設には資金(義捐金)が必要であり、その為には国民運動を起こす"受け皿"
がいります。それが財団法人「韓國被爆者・戦傷者救援基金」の設立です。厚生省の
認可を得る為、同省の指導により各界に、去る昭和五十六年九月二十日から発起人
を呼かけ、今日迄に別紙の様な有識者の御承諾を得ました。更に当目的の充実を期
すべく諸賢の御賛同を期待する次第です。

　貴下も発起人として御承諾を得たく関係資料と、御回答はがきを同封致しまし
たので、仁慈惻隠の情を喚起されまして御高配の程

　昭和五十七年　三月

財団法人「韓国被爆者・戦傷者救援基金」(中間報告)
設立発起人回答者(今日迄の)ご芳名

＜敬称略＞

(日韓議員連盟)　　　　(国会議員)

日韓議員連盟　會長	安井　謙(自)	參議院議員・前參議院議長	
日韓議員連盟　副會長	三原朝雄(自)	衆議院議員・元防衛庁長官	
日韓議員連盟　幹事長	毛利松平(自)	衆議院議員・元環境庁長官	
日韓議員連盟　幹事	中野寛成(民)	衆議院議員・民社政審副会長	
日韓議員連盟　幹事	葉梨信行(自)	衆議院議員・自民党副幹事長	
日韓議員連盟　幹事	柳澤錬造(民)	參議院議員・元同盟副合長	
日韓議員連盟　幹事	吉田之久(民)	衆議院議員・民社党教宣局長	
	石本　茂(自)	參議院議員・元厚生政務次官	
	稲富稜人(民)	衆議院議員・元沖繩特別委員長	
	太田誠一(自)	衆議院議員・法務・外務・石炭対策特別委員—各委員	

(日韓親善協会系)

日韓親警協会中央会	事務総長	馬場嘉光	
札幌日韓親善協會	會長	中山豊山	札幌市会議員
岩手縣　　〃	會長	高橋清孝	岩手縣縣議合議長
山形縣　　〃	會長	本田標之助	元山形市議会議長
茨城縣　　〃	會長	根本清成	江戸崎町町長
群馬縣　　〃	會長	佐田一郎	元参議院議員
長野縣　　〃	會長	尾崎秀男	長野縣会議員・自民党縣運副会長
岐阜縣　　〃	會長	野田卯一	元経済企画庁長官
京都府　　〃	會長	小川半次	前衆議院議員
大阪府　　〃	會長	大谷一雄	元住友化学工業株式会社社長
香川縣　　〃	會長	佐々木陸友	
愛媛縣　　〃	會長	關谷勝利	元衆議院議員
高知縣　　〃	會長	入交太兵衛	高知縣貿易会会長

山口縣	〃	會長	井川克已	元下関市長
福岡縣	〃	會長	安浪栄基	FBS福岡放送株式会社社長
熊本縣	〃	會長	山中大吉	弁護士

(韓国との姉妹都市関係)

福岡縣筑紫郡太宰府町町長(扶余)	有吉林之助
山口縣下関市市長(釜山)	泉田芳次
熊本縣玉名郡菊水町町長(公州)	坂本　豊

(各界有識者) ＝＝五十音順・敬称略＝＝

(あ)	阿部正和	医学博士・慈恵会医科大学内科教授
	相原良一	大東文化大学教授
	与　倉利	韓友会副会長
	天野武一	弁護士・前最高裁判所判事
	有末精三	日本郷友連盟名誉会長
	安藤孝行	文学博士　岡山大学教授・詩人・哲學者
	安藤豊禄	屋久島電工KK取締役会長
(い)	飯塚滋雄	東北学院大学法学部教授
	今村恒美	日本画家・出版美術家連盟理事長
	岩下忠孝	前熊本県神社庁長・藤崎八旛宮宮司
(う)	宇野精一	文学博士・東京大学名誉教授
	鵜澤義行	法学博士・日本大学教授・法学部長
	後宮虎郎	国立京都国際会館館長・元駐韓国大使
(お)	小田村寅二郎	亜細亜大学教授・社団法人国民文化研究会理事長
	大石義雄	法学博士・京都大学名誉教授・京都産業大学教授
	大江健一	福岡市議会議長
	大庭さち子	作家・近作代表著書"李朝悲史"
	大場美夜子	俳人・俳誌"雪解川"主宰
	大平善梧	国際空手道連盟・極真会館館長
	大山倍達	法学博士・一橋大学名誉教授・元青山学院大学学長
	尾上正男	法学博士・神戸大学名誉教授・前神戸学院大学学長

	岡野他家夫	文学博士・東京作家クラブ會長
	加藤　修	日本大学理事
	勝田吉太郎	京都大学教授・思想家
	金山政英	国際関係共同研究所所長・元駐韓国大使
	鎌田純一	皇学館大学教授
	川口光大郎	弁護士・元公安調査庁長官
	瓦林　潔	九州・山口経済連合会会長・九州電力会長・日韓親善協会中央会副会長
（き）	木内信胤	世界経済調査会理事長
	木積一任	東大阪市・神道石切教・石切劔箭神社管長
	木村　孝	日本詩人クラブ理事
	北川晃二	作家・前フクニチ新聞社社長
	清島省三	九州・山口経済連合会副会長・長崎十八銀行頭取
	故浄見晴夫	神社本庁副総長・宮地嶽神社宮司
（く）	久住忠男	国防軍事評論家
	工藤重忠	亜細亜大学教授
	倉島　至	長野国際親善クラブ会長
（け）	見学　至	俳人・全国俳誌協会会長・俳誌"五季"主宰
（こ）	小出保治	岐阜歯科大学教授
	小久保光雄	鹿児島県霧島神宮宮司
	小西　保	京都産業大学名誉教授
	小森義峯	法学博士・京都産業大学教授・憲法学者
	河野通明	洋画家・大調和会委員
	近藤若菜	劇作家・東京作家クラブ委員(女性)
	佐藤　允	工学博士・宮城県学校法人三島学園学園長
（し）	清水馨八郎	千葉大学教授
	執行正俊	舞踊家・執行正俊バレエ団主宰
	柴田　敬	経済学博士・青山学院大学教授・元京都大学教授
	庄木光政	新潟県弥彦神社宮司
	下田　弘	武蔵工業大学教授
	進藤一馬	福岡県福岡市市長

(す)	菅井久隆	医学博士・病院長
	鈴木　一	東京穀物商品取引所理事長・元日韓親和会会長
(せ)	関　　之	法学博士・中央学院大学副理事長・教授
	関山羮人	明治大学理事長代理　日本相撲協会九重部屋後援会長
(そ)	曽我廼家明蝶	俳優・社団法人日本喜劇人協会会長
(た)	田口信義	號石田・文人画家・書、漢詩、南画大家(近世の三絶)
	田中茂一	愛知学芸大学教授
	田村克喜	福岡市・筥崎宮宮司
	高取静山	陶芸家(女性)
	竹田益洲	臨済宗建仁寺派管長
	武田静澄	東京作家クラブ委員長・日本民俗学会会員
	辰己栄一	財団法人偕行社名誉会長
	財部一雄	財団法人明道館理事
(ち)	知切光歳	作家
(て)	手塚栄一	全国馬主会副会長
(と)	泊　勝美	韓国史研究家　近著"韓国古守発掘"
(し)	清水馨八郎	千葉大学教授
	執行正俊	舞踊家・執行正俊バレエ団主宰
	柴田　敬	経済学博士・青山学院大学教授・元京都大学教授
	庄木光政	新潟県弥彦神社宮司
	下田　弘	武蔵工業大学教授
	進藤一馬	福岡県福岡市市長

(す)	菅井久隆	医学博士・病院長
	鈴木　一	東京穀物商品取引所理事長・元日韓親和会会長
(せ)	関　　之	法学博士・中央学院大学副理事長・教授
	関山羮人	明治大学理事長代理　日本相撲協会九重部屋後援会長
(そ)	曽我廼家明蝶	俳優・社団法人日本喜劇人協会会長
(た)	田口信義	號石田・文人画家・書、漢詩、南画大家(近世の三絶)
	田中茂一	愛知学芸大学教授
	田村克喜	福岡市・筥崎宮宮司
	高取静山	陶芸家(女性)

	竹田益洲	臨済宗建仁寺派管長
	武田静澄	東京作家クラブ委員長・日本民俗学会会員
	辰己栄一	財団法人偕行社名誉会長
	財部一雄	財団法人明道館理事
(ち)	知切光歳	作家
(て)	手塚栄一	全国馬主会副会長
(と)	泊　勝美	韓国史研究家　近著"韓国古守発掘"
(な)	中河與一	歌人・作家・代表作〈天の夕顔〉
	中村　元	文学博士　東京大学名誉教授　東方学院院長
	中山昌八	作家・東京作家クラブ委員
	南雲今朝雄	聖マリアンナ医科大学名誉教授・同大学顧問・相談役
	永倉三郎	九州電力KK社長
	鍋島　茂	佐賀縣・佐嘉神社宮司
(に)	西園昌久	福岡大学医学部部長
	西高辻信貞	大宰府天満宮宮司
(は)	労賀　擅	文学博士・詩人・ドイツ文学者
(ひ)	平井典洲	華道・宮王流家元(女性)
(ふ)	藤田賢治	甲南女子大学教授
	房内幸成	群馬大学名誉教授・歌人・文芸評論家
	古川清八	徳島文理大学教授
(ほ)	星野貞治	作家・文芸誌"新風土"主宰・代表作＜済州島＞
(ま)	前川光雄	法学博士　慶応義塾大学名誉教授　岡山淑徳大学学長
	牧野昭一	作曲家・代表作＜赤いグラス＞
	町　春草	書道家　なにはづ書芸社主宰
	的埜　正	医学博士・前京都産業大学教授
(み)	三潴信吾	高崎経済大学教授・元同大学学長・神道家
	三船敏郎	映画俳優・三船プロダクション代表
	三宅實子	日本料理研究会理事長
	水田直昌	学習院大学監事・元朝鮮総督府財務局長

<韓國原爆被害者の實態>

(参考資料) 社団法人 韓国原爆被害者協会

事務所 ソウル特別市城北区東小門洞1街140-59

☆協会への原爆被害者登録数(昭和55年現在)☆

支部別	市道別	登録会員数
ソウル支部	ソウル	718
	江原道	272
	京畿一部	57
畿湖支部	京畿一部	124
	忠北	484
	忠南	397
慶北支部	慶北一円	982
陝川支部	陝川部一円	3,570
慶南支部	慶南一円	1,406
釜山支部	釜山市	573
	済州道	21
湖南支部	全北	283
	全南	475
計		9,362

☆韓国人原爆被害者の現況(昭和55年現在)☆

区分	帰国当時総数	帰国後死亡名数	現生存者数	死亡比
重患者	9,900	6,930	2,970	69%
軽患者	16,500	5,300	11,200	32%
普通	16,600	5,600	11,000	37%
計	43, 000	17,830	25,170	

<韓國原爆被害者の實態>

(参考資料) 社団法人 韓国原爆被害者協会

事務所 ソウル特別市城北区東小門洞1街140-59

☆協会への原爆被害者登録数(昭和55年現在)☆

支部別	市道別	登録会員数
ソウル支部	ソウル	718
	江原道	272
	京畿一部	57
畿湖支部	京畿一部	124
	忠北	484
	忠南	397
慶北支部	慶北一円	982
陜川支部	陜川部一円	3,570
慶南支部	慶南一円	1,406
釜山支部	釜山市	573
	済州道	21
湖南支部	全北	283
	全南	475
計		9,362

☆韓国人原爆被害者の現況(昭和55年現在)☆

区分	帰国当時総数	帰国後死亡名数	現生存者数	死亡比
重患者	9,900	6,930	2,970	69%
軽患者	16,500	5,300	11,200	32%
普通	16,600	5,600	11,000	37%
計	43, 000	17,830	25,170	

戦争中韓国人動員状況(韓国側調査)

(参考資料)

西紀	1938.2	昭和	13	陸軍特別志願兵制度
"	43.7	"	18	海軍 "
"	44	"	19	徴兵制度

志願兵数

西紀	1938	昭和	13	陸軍	406名	
〃	39	〃	14	〃	613名	
〃	40	〃	15	〃	3,060名	
〃	41	〃	16	〃	3,208名	
〃	42	〃	17	〃	4,077名	
〃	43	〃	8	〃	6,300名	海軍 3,000名

計20,664名

徴兵数

西紀	1945	昭和	20	陸軍	186,000名	海軍 22,000名

計208,000名

軍属数

日本本土	70,000名	滿洲	3,800名	中國本土	700名
南洋群島	36,000名	韓國本土	34,000名		

計144,500名

其他徴用勞務者及慰安婦等 360,000名

計360,000名

総計733,164名

6. 외무부 공문(착신전보)— +한국의 피폭자, 전상자를 구하자+

외무부
번호 JAW-06028
일시 011805
수신시간 82.6.1. 18:47
발신 주일대사
수신 장관
제목 + 한국의 피폭자, 전상자를 구하자+

금 6.1. 마이니찌 석간은 1면 4단 표제하 아래 보도했음.

1. 전시중 +일본인+으로서 전쟁에 동원되어 부상 또는 히로시마, 나가사끼에서 피폭당한 한국인 전상 병자, 피폭자를 위해 한국내에 병원을 건설하자는 운동이 확대되고 있음. 한·일 조약으로서 전후 처리는 끝났다는 정부간의 벽을 넘어, 일본인의 책임으로서 곤란을 당하고 있는 전쟁 희생자에게 구원의 손길을 뻗치자는 것으로서, 이미 일한의원 연맹의 국회의원을 위시하여 정·재계인 학자, 문화인 160인이 찬동, 발기인으로 되어 6월 상순 50억엥을 목표로한 +한국 피폭자. 전상자 구원기금+의 설립을 후생성에 신청할것임.

2. 병원 건설을 호소하는 인사는 하쪼지시 다찌꼬시죠의 일본문화 연합회 대표 고미야마 노보루씨(69세임. 1958년 교오또 시내에, 전범으로서 사형을 당한 한국인 23인의 위령비를 건립하고 한국에 살고있는 피폭자를 일본에 초대하는 등의 구원활동을 하여 한국과의 교류가 깊음. 고미야마씨에 의하면 히로시마, 나가사끼에서 피폭 당하고 전후 한국에 귀환한 사람수는 한국측 조사로는 26,400여명에 달함. 한국 피폭자 협회(신영수 회장)는 이중 약 2만명이 생존하고 있는것으로 봄. 또한 구일본군의 군인, 군속이였던 한국인은 733,000인에 달해, 생존하는 전상병자는 상당수에 달할것이라 함.

3. 이러한 피폭자, 전상병자의 대부분은 귀환후 생활 기반도 잃고 어려운 생활을 근근히 해나간다 하나, 실태는 파악되지 않고있음.

4. 재한 피폭자에 관해서는 정부간의 합의로서 재작년부터 매년 50명 전후를 목표한 도일 입원치료가 시작되었을 뿐임. 신회장의 이야기로는 생계를 이어가기 위해서 치료에 전념할수 없는 사람도 많으며, 한국내에 원폭병원의 건설을 희망하는 소리도 높음.

5. 고미야마씨는 이러한 사람들이 노령화에 따라 신체적으로도 경제적으로도 사태가 심각화 되어, 병원건설에의 협력을 각계에 요청, 이에 대해 일한 의원 연맹의 야스이겡 회장등 국회의원 11인을 위시, 후꾸오까시 등 4개시동장, 재계, 학계, 문화인등 160인이 기금설립의 발기인으로서 참가했음. 한국측도 한국정부, 보건사회부가 병원 건설용지의 제공을 약속, 민간인으로부터도 용지 무상 제공의 신청이 나오고 있다함.

6. 계획으로는 기금으로서 50억엥의 자금을 모금, 서울과 부산 2개소에 각각 2백개의 베드의 종합 병원을 건설, 완성후는 한국측에 운영을 위임 한다는 것임.

(일정-아일)

보고자: 동영석 2등서기관)

7. 외무부 공문(착신전보)-원폭환자 도일치료자 선발

외무부
번호 JAW-08675
일시 30155
수신시간 82.08.30. 16:09
발신 주일대사
수신 장관
제목 원폭환자 도일치료자 선발

　　연: JAW-06417
　　대: 아일700-20279
　　1. 금 8.30. 후생성 원폭환자 담당관은 82년도분 원폭환자 도일치료자 선발을 위해 일측이 아래같이 방한예정임을 통보해왔기 보고함
　　　　가. 방한자 구성(7명): 후생성 1명, 히로시마 원폭병원 1명, 나가사끼 원폭병원 1명, 히로시마 원폭대책본부 2명, 나가사끼 원폭대책본부 2명
　　　　나. 시기: 82.10.4.부터 1주간 정도
　　　　다. 상기관련 구체적 인적사항 및 항공편명은 확정 즉시 추보위계임
　　2. 또한 후생성측은 여행일정 조정상 상기 환자 선발을 위한 검진장소를 조속 통보해 줄것을 요청해 왔으니 회보바람.
　　(일정 3등 도영석-아일)

8. 보건사회부 공문-82년도분 원폭환자 도일치료자 선발장소 통보

보건사회부
번호 지의1422-14802
일시 1982.9.9.
발신 보건사회부 장관
참조 아주국장
수신 외무부 장관
제목 82년도분 원폭환자 도일치료자 선발장소 통보

1. 아일700-30623호('82.9.4)와 관련입니다.

2. 대호로 요청한바있는 '82년도분 원폭환자 도일치료자 선발장소는 서울(국립의료원)로 결정하였음을 통보하오니 필요한 조치를 취하여 주시기 바라며, 도일치료 대상환자 소집등 계획수립상 필요하오니 구체적인 체한일정 및 항공편, 방한자의 인적사항등을 조속히 통보하여 주시기 바랍니다. 끝.

보건사회부 장관

9. 보건사회부 공문―민원사안에 대한 질의

보건사회부
번호 지의1422-54637
일시 1982.10.18.
발신 보건사회부 장관
수신 외무부 장관
참조 외주국장
제목 민원사안에 대한 질의

1. 지의1422-50206호('82.8.11)와 관련입니다.

2. 대호로 당부에서 요청한바 있는 "원폭피해자 보상요구"등에 관한 질의사항에 대한 귀부의 회신이 없어 동 민원에 대한 처리가 지연되고 있는 실정인바, 다음사항에 대한 귀부의 의견을 조속히 통보하여 주시기 바랍니다.

―다음―

가. 질의사항에 대한 진행사항
나. 최종처리 예정시기
다. 기타 동 질의사항에 대한 귀부의 의견. 끝.

보건사회부 장관

④ 한국인 원폭피해자 구호, 1983

○ ○ ○

기능명칭: 한국인 원폭피해자 구호, 1983

분류번호: 722.6JA, 1983

등록번호: 17685

생산과: 동북아1과

생산연도: 1983

1. 보건사회부 공문-재한원폭 피폭자 도일 치료실시에 관한 협조요청

보건사회부
번호 지의1422-2207
일시 1983.2.14.
발신 보건사회부장관
수신 외무부장관
참조 아주국장
제목 재한원폭 피폭자 도일 치료실시에 관한 협조요청

    1. 귀부의 적극적인 협조에 힘입어 재한 원폭피폭자 도일치료사업이 원활히 추진되고 있읍니다.
    2. 이에 당부는 '82년도에 도일치료 대상자로 선발된 76명에 대한 도일치료 및 '83년도 도일 치료 대상자 선발 등에 관한 양국간의 실무사항 협의가 조속히 이루어지기를 바라오니 필요한 조치를 취하여 주시기 바랍니다.
      가. 실무협의사항
        1) '82년도에 선발된 도일 치료 대상자 76명에 대한 도일치료 시기 및 절차
        - 도일치료시기는 5월(25명), 7월(25명), 9월(26명)로 양국간에 잠정 합의된바 있으나 일본측 사정이 허락하는 한 3월, 5월, 7월로 앞당겨 실시 코저함.
        2) '83년 도일치료 대상자 선발시기 및 인원수
        - 지금까지 50-75명정도 선발해오던 도일치료 대상자수를 금년 도부터는 100여명으로 확대코자함.
        3) 기타 도일치료에 다른 제반사항
    3. 아울러 '83년도 제1차 도일치료 대상자 및 갑작스런 개인사정으로 도일치료가 곤란할 경우에 대비 후보자 명단을 별첨과 같이 송부합니다.

    첨부: '83년도 제1차 도일치료 대상자 및 후보자 명단1부.[1] 끝.

    보건사회부 장관

---

1) 원본 문서 첨부 누락

2. 외무부 공문(착신전보)—원폭환자 도일치료

외무부
번호 JAW-1073
일시 03051230
수신시간 83.03.05. 20:01.
발신 주일대사(일정)
수신 장관(아일)
제목 원폭환자 도일치료

　　대: 아일 700-05202
　　1. 3.4. 김경님 2등 서기관이 후생성 기획과 원폭 담당관 다나까 과장 보좌를 방문 대호 (1)항의 가능성을 타진한바, 동인은 5월 연휴에 원폭병원 의사들이 대폭 휴가를 취하므로 제1차 도일 환자의 도일 시기를 앞당기기는 어려울 것 같으나, 히로시마, 나가사끼 원폭 병원의 사정을 알아본후 확실히 답해주겠다하고 한국측에서 금년도 환자의 도일 치료시기를 앞당겨야할 특별한 사정이 있으면 알려주면 참고가 되겠다고 함.
　　2. 대호 제2항의 도일 치료자 선발시기 및 치료가 증원문제도 원폭병원측과 협의하여 알려주겠다한바, 동건 추보위계임. 끝

3. 외무부 공문(착신전보)—원폭환자 도일

외무부
번호 JAW-1406
일시 03261250
수신시간 83.03.26. 19:30.
발신 주일대사
수신 장관(아일)
제목 원폭환자 도일

　　연: JAW-1224

연호 후생성은 도일 환자 25명(히로시마 15명, 나가사끼 10명)에 대해 4.26. 부터 입원토록 수속코자 한다는바, 도일 환자명단 조속 송부 바람. 끝.

4. 외무부 공문(발신전보)–원폭환자 도일

외무부
종별 지급
번호 WJA-963
일시 04121930
발신 장관(아일)
수신 주일 대사
제목 원폭환자 도일

　　대: JAW-1628
　1. 일정 수락함.
　2. 원폭수첩신청은 한국 원폭피해자 협회에서 전례에 따라 4.7일자로 환자 전원
　　　(25명)의 신청서를 히로시마 시장과 나카사키 시장에게 국제항공편으로 발
　　　송하였다 하니, 조치 바람. 끝.

5. 주일대사관 공문–원폭환자 도일 치료

주일대사관
번호 일본(정)700-3854
일시 1983.5.9.
발신 주일대사
수신 장관
제목 원폭환자 도일 치료

　　　연: JAW-1804.

1. 5.9. 후생성 관계관의 연락에 의하면, 연호로 도일한 아국인 원폭환자는 히로시마 및 나가사끼 원폭병원에서 순조로이 치료를 받고 있으며, 병원측은 이들이 예정대로 6.26일 전원 퇴원할 것으로 본다합니다. 또한 병원측은, 이들의 퇴원후 병실 확보를 위하여 차기 도일환자가 83.6.27.(월) 도일하여 6.28.(화) 입원하기를 희망하고 있다고 합니다.

2. 후생성은 차기 도일환자수에 관하여 현재의 병원측 사정상 금회 이상의 증원 치료가 어려운 실정이므로 차기 도일 환자수도 금회와 마찬가지로 히로시마 15명, 나가사끼 10명으로 결정하여 명단을 조속히 통보하여 주기 바란다 한 바 동건 보사부측과 협의하여 조치하여 주시기 바랍니다. 끝.

주일대사

6. 보건사회부 공문—재한 원폭피폭자 도일치료 협조 요망

보건사회부
번호 지의1422-6942
일시 1983.5.17.
발신 보건사회부장관
수신 외무부장관
참조 아주국장
제목 재한 원폭피폭자 도일치료 협조 요망

1. 한·일 양국정부간에 합의된 "재한원폭피폭자 도일치료실시에 관한 합의서"에 의거 83년도 도일 치료대상자 76명중 제2차로 25명을 다음과 같이 일본국 "히로시마(15명)" 및 "나가사끼(10명) 원폭병원에 입원조치함에 있어 다음사항에 대한 협조를 요청하오니 필요한 조치를 취하여 주시기 바라며, 아울러 동인들의 여권발급에 적극 협조하여 주시기 바랍니다.
　　가. 도일예정일시: 83.6.27. 09:30 김포출발
　　나. 항공편: KE4734편
　　다. 병원별 도일치료 대상자 및 후보자 명단: 별첨
　　라. 아국측의 보호인솔자 인적사항 및 체일기간
　　　　1) 정부측

○ 보건사회부 의정국 지역의료과 행정주사 왕후동: 히로시마

○ 보건사회부 의정국 지역의료과 보건기사보 임기섭: 나가사끼

2) 한국 원폭피해자 협회측

○ 회장 신영수: 히로시마

○ 부회장 황응팔: 나가사끼

3) 체일기간: '83.6.27-7.2(5박 6일)

마. 차량알선 제공

○ 후꾸오까 공항-역(히로시마 및 나가사끼 행)

○ 역(히로시마 및 나가사끼)-숙소

바. 체일 일정통보

○ 아국정부측의 여행일정표를 일본국 관계기관에 통보하여 체일중 적극 협조토록 조치요망.

첨부: 1. 병원별 도일치료 대상자 및 후보자 명단 1부.

2. 여행일정표 1부. 끝.2)

보건사회부장관

7. 기안-공문 이첩

문서기호 분류기호 아일700-
시행일자 83.5.23.
기안책임자 박석환, 동북아 1과
경유수신참조 보건사회부장관, 의정국장
제목 공문 이첩

주 시모노세키 총영사관에서 재한원폭 피해자 구호에 공이 많은 河村虎太郎 (일본인)에 대하여 국무총리 감사장 수여를 상신해 왔는바, 이는 귀부 업무로 사료되어 이첩하오니, 필요한 조치를 취하여주시기 바랍니다.

첨부: 주시모노세키 총영사관 공문 1부. 끝.

---

2) 원본 문서 첨부 누락

7-1. 첨부-주시모노세키 총영사관 공문-감사장 상신

주 시모노세키 총영사관
번호 시총영725-294
일시 1983.4.6.
발신 주시모노세키 총영사
수신 외무부장관
참조 영사교민국장(사본: 아주국장)
제목 감사장 상신

　　　당관 관내 민단 히로시마현 본부 단장으로부터 재한원폭 피해자 진료와 재한원폭 피해자 일본유치 치료에 12년간이나 진력한 일본인 의사 河村 虎太郎에 대한 국무총리 표창을 상신하여 왔음으로 동건 조사검토한바 동인은 재한원폭 피해자에 관한 실태 파악과 진료를 위하여 의료단을 조직 인솔하여 1971년 이래 10여차에 걸쳐 방한하였으며 재한 환자 중 경제적으로 어려운 환자와 중환자를 일본에 초청하여 무료 치료하여 왔으며 현재도 동인이 경영하는 병원에 3명의 한국인 환자가 무료치료 받고 있읍니다.
동인에 대한 공적서를 별첨 송부하오니 국무총리 감사장을 수여하여 주시기 바랍니다.

　　　첨부: 상기 공적서 및 관련공문 각 1부. 끝.[3]

　　　주 시모노세키 총영사

7-1-1. 첨부-관련공문

在日本大韓民国居留民団広島県地方本部
번호 韓居広本発第22-283号
일시 西紀1982年10月5日

---

3) 원본 문서 첨부 누락

발신 地方團長 金鐘壽
수신 總領事 貴下
제목 功勞者 表彰 수여 上申

　　　在韓原爆被害者에 对한 功勞者 河村 虎太郎氏의 功勞調查書를 添附하여 國務總理 表彰을 上申하오니 公館에서 特別한 配慮를 해주시기를 바랍니다.

8. 보건사회부 공문—재한 원폭피해자 구호등에 대한 유공자 표장에 따른 의견문의

보건사회부
번호 지의1422-7892
일시 1983.6.7.
발신 보건사회부장관
수신 외무부장관
참조 아주국장
제목 재한 원폭피해자 구호등에 대한 유공자 표장에 따른 의견문의

　　1. 아일 700-018235('83.5.24)와 관련입니다.
　　2. 대호와 관련하여 주 시모노세끼 총영사관에서 추천한 河村虎太郎(일본인) 이외에, 당부산하 사단법인 한국원폭피해자 협회(회장: 신영수, 서울 성북구 동소문동 3가 77, 전화 94-4917)에서는 우리나라 원폭피해자에 대한 진료 및 장학금지원등 구호활동을 통한 복지증진에 기여한 다음의 재일거류인 및 일본인에 대하여 당부장관의 표창(감사패)을 상신하여 온 바, 당부 장관의 감사패를 수여코자 하는데 따른 귀부의 의견을 문의하오니 조속히 회신하여 주시기 바랍니다.
　　　　가. 수상자 인적사항

소속	지위	성명	생년월일	비고
한국인 원폭특별대책 위원회	위원장	강문희(姜文熙)	19.6.13	히로시마현 민단의회 의장
일본국 종교법인 선린회	교주	리끼히사 류세끼 (力久隆積)	43.3.29	일본인

| 한국원폭피해자를 | 회장 | 마쓰이 요시꼬 | 28.3.30 | 일본인 |
| 구원하는 시민의회 | | (松井義子) | | |

첨부: 공적조서(강문희, 리끼하사류세끼, 마쓰이 요시꼬)사본 각 1부.[4] 끝.

보건사회부 장관

9. 주일대사 공문-원폭환자 도일치료

주일대사관
번호 일본(정)700-6595
일시 1983.8.4.
발신 주일대사
수신 장관
참조 아주국장
제목 원폭환자 도일치료

　　7.28. 후생성 원폭관계자는 한국인 피폭자 도일치료가 1980년 시행된 이래 금년이 제5회째이며, 연인원 105명에 달한 것을 계기로, 동사업이 궤도에 오른것으로 보고, 히로시마, 나가사끼 원폭병원 관계자와 함께 그간의 아국인 환자 치료상의 문제점을 검토, 시행상의 세부규칙 및 아국정부에 대한 요망사항을 협의하고, 동협의 결과를 당관에 알리면서, 금후의 협조를 부탁하여 왔읍니다. 이를 요지 다음과 같이 보고하오니 보사부 및 원폭협회와 협의 있으시기 바랍니다.
　　　　　　　　　　　　　　－다음－
1. 도일인원
　　도일 인원수는 증원에 관한 한국측 요망에 응하여 후생성 예산 및 원폭병원 측 사정을 고려, 84년도는 100명으로 함.
2. 환자 선발 및 도일치료
　　가. 검진
　　　　－ 검진시기 및 장소는 종래대로 한국측이 결정하나, 그간 빈번한 변경

---

4) 첨부 문서 생략

으로 지장이 있었음을 감안, 추후 변경시에는 일측과 사전 협의함.

- 검진인원은 1일 50명 한도로함.
- 피검진인은 검진 당일 피해증명, 징용영장 당시의 사진, 서간등 피폭자 일정을 위한 참고자료를 지참함. (종전과 같음)
- 검진시 흉부 x선 촬영 검토

나. 수용병원 결정
- 도일자 인원 및 성별, 가족관계, 출신지, 피폭지, 언어 사용등을 고려한국측이 결정.
  (병실 사정은 히로시마 2인실 및 6인실, 나가사끼 4인실 및 6인실)

다. 도일 및 체일 수속
- 도일자의 원폭수첩 교부신청서는 도일 2주일전에 히로시마, 나가사끼시에 도착될것. (단, 한국측이 수첩교부 신청전 일측은 도일자의 명단을 검토하는바, 보결자등이 있는 경우 검토에 어느정도의 시일을 요함).
- 치료가 2개월 이상 걸리는 환자의 경우, 체류기간 연장 수속은 한국측이 함.

라. 병원 규칙 준수
- 치료에 있어 의사의 지시에 따름

마. 외출규칙
- 처음 1개월은 외출불허, 후 1개월은 필요에 응하여 의사 허락을 받아시내에 한하여 3시간 혼자서 외출함.

3. 오리엔테이션 실시에 관한 요망

가. 체일시의 치료 및 외출에 관한 병원측 규칙을 준수하고, 일측이 사실상 규칙을 정할수 없는 면회대상자에 관하여는 한국측에서 적절한 규칙을 정하고, 환자가 이를 준수하도록 환자 도일전에 한국측이 오리엔테이션을 실시해 줄것을 요망함.

나. 의료 행위 및 병원 규칙에 대한 오리엔테이션
- 치료에 있어 간혹 수혈거부등 비협조적인 환자가 발견되는바, 의료행위의 일반 상식에 대한 오리엔테이션 실시를 요망함.
- 원폭병원 진료과목외의 의료행위(예: 치과, 결핵등)는 불가능하므로, 원폭병원의 일반 규칙에 관한 오리엔테이션 실시를 요망함.

다. 면회시간내의 방문자에 대하여는 병원측 감독이 불충분하여, 환자와 직접 관계없는 불순분자(예, 조총련계 인사)의 출입이 가능하므로, 여사한 경우 야기될수 있는 문제 및 이에대한 대응에 관하여 환자들에게 교육 실시를 요망함.

라. 메스컴, 잡지사등에서 인터뷰 신청 및 지방행사(예, 축제등)에의 참가 요청이 있는 경우, 환자가 선별적으로 참석한다면 불참된 행사측으로부터 병원측에 불평이 있을 것이므로, 치료목적의 도일이라는 환자 본연의 자세에 입각하여 일률적으로 불참토록 한국측의 사전 지시를 요망함.

4. 기타 요망 사항

가. 상기 오리엔테이션 실시와 관련, 환자의 면회, 외출등에 관하여 동태파악 및 지도를 책임지고 할수 있는 반장을 한국측이 히로시마, 나가사끼별로 환자중에서 임명해 줄 것을 희망함.

나. 히로시마 민단은 환자들의 출입국에 대한 편의도모 및 병원으로 환자 수시 면회등으로 히로시마 병원측은 사실상 조총련계의 출입을 걱정할 필요가 없음. 나가사끼에서도 여사한 민단의 활동이 있기를 희망함. 끝.

주일대사

10. 외무부 공문(발신전보)-원폭환자

발신전보
번호 WJA-2392
일시 08291500
발신 장관(아일)
수신 주일대사
제목 원폭환자

　　연: WJA-2074
　　대: JAW-3428
　　1. 연호, 보사부에 의하면 83년도 제3차 원폭환자 도일 일정은 83.10.10. 출발 10.11. 입원 조치 계획이라고 하는바, 일 후생성과 협의 후 결과 회신 바람.
　　2. 도일치료 대상자는 당초 26명이었으나 가사 형편등으로 자진포기자 7명이 발생, 3차 도일 대상자는 히로시마 10명 나가사키 9명을 예정하고 있다고

함. 명단 추보 위계임.

　　3. 대호, 도일치료 인솔자 문제 관련, 금번 3차 도일치료시 귀관내지 주 후쿠오카 총영사관 직원 1명의 인솔이 가능한지(10.10.-10.15. 간) 여부 조속 회신 바람. 끝.

11. 외무부 공문(착신전보)—원폭환자

외무부
번호 JAW-3888
일시 08311516
수신시간 83.08.31. 16:29.
발신 주일대사
수신 장관(아일)
제목 원폭환자

　　대: WJA-2392
　　1. 대호 후생성에 통보한바, 후생성측은 1) 10.10이 일본 체육의 날로써 당지 휴일이므로 도착 날자를 10.11. 로 해줄것과 2) 병실 사정상 나가사끼에 남 4명, 여 2명, 히로시마에 나머지 13명 입원 토록 조정해줄 것을 요청한바 회시 바람.
　　2. 치료 대상자의 동일 수속상 명부 작성이 시급한바, 동 일자 명단 조속 송부바람.
　　3. 당관 직원 1명의 금번 동일환자 공항 도착후 입원시까지 인솔 가능함. 끝.

12. 전언통신문—원폭환자 도일치료 대상자 선발 일정 협의

전언통신문
번호 지의1422-231
일시 1983.10.4.

발신 보사부장관
수신 외무부장관
제목 원폭환자 도일치료 대상자 선발 일정 협의

    1. WJA-5528과 관련입니다.
    2. 대호와 관련한 일본 심사단의 방한시기가 11.7.-10.(4일간)이나, 동 4일간
으로는 약 150명의 환자를 대상으로 대구직할시에서 검진하기에는 부적할 것으
로 사료됨으로 다음과 같이 약7일 정도의 기간으로 방한 일정을 조정토록 조치
하여 주시기 바랍니다.

—아래—

83.11.7. (월)	16:00	김포공항 도착
83.11.8. (화)	10:00	보사부 예방
	16:00	서울발 대구행
83.11.9. (수)-11. (금)		환자 심사(대구)
83.11.12. (토)	09:00	대구발 서울행
	13:30	심사판정 협의(서울)
83.11.13. (일)	10:00	김포공항발
		후쿠오카 행

송화자: 보사부 지의과 왕후동
수화자: 외무부 동북아 1과 박석환
통화시간: 10.4. (화) 14:30

⑤ 한국인 원폭피해자 구호, 1984

○ ○ ○

기능명칭: 한국인 원폭피해자 구호, 1980

분류번호: 722.6

등록번호: 17674

생산과: 동북아1과

생산연도: 1984-1984

1. 외무부공문(착신전보)-원폭환자 도일치료

외무부
번호 JAW-6158
일시 12261330
수신시간 83.12.26.. 14:17
발신 주일대사(일정)
수신 장관(아일)
제목 원폭환자 도일치료

1. 12.23. 후생성은 84년도 원폭환자 치료에 관한 일측안을 다음과 같이 통보하면서 동일정에 관한 일측 입장을 설명하고 아측의 협조를 요청해왔음.
가. 84년도 치료 실시일정(년5회, 100명)
1) 제1회
2.6(월) 도일
2.7(화) 입원
4.6(금) 귀국
인원: 히로시마 12명(남6, 여6)
　　　　나가사끼 8명(남4, 여4)
2) 제2회
4.9(월) 도일
4.10(화) 입원
인원 제1회와 동일
3) 제3회
6.11(월) 도일
6.12(화) 입원
8.10(금) 귀국
인원: 전회와 동일
4) 제4회
8.13(월) 도일
8.14(화) 입원
10.12(금) 귀국
인원: 전회와 동일

5) 제5회

10.15(월) 도일

10.16(화) 입원

10.14(금) 귀국

인원: 히로시마 12명(남3, 여9)

　　　나가사끼 8명(남4, 여4)

나. 동스케줄은 종래 아국의 인원 증가요청에 따라 84년도 치료인원이 100명으로 증가되었으므로 후생성이 원폭병원측과 협의를 거듭하여 작성된 것인바, 한국측이 가능한한 동스케줄대로 치료가 실시되도록 협조하여줄것을 요청함.

다. 종래에는 년3회 도일치료를 하였으나, 내년도는 년5회 실시함으로 종래와같이 치료시기를 늦추거나 변경하는 경우, 년내 전원치료가 어려워질수도있음. 또한 년초 1월중 및 년말 12월15일 이후에는 병원사정상 치료가 불가능하므로 스케줄을 엄수하는것이 동사업에 있어 가장 중요한일임.

라. 동스케줄의 검토후 84년도 도일치료자 전원의 명부를 명년초 조속히 통보해줄것을 요망함. 단, 구체적 실시에 있어 인원의 약간의 조정은 가능함.

2. 상기 일측안을 검토후 본부의견 조속 회시바람. 아울러, 후생성의 요망에 따라, 일측안에 적극 협력하는 자세를 보이도록 보사부측과 협의바람. 끝

2. 보건사회부 공문—원폭환자 도일치료

보건사회부

번호 지의1422-2

일시 1984.1.5.

발신 보건사회부 장관

수신 외무부 장관

참조 아주국장

제목 원폭환자 도일치료

1. JAW-6158('83.12.26)와 관련입니다.

2. 대호의 '84년도 원폭환자 치료에 관한 일측안(년5회, 100명)에 대하여 당

부로써는 이의 없으며, 동 스케줄에 따라 최대한 협조코자 하오니 양지하시기 바랍니다.

3. 아울러, '84년도 도일치료자 회수별 전원의 명부를 별첨과 같이 통보하오니 필요한 조치를 취하여 주시기 바랍니다.

첨부: '84년도 제1회 - 제5회 도일환자 명단 1부.[1] 끝.

보건사회부 장관

3. 보건사회부 공문-재한원폭 피폭자 도일치료 협조요망

보건사회부
번호 지의1422-196
일시 1984.1.7.
발신 보건사회부 장관
수신 외무부장관
참조 아주국장
제목 재한원폭 피폭자 도일치료 협조요망

1. 한·일 양국정부간에 합의된 "재한원폭 피폭자 도일치료실시에 관한 합의서(1981.12.1)"에 의거 '84년도 제1회 도일치료 대상자 20명을 별첨과 같이 일본국 "히로시마 및 나가사끼" 원폭병원에 입원조치함에 있어 다음사항에 대한 협조를 요청하오니 필요한 조치를 취하여 주시기 바라며, 아울러 동인들의 여권 및 비자발급에 적극 협조하여 주시기 바랍니다.

　　　가. 도일예정일시: '84.2.6(월) 09:40 김포발

　　　나. 항공편: KE734

　　　다. 병원별 도일치료대상자 명단: 별첨

　　　라. 아국측의 보호인솔자 인적사항 및 체일기간

　　　　　(1) 정부측

　　　　　　　○ 보건사회부 의정국 지역의료관 행정사무관 변철식: 나가사

---

1) 원본 사료 첨부 문서 삭제

> 끼, 히로시마
>> ○ 외무부 주일대사관 직원 1명: 히로시마
> (2) 한국 원폭피해자 협회측
>> ○ 부회장 정기장
> (3) 체일기간: 84.2.6 - 2.11(5박6일)
> 마. 차량편의 제공
>> ○ 후꾸오까공항 → 박다역(히로시마 및 나가사끼행)
>> ○ 역(히로시마 및 나가사끼) → 숙소
> 바. 체일 일정통보
>> ○ 아국정부 및 협회인솔자의 여행일정표를 일본국 관계기관에 통보
>> 하여 체일중 적극 협조토록 조치요망
> 첨부: 1. 병원별 도일치료 대상자 명단 1부.
>> 2. 여행일정표 1부.2) 끝.

보건사회부 장관

4. 보건사회부 공문—재한원폭 피해자 도일치료 협조 요망

보건사회부
번호 지의1422-2822
일시 1984.2.28.
발신 보건사회부장관
수신 외무부장관
참조 아주국장
제목 재한원폭 피폭자 도일치료 협조요망

　　1. 한·일 양국정부간에 합의된 "재한원폭피폭자 도일치료실이에 관한 합의
서(1981.12.1)"에 의거 '84년도 제2회 도일치료 대상자 20명을 별첨과 같이 일본
국 "히로시마 및 나가사끼" 원폭병원에 입원조치 및 의료기 제작업소 시찰에

---

2) 첨부 문서 생략(이중 첨부1은 외료사료관 삭제분임)

있어 다음사항에 대한 협조를 요청하오니 필요한 조치를 취하여 주시기 바라며, 아울러 동인들의 여권 및 비자발급에 적극 협조하여 주시기 바랍니다.

　가. 도일예정일: 84.4.9(월). 09:40 김포발

　나. 항공편: KE734

　다. 병원별: 도일치료 대상자 명단 별첨

　라. 아국측의 보호인솔자, 인적사항 체일기간

　　　(1) 정부측

　　　　　○ 보건사회부 의정국 시설장비과 서기관 박해철(朴海喆): 나가사끼 - 히로시마

　　　　　○ 외무부 주일대사관 직원 1명: 히로시마

　　　(2) 한국원폭피해자 협회측

　　　　　○ 부회장: 황응팔(나가사끼, 히로시마)(黃應八)

　　　(3) 체일기간: 84.4.9-4.14(5박 6일)

　마. 차량편의 제공

　　　○ 후꾸오까공항 - 박다역(히로시마 및 나가사끼행)

　　　○ 역(히로시마 및 나가사끼) - 숙소

　바. 체일일정통보

　　　○ 아국정부 및 협회인솔자의 여행일정을 일본국 관계 기관에 통보하여 체일중 적극 협조토록 조치요망

첨부: 1. 병원별 도일치료 대상자 명단 1부.

　　　2. 여행일정표 1부.[3] 끝.

보건사회부 장관

5. 보건사회부 공문—재한원폭피폭자 도일치료 협조요망

보건사회부

번호 지의1422-5742

일시 1984.4.24.

---

3) 첨부 문서 생략(이중 첨부1은 외료사료관 삭제분임)

발신 보건사회부장관
수신 외무부장관
참조 아주국장
제목 재한원폭피폭자 도일치료 협조요망

    1. 한·일 양국정부간에 합의된 "재한원폭 피폭자 도일치료실시에 관한 합의서(1981.12.1)"에 의거 '84년도 제3회 도일치료대상자 20명을 별첨과 같이 일본국 "히로시마 및 나가사끼" 원폭병원에 입원조치함에 있어 다음사항에 대한협조를 요청하오니 필요한 조치를 취하여 주시기 바라며, 아울러 동인들의 여권 및 비자 발급에 적극 협조하여 주시기 바랍니다.
    가. 도일예정일시: 84.6.11(월) 09:40 김포발
    나. 항공편: KE734
    다. 병원별 도일치료 대상자 명단: 별첨
    라. 아국측의 보호인솔자 인적사항 및 체일기간
        1) 정부측
          ○ 보건사회부 의정국 지역의료과 보건기사보 임성기: 나가사끼, 히로시마
          ○ 외무부주일대사관 직원 1명: 히로시마
        2) 한국 원폭피해자 협회측
          ○ 회장: 신영수(나가사끼, 히로시마)
        3) 체일기간: 84.6.11-6.16(5박 6일)
    마. 차량편의 제공
        ○ 후꾸오까공항 - 박다역(히로시마 및 나가사끼행)
        ○ 역(히로시마 및 나가사끼) - 숙소
    바. 체일일정통보
        ○ 아국정부 및 협회인솔자의 여행일정을 일본국 관계기관에 통보하여 체일중 적극 협조토록 조치요망
  첨부: 1. 병원별 도일치료 대상자 명단 1부.
      2. 여행일정표 1부.[4] 끝.

보건사회부 장관

---

4) 첨부 문서 생략(이중 첨부1은 외료사료관 삭제분임)

6. 보건사회부 공문-재한 원폭피폭자 도일치료 협조요망

보건사회부

번호 지의1422-4235

일시 1984.7.4.

발신 보건사회부장관

수신 외무부장관

참조 아주국장

제목 재한 원폭피폭자 도일치료 협조요망

    1. 한·일 양국정부간에 합의된 재한원폭피폭자 도일치료실시에 관한 합의서(1981.12.1)에 의거 '84년도 제4회 도일치료 대상자 20명을 별첨과 같이 일본국 "히로시마 및 나가사끼" 원폭병원에 입원조치함에 있어 다음사항에 대한 협조를 요청하오니 필요한 조치를 취하여 주시기 바라며, 아울러 동인들의 여권 및 비자발급에 적극 협조하여 주시기 바랍니다.

    가. 도일예정일시: '84.8.14(화) 09:40 김포발

    나. 항공편: KE734

    다. 병원별 도일치료대상자 명단: 별첨

    라. 아국측의 보호인솔자 인적사항 및 체일기간

        1) 정부측

            ○ 보건사회부 의정국 지역의료과 서기관 이홍윤: 나가사끼, 히로시마

            ○ 외무부 주일대사관 직원 1명: 히로시마

        2) 한국원폭피해자 협회측

            ○ 부회장: 서성용(나가사끼, 히로시마)

        3) 체일기간: 84.8.14-8.19(5박 6일)

    마. 차량편의 제공

        ○ 후꾸오까공항 ― 박다역(히로시마 및 나가사끼행)

        ○ 역(히로시마 및 나가사끼) ― 숙소

    바. 체일일정 통보

        ○ 아국정부 및 협회인솔자의 여행일정을 일본국 관계기관에 통보하여 체일중 적극 협조토록 조치요망

    첨부: 1. 병원별 도일치료대상자 명단 1부.

2. 여행일정표 1부.5) 끝.

보건사회부 장관

7. 보건사회부 공문─재한원폭피폭자 도일치료 협조요망

보건사회부
번호 지의1422-11955
일시 1984.9.3.
발신 보건사회부장관
수신 외무부장관
참조 아주국장
제목 재한원폭피폭자 도일치료 협조요망

    1. 한·일 양국정부간에 합의된 "재한원폭피폭자 도일치료실시에 관한 합의서(1981.12.1)"에 의거 '84년도 제5회 도일치료대상자 11명을 별첨과 같이 일본국 "히로시마" 원폭병원에 입원조치함에 있어 다음사항에 대한 협조를 요청하오니 필요한 조치를 취하여 주시기 바라며, 아울러 동인들의 여권 및 비자발급에 적극 협조하여 주시기 바랍니다.
      가. 도일예정일시: '84.10.16(화) 09:40 김포발
      나. 항공편: KE734
      다. 도일치료 대상자 명단: 별첨
      라. 아국의 보호인솔자 인적사항 및 체일기간
         ○ 보건사회부 의정국 지역의료관 보건기사보 임성기
         ○ 체일기간: '84.10.16(화) - 10.19(금) 4일간
      마. 체일일정통보
         ○ 아국정부의 여행일정을 일본국 관계기관에 통보하여 체일중 적극 협조토록 조치요망(이번 5차에는 환자들의 사정에 따라 나가사끼에서 치료를 받을 대상이 없음)

---

5) 첨부 문서 생략(이중 첨부1은 외료사료관 삭제분임)

첨부: 1. 도일치료 대상자 명단 1부.
    2. 여행일정표 1부.6) 끝.

보건사회부 장관

---

6) 첨부 문서 생략(이중 첨부1은 외료사료관 삭제분임)

⑥ 한국인 원폭피해자 구호, 1984-5

○ ○ ○

기능명칭: 한국인 원폭피해자 구호, 1984-5

분류번호: 722.6

등록번호: 17673

생산과: 동북아1과

생산연도: 1985-1985

1. 보건사회부 공문-'85 원폭 환자 도일치료 사업 계획 통보

보건사회부
번호 지의1422-15359
일시 1984.11.20.
발신 보건사회부장
수신 외무부장관(아주)
제목 '85 원폭 환자 도일치료 사업 계획 통보

　　　'85년도 원폭환자 도일치료 사업이 다음과 같이 확정되었기 통보하니 일본 후생성과 협의하여 세부일정을 조속히 회신하여 주시기 바랍니다.
다음

　　가. 도일치료일정

　　　　1차 20명 3월경　　　(히로시마 12명, 나가사끼 8명)

　　　　2차 20명 5월경　　　(　　　　　　　〃　　　　　　　)

　　　　3차 20명 7월경　　　(　　　　　　　〃　　　　　　　)

　　나. 도일치료 대상자 명단: 별첨

　　보건사회부 장관

2. 주일대사관 공문-원폭환자 치료보고서 및 85년도 계획서 송부

주일대사관
번호 일본(정)700-9025
일시 1984.11.26.
발신 주일대사
수신 장관
참조 아주국장
제목 원폭환자 치료보고서 및 85년도 계획서 송부

1. 후생성으로부터 접수한 원폭환자치료에 관한 보고서 및 85년도 원폭환자 도일치료에 관한 계획서를 별첨 송부합니다.

2. 후생성은 특히 85년도 도일치료단과 관련, 하기사항에 대한 협조를 요청하여 왔는바, 참고 바랍니다.

가. 치료단 구성시 히로시마 및 나가사끼 병원에 남·녀 각 1명의 일어가능 환자 배치 요망

나. 나가사끼 병원의 경우 남·녀 각 4명으로 매회 8명씩 40명, 히로시마 병원 경우 1~4회까지는 남·녀의 수를 짝수로 하고 제5회 치료단의 경우만 홀수로 하여 남·녀 총 60명으로 함.
(치료단을 남·녀별 짝수로 구성하여 줄것을 요망하는 것은 2인 1베드 사용관계라함.)

다. 도일치료 입국수속을 위해 치료자 명단 및 피폭자 건강 수첩 교부 신청서를 가능한 조속히 제출요망

라. 별첨 입원 규정을 사전에 충분히 숙지시켜 주기 바람.

첨부: 원폭환자 치료 보고서 및 85년도 계획서.[1] 끝.

주일대사

3. 보건사회부 공문―원폭환자 도일치료에 관한 회신

보건사회부
번호 지의1422-16284
일시 1984.12.8.
발신 보건사회부장관
수신 외무부장관
제목 원폭환자 도일치료에 관한 회신

1. 아일700-45988호(84.12.7)와 관련임.
2. '85년도 원폭환자 도일치료는 당부 계획에 의거, 각 20명씩 3회에 걸쳐

---

[1] 원본 사료 첨부 문서 삭제

실시코자하며, 잔여인원 40명에 대하여는 '86년도 도일치료 대상자로 계획중임.

　　　3. 일측의 일정안에 대하여는 아래와 같이 감축하여 수락하며 도일치료와 관련된 사항(인원배분, 입원규정)에 대하여는 최대한 협조코자하니 일측과 협의하여 당부 계획대로 60명만 도일치료가 되도록 조치하여주시기 바랍니다.

아래

　　　1차 도일치료 일시: 20명. 85.3.26.

　　　2차 도일치료 일시: 20명, 85.5.28.

　　　3차　　　　〃　　　: 20명. 85.7.30.

첨부: '85도일치료 대상자 명단 1부.2) "끝"

보건사회부 장관

4. 면담요록

면담요록

1. 일시: 1985년 1월 8일(화요일) 16:40시~17:00시
2. 장소 동북아 1과
3. 면담자: 김석우 동북아 1과장, 스다 1등 서기관
4. 내용:

　스다:

　　○ 한국원폭 피해자협회 신영수 회장이 12.21. 일본 의무성 아주국 "야나이" 참사관을 방문, '85년 도일 치료 대상자 100명중 아국 보사부 예산 관계상 여비 부담을 60명밖에 할수없어 40명이 혜택을 받지 못하게 되었는 바, 동 40명의 왕복 여비를 일본측이 부담하여 줄 것을 요청하였음.

　　○ 상기 40명의 도일 경비를 한국측이 부담해줄 수 있는지 알고 싶음.

　과장:

　　○ '85 원폭환자 도일치료 계획은 아국 관계부처에서 기결정되어 주일 대사관을 통해 귀국에 기전달됐음.

　　○ 상기 요구사항은 관계부처에 통보하겠음.

---

2) 원본 사료 첨부 문서 삭제

5. 외무부 공문(착신전보)—원폭환 입국

외무부
번호 FUW-64
일시 03261740
수신시간 85.03.27. 10:35
발신 주 후쿠오카 총영사
수신 장관(아일)
사본 주일대사(일정) 중계필
제목 원폭환 입국

　　대: JFU-03
　　대호 '85년도 제1차 도일치료자 16명, 금일(3.26) 당지도착 히로시마 병원
(10명) 및 나가사끼 병원(6명)으로 각각 향발 하였음을 보고함.
　　(총영사 정구욱-국장)

6. 보건사회부 공문—재한원폭피폭자 도일치료 협조요망

보건사회부
번호 지의31225-4289
일시 1985.4.15.
발신 보건사회부장관
수신 외무부장관
참조 아주국장
제목 재한원폭피폭자 도일치료 협조요망

　　1. 한·일 양국정부간에 합의된 "재한원폭피폭자 도일치료 실시에 관한 합의
서(1981.12.1)"에 의거 '85년도 제2회 도일치료대상자 20명을 별첨과 같이 일본
국 "히로시마 및 나가사끼" 원폭 병원에 입원 조치함에 있어 다음사항에 대한
협조를 요청하오니 필요한 조치를 취하여 주시기 바라며, 아울러 동인들이 여권
및 비자 발급에 적극 협조하여 주시기 바랍니다.

가. 도일예정일시: '85.5.28(화) 09:40 김포발

나. 항공편: KE734

다. 아국의 보호인솔자 인적사항 및 체일 기간

    ○ 보건사회부 의정국지역의료과 간호기좌 황금복(黃金福)

    ○ 보건사회부 의정국의료 제도과 별정5급 서광원(徐光源)

    ○ 체일기간: '85.5.28 - 6.2(6일간)

라. 체일일정통보

    ○ 아국정부의 여행일정을 일본국 관계기관에 통보하여 체일중 적극 협조토록 조치요망.

  첨부: 1. 도일치료대상자 명단 1부.

       2. 여행일정표 1부3). "끝"

보건사회부 장관

7. 착신전문─유공자 표창

착신전문
번호 JAW-1949
일시 05101353
발신 주일대사
수신 장관(아일)
제목 유공자 표창

   대: 아일700-10640

   1. 대호 우지이에 일본 TV 부사장은 일본의 민간 TV방송 30개사가 참가하는 자선단체인 24시간 TV위원회(78년 창설)의 위원장으로서 그간 일본 및 세계 각국의 복지문제를 다루는 다수의 프로그램을 제작, 이를 민방을 통해 방영하고 필요시 시청자들에 대한 모금운동도 전개해오고 있음.

   2. 특히 동인은, 현재 한국인 원폭피해자중 일부가 일정부의 지원으로 도일

---

3) 원본 문서 첨부 삭제

치료를 받고 있기는 하나 고령, 병약자의 경우에는 도일치료가 물리적으로 불가능하는점을 고려하여 이들이 한국내에서 치료를 받을수 있도록 하기위해 모금 캠페인을 실시, 83년 이후 2차에 걸쳐 일화 총 600만엥을 모금하여 한국인 원폭 피해자 10명의 국내 치료비용을 지원 하였으며 금년중에 제3차 지원사업을 실시할 예정으로 있음.

3. 이상의 우지이에씨의 인도적 사업 공적에 비추어 아국 정부가 동인을 표창하는 것은 동인의 금후 활동을 격려함은 물론 일민간 TV 방송에 대한 홍보 효과도 기대되어 바람직한 것으로 사료됨. 끝.

(공사 이기주-국장)

8. 일본정부에 대한 요망서

일본정부에 대한 요망서

(1985년 6월 10일 제출)

1. 한국 피폭자를 위한 지역별(전국 약 7개처) 복지 센타의 건립을 요망함.
   1개 센타별 의사 1명, 간호원 2, 3명이 피폭자의 건강 진단과 간단한 치료를 하고 중병 환자가 발생시는 종합병원에 이송하고 지부 회원의 친목과 피폭자의 의지할곳으로 하고 여러가지 상담 상대도 하고 지부 사무소로 겸해 활용함.
2. 한국 피폭자의 한국내의 치료비를 일본정부가 부담하여 줄것을 요망함.
   한국인을 포함 외국인이라도 일본 국내에 있을 경우 피폭 수첩 소지자는 치료비를 일본 정부가 부담하게 된것이 원폭 의료법이므로 국외 피폭자의 치료비를 일본 정부가 부담하여 줄것을 요망함.
3. 한일 양국 정부합의에 의한 도일 치료 사업을 기간 만료 후에도 연장, 계속 실시하여 줄것과 단, 환자 여비를 일본정부가 부담하여 주고 치료 인원수를 년간 200명 이상으로 증원하여 줄것을 요망함
   (ㄱ) 당초 양국 정부 합의서 작성시 피폭자의 의사반영이 없이 결정된 합의 서임으로 기간 연장과 비용을 일본 정부가 부담하고 환자 인원수를 증원하여 줄것을 요망하며,
   (ㄴ) 매년 일본 심사단이 내한 재한 피폭자와의 접촉으로 한국 피폭자의 실

태 인식과 이해에 많은 도움이 되고,

(ㄷ) 한국에서 받아보지 못한 일본의사와 간호원의 정성 어린 처우에 감동하여 피폭자들이 치료를 마치고 귀국시, 의사와 간호원과의 송별시 진심에서 우러나오는 석별의 정을 못이겨 흘리는 눈물이야 말로 진정한 한일 친선에 참된 운동으로 보며 국위 손상이나 한일 친선에 역행되는 점이 추호도 없고 정정당당히 받아야할 한국 피폭자의 권리를 일본 정부로부터 받는것임.

4. 한국 피폭자의 실태조사를 위한 필요 경비를 일본 정부가 부담하여 줄것을 요망함.

한국내 피폭자의 정확한 인원수를 파악치 못하고 있음을 폐협회의 최대 비통한 일로 생각하여 일본 정부는 피폭자 전체상황 파악을 위하여 대대적인 실태조사를 계획하고 있음으로 한국 피폭자를 제외하고는 피폭 전체 상황은 알수 없는 것으로 한국 피폭자의 실태조사비를 일본정부가 부담하여 줄것을 요망함.

5. 2세, 3세에 대한 건강진단을 시행하고 그 경비를 일본 정부가 부담하여 줄것을 요망함.

피폭 본인들의 건강 진단도 못하고 있는 우리 실정에 2세, 3세의 건강 진단은 어려운 일이나 일본에서 2세, 3세도 건강관리를 시행할시 한국의 2세, 3세도 동등한 처우를 받게 해줄것을 요망함.

日本政府に対する要望書

1. 韓國內に　韓國被爆者の為の　原爆綜合病院建立を要望します。

2. 韓國被爆者の為　地域別(全國約10個処)福祉センターの建立を要望します。

3. 韓國被爆者の　韓國內治療費を　日本政府が負担して下さること要望します。

4. 韓日両国政府合意に依る　渡日治療事業を　期間満了后といえども　これを延長して継続実施すること。

但し：患者の旅費を日本政府が負担すること。治療人数を年間200名以上に
増員することを　要望します。

5. 韓国被爆者の実態調査の為の　必要経費を　日本政府が負担して下さることを　要望します。

6. 被爆二世及三世に対する　健康診断を施行して　其経費を日本政府が　負担して下さることを　要望します。

　　　　　　　　1985年6月10日
　　　　　　　　ソウル特別市城北区東小門洞3街77番地
　　　　　　　　社団法人　韓国原爆被害者協会(94—4917)

　　　　　　　　　　各項目に対する註釈

1. "原爆病院"　建立について。
　　韓國に日本側が(民間或いは政府の資金で)原爆綜合病院を建立して"韓日友好原爆記念病院"と　名付けて　韓国側に寄贈することは　いろいろな意味で意義あることだと思います。　しかし、多額の資金も必要ですし、募金等をするとしたら日にちもかかることですから　これ専ら　日本側の善意におまかせする外ありません。
2. "福祉センター"　建立について。
　　原爆病院よりも費用もすくなく　建物一棟か二棟程度にして　家庭医一名、看護婦2・3名が　被爆者の健康診断をしたり　簡単な治療をして　重病患者が出た場合　綜合病院に送るか　日本の原爆病院に送るかします。　支部会員達の拠りところともなって　いろいろな相談相手にもなります。　各支部(現在約7個処)所在地に建てます。弊協会の当面の事業目標としています。
3. 韓国内治療費を日本政府が負担することについて。
　　韓国人を含めて外国人と雖も日本国内に居る場合、被爆手帳をもっている被爆者の治療費は日本政府が負担することになっているのが原爆医療法です。属地法だと主張されるから困りますが　何かの方法を講じてでも　原爆手帳所持者の　国外治療費を日本政府が負担して下さい。
4. 渡日治療の延長
　　韓日両国政府合意に依る渡日治療について　弊協会は当初　これは被爆者の意思とは関係のない　被爆者の頭越しに　被爆の何たるかを知らない人達がきめた　お茶をにごす為の　形式的なものだから　全面的に　これに応じないつもりでありました。

しかし　これを施行して約4年間　いろいろな経験から　思わぬ副産物が出て
きました。

A．毎年審査に来られた　厚生省と広島、長崎市のお役人さん両市原爆病院
のお医師さん達が　直接大勢の韓国の被爆者達と接触して　韓国被爆者の実
態を認識し　理解に大いに役立ったと思うこと。

B．渡日治療の為　両市原爆病院に入院した韓国人被爆者達が　差別され蔑
視と冷遇　形式的な治療に終るのではないかと心配したけれども　これは全
くの杞憂で　韓国では受けられなかった　被爆者に対する理解ある態度に　患
者一同感謝していること。

C．韓国の一部の人達は　被爆者達の日本往来は　国威を傷づけたり　韓日親
善に水を差すような結果になるのではないかと杞憂する人もいるのだが　こ
れ又　全くの杞憂で　医師、看護婦の真心からなる処遇に心から感謝して　送
別の場で涙を見せる場面を演じたり　帰国后も文通しあう等　却って　韓日親
善の為　大いに役立っていること。

以上のような　思わぬ結果を得たので　当協会は"渡日治療"の延長継続を強
力に要望します。

但し　患者の往復旅費は日本政府が持つべきで　被爆者往復旅費を韓国政府
が持つということは被爆後遺症が何たるかを全然理解しない韓国社会に於
いて　予算の確立は至難の状況ですので　今までの経験を通して見ても　この
方式は渡日治療事業自体を抛棄することを　意味します。

往復旅費は患者一人当り日本円約十萬円と見積って年間200名にして　2千萬
円位のものです。

5. 韓国内に被爆者が何人居るかも把握していないことは弊協会の最も悲しみ
とすることろです。聞くところに依りますれば日本政府は　被爆全体像把握
の為　大々的な実態調査をされる由。韓国被爆者を抜きにしては被爆全体像
とはいわれないこともありますので　韓国被爆者の　実態調査費を　日本政府
が負担して下さることを要望します。ちなみ(因)に弊協会が韓国政府に要求
した実態調査費は　1萬名分として　約1億WON　日本円にして約3千5百萬円
でしたが　全額削除されました。

6. 二世、三世の健康診断
被爆本人に対する健康も出来ない韓国の場合　二世三世迄には到底手が届き
ませんので　日本に於いて　二世三世に対する健康管理を　される場合は韓国
被爆者の二世三世にも　同等の恩恵を施こされることを要望します。

1985年6月10日

社団法人 韓国原爆被害者協会

9. 보건사회부 공문—재한원폭피폭자 도일치료 협조요망

보건사회부
번호 지의31225-7407
일시 1985.6.27.
발신 보건사회부장관
수신 외무부장관
참조 아주국장
제목 재한원폭피폭자 도일치료 협조요망

　　　1. 한·일 양국정부간에 합의된 "재한원폭피폭자 도일치료실시에 관한 합의서(1981.12.1)"에 의거 '85년도 제3회 도일치료 대상자 22명을 별첨과 같이 일본국 "히로시마 및 나가사끼" 원폭병원에 입원조치함에 있어 다음사항에 대한 협조를 요청하오니 필요한 조치를 취하여 주시기 바라며, 아울러 동인들의 여권 및 비자발급에 적극 협조하여 주시기 바랍니다.
　　　　가. 도일예정일시: '85.7.26(금) 09:40 김포발
　　　　나. 항공편: KE734
　　　　다. 아국의 보호인솔자 인적사항 및 체일기간
　　　　　　○ 보건사회부 의정국 지역의료과 행정주시 이곤호(李坤昊)
　　　　　　○ 보건사회부 기획관리실 기획예산과 별정6급 장기호(張基浩)
　　　　　　○ 체일기간: '85.7.26 - 7.31(6일간)
　　　　라. 체일일정통보
　　　　　　○ 아국정부의 여행일정을 일본국 관계기관에 통보하여 체일중 적극
　　　　　　　협조토록 조치요망.
　　　첨부: 1. 도일치료대상자 명단 1부.
　　　　　　2. 여행일정표 1부.[4] "끝"

---

4) 첨부 문서 생략(이중 첨부1은 외료사료관 삭제분임)

보건사회부 장관

10. 외무부 공문(착신전보)-원폭환자 입국

외무부
번호 FUW-0195
일시
수신시간 85.07.26. 21:37
발신 주 후쿠오카 총영사
수신 장관(사본: 주일 대사)(아일, 일정)
제목 원폭환자 입국

　　대: JFU-0016
　　1. 대호, 85년 제3차 도일치료 예정자 22명중 16명, 금일(7.26) 당지 도착, 히로시마 병원(8명) 및 나가사끼 병원(8명)으로 향발하였음.
　　2. 당초 22명 입국 예정이었으나, 16명 입국, 나머지 6명은 출국수속 지연으로 입국치 못했으나 수일내 입국할 예정이라함. 끝.
　　(총영사 정구욱-국장)

11. 한국피폭자들의 현황

韓國被爆者들의 現況

(1945.8.6. 投下된 原爆의 原子雲)

머릿말

한국원피해자들은 "한국의 학계를 위시해서 일반사회가 원폭후유증(原爆後遺症)에 대해 이해가 없다고 한탄하고 있다. 원폭피해자들은 특별한 병을 가진게 없고 그저 일반사람들과 똑같이 아무나 걸릴 수 있는 일반병 환자들이며 이 사람들을 특별히 따라 구분해서 무슨 대책을 세울 필요가 없다는 의견까지 있기 때문이다.

그렇다면 과연 원폭후유증은 무엇인가 일본에 있는 30여만명의 원폭피해자들도 일반 사람이 걸리는 일반병 환자이지 무슨 특별한 병명을 가진건 없다. 그러나 일본 정부는 연간 1조억엥(円)이상의 국고를 써가며 피폭자들의 건강관리를 하고있다.

방사능에 오염된 사람들은 크고 적고간에 가지가지 신체상의 장애를 받고 있다. 꼬집어서 원폭후유증을 과학적으로 어떠한 것이라고 증명하기는 현대의학으로는 곤란하나 방사능이 인체에 치명적인 작용을 하고 있다는것은 사실이다. 예를 들자면 고려인삼이 탁월한 약용가치가 있다는 것을 세계각국에서 인정하면서도 어떠어떠한 성분이 어떻게 작용하여서 그러한 특출한 효능을 가지고 있다는 것을 증명하지 못하고 아직도 연구과제로 남어있는것과 같다.

"원폭후유증" 이라는 병명은 세계 어느나라 의학계에서도 사용치 않고 다만 일본에 있는 일부 전문의 만이 쓰고 있는 병명이다. 일본 전문의들의 말을 빌리건대 피폭자들은 피로하기 쉽고 모든 병에 걸리기 쉬우며 병에 걸리면 잘 낫지 않고 백혈병과 각종 암(癌)등 난치병에 걸리는 비율이 일반인보다 월등히 높으며 그러한 고로 항시 건강관리를 게을리해서는 않된다는 것이다. 유전(遺傳)에 관한것은 아직도 막대한 자금을 들여 연구하고 있으나 결론을 내리지 못하고있는 형편이다.

일본에서 막대한 국고와 지방세비를 들여 원폭피해자들의 건강을 관리하고 있는데 비해 한국인 피폭자들은 어떠한 처지에 있는가.

한마디로 말해서 아무 대책도 없는 것이다. 한국피폭자와 일본 피폭자들을 자주 비교하게 되는데 일본은 G.N.P가 높으니까 잘 해주겠지하는 것은 말도 아니되는 것이다. 일본피폭자들은 자기 나라가 잘못해서 전쟁을 일으켰고 그때문에 피해를 본것이지만 우리 한국피폭자들이야말로 억울하기 짝이 없는 것이다. 일제(日帝)의 수탈(收奪), 강제연행(强制連行)등 가지 가지의 고난과 피해 부조리 등을 감내했던 우리는 당당하게 피해보상을 받을 권리가 있다. 우리의 피해보상청구권(被害補償請求權)은 엄연히 유보되고 있고 미국이나 일본 아니면 한국정부 어느 정부에선가 보상해주어야 마땅한 것은 자명한 일이다.

그렇다면 피폭 40년이 되는 오늘날까지 왜 아무 대책도 못받고 있었던 것인가. 한마디로 우리 피폭자들이 너무 무력하였기 때문이기도 하지만 그 동안 8.15건국이다. 6.25 동란이다, 월남파병이다, 쉴 새 없이 국란이 겹쳐오고 어느 하가에 원폭피해자들을 돌볼 여가가 없었던 것도 원인의 하나로 지적 되겠다. 그러나 이제 대부분 피폭자들은 노년기(老年期)에 접어 들었고, 한맺힌 생애에 종언(終焉)을 고할 날도 머지않다.

한국원폭피해자들의 한맺힌 사연과 역사적 배경 법적(法的)위치, 국제적 여론등을 고려해서라도 이 문제는 하루빨리 해결되어야 할 일이다.

다행히 요즈음 일본 정부에서도 무엇인가 대책을 고려하고 있는듯이 의사를 표시하고 있으니 우리 정부와 정계(政界)에서도 이문제를 진지하게 토의해서 근본 대책을 세우도록 해주시기 바라는 바이다.

아울러 한국 일반 사회에서도 이 문제에 대한 관심과 여론을 제고(提高)시켜 주시기 바라는 마음 간절하다.

차례

1. 韓國에 原爆被害者가 왜 생겼나.

武斷 日本 軍國主義가 侵略野慾으로 挑發한 第二次 世界大戰末期 우리 民族抹殺 政策으로 韓國에서 살 수 없는 同胞가 廣島市와 長崎市에 流浪居留했든 住民과 强制 微兵, 微用, 挺身隊 等의 名目으로 侵略戰爭道具로 酷使當하던 同胞를 合쳐 廣島市에 8萬餘名, 長崎市에 6萬餘名이 居住하고 있었읍니다.(內務省警保局 調査別表 1, 2 韓國人人口推移參照).

1945年 8月6日 廣島市와 8月 9日 長崎市에 聯合軍側이 投下한 原子爆彈에 兩市에서 約 40餘萬名에 가까운 人命이 떼죽음을 當한 中에 무고한 우리 同胞가 兩市에서 10 餘萬名이 被爆을 當했읍니다.

이중 被爆 死亡者가 5萬余名

〃　　重傷者가 3萬余名

〃　　輕傷者가 2萬余名(參照, 韓國人 被害狀況表1)으로 推定됩니다.

2. 韓國原爆被害者의 實數

위 被爆 生存者는 生地獄에서 千辛萬苦끝에 4萬餘名이 祖國의 光復과 더불이 不

具의 몸으로 歸國, 기나긴 歲月을 原爆後遺症으로 신음하다 病治療에 家産을 湯盡하고 病에 시달리다 지쳐 숨겨간 怨靈이 全般입니다.

現在 生存 被爆者가 約 2萬餘名이 全國에 散住하고 있는 것으로 推定되나 其之間 保健社會部를 爲始해서 몇々 國體에서 實態調査를 한 바 있으나 아직도 正確한 全體 人員數는 把握치 못하고 있어 正確한 被爆者의 實數는 알길이 없는 實情입니다. 被爆者數字도 모르고 있다니 이 얼마나 痛嘆할 일입니까?

3. 原爆被害者의 特異性
　　原爆後遺症은
　　(1) 外傷이 없이 겉으로는 아무렇지 않은 것 같아도 恒常 疲勞하기 쉽고,
　　(2) 모든 病에 걸리기 쉬우며,
　　(3) 一般病에 걸리면 잘 낫지 않고,
　　(4) 特히 白血病, 癌 等의 難治病에 걸리는 比率이 一般人보다 越等하게 높습니다.
　　(5) 原因도 모르고 病名도 모른 채 손발이 썩어저 가다 죽는 사람도 있습니다.
　　이러한 緣由로 病床에서 生存被爆者는 40餘年間을 後遺症으로 시달리는 동안 病治療費로 家産을 湯盡하고 全般이 病苦와 貧困의 惡循環으로 悲慘한 죽음만을 기다리는 生活 속에서 허덕이고 있습니다.

4. 韓國原爆被害者協會(1967.7.10 保社部 認可)
　　위와 같은 慘酷한 慘狀속에서 臥席橫死만을 期待릴 수 없어 被爆者들은 自救手段으로 1965年부터 同志를 糾合하여 1967年 7月 10日字로 保健社會部 長官으로부터 社團法人 韓國原爆被害者援護協會를 設立(後에 被害者協會로 名稱變更) 第794號 認可를 받어 協會 會員의 登錄 接受와 國內外에 弘報活動과 關係機關 韓日兩國 政府에 數次에 걸쳐 陳情, 嘆願, 呼訴를 하였으나 被爆 40年이 되는 現在까지 兩國政府는 이렇타 할 援護對策이 없읍니다.

5. 日本의 被爆者對策
　　그러나 日本人被爆者들에겐 1957年부터 被爆者에 對한 「原爆醫療法」을 制定, 1968年에는 「同特別措置法」을 制定하고, 每年 數百億円 數千億円의 救護豫算을 策定 救護하고 있읍니다.
　　參照 別添(年度別 原爆被爆者對策豫算狀況)

6. 被害補償請求에 對한 日本政府의 答辯
　　日本人 被爆者는 자기네가(自國)挑發한 侵略戰爭으로 받은 被爆被害임으로 諦念할 수도 있으나

原爆을 投下한 美國政府에 對해 "샌프랜시스코條約"에서 對美補償請求權을 抛棄, 無條件 降伏한 日本被爆者와는 全然立場이 다른 우리 韓國被爆者는 當時 나라 없는 百姓으로 强制로 끌려가 侵略戰爭의 道具로 酷使中 慘酷한 죽음과 被害를 입은 우리의 被害補償要求에 對해 日本政府로서는 自己네 國民(被爆者)보다 몇 倍 몇10 倍의 被害補償과 救護의 責任을 져야 함에도 不拘하고,

이제와서는 韓日會談 請求權 協定에서 모든 責任이 淸算되었다고 拒否하니 이 日本政府의 沒人情한 處事는 있을 수 없는 일입니다.

韓日會談 當時 우리 被爆者에 對한 被害補償 및 救護對策에 對해 兩國政府 代表者間에 一言半句도 言及치 않고 擧論, 論議조차 안된 問題를 日本政府는 韓日請求權 協定으로 우리의 被害補償 請求權은 消滅되었다고 말하면서, 그러나 人道的 立場에서 무엇인가 考慮하겠다 하면서도 아직도 根本的인 對策은 없습니다.

7. 韓國政府의 責任

그러면 日本政府가 主張하는 대로 韓日會談의 對日民間請求權 資金에 우리 被爆者의 被害補償을 우리政府가 받았다면 우리韓國政府는 마땅히 우리 被爆者에게 被害補償과 救護對策을 해주어야 할 全責任이 있다고 보는데 우리 韓國政府도 被爆 40年이 經過되도록 被害補償 커녕 救護對策의 計劃조차 보이지 않으니 이 억울함을 어디다 呼訴하고 嘆願해야 합니까?

우리는 어느 政府에게 責任을 追窮해야 합니까?

8. 韓國被爆者가 日本全被爆者의 約一割

日本에서 말하기를 韓國被爆者가 日本被爆者의 一割 以上을 占有하고 있다는 公表를 한 바 있으니 日本政府는 우리에게 被害補償 責任을 淸算할 때까지 政府와 政府間의 節次上 時日이 所要된다면 至今까지 自己네 日本被爆者에게 施行하고 있는 原爆醫療法 및 同措置法에 依한 豫算額의 一割만이라도 施行初부터 지금까지 遡及해 韓國被爆者를 救援해 주어야 할 것입니다. 萬一 그렇게 한다면 其額數가 數千億 円에 達할 것임에도 至今껏 한푼의 補償커녕 救護조차도 생각치 않고 있으니 이 얼마나 우리 被爆者를 蔑視하고 우리 政府를 無視하는 處事입니까. 參照(日本 年度別 原爆被害者對策豫算狀況 2, 3)

9. 韓國被爆者의 法的地位

(日本最高裁判所의 判示)

1970年 12月 日本에 密入國한 韓國被爆者 孫振斗氏는 『내 몸을 이렇게 한 것은 日本政府이니까 日本政府는 責任지고 治療해 내라』 呼訴하고 1971년 日本福岡縣에 被爆者 健康手帖의 交付를 請求하였으나 福岡縣은 『外國人 被爆者에겐 手帖을 交付할 수 없다』라고 却下해서 이에 孫氏는 1972年 10月 福岡縣, 厚生省을 相對로 『被爆

者 健康手帳申請却下處分取消訴訟』을 提訴해 이 裁判過程에서 在韓被爆者에 對한 日本政府의 戰爭責任追及까지 鬪爭을 持續, 그리하여 1978年 3月 30日 最高裁判所 는『日本政府는 韓國人 被爆者에 對해 國家補償의 責任이 있다』라는 主旨의 孫氏에 對한 全面勝訴를 判示했읍니다.

이 判示로 미루어 보아도 우리 韓國被爆者에게 日本政府는 當然히 國家補償의 責任이 있는 것을 明示한 判示로 韓國被爆者의 法的 地位를 明確히 表示된 것으로 보며, 따라서 우리 韓國原爆被害者는 日本政府에 對해 國家的으로 被害補償을 받을 權利가 있고 請求할 權利가 있는 것입니다.

10. 韓國政府(保社部)의 見解

위와 같이 韓國被爆者는 日本政府에 對해 被害補償을 請求할 當當한 權利가 있음에도 日本政府의 被害補償 要求에 對한 拒否態度에 韓國政府는 公式的인 解明을 要求하거나 抗議 한 마디 없이, 다만『被爆者들의 問題를 一括的으로 包含시켜 妥結한 바 없다』는 발뺌 뿐이고 最近에 와서는, 韓國의 原爆被害者는 被爆後 40年이 지난 至今 原爆患者는 大部分 死亡하고 現在 生存 被害者는 一般 老人病이나, 成人病과 別로 다름이 없다 하며 豫算確保가 固難한 點도 있겠지만 至極히 微溫的인 態度임으로 被爆者들을 애태우게 하고 있읍니다.

11. 日本厚生省의 態度

日本政府는 被害補償에 對해선 言及치 않으나 最近 韓國原爆被害者에 對한 理解와 道義的인 責任感의 良心에서 "政府 對 政府間의 交涉은 딱딱하니까, 韓日議員聯盟을 通하여 前進的으로 解決해 나가자" 積極性 있는 好意와 協助的인 態度임으로 앞으로의 懸案問題協議에 充分한 餘地가 있으며 日本國內의 與, 野, 官, 民, 各界團體를 莫論하고 韓國被爆者 救援問題에 對해선 反對가 없이 많은 關心을 가지고 있읍니다. 다만 韓國側에서 어떻게 對應交涉하느냐 만이 남아 있읍니다.

12. 韓國原爆被害者의 渡日治療狀況

韓國被爆者에 對한 根本對策은 없지만 若干의 誠意表로 1980年 韓國共和黨과 日本 自民黨과의 韓國原爆被害者의 對策을 協議끝에 兩國政府 合意下에 韓國被爆者를 日本에 渡日治療키로 1981年12月 1日 兩國政府代表間調印하여 現在 4年間을 施行하였고 앞으로 1年(1986年)이면 期間이 滿了됩니다.

合意內容

(1) 目的及經緯

在韓原爆 被爆者의 渡日治療에 對해서, 原爆被害의 特殊性을 考慮해 人道的 見地에서 兩國政府의 合意에 依해서 實施하는 것이다. 1980 年 11月에 渡日 治療의 試行을 거쳐, 1981年 12月 1日에 大韓民國(保健社會部)와 日本(厚生

省) 間에 『在韓原爆被爆者 渡日治療實施에 關한 合意書』가 締結되었다.

1) 渡日治療對象者는 厚生省이 事前指定하는 醫療機關에 入院한다.

2) 渡日治療對象者에 對해서는 原爆醫療法에 따라 渡日後 直時 被爆者健康手帳을 交付한다.

3) 渡日治療者의 入院期間는 2個月 以內를 原則으로 하고 最長 6個月間으로 한다.

4) 渡日被爆者를 治療한 醫療機關의 長은, 其의 診療記錄과 退院後의 診療指針 所見書를 當該患者 또는 韓國政府에 交付한다.

5) 渡日治療에 所要되는 經費는 兩國政府가 다음과 같이 分擔한다.

　　ㄱ. 大韓民國政府는 渡日治療患者의 往復旅費를 負擔함.

　　ㄴ. 日本政府는 原爆醫療 及 原爆特別措置法의 規定에 따라 渡日治療者의 入院期間中의 醫療의 給付 及 健康管理手當, 特別手當의 各種手當을 支給한다.

6) 이 合意書는 1981年 12月 1日부터 效力을 發生하고 5年間 效力을 갖는다.

(2) 實施狀況(渡日治療)

1981年~1985年 3月 26日까지 總 渡日治療人員 228 名임. 別添(渡日治療現況 參照)

1) 被爆 40年 兩國政府로서 처음으로 唯一한 對策으로 施行한 成果가 5年間에 228名이고 보니 全國에 2萬名 가까운 被爆者가 散住하는 것으로 推算되는데 殘餘被爆者를 어느 何歲月에 治療를 받을 수가 있으며,

2) 被爆者 全般이 高齡, 老衰되어 餘生이 얼마 없으니 無限定 期待리고만 있겠읍니까

3) 2個月의 短期間 渡日治療를 받고 돌아오면 또다시 再發病되어 病床에 눕게 되는 患者가 全般이고

4) 渡日治療途中 重患者는 中間에 退院歸國措置되어 歸國直後 死亡者가 續出하고 있읍니다.

本 渡日治療가 兩國政府 次元에서 實施하느니 만큼 눈가림의 虛張聲勢의 宣傳效果보다도 좀더 誠意있는 眞摯한 對策이 있길 要望(兩國政府에) 합니다.

13. 韓國政府에 對한 要望

1. 우선 最少限 被爆者 1,000 名에 對한 國內無料治療카드를 發給해 줄것

現在 本 協會에서 84年度부터 會員再登錄을 施行 84 年 12月末 現在 1,249名의 再登錄을 받고 現在도 各支部 單位로 再登錄을 받고 있으나 于先 1,000名에 對한 無料治療카드를 發給해 주길 바랍니다.

2. 85年度 渡日治療者中 兩政府合意下에 百名을 選拔해 노았는데 韓國側의 豫算 不足으로 60名만 보낸다 하니, 나머지 40名을 年內로 渡日 治療케 해 줄 것 昨年 84年度에도 100名을 選定하여 88名이 渡日治療를 하였으므로 今年度에 增員하지는 못하나 40名이나 減少를 시킨다는 것은 逆行되는 處事입니다.

3. 實態調査費 5千名分을 86年度에 國庫補助해줄 것
   所要豫算 50,000,000원
   모든 對策과 計劃을 樹立함에 있어 正確한 人員 把握 數字가 없이는 計劃할 수 없으므로 第一 時急한 重要事業임. 參照(會員再登錄現況)

4. 86年度 渡日治療人員을 200名으로 增員하고 其豫算을 確保해 줄 것
   所要經費(1人當 旅, 宿, 食費 400,000원×200名=80,000,000원
   渡日治療志望患者激增과 年100名 程度의 渡日治療로는 成果를 期待할 수 없 으므로 年 2,3百名으로 增員해 줄 것을 要望함

5. 모든 經費는 日本政府負擔으로 할 것
   日本政府는 韓國被爆者를 治療해 줄 責任이 있으므로 兩國合意書 一次期限이 滿了된 後에도 이를 延長 87年度 以後에도 渡日治療를 繼續해줄 것

6. 協會가 日本政府에 要望事項을 交涉하는데 있어 우리政府가 側面 支援해 줄 것

7. 協會運營費를 國庫補助해 줄것
   所要運營費(最少限 年 10,000,000원 以上)
   原爆被爆者問題는 實質的으론 國家的인 問題이므로 本協會業務가 國家的代 行業務의 全般이므로 國庫補助를 要望함

14. 日本政府에 對한 要望

1. 兩國政府合意에 依한 渡日治療를 期間滿了後에도 延長하여 繼續實施할 것을 要求. 旅費도 日本政府가 負擔할 것

2. 韓國被爆者의 韓國內治療費를 日本政府가 負擔할 것

3. 韓國被爆者의 實態調査를 爲한 調査費를 日本政府가 支給할 것

4. 韓國被爆者를 爲한 原爆綜合病院建立을 要求함.

5. 韓國被害者의 地域別 福祉센타를 建立해 줄것
   (全國에 約九個所)

6. 被爆二世 및 三世에 對한 健康診斷을 施行하고 其 經費를 日本政府가 支給해 줄것

上記 모든 問題에 있어 日本政府는 韓國原爆被爆者에 對해 國家的인 補償責任이 있음으로 當然히 實行해야 할 責任이 있음. 그리고 韓國被爆者는 當然히 請求할 權

利가 있읍니다.

會員再登錄現況

區分 支部別	推算人員	1978年9月~ 11月 保祉部実 態調査人員	協会創設以後 登録延人員	1984年 再登録人員	備考
서울支部	1,700	244	1,047	190	
畿湖支部	1,500	156	1,005	160	
慶北支部	1,500	160	982	252	
陜川支部	4,000	1,552	3,570	452	
釜山支部	1,500	211	594	191	
湖南支部	1,200	62	758	20	支部가 없음
慶南支部	1,800	123	1,406		
合計	13,200	2,489	9,362	1,265	

渡日治療患者審査選拔狀況

年度	年月日, 場所	應診人員	選定人員	落選	有故不參
80年度	陜川診療所	10	10		
81年度	81.11.19-20 서울 國立醫療院	61	51	10	6
82年度	82.10.7-8 서울 國立醫療院	90	76	14	7
83年度	83.11.9-11 大邱 嶺南大附屬病院	121	100	21	12
84年度	84.10.24-26 大邱 嶺南大附屬病院	150	100	50	
85年度					
計		432	337	95	25

渡日治療狀況

年度	年月日	廣島	長崎	男	女	年度別人員	累計
80年度	80.11.17	10		6	4	10	10
81年度	81.12.19	13	6	12	7	19	29
82年度	82.5.17 82.8.31	21	5	14	12	26	55
83年度	83.4.25 83.6.27 83.10.12	43	26	37	32	69	124
84年度	84.2.6. 84.4.9 84.6.11 84.8.14 84.10.16	57	31	45	43	88	212
85年度	85.3.26	10	6	9	7	16	228
計		154	74	123	105	228	228

韓國人原爆・被爆・被害狀況

[表1] 韓國人被害狀況

被爆當時(狀況)						患者數		
地名	50,000	30,000	20,000	15,000	8,000	重患者	輕患者	計
廣島	20,000	10,000	10,000	8,000	2,000			
長崎	70,000	40,000	30,000	23,000	10,000			
計	50,000	30,000	20,000	15,000	8,000	30%	70%	100%

(國際原爆被害者協會, 1972年 4月發表)

[表2] 廣島韓國人被爆者數의 推定(1979年 7月)

被爆者總數	死亡, 行方不明	歸國者	手帳所持者	他의 殘留者
48,000 (4.5km以內)	30,000 (1年內死亡)	14,000 (內, 北1,000)	2,200 (縣原對部)	1,800 (縣內外)

(廣島縣韓國人被爆者協議會 1979年 發表)

[表3] 長崎韓國人被爆者數의 推定(1982年 8月)

長崎市內被爆者總數	19,391	死亡者	9,169

(長崎在日韓國人의 人權守護會發表)

[表4] 朝鮮人被爆者概와 動向의 推定

地名	被爆者總數	死亡者	生存者	歸國者	日本殘留者	手帳交付者
廣島	32,000~40,000	12,000~20,000	20,000	15,000	5,000	1,900
長崎	13,000~14,000	3,000~4,000	10,000	8,000	2,000	110
合計	45,000~54,000	15,000~24,000	30,000	23,000	7,000	2,010

日本側年度別被爆者對策豫算狀況

(長崎分 除外) (單位: 千円, 日本円)

年度	厚生省豫算額	廣島 豫算額	廣島市 豫算額
1957	173,527	8,776	26,911
1958	169,427	14,607	26,936
1959	151,953	11,649	25,968
1960	199,813	21,666	29,192
1961	548,556	20,440	29,524
1962	1,009,193	29,283	59,841
1963	1,198,429	34,032	87,256
1964	1,431,037	35,583	91,389
1965	1,898,528	51,995	132,923
1966	2,394,974	54,027	149,051
1967	2,813,649	101,368	169,397
1968	4,361,509	172,901	368,234
1969	6,029,813	519,840	554,180
1970	7,168,969	402,358	671,437
1971	8,655,422	518,676	839,427
1972	11,444,963	862,119	1,206,890
1973	13,332,622	930,498	1,461,136
1974	15,490,115	1,166,150	2,296,847
1975	25,424,266	2,111,340	4,427,772

1976	36,594,380	4,087,517	7,292,817
1977	44,125,287	4,886,467	8,713,285
1978	53,925,231	6,472,127	10,812,571
1979	69,372,275	7,452,235	13,998,924
1980	83,969,084	10,022,587	17,216,013
1981	95,660,696	12,870,644	20,517,105
1982	99,148,347	14,417,365	21,542,345
1983	96,963,842	14,179,565	22,582,223
1984	99,171,068	14,693,015	23,442,006
	782,826,995	96,148,830	118,771,600

1984年度
厚生省 被爆者對策豫算狀況

(單位: 千円, 日本円)

區分	金額	備考
1. 原爆被害者醫療費	18,439,222	
(1) 原爆疾病醫療費	167,081	
(2) 原爆關連疾病醫療費等	18,272,141	
2. 原爆被爆者健康診斷費交付金	1,623,738	
3. 原爆被爆者手當交付金	75,032,297	
(1) 醫療特別手當	2,557,542	
(2) 特別手當	775,927	
(3) 原子爆彈小頭症手當	10,277	
(4) 健康管理手當	66,965,940	
(5) 保健手當	4,334,014	
(6) 支給事務費	388,597	
4. 原爆被爆者蓄祭料交付金	619,718	
5. 原爆被爆者介護手當等補助金	393,874	
(1) 介護手當	169,933	
(2) 家族介護手當	188,977	
(3) 家庭奉仕員派遣費	7,861	
(4) 原爆被爆者相談事業通營費	27,103	

6. 原爆被爆者保健福祉施設運營費等補助金	1,072,380
(1)	1,035,897
(2) 原爆病院特殊診療部門運營費	18,200
(3) 原爆死沒者慰靈式開催費等	15,936
(4) 原爆被爆者動態調査費	2,347
7. 放射線影響研究所補助金	1,827,873
8. 原爆症調査研究委託費	139,770
9. 其他	22,196
計	99,171,068

日本被爆者對策年表

年月	經過 및 其他事項
(1950)年 10月	全國被害者 生存者調査(國勢調査 附帶調査)
(1951) 26.5	原爆死沒者調査(廣島市)
(1953) 28.1	廣島市原爆障害者治療對策協議會發足合同診療, 治療開始
(1956) 31.9	日本赤十字社 廣島原爆院 開院 年賀葉書 寄託金 施設
(1957) 32.3	原子爆彈被害者의 醫療 및 特別措置法 等에 關한 法律制定 公布(昭和32年 4月 1日 施行) 特別手當 6個項에 對한 諸手當支給과 死亡者 葬禮費 支給
(1960) 35.10.	廣島市 및 長崎市 被爆者實態調査實施
(1977) 52.3	第1回 在美日本人 被害者健診實施
(1980) 55.2	原爆被害者 二世 健診實施
(1982) 57.9	駐韓被害者治療實施
(1961) 36.4	原爆放射線 醫療研究所 設置
	民間人 社會團體에서 醫療施設 및 療養센타 等을 建立 被害者에 對하여 積極參與하고 있음.

被爆者의 諸手當一覽(1985年 6月부터)

手當과 金額		支給要件	
健康管理手當 月額26,500円		1. 造血機能障害(貧血症・血小板減少症・白血球減少症等) 2. 肝臟機能障害(肝炎・慢性肝機能障害等) 3. 細胞增殖機能障害(皮膚等 모든 部位의 腫瘍) 4. 內分泌腺機能障害(糖尿病・甲狀腺機能異常等) 5. 腦血管障害(腦出血・蜘蛛膜下出血・腦血栓等) 6. 循環器機能障害(高血壓性心疾患・慢性虛血性心疾患等) 7. 腎腸機能障害(腎炎 세후로-제 等) 8. 視機能障害(老人性白內障等) 9. 呼吸器機能障害(肺氣腫・肺纖維症等) 10. 運動機能性障害(變形性關節症・變形性脊椎症等) 11. 潰瘍에 의한 消化器機能障害(胃潰瘍・十二指腸潰瘍等)	
保健 手當	月額13,300円	2km 以內서 直接被爆당한 사람들 그 사람의 胎兒이였든 사람, 醫療特別, 特別, 健康管理의 各手當과의 倂給되지 않는다.	① 게루로이도나 外傷이 있는 사람 ② 身體障害者(身體障害者手帳3級程度) ③ 몸을 의지할 데 없이 혼자인 老人(70歲以上)의 어느것인가의 해당하는 사람
	月額26,500円		
介護手當 月額36,500円		身體障害者手帳1級에서 3級程度의 障害로 費用을 내서 몸치닥거리를 하는 사람을 雇用하였을 때(入院했을 때도) 1日 1,825円으로 20日間以內	
家族介護手當 月額11,250円		重度의 障害 때문에 費用을 내지않고 몸을 돌봐주는 도움을 받고 있을 때(身體障害者手帳1級의 全部 또는 2級의 一部程度의 障害)	
特別手當 月額39,800円		厚生大臣의 認定을 받은 사람으로 현재는 그 병이나 상처가 낳은 사람	
醫療特別手當 月額 10 108,000円		現在의 病이나 상처에 대해 原子爆彈의 放射能이나 熱線 등이 原因이 되여 지금도 診療를 必要로 하는 狀態에 있다는 厚生大臣의 認定을 받은 사람	
葬祭料 113,000円		被爆者가 死亡하였을 때 葬祭를 받드는 사람에게 支給	

中央相談所에서는 醫師에게『診斷書』作成을 부탁하는『紹介狀』을 準備하고 있음.
必要하신 분은 返信用封套筒을 同封하여 申請하여 주십시요.

日本人原爆被害者를 爲한 行政組織

　廣島市 및 長崎市에다 原爆被害者對策本部를 設置 40名의 人員을 投入하여 各其
事務分掌下에 被害者의 諸般調査 및 援護事業과 福祉事業을 專擔하고 있음.
　日本人原爆被害者에 對한 政府 및 地方費 豫算 昭和59年度分(1984年度) (單位:
千圓)

1. 厚生省 豫算　99,171,068
2. 廣島縣　〃　　14,693,015
3. 廣島市　〃　　23,442,006
4. 長崎市　〃　　不明
　　　　　　計 137,306,089

1957年~1984年(28年間)
　　　　　　997,747,425

15. 日本을 다녀와서
　본인은 1984年 12月과, 85年 5月의 두차례에 걸쳐 일본 요로(要路)를 방문한 바
있으나, 여기 상세히 보고할 지면은 없고 결론적으로 말한다면 일본측은 한국 원폭
피해자에 대해 무엇인가 해주어야 된다는 관심은 가지고 있다는 것을 감지(感知)할
수가 있었다. 작년 12월과 금년 5월 두차례에 걸처 후생대신(厚生大臣)을 만났던
바 대응하는게 지극히 친절하고 "현안문제"에 대해서는 정부대 정부간의 교섭은 딱
딱하고 시간이 걸리니까, 한일의원연맹(韓日議員連盟)등을 통해 전진적(前進的)으
로 해 나가자고 하는 것이었다.
　또 한일의원연맹(韓日議員連盟) 운영위원장 도쯔까(戶塚) 의원은 오는 6월 20일
에 한일의원연맹 간사회의가 동경에서 열리게 되니까 그 석상에서 한국측 요구조건
을 제시해서 의안(議安)으로 삼자는 것이었다. 또 히로시마현(廣島県) 다께시다(竹
下) 지사를 만나 지원을 요청하였던 바 가능한 모든 지원을 아끼지 않겠다는 것이었
으며, 5월 중의원(衆議院) 사회노동위원(社會勞動委員會)에서도 한국 피폭자문제가

거론되어 후생대신의 답변이 있는 등 한국측과는 대조적인 현상이었다.(우리 국회에 서는 금회기중(今會期中) 원폭피해자 문제를 거론한 적은 없다)

일본측은 관심은 가지고 있다는 것뿐 구체적인 것은 아무것도 없으므로 요는 우리 정부와 한일 의원 연맹등 정계의 적극적인 협조가 절실히 요구되는 것이다.

한(恨) 많고 너무 너무 딱한 한국피폭자 문제에 관계요로와 일반 사회가 관심을 가져주시기 간절히 바라는 바이다.

1985.6.10

(신영수)

1985년 6월 8일 인쇄
1985년 6월 10일 발행
발행인겸 사단법인 한국원폭피해자 협회
편집인 신영수
인쇄처 우신문화사

社團法人 韓國原爆被害者協會

서울 特別市 城北區 東小門洞 3街 77番地

TEL. 94-4917

성명서

피폭 四〇주년 기념일에 즈음하여 한국피폭자들의 입장을 성명한다.

보도에 의하면 일전에 나가소네(中曾根) 일본 총리대신은 四〇년 전에 히로시마 와 나가사끼에 원폭을 투하한 미국을 비인도적이라고 비난하였다고 한다. 그러나 한국피폭자들은 미국보다 일본이 더 비인도적이라고 보고있다. 자기 나라피폭자들 에 대하여는 막대한 예산을 들여 대책을 세우고 있으면서, 한국 피폭자들에 대하여 는 피폭 후 四〇년간 못본 체하고 있다는 것은 이유야 어떻든 미국의 원폭투하 보다 도 일본측이 더 비인도적이라고 한국 피폭자들은 생각하고 있다.

일본의 원폭의료법 제일조에는, "원폭피해자의 상금(尚今) 놓여있는 건강상의 특별한 상태를 감안(勘案)하여……그 건강의 보지(保持)와 향상 (向上)을 도모(圖謀)하는 것을 목적으로 한다"라고 쓰여있다. 여기에 쓰여있는 건강상의 특별한 상태라함은 원폭후유증을 말하는 것으로, 이것은 피폭한 나라, 일본에서만 이해될 수 있는 것이다. 이러한 특별한 상태(원폭후유증)에 고생하는 한국의 피폭자들을 구호 치료하는데 있어, 예를 들면 양국 합의에 의한 도일치료(渡日治療)의 경우에도 환자의 도일 여비를 한국 측에 부담시키는 등, 책임을 전가(轉嫁) 또는 분담(分擔)시키는 것 같은 일은 원폭후유증이 무엇인지 조차 이해못하는 한국 사회에 있어서는 피폭자 구원운동을 포기하자는 것과 다름이 없는 것이다. 또 일본 정부가 한국피폭자를 구호하는 것을 후진국에 대한 의료원조를 하는 것과 같이 한국 정부에에 대해 은혜를 베푸는 것처럼 생각한다면 한국정부는 이것을 받지 않을 것임은 뻔한 일이다.

양심적인 일본국민의 절대 다수는 한국피폭자들이 구원되는것을 희망하고 있다.

이러한 선량한 일본 국민의 희망과 한국피폭자들의 열망을 받아들여 하루속히 일본피폭자와 동등 이상의 대책이 세워지기를 요망한다.

전대통령각하의 방일 이래 양국간에 한일친선의 기운이 높아지고 있다. 그러나 과거의 불행했던 양국간의 역사적 배경을 가진 피폭자 문제등을 덮어둔 채 진정한 의미의 한일친선은 있을 수 없는 것이다. 한국피폭자가 구원되는것을 희망하는 많은 일본국민과 한국피폭자를 포함한 일반한국인들이 진심으로 친선하며 악수할 수 있는 날이 하루빨리 돌아오기를 염원하면서 일본 정부의 선처를 요망하는 바이다.

一九八五년 八월 六일

법인사단 한국원폭피해자협회

회원일동

대표 신영수

12. 한국원폭피해자협회 요망서

要望書

今年は被爆40周年に当ります。

ほとんど見捨てられている韓国の被爆者は、今年の八月、広島の原爆記念式典に際し、韓国の被爆者問題に関して、はじめて言及された中曽根総理大臣に対して深く

尊敬の念を感じました。

　かえり見ますと、日本政府は、韓国の被爆者問題に対して、法的には責任はないとしてしながらも、人道的立場で救済したいと、しばしば態度表明をされておられます。

　一九七八年の孫振斗最高裁判判決や、又、日本の被爆者対策基本問題懇談会答申にも、国家責任が問われているものとして、私達は関心を向けてきたのであります。

　日本政府のいわれる、人道的立場での施策は遅々として進まない中で、ようやく一九七九年からはじまった両国家与党間の合意による在韓被爆者対策が行なわれる運びとなりました。しかしそれも三項目合意の中のただ一つだけ渡日治療が実現されて今日に及んでいるのであります。

　日本の被爆者達も援護法制度の要望が実現されないまま苦しんで居られるときいていますが、それにしても予算が年間一千億程度だとも聞いています。それにくらべて韓国の被爆者達にはどれだけの予算をお使いになっておられるのでしょうか。

　法的には何等責任がないといわれる日本政府に対して韓国の被爆者としては何も言うことが出来ないのでありますが、私達が連行されてきた歴史的背景や韓国被爆者の今置かれている現状から、まして人道的施策とは、こんなものであるのかと嘆かざるを得ません。

　合意文書に五個年の期限をきめている渡日治療はあと一年を残す現在、これを延長させるか否かをきめないければならない時点に立たされているのであります。

　しかし、韓国政府は、その理由はいろいろあろうかと思われますが、なによりも原爆後遺症という病名は日本にしか存在せず、原爆医療法も日本にしかなく被爆国でない外国である韓国に、その理解を求めること自体が困難なのであります。

　このような事情で、韓国被爆者に残された細い一本の綱も切れようとしています。この綱がきれたら、韓国での被爆者運動は永久になくなってしまうでしょう。というのは、韓国では被爆者や原爆後遺症に対する理解が全くないからであります。

　韓国での被爆者問題が立消えになっても仕方がない、立入ったら内政干渉になる、とお考えになるのなら、それ迄ですが、国内問題とは関係のない、よその国のことだとお考えになられるにしては、日本国内にも問題をのこすことになるのではないでしょうか。

　韓国の被爆者問題については、韓国の方よりも、日本の方でもっと多くの人達

が心配して居られるのを私達は随所に見てきております。

日本の国会での質疑応答、マスコミの熱意個人や団体の韓国被爆者救援運動、日本の医師、看護婦の新設、別れぎはの双方の涙の交換、慰問に来た小学生達の涙ながらの見舞の言葉等々。

普段、日本のやり方に怨念をもっていた韓国の被爆者達も、このような情況に接しては涙なくしては居られないのであります。

どうか、法的には責任がないとか、他国の内政に対する干渉だ、とか言うのではなく、ほんとうの韓日親善の為に渡日治療をふくめて抜本的な援護対策を一日も早く私達在韓被爆者に講ぜられんことを切望して止みません。

一九八五年九月二十六日
社団法人韓国原爆被害者協会代表
辛泳洙

요망서

(1985년 9월 26日 제출)

금년은 피폭 40주년이 됩니다.

돌보아주는 사람이 없는 한국 피폭자들에 대하여 금년 8월 히로시마의 원폭 기념 식전에 있어 한국의 피폭자 문제에 관해 처음으로 언급한 나까소네 총리대신에 대해 심심한 경의를 드립니다.

도리켜 보건데 일본 정부는 한국의 피폭자 문제에 대해서 법적으로는 책임이 없다고 하면서도 인도적 입장으로 구제하겠다는 태도 표명을 여러번 하였읍니다.

1978년의 손진두(孫振斗) 최고 재판 판결이나, 일본의 피폭자 대책 기본 문제 간담회 답신에도 국가책임을 묻는 것으로 보고 저희들은 관심을 가지고 있었읍니다.

일본 정부가 말하는 인도적 입장에서의 시책이라는 것도 지지하게 진첩이 없었다가, 간신히 1979년부터 시작된 양국 여당간의 합의에 의한 재한 피폭자 대책이 이루어지게 되었읍니다.

그러나 그것도 3개항목 합의중에서 단지 1개항목만이 도일 치료가 실현되어 금일에 이르렀읍니다.

일본의 피폭자들도 원호법 판정의 요망의 실현을 못보고 고심하고 있는 것으로 알고 있읍니다만 그렇다 해도 년간 예산이 1천억엥(1千億), 정도로 듣고 있읍니다.

그에 비해서 한국의 피폭자들에겐 얼마만큼의 예산을 써왔는지요?

법적으로 하등 책임이 없다고 하는 일본 정부에 대해서 한국의 피폭자로서는 아무말도 못하겠으나 우리들을 연행하여간 역사적 배경이나 한국 피폭자의 현재 놓여 있는 현상으로 미루어 보아 인도적 시책이란 이러한 것인가 한탄치 않을 수 없읍니다.

합의문서는 5개년의 기한을 정한 도일치료도 앞으로 1년을 남겨놓고 있는 현재, 이를 연장하느냐 않하느냐를 결정해야할 현 시점에 놓여있읍니다.

그러나 한국정부는 도일치료 연장을 희망치 않는 현상으로 그 이유는 여러가지 있는 것으로 생각되나, 무엇보다도 원폭 후유증이라는 병명은 일본에서만이 존재하고, 원폭 의료법도 일본에만 있고 피폭국이 아닌 외국인 한국에서 그 이해를 바라는 자체가 곤란한 것입니다.

이러한 사정으로 한국피폭자에 남겨진 가냘픈 한 가닥의 줄이 끊기려 합니다. 이 가냘픈 줄이 끊기면은 한국에서의 피폭자 운동은 영구히 없어지는 것으로 봅니다.

그 이유는 한국에선 피폭자나 원폭 후유증에 대한 이해가 전연 없기 때문입니다. "한국에서의 피폭자 문제가 소멸되어도 할수 없다. 관여하면 내정간섭이 된다"라고 생각한다면 그뿐이지만 국내문제와는 관계없는 이웃나라의 일이라고 생각하신다면 일본 국내에서도 문제를 남기는 일이 아니겠읍니까?

한국의 피폭자 문제에 대해서 한국측보다도 일본측에서 더욱 많은 사람들이 근심하고 있는것을 우리들은 각처에서 보아왔읍니다.

일본 국회에서의 질의 응답, 매스컴의 열의, 개인이나 단체의 한국 피폭자 구원운동, 일본의 의사, 간호원의 친절과 석별시의 쌍방의 눈물겨운 위로의 말 등등.

평상 일본의 처사에 원념(怨念)을 가진 한국의 피폭자들도 이러한 정황을 맞이하여 눈물 없이는 있을수 없읍니다.

아무쪼록 법적으로는 책임이 없다든가 타국의 내정 간섭이라 하지마시고, 진정한 한일 친선을 위하여 도일치료를 포함한 발본적인 원호 대책을 하루속히 우리들 재한 피폭자에게도 강구하여 주시기를 간망하여 마지 않읍니다.

1985년 9월 16일
사단법인 한국원폭피해자협회
회장 신영수

일본국

나까소네 내각 총리대신. 전

아베 외무대신. 전

마스오까 후생대신. 전

13. 기안—원폭환자 도일 치료

분류기호 문서번호 아일700-36953

시행일자 1985.10.10.

기안책임자 서형원, 동북아 1과

경유수신참조 보사부 장관

제목 원폭환자 도일 치료

   대: 지의 31220-10293(85.9.7)

   대호, 심사단 명부 및 85년도 원폭환자 도일 치료보고서를 별첨 송부합니다.

   첨부: 1. 심사단 명부

          2. 치료보고 2부.[5] 끝.

---

5) 원본 사료 첨부 문서 삭제

해방이후 재일한인 외교문서 해제집

┃제8권┃ (1980~1984)

1. 역대 외교부장관 명단

정부	대수	이름	임기
이승만 정부	초대	장택상(張澤相)	1948년 8월 15일 ~ 1948년 12월 24일
	2대	임병직(林炳稷)	1948년 12월 25일 ~ 1951년 4월 15일
	3대	변영태(卞榮泰)	1951년 4월 16일 ~ 1955년 7월 28일
	4대	조정환(曺正煥)	1956년 12월 31일 ~ 1959년 12월 21일
허정 과도내각	5대	허정(許政)	1960년 4월 25일 ~ 1960년 8월 19일
장면 내각	6대	정일형(鄭一亨)	1960년 8월 23일 ~ 1961년 5월 20일
국가재건최고회의	7대	김홍일(金弘壹)	1961년 5월 21일 ~ 1961년 7월 21일
	8대	송요찬(宋堯讚)	1961년 7월 22일 ~ 1961년 10월 10일
	9대	최덕신(崔德新)	1961년 10월 11일 ~ 1963년 3월 15일
	10대	김용식(金溶植)	1963년 3월 16일 ~ 1963년 12월 16일
제3공화국	11대	정일권(丁一權)	1963년 12월 17일 ~ 1964년 7월 24일
	12대	이동원(李東元)	1964년 7월 25일 ~ 1966년 12월 26일
	13대	정일권(丁一權)	1966년 12월 27일 ~ 1967년 6월 29일
	14대	최규하(崔圭夏)	1967년 6월 30일 ~ 1971년 6월 3일
제4공화국	15대	김용식(金溶植)	1971년 6월 4일 ~ 1973년 12월 3일
	16대	김동조(金東祚)	1973년 12월 4일 ~ 1975년 12월 18일
	17대	박동진(朴東鎭)	1975년 12월 19일 ~ 1980년 9월 1일
전두환 정부	18대	노신영(盧信永)	1980년 9월 2일 ~ 1982년 6월 1일
	19대	이범석(李範錫)	1982년 6월 2일 ~ 1983년 10월 9일
	20대	이원경(李源京)	1983년 10월 15일 ~ 1986년 8월 26일
노태우 정부	21대	최광수(崔侊洙)	1986년 8월 27일 ~ 1988년 12월 5일
	22대	최호중(崔浩中)	1988년 12월 5일 ~ 1990년 12월 27일
	23대	이상옥(李相玉)	1990년 12월 27일 ~ 1993년 2월 26일
김영삼 정부	24대	한승주(韓昇洲)	1993년 2월 26일 ~ 1994년 12월 24일
	25대	공로명(孔魯明)	1994년 12월 24일 ~ 1996년 11월 7일
	26대	유종하(柳宗夏)	1996년 11월 7일 ~ 1998년 3월 3일

	27대	박정수(朴定洙)	1998년 3월 3일 ~ 1998년 8월 4일
김대중 정부	28대	홍순영(洪淳瑛)	1998년 8월 4일 ~ 2000년 1월 14일
	29대	이정빈(李廷彬)	2000년 1월 14일 ~ 2001년 3월 26일
	30대	한승수(韓昇洙)	2001년 3월 26일 ~ 2002년 2월 4일
	31대	최성홍(崔成泓)	2002년 2월 4일 ~ 2003년 2월 27일
노무현 정부	32대	윤영관(尹永寬)	2003년 2월 27일 ~ 2004년 1월 16일
	33대	반기문(潘基文)	2004년 1월 17일 ~ 2006년 11월 9일
	34대	송민순(宋旻淳)	2006년 12월 1일 ~ 2008년 2월 29일
이명박 정부	35대	유명환(柳明桓)	2008년 2월 29일 ~ 2010년 9월 7일
	36대	김성환(金星煥)	2010년 10월 8일 ~ 2013년 2월 24일
박근혜 정부	37대	윤병세(尹炳世)	2013년 3월 13일 ~ 2017년 6월 18일
문재인 정부	38대	강경화(康京和)	2017년 6월 18일 ~ 2021년 2월 8일
	39대	정의용(鄭義溶)	2021년 2월 9일 ~ 2022년 5월 11일
윤석열 정부	40대	박진(朴振)	2022년 5월 12일 ~ 2024년 1월 10일
	41대	조태열(趙兌烈)	2024년 1월 10일 ~ 현재

2. 역대 주일대사 명단

정부	대수	이름	임기
제3공화국	초대	김동조(金東祚)	1966년 01월 07일 ~ 1967년 10월
	2대	엄민영(嚴敏永)	1967년 10월 30일 ~ 1969년 12월 10일
	3대	이후락(李厚洛)	1970년 02월 10일 ~ 1970년 12월
	4대	이호(李澔)	1971년 01월 21일 ~ 1973년 12월
제4공화국	5대	김영선(金永善)	1974년 02월 09일 ~ 1978년 12월
	6대	김정렴(金正濂)	1979년 02월 01일 ~ 1980년 08월
	7대	최경록(崔慶祿)	1980년 09월 26일 ~ 1985년 10월
제5공화국	8대	이규호(李奎浩)	1985년 11월 14일 ~ 1988년 04월
노태우 정부	9대	이원경(李源京)	1988년 04월 27일 ~ 1991년 02월
	10대	오재희(吳在熙)	1991년 02월 19일 ~ 1993년 04월
김영삼 정부	11대	공로명(孔魯明)	1993년 05월 25일 ~ 1994년 12월
	12대	김태지(金太智)	1995년 01월 20일 ~ 1998년 04월
김대중 정부	13대	김석규(金奭圭)	1998년 04월 28일 ~ 2000년 03월
	14대	최상용(崔相龍)	2000년 04월 17일 ~ 2002년 02월
	15대	조세형(趙世衡)	2002년 02월 06일 ~ 2004년 03월
노무현 정부	16대	라종일(羅鍾一)	2004년 03월 05일 ~ 2007년 03월 17일
	17대	유명환(柳明桓)	2007년 03월 23일 ~ 2008년 03월 15일
이명박 정부	18대	권철현(權哲賢)	2008년 04월 17일 ~ 2011년 06월 06일
	19대	신각수(申珏秀)	2011년 06월 10일 ~ 2013년 05월 31일
박근혜 정부	20대	이병기(李丙琪)	2013년 06월 04일 ~ 2014년 07월 16일
	21대	유흥수(柳興洙)	2014년 08월 23일 ~ 2016년 07월 01일
	22대	이준규(李俊揆)	2016년 07월 08일 ~ 2017년 10월 27일
문재인 정부	23대	이수훈(李洙勳)	2017년 10월 31일 ~ 2019년 05월 03일
	24대	남관표(南官杓)	2019년 05월 09일 ~ 2021년 01월 17일
	25대	강창일(姜昌一)	2021년 01월 22일 ~ 2022년 06월 23일
윤석열 정부	26대	윤덕민(尹徳敏)	2022년 07월 16일 ~ 2024년 08월 05일
	27대	박철희(朴喆熙)	2024년 08월 09일 ~ 현재

3. 주일 대사관 및 총영사관 창설 시기

주일본 대한민국 대사관	1965년 도쿄에 창설
주고베 총영사관	1966년 5월 창설, 1974년 5월 7일 총영사관 승격
주나고야 총영사관	1966년 5월 창설, 1974년 5월 총영사관 승격
주니가타 총영사관	1978년 4월 창설
주삿포로 총영사관	1966년 6월 총영사관 창설
주센다이 총영사관	1966년 9월 창설, 1980년 5월 총영사관 승격
주오사카 총영사관	1949년 사무소 창설, 1966년 총영사관 승격/현재 임시 청사
주요코하마 총영사관	1966년 5월 25일 창설
주히로시마 총영사관	1966년 5월 시모노세키 총영사관 창설 및 폐관(1996년 12월), 1977년 1월 히로시마 총영사관 개관
주후쿠오카 총영사관	1946년 9월 사무소 개설, 1966년 1월 총영사관 승격

4. 주일 대사관 및 총영사관 소재지

주일본 대한민국 대사관	東京都 港区 南麻布 1-7-32 (우-106-0047)
주고베 총영사관	兵庫県 神戸市 中央区 中山手通 2-21-5 (우-650-0004)
주나고야 총영사관	愛知県 名古屋市 中村区 名駅南 1-19-12 (우-450-0003)
주니가타 총영사관	新潟市 中央区 万代島 5-1 万代島ビル 8階 (우-950-0078)
주삿포로 총영사관	北海道 札幌市 中央区 北2条 西12丁目 1-4 (우-060-0002)
주센다이 총영사관	宮城県 仙台市 青葉区 上杉 1丁目 4-3 (우-980-0011)
주오사카 총영사관	大阪市 中央区 久太郎町 2-5-13 五味ビル (우-541-0056)
주요코하마 총영사관	神奈川県 横浜市 中区 山手町 118番地 (우-231-0862)
주히로시마 총영사관	広島市南区翠5丁目9-17 (우 734-0005)
주후쿠오카 총영사관	福岡市 中央区 地行浜 1-1-3 (우-810-0065)

저 자 약 력

이경규 동의대학교 일본학과 교수, 동아시아연구소 소장

임상민 동의대학교 일본학과 부교수

이수경 도쿄가쿠게이대학 교육학부 교수

소명선 제주대학교 일어일문학과 교수

박희영 국립한밭대학교 일본어과 부교수

엄기권 한남대학교 탈메이지교양융합대학 강사

임영언 조선대학교 국제문화학과 겸임교수

이행화 동의대학교 동아시아연구소 연구교수

이재훈 동의대학교 동아시아연구소 연구교수

김선영 동의대학교 동아시아연구소 연구교수

이 저서는 2020년도 정부(교육부)의 재원으로 한국연구재단의 지원을 받아 수행된 연구임. (NRF-2020S1A5C2A02093140)

해방이후 재일한인 외교문서 해제집
▌제8권▐ (1980~1984)

초판인쇄 2025년 06월 20일
초판발행 2025년 06월 25일

편 자 동의대학교 동아시아연구소
저 자 이경규 임상민 이수경 소명선 박희영
       엄기권 임영언 이행화 이재훈 김선영
발 행 인 윤석현
발 행 처 박문사
등록번호 제2009-11호
책임편집 최인노

우편주소 서울시 도봉구 우이천로 353 성주빌딩
대표전화 (02) 992-3253(대)
전 송 (02) 991-1285
전자우편 bakmunsa@hanmail.net

ⓒ 동의대학교 동아시아연구소 2025 Printed in KOREA

ISBN 979-11-7390-014-3   94340   **정가** 50,000**원**
     979-11-92365-14-5   (Set)